폭풍
전의
폭풍

THE STORM BEFORE THE STORM

Copyright ⓒ 2017 by Mike Duncan

This Korean translation published by arrangement with Mike Duncan in care of Waxman Leavell Literary Agency through Alex Lee Agency ALA.

이 책은 알렉스리 에이전시 ALA를 통한 저작권자와의 독점계약으로 (주)교유당에서 출간되었습니다. 저작권법에 의해 한국 내에서 보호를 받는 저작물이므로 무단전재와 무단복제를 금합니다.

폭풍 전의 폭풍

로마 공화정 몰락의 서막

THE STORM BEFORE THE STORM

마이크 덩컨
Mike Duncan

이은주 옮김

교유서가

모든 것이 고마운 당신,
브랜디에게

THE
STORM
BEFORE THE
STORM

추천사

김경현(고려대학교 명예교수)

이 책은 부제(로마 공화정 몰락의 서막)가 가리키듯, 로마 공화정의 몰락과정, 다시 말해 공화정에서 황제정으로 넘어가는 변혁기를 다루고 있다. 일찍이 19세기부터 로마사 전문가들은 그 변혁을 가리켜 '로마 혁명'이라 부르곤 했다. 최근 국내에 번역되고 있는 독일의 로마사가 테오도르 몸젠의 『로마사』가 그 효시였다. 그에 따르면 기원전 133~121년 그라쿠스 형제의 개혁운동이 혁명을 촉발했으며, 그렇게 시작된 로마 혁명은 카이사르의 군사독재 획책(기원전 44년)을 거쳐 결국 황제정으로 넘어갔다. 그리하여 기원전 133~44년이 로마 혁명기라는 역사인식이 전문가들 사이에 상식처럼 통용되기에 이르렀다. 하지만 20세기 초 영국의 로마사가 로널드 사임은 『로마혁명』(한국어판: 『로마혁명사』)이라는 책에서 로마 혁명을 색다르게 설명하려 했다. 거의 한 세기에 걸친 '느슨한 장기 혁명'을 가정했던 통념에 반해, 사임은 좀 더 제한된 시기(기원전 60~23년)에 일어난 긴박하고도 밀도 있는 사태

전개에 '혁명'이라는 개념을 적용하려 했다. 즉 원로원과 인민이 지배하는 공화정 체제를 무력화시킨 1~2차 삼두정, 이어서 결국 옥타비아누스(즉 아우구스투스)가 형식적으로는 공화정이지만 사실상 군주정을 수립하는 과정이 '혁명적'이라는 것이다.

이 책의 저자 마이크 덩컨은 사임의 로마 혁명론을 따르고 있다. 책머리 '저자의 말'의 한 대목에서 그런 역사인식이 드러난다. "세상에 느닷없이 불쑥 일어나는 혁명은 없으며, 율리우스 카이사르가 순전히 야망의 힘으로 파괴한 정치체계는 분명 출발부터 건전하지 않았다. 기원전 40년대와 30년대에 점화된 기름은 대부분 한 세기 전에 이미 들이부어졌다."(25쪽) 저자가 보기에 '로마 혁명'의 불길이 타오른 것은 기원전 40~30년대이지만, 이미 한 세기 전쯤부터 그 연료가 준비되고 있었다. 즉 기원전 133년 이후의 상황은 혁명 자체라기보다 혁명의 실마리들에 불과했던 것이다. 하지만 아이러니하게도 저자의 관심은 혁명 자체가 아니라, 오히려 혁명적 여건이 조성되는 과정에 집중되고 있다. 대략 기원전 133년에서 80년 말까지를 소재로, 그라쿠스 형제의 개혁(1~3장), 일인자 마리우스의 득세(4~8장), 내전과 술라의 종신 독재(10~13장)를 서술하고 있다. 이 책의 부제가 저자의 그런 취지를 잘 반영하고 있지만, 책의 제목(폭풍 전의 폭풍the storm before the storm) 역시 납득할 수 있게 된다. 처음 이 제목에서 약간 모호하다는 인상을 받은 것은 그것이 영어의 관용구가 아니었기 때문인데, 번역 원고를 다 읽어보고는 이런 추측을 하게 되었다. 제목은 익히 알려진 관용구(폭풍 전의 고요the calm before the storm)를 변형시킨 것이 아닐까?

저자는 혁명 자체보다 그 배경에 주목한 이유로 두 가지를 들고 있다. 첫째, 로마 공화정이 혁명에 이르게 된 과정을 다룬 저작물이 훨씬 적다는 점이다.(24쪽) 사실 추천자가 아는 바로도 기원전 133~80년을 주제로 삼은 단행본은 거의 없다. 저자 덩컨은 그 점이 놀랍다고 했지만, 오히려 당연한 결과라 보아야 할 것이다. 국내에 번역된 톰 홀랜드의 『루비콘』이 그러하듯, 혁명 자체를 다루는 책들은 기원전 133~80년을 도입부에서 잠시 배경 삼아 짧게 다룰 뿐이다. 아니면 덩컨이 제시한 참고문헌에서도 확인할 수 있듯이, 그 시기는 특정 정치인, 군인(예컨대 그라쿠스 형제, 마리우스, 킨나, 술라 등) 각각의 전기 형태로 세분화되어 다루어지곤 한다. 사실, 로마사의 연구와 서술이란 관점에서 덩컨의 주제 선택은 적이 이례적인 것이라 할 수 있다. 오히려 저자의 선택을 정당화해주는 더 그럴듯한 논거는 역사가로서의 그의 현재적 동기이다. 그는 오늘날 미국의 역사적 상황을 로마의 위대한 정복기와 카이사르파의 대두(즉 혁명기), 그 사이의 어디쯤에 해당한다고 판단한다.(26쪽) 다시 말해, 오늘날 미국의 상황이 로마사에서 혁명의 조건들이 누적되던 시기와 유사하다는 것이다. "이 시기를 더 깊이 파헤쳐보면, 오늘날 독자들에게 섬뜩하리만치 익숙하게 느껴지는 역사적 유사성으로 가득한 시대가 드러난다."(26쪽) 정치적 양극화, 정치활동의 불문율 붕괴, 부정부패 횡행, 사회적·민족적 편견의 심화, 계속되는 군사적 수렁, 폭력의 정치도구화, 시스템 개혁에 무관심한 엘리트 집단 등등.

이 책은 2010년 팟캐스트로 방송되었던 원고를 다듬어 2017년에 출판한 것으로, 그 해 연말 〈뉴욕 타임스〉 베스트셀러 논픽션 부문에서 8위에 오른 바 있다. 저자 마이클 덩컨은 대학에서 정치학과 철학을 전공한, 말하자면 아마추어 역사가이다. 그는 교양계층을 위한 역사의 대중화를 전업으로 하며, 특히 혁명의 역사 쓰기에 관심이 많다. 그와 같은 아마추어 역사가가 일반 청취자들을 대상으로 한동안 '로마 혁명' 관련 주제를 다룰 수 있었던 배경은 바로 과거와 현재의 현실적 연관에 대한 대중적 관심이라 생각된다. 요즘 국내에서 역사 관련 교양/오락 프로그램들이 종종 지나치게 현재주의나 선정주의에 치우쳐 개탄스러울 때가 있는데, 다행스럽게도 이 책은 그런 우려와는 거리가 멀다. 저자는 참고문헌과 주에서 보듯이, 사료와 전문 서적을 충분히 섭렵하여 전문가 못지않게 엄밀한 수준의 역사 서술을 시도하고 있다. 오히려 이 책은 전문가들의 교과서적인 글보다 가독성이 더 높다는 점에서 강점이 있다. 대중을 의식한 점이 중요한 이유겠지만, '눈으로 보듯' 묘사하는 팩션faction 서사에 대한 저자의 남다른 역량도 무시할 수 없다고 판단된다. 특정 상황 혹은 인물의 성격 및 행태에 대해 사료나 전문가가 제공하는 사실fact들을 무미건조하게 나열하지 않고, 그들 사이의 공백을 최소한의 상상력으로 메우며 아주 부드럽게 이야기를 풀어간다는 느낌이다. 추천자가 보기에, 이 책은 기원전 133~80년 로마 공화정의 역사를 전공하려는 입문자들이 읽어도 별 손색이 없어 보인다.

무엇보다 이 책은 교유서가에서 펴낸 콜린 매컬로의 7부작 〈마스터스 오브 로마〉와 함께 읽기에 안성맞춤이다. 덩컨이 그 책을 참고문헌에 포함시키지 않은 것은 적이 의아하지만, 간혹 그의 글 여기저기에서 매컬로의 체취가 짙게 감지된다. 추천자는 독자에게 이런 독서법을 제안하고 싶다. 우선 이 책부터 읽고 〈마스터스 오브 로마〉를 읽거나, 아니면 매컬로의 7부작 가운데 1~3부를 먼저 읽고 이 책을 읽어보라고 말이다. 〈마스터스 오브 로마〉의 방대한 디테일에 빠져 맥락을 포착하지 못하는 난점을 해소해줄 것이다. 〈마스터스 오브 로마〉의 1~3부는 이 책 『폭풍 전의 폭풍』의 4~13장에, 그리고 4~7부는 저자 덩컨이 다루지 않은 '로마 혁명' 자체에 해당한다.

마지막으로 뛰어난 번역에 대한 칭찬을 빼놓을 수 없다. 번역 원고를 일독하며 전문가로서 이런저런 용어들에 대해 수정 제안을 했지만, 번역 솜씨는 추천자가 직접 원문을 대조할 때마다 감탄을 금할 수 없었다. 번역자는 이미 〈마스터스 오브 로마〉의 번역에 참가한 경력이 있지만, 전공자가 아닌데도 어떻게 로마사 주제의 외국서적을 이처럼 정확하고 가독성 높게 우리말로 옮길 수 있는지 궁금하기 짝이 없었다. 금년 초 교수직을 정년퇴임한 뒤, 추천자는 새삼 다른 분야의 전문가들에 대한 외경심을 품게 된 경우가 종종 있었는데, 아마 번역의 세계도 현재 그런 멋진 경지에 도달해 있는 것이 아닐까 짐작해본다. 일반 독자들 못지않게 추천자 역시 그런 전문 번역자들의 탁월한 솜씨에 크게 빚지고 있음을 고백하면서, 모쪼록 많은 독자들이 동시대의 이처럼 훌륭한 문화적 성취를 함께 누리기를 바란다.

차 례

추천사 _007
연표 _015
저자의 말 _024
머리말: 공화정의 승리 _028

1장 이탈리아의 짐승들 _051
THE BEASTS OF ITALY

2장 로마의 의붓자식들 _085
THE STEPCHILDREN OF ROME

3장 포룸의 단검 _115
DAGGERS IN THE FORUM

4장 팔려고 내놓은 도시 _151
A CITY FOR SALE

5장 승리의 전리품 _181
THE SPOILS OF VICTORY

6장 황금 귀걸이 _207
THE GOLDEN EARRING

7장 마리우스의 노새들 _231
MARIUS'S MULES

8장 　로마 제3의 건국자 _257
　　　THE THIRD FOUNDER OF ROME

9장 　이탈리아 _281
　　　ITALIA

10장 　카르타고의 폐허 _319
　　　THE RUINS OF CARTHAGE

11장 　징 박힌 장화 _349
　　　THE SPIKED BOOTS

12장 　내전 _383
　　　CIVIL WAR

13장 　종신 독재관 _413
　　　DICTATOR FOR LIFE

감사의 말 _447
주 _450
고대 문헌사료 _484
현대 참고문헌 _492

THE
STORM
BEFORE THE
STORM

연표

(기원전 146~78년)

146	아이밀리아누스가 카르타고를 약탈하다.
	뭄미우스가 코린토스를 약탈하다.
	원로원이 그리스와 아프리카를 합병시키다.
139	선거에 비밀 투표가 도입되다.
137	누만티아 사태가 발발하다.
	재판에 비밀 투표가 도입되다.
135	시칠리아에서 제1차 노예전쟁이 시작되다.
134	아이밀리아누스가 누만티아로 떠나다.
	페르가몬의 아탈로스왕이 죽다.
133	티베리우스 그라쿠스가 호민관에 당선되다.
	토지법 Lex Agraria이 통과되다.
	누만티아가 함락되다.
	아리스토니코스의 반란이 시작되다.
	티베리우스 그라쿠스가 죽다.
132	반反그라쿠스 위원회가 설립되다.
	제1차 노예전쟁이 끝나다.
131	입법에 비밀 투표가 도입되다.
130	아리스토니코스의 반란이 끝나다.
129	스키피오 아이밀리아누스가 죽다.
125	풀비우스 플라쿠스가 이탈리아인 시민권 수여를 제안하다.
	프레겔라이 반란이 일어나다.
124	루키우스 오피미우스가 프레겔라이를 약탈하다.

123	가이우스 그라쿠스가 첫번째 호민관 임기를 지내다.
122	가이우스 그라쿠스가 두번째 호민관 임기를 지내다. 아콰이 섹스티아이가 건설되다.
121	원로원이 첫번째 원로원 최종 결의를 선포하다. 가이우스 그라쿠스가 자살하다. 갈리아에서 이제르강 전투가 벌어지다.
119	가이우스 카르보가 기소된 뒤 자살하다. 가이우스 마리우스가 호민관으로 재임하다.
118	나르보시가 건설되다.
117	마리우스가 조영관 선거에서 패배하다. 누미디아의 미킵사왕이 죽다. 유구르타가 히엠프살을 암살하다.
116	아데르발이 원로원에 도움을 호소하다. 오피미우스가 로마 대표단을 이끌고 누미디아로 가다. 마리우스가 아마도 부정선거를 통해 법무관으로 당선되다.
115	마리우스가 법무관으로 재임하다.
114	스코르디스키족이 카토를 패배시키다. 마리우스가 히스파니아에서 산적떼를 소탕하다.
113	유구르타가 아데르발을 공격하다. 킴브리족이 북쪽에서 내려오다. 킴브리족이 노레이아에서 나이우스 카르보를 패배시키다.
112	유구르타가 키르타를 포위하다. 유구르타가 아데르발을 죽이다. 유구르타의 병사들이 이탈리아인들을 학살하다. 로마가 유구르타를 상대로 전쟁을 선포하다.
111	루키우스 베스티아가 군단을 이끌고 누미디아로 가다. 베스티아와 스카우루스가 유구르타와 평화 조약을 체결하다. 멤미우스가 유구르타를 로마로 소환하다. 나이우스 카르보가 기소된 뒤 자살하다.
110	유구르타가 마시바를 암살하다.

109	유구르타가 로마군을 무찌르고 군단병들을 멍에 밑으로 지나가게 하다. 마밀리우스 특별위원회가 설립되다. 메텔루스가 누미디아에서 첫번째 전투 작전을 개시하다. 킴브리족이 돌아와 이탈리아에 땅을 요구하다. 킴브리족이 실라누스가 이끄는 로마 군단을 패배시키다.
108	마리우스가 집정관으로 당선되다. 술라가 재무관으로 당선되다. 마리우스가 전 계급을 망라하여 모병하다. 유구르타와 마우레타니아의 보쿠스왕이 동맹을 맺다.
107	마리우스가 첫번째 집정관 임기를 지내다. 마리우스가 누미디아에서 전투를 벌이다. 티구리니족이 갈리아에서 로마 군단을 격퇴하다.
106	카이피오가 법정 지배권을 원로원으로 되돌리다. 카이피오가 톨로사의 황금을 '분실'하다. 마리우스가 키르타 인근에서 유구르타와 보쿠스를 무찌르다. 키케로가 태어나다. 폼페이우스 마그누스가 태어나다.
105	술라가 유구르타를 로마에 넘기도록 보쿠스를 설득하다. 킴브리족이 아라우시오 전투에서 로마 군단을 전멸시키다. 마리우스가 두번째로 집정관에 당선되다.
104	마리우스가 두번째 집정관 임기를 지내다. 마리우스가 유구르타와의 전쟁에서 승리하다. 마리우스가 갈리아에서 군대를 개혁하다. 시칠리아에서 제2차 노예전쟁이 발발하다. 원로원이 사투르니누스를 직위 해임시키다.
103	마리우스가 세번째 집정관 임기를 지내다. 사투르니누스가 마리우스의 퇴역병들을 위한 토지를 확보하다. 말리우스와 카이피오가 추방당하다. 루쿨루스가 시칠리아 노예군을 격퇴하다.
102	마리우스가 네번째 집정관 임기를 지내다. 루쿨루스가 시칠리아 군단을 해산하다. 킴브리족, 테우토네스족, 암브로네스족이 남쪽으로 이동하다.

	마리우스가 아콰이 섹스티아이 전투에서 테우토네스족과 암브로네스족을 무찌르다. 킴브리족이 이탈리아로 쳐들어가다.
101	마리우스가 다섯번째 집정관 임기를 지내다. 마리우스가 라우디우스평원 전투에서 킴브리족을 무찌르다. 아퀼리우스가 시칠리아의 노예군을 무찌르다. 사투르니누스 지지자들이 노니우스를 살해하다.
100	마리우스가 여섯번째 집정관 임기를 지내다. 사투르니누스가 두번째 호민관 임기를 지내다. 메텔루스가 추방되다. 사투르니누스 지지자들이 멤미우스를 살해하다. 원로원이 두번째 원로원 최종 결의를 선포하다. 사투르니누스와 글라우키아가 죽다. 율리우스 카이사르가 태어나다.
98	마리우스가 폰토스의 미트리다테스 6세와 만나다. 메텔루스가 추방에서 해제되다. 술라가 법무관으로 당선되다.
95	술라가 아리오바르자네스왕을 카파도키아 왕좌에 앉히다. 미트리다테스와 아르메니아의 티그라네스왕이 동맹을 맺다. 소 카토가 태어나다.
94	스카이볼라와 루틸리우스가 아시아 행정을 개혁하다. 술라가 파르티아 사절을 만나다.
92	루틸리우스가 재판을 받고 추방되다.
91	젊은 마르쿠스 드루수스가 호민관 임기를 지내다. 미트리다테스와 티그라네스가 각각 비티니아와 카파도키아를 침공하다. 드루수스가 이탈리아인 시민권 수여를 제안하다. 드루수스가 살해되다. 동맹시 전쟁이 발발하다.
90	이탈리아 반란군이 코르피니움에 수도를 세우다. 바리우스 특별위원회가 이탈리아인 선동 혐의를 받은 사람들을 기소하다. 가이우스 마리우스가 북부 이탈리아 군단의 지휘권을 잡다.

아퀼리우스가 니코메데스와 아리오바르자네스를 각자의 왕국으로 호위해 가다.
율리우스법에 따라 비무장 이탈리아인들에게 시민권이 수여되다.

89 플라우티우스·파피리우스법에 따라 모든 이탈리아인에게 시민권이 수여되다.
비티니아의 니코메데스가 폰토스를 침공하다.
미트리다테스가 카파도키아를 침공하다.
폼페이우스 스트라보가 아스쿨룸을 함락시키다.
술라가 남부 이탈리아에서 성공적인 군사 작전을 수행하다.
술라와 폼페이우스가 집정관으로 당선되다.

88 포파이디우스 실로가 죽다.
동맹시 전쟁이 끝나다.
술피키우스가 이탈리아인의 동등한 선거권을 제안하다.
술피키우스가 마리우스에게 동방 지휘권을 주다.
술라가 로마로 진군하다.
마리우스가 아프리카로 피신하다.
미트리다테스가 아시아를 침공하다.
미트리다테스가 이탈리아인 학살을 명하다.

87 킨나가 첫번째 집정관 임기를 지내다.
술라가 동방으로 떠나서 아테네를 포위 공격하다.
킨나가 이탈리아인의 동등한 선거권을 제안한 후 로마에서 밀려나다.
킨나의 군대가 로마를 포위하다.
폼페이우스 스트라보가 죽다.
킨나의 군대가 로마에 입성하다.
마리우스가 공포 정치를 펼치다.

86 마리우스가 일곱번째 집정관 임기를 지내다.
킨나가 두번째 집정관 임기를 지내다.
가이우스 마리우스가 죽다.
술라가 아테네를 약탈하다.
술라가 카이로네이아에서 폰토스군을 무찌르다.
플라쿠스와 아시아티쿠스가 동방으로 군대를 이끌고 가다.
술라가 오르코메노스에서 폰토스군을 무찌르다.

85 킨나가 세번째 집정관 임기를 지내다.

	핌브리아가 플라쿠스를 죽이다.
	루쿨루스가 미트리다테스의 탈출을 방조하다.
	술라와 미트리다테스가 평화 조약을 체결하다.
	술라가 핌브리아를 자살로 몰아넣다.
84	킨나가 네번째 집정관 임기를 지내다.
	킨나가 반란을 일으킨 병사들의 손에 죽다.
	술라가 아시아에 합의금을 부과하다.
	술라가 자신의 복귀를 원로원과 협상하다.
83	술라가 이탈리아로 복귀하다.
	메텔루스 피우스, 폼페이우스, 크라수스가 술라와 합류하다.
	내전이 시작되다.
82	프라이네스테 포위가 시작되다.
	술라가 로마인들에게 연설하다.
	술라가 콜리나 성문 전투에서 승리하다.
	내전이 끝나다.
	술라가 독재관으로 임명되다.
81	술라의 공권박탈 조치가 시행되다.
	술라가 공화정 헌법을 개혁하다.
80	술라가 독재관 직에서 물러나 집정관이 되다.
79	술라가 은퇴하다.
78	술라가 죽다.

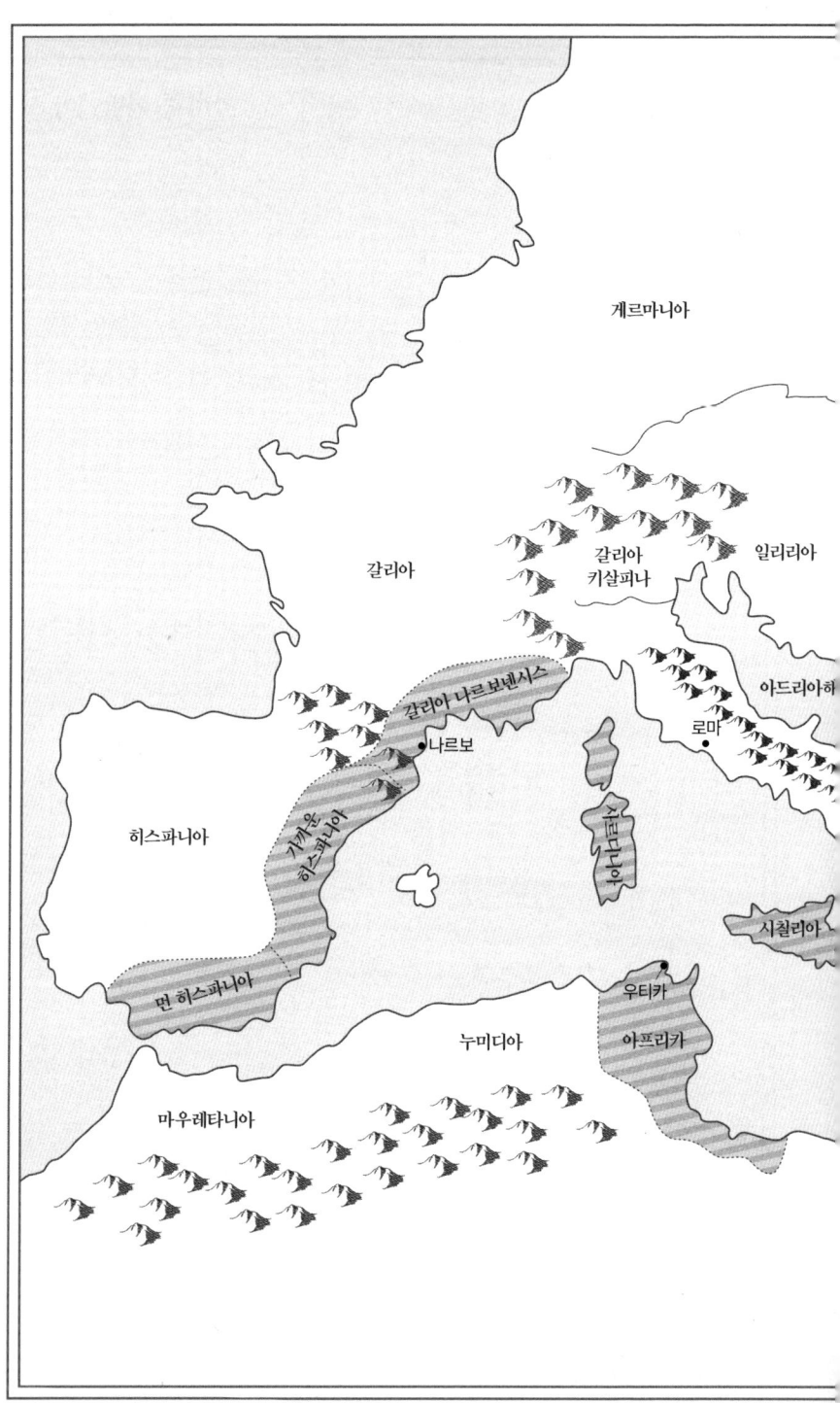

공화정기 제국

기원전 100년경

- 흑해
- 시노페
- 폰토스
- 비티니아
- 카파도키아
- 마케도니아
- 페르가몬
- 아시아
- 아테네
- 시리아
- 지중해
- 이집트

저자의 말

로마 공화정의 몰락은 역사상 그 어느 시기보다도 철저히 연구되었다. 카이사르, 폼페이우스, 키케로, 옥타비아누스, 마르쿠스 안토니우스, 클레오파트라는 로마 역사뿐만이 아니라 인류 역사 전체에서 가장 유명한 이름들에 속한다. 해마다 우리는 이 화려한 로마 공화정 마지막 세대의 삶을 그린 책이나 영화, TV 프로그램을 접한다. 이 세대가 꾸준히 우위를 차지하는 데는 그만한 이유가 있다. 매혹적인 인간 군상과 경천동지할 사건들로 가득했던 시기이기 때문이다. 특히 이 시기는 현대 공화주의 체제의 취약성을 의심하며 카이사르 세력의 부상을 경고의 메시지로 바라보는 지금의 우리에게 더없이 흥미롭게 다가온다. 필라델피아 제헌회의Constitutional Convention가 탄생시킨 것이 "공화정이다…… 우리가 그것을 지킬 수 있는 한"이라고 했던 벤저민 프랭클린의 유명한 발언은 수세대가 지난 지금까지도 경종을 울린다.

그런데 놀랍게도 애초에 로마 공화정이 재앙 직전 상황까지 가게 된 과정을 다룬 저작물은 훨씬 적다. 아마 그 어느 때보다도 지금 우리 사회와 관련이 깊은 문제일 텐데 말이다. 맹렬한 불길은 으레 주의를 끌기 마련이지만, 차후 불이 나지 않도록 예방하려면 어쩌다 그 불이 점화됐는지를 의문해야 한다. 세상에 느닷없이 불쑥 일어나는 혁명은 없으며, 율리우스 카이사르가 순전히 야망의 힘으로 파괴한 정치 체계는 분명 출발부터 건전하지 않았다. 기원전 40년대와 30년대에 점화된 기름은 대부분 한 세기 전에 이미 들이부어졌다. 카이사르, 키케로, 안토니우스보다 앞선 결정적인 세대, 즉 혁명적인 그라쿠스 형제와 끈질기게 야망을 좇은 마리우스, 무모하기로 악명 높은 술라의 세대는 도외시되고 있다. 공화정의 마지막 세대 못지않게 흥미진진하고 혼란스럽고 무시무시하면서도 재미나고 눈을 뗄 수 없을 만큼 매혹적인 이 이야기를 우리는 오랫동안 듣지 못하고 살아왔다. 이 책은 바로 그 이야기를 다루려 한다.

   그러나 이 책이 단순히 우리의 로마사 지식에 난 구멍을 메꾸는 역할만은 아니다. 〈로마사The History of Rome〉 팟캐스트를 제작할 당시 나는 일련의 동일한 질문들을 몇 번이고 거듭 받았다. "미국이 로마인가요? 미합중국이 비슷한 역사적 궤도를 따라가고 있는 겁니까? 만약 그렇다면 지금 미국은 로마사 연대표에서 어디쯤에 위치할까요?" 로마와 미국을 직접 비교하려는 시도에는 항상 위험이 따르지만, 그렇다 해도 그 문제를 생각해보는 것이 완전히 무가치한 일은 아니다. 적어도 우리는 로마 제국 1천 년 역사의 어디에서 유사한 역사적 상황이 나타나는지 확인해볼 필요가 있다.

   바로 그런 태도로 이 문제를 한번 고찰해보자. 우리는 망명자와 반체제 인사, 유랑자 무리가 새로운 영토로 이주해서 영구 정착지를 건설하는 시초 단계에 있지는 않다. 이 단계는 초기 식민지 시대에 대응될 것이다. 그렇다고 불만을 품은 귀족 집단이 군주정을 타도하고 공화정을 창건하는 혁명기도 아니다. 이 단계는 '건국의 아버지들' 시대에 해당한다. 우리는 또한 다른 열강들과의 연이은 전쟁으로 군사·정치·경제에 있어 국제적 패권을 구축하는 세계 정복기에 있지도 않다. 제1차 대전과 제2차 대전, 냉전 등 20세기의 국제 분쟁기가 이에 해당할 것이다. 끝으로—일부 히스테릭한 논객들이 그렇게 주장하기는 해도—공화정이 붕괴되어 독재자의 손에 넘어가지도 않았다. 아직은 그런 일이 일어나지 않았다. 따라서 **만약** 지금의 미국이 로마사 연대표의 어딘가에 해당된다면 그것은 위대한 정복 전쟁과 카이사르파의 부상 사이 어디쯤이라는 말이 된다.

이 시기를 더 깊이 파헤쳐보면, 오늘날 독자들에게 섬뜩하리만치 익숙하게 느껴지는 역사적 유사성으로 가득한 시대가 드러난다. 포에니 전쟁에서 카르타고를 상대로 거둔 최종적 승리는 경제 불균형 증가, 전통적 생활방식으로부터의 이탈, 정치적 양극화 심화, 정치 행위의 불문율 와해, 군대 사유화, 부정부패 횡행, 끈질긴 사회적·민족적 편견, 시민권과 선거권 확보를 둘러싼 다툼, 계속되는 군사적 수렁, 폭력의 정치 도구화, 특권에 집착한 나머지 시스템을 제때 개혁하지 않는 엘리트 집단 등을 낳았다.

물론 이러한 유사성이 그저 우연의 일치일 수도 있다. 하지만 그리스의 위대한 전기 작가 플루타르코스는 확실히 다음과 같은 가능성을 믿었다. "반면 만약에 여러 사건을 뒤얽히게 하는 요소의 수가 제한적이라면, 같은 일이 여러 번 일어나고 같은 동인들에 의해 야기될 것이다." 역사가 능동적인 의미를 가지려면 이처럼 밀접하게 엮인 요소들을 확인하고 반복적으로 나타나는 동인들을 조사하며 우리 이전 세대로부터 배울 수 있는 자리가 있어야 한다. 로마 제국은 그 자체로 언제나 매력적이었고 앞으로도 변함없이 매력적일 것이다. 그리고 이 책은 무엇보다도 로마사의 특정 시대를 다룬 이야기 중심의 역사다. 그러나 지금 우리가 사는 시대가 같은 동인들에 의해 야기된 제한적인 요소를 상당수 수반한다고 가정하면, 로마사의 이 특정 시기는 깊이 조사하고 숙고하고 반추해볼 가치가 충분하다.

2017년 10월 위스콘신주 매디슨에서
마이크 덩컨

머리말

로마 공화정의 승리

어지간히 어리석거나 게으른 자가 아니고서야,
불과 53년 만에 사람이 사는 거의 모든 지역이 정복되어
로마의 단독 통치하에 들어간 일이 도대체 어떻게,
어떤 정치 체제를 통해 가능했는지 궁금하지 않을 사람이 있겠는가?
_폴리비오스[1]

집정관 권한대행 푸블리우스 스키피오 아이밀리아누스는 카르타고 성벽 앞에 서서 불타는 시가지를 바라보았다. 로마인들은 피비린내 나는 기나긴 포위전 끝에 그 성벽을 깨부수고 가장 강력한 적의 심장을 뚫었다. 카르타고인들이 투지를 보이는 바람에 도시를 야금야금 공략할 수밖에 없었지만, 일주일간 이어진 전투의 마지막은 결국 로마의 승리로 장식되었다. 아이밀리아누스는 도시를 빈틈없이 약탈한 뒤에, 카르타고를 완전히 파괴하고 남은 주민들은 노예로 팔거나 내륙 지역—북아프리카 해안의 이 부유한 항구도시에서 멀리 떨어진—으로 이주시키라고 명령했다. 오랫동안 지중해 최고의 도시였던 카르타고는 더이상 존재하지 않게 되었다.[2]

한편 동쪽으로 1천100킬로미터 떨어진 곳에서 집정관 루키우스 뭄미우스는 그리스 도시 코린토스의 성벽 앞에 섰다. 50년간 로마는 그

리스를 직접 지배하지는 않으면서도 그리스 정계를 통제하려 애썼다. 하지만 끊이지 않는 사회 동요와 무질서, 반란으로 인해 로마가 개입할 수밖에 없는 상황이 반복되었다. 결국 기원전 146년, 로마 원로원은 이 같은 반란을 완전히 끝낼 작정으로 뭄미우스를 파견했다. 뭄미우스는 코린토스 성벽을 깨부수면서 이 도시를 본보기로 삼았다. 카르타고의 경우와 마찬가지로, 로마 군단들은 코린토스의 재산을 모조리 빼앗고 건물을 파괴했으며 주민들을 노예로 팔았다.[3]

한 해에 카르타고와 코린토스를 동시에 무너뜨림으로써, 로마 공화정은 제정이라는 운명을 향한 최후의 한 걸음을 단호히 내디뎠다. 이제 로마는 여러 열강 중 하나가 아니라 지중해 세계의 유일한 강대국으로 확고히 자리매김했다. 그러나 로마의 제국적 권력이 완전히 무르익은 순간, 공화정은 안으로부터 썩기 시작했다. 로마 공화정의 승리는 곧 로마 공화정 종말의 시작이었다.[4]

로마의 승리를 향한 길은 그보다 6세기 앞서 중부 이탈리아에서 시작되었다. 공인된 전설에 따르면 티베리스강가에 버려져 있던 쌍둥이 아기 로물루스와 레무스가 암늑대에게 발견되어 늑대의 젖을 먹고 목숨을 건졌다. 쌍둥이는 성년이 되자 자신들이 발견된 곳에 도시를 세우기로 결심했다. 그런데 도시의 경계를 어디에 둘지 정하던 중 형제간에 싸움이 벌어졌고, 결국 로물루스가 레무스를 죽이고 홀로 신생 도시 로마의 건립자가 되었다. 이 전설상의 건국일은 기원전 753년 4월 21일이다.[5]

우리가 흔히 듣는 로물루스와 레무스 이야기는 신화임에 분명하지만, 순전히 지어낸 이야기라고만 볼 수는 없다. 현존하는 고고학 증거를 보면 이 지역에 기원전 1200년대부터 사람이 살았고 기원전 900년 초에는 영구 정착이 이루어졌음을 알 수 있는데, 이는 로마 전설상의 연대표와 대략 일치한다. 그렇지만 신화 속 이야기와 달리 로마의 위치는 다정한 늑대들과의 우연한 만남과는 하등 무관하고 오히려 경제적 요지와 관련이 있다. 로마는 티베리스강(오늘날의 테베레강)의 몇 안 되는 안정적인 도하 시점이 내려다보이는 일곱 언덕 가운데에 아늑히 자리잡고 있다. 초창기 로마인들은 대부분 농부였지만, 이러한 입지 덕에 강을 통제하고 시장을 세우는 동시에 적의 공격이 있을 시 스스로를 지킬 수 있었다. 얼마 안 가 그들의 작은 공동체는 안정을 이루고 번영했다.[6]

첫 250년간 로마는 이탈리아의 그저 그런 소왕국 중 하나일 뿐이었다. 이 시기의 기록이 전무했으므로, 후대의 로마 역사가들은 구전으로 전해진 '로마 7왕'에 기대어 그들 도시의 초기 발전 과정을 설명했다. 빈약한 증거에도 불구하고, 로마인들은 그들의 주요 공적 제도가 대부분 신화에 가까운 이 군주정에 뿌리를 두고 있다고 믿었다. 첫 번째 왕 로물루스는 군단과 원로원과 민회를 조직했고, 두번째 왕 누마는 신관들과 종교 의례를 도입했다. 여섯번째 왕 세르비우스 툴리우스는 각종 민회를 개혁하고 최초로 인구조사를 실시했으며 시민들을 지역별 투표 단위인 트리부스tribus로 편성했다. 하지만 후대 로마인들은 이 왕들에게 로마시의 정치적·사회적 기틀을 마련한 공을 돌리면서도 한편으로 왕은 로마의 성격에 전혀 맞지 않다고 생각했다. 로마 왕국은 기원전 509년 일단의 원로원 의원들이 마지막 왕을 도시

에서 쫓아내고 군주정을 왕 없는 공화정으로 교체하면서 돌연히 끝났다.[7]

　새로 탄생한 로마 공화정은 자유분방한 민주제가 아니었다. 로물루스가 임명했던 최초의 원로원 의원들로 거슬러올라가는 혈통을 가진 가문을 파트리키patricii, 귀족라고 했는데, 바로 이 가문들이 정계와 종교계 공직을 관습적으로나 법적으로나 독점했다. 이 소수의 귀족 파벌에 속하지 않는 사람들은 플렙스plebs, 평민라고 불렸다. 가난한 농부건 번창한 상인이건 부유한 지주건 모든 평민은 권력에서 배제되었다. 오래지 않아 평민들은 동등한 권리를 요구하고 나섰다. 역사가 아피아노스(95년경~165년경, 로마 제정시대의 그리스인 역사가―옮긴이)의 말을 빌리면 "로마의 평민과 원로원은 법률 제정이나 부채 탕감, 토지 분배, 정무관 선출 문제를 두고 자주 대립했다". 귀족과 평민 간의 오랜 싸움은 신분 투쟁Conflict of the Orders으로 불리게 되었다.[8]

　공화정이 출범하고 15년쯤 지날 무렵, 하층 평민 사이에 번진 부채 위기는 결국 대대적인 대결로 이어졌다. 귀족들의 권력 남용과 전횡에 격분한 평민들은 다가오는 외적의 위협에 맞서라는 군 복무 소집을 거부했다. 도시 밖의 한 언덕으로 일제히 빠져나간 그들은 평민을 위한 정무관을 선출할 수 있기 전에는 그곳에서 꼼짝하지 않겠다고 맹세했다. 이에 원로원은 항복하고 귀족의 참여가 금지된 평민회를 만들었다. 이 민회에서는 귀족의 권력 남용에 맞서 평민의 수호자 역할을 하는 호민관들을 선출했다. 시민이라면 누구든 이유를 불문하고 언제라도 호민관에게 보호를 구할 수 있었다. 호민관은 신성한 서약에 의해 신성불가침한 존재로 선포되었다. 다시 말해 로마시 경계선 안에서는 집정관조차도 그들에게 손을 댈 수 없었다. 그들은 원로원 귀족계급의 횡포에 대항하는 파수꾼이 되었다.[9]

 귀족과 평민 간의 갈등이 공화정 초기를 규정짓는 요소로 작용하기는 했지만, 로마 정치는 계급 전쟁이 아니었다. 로마의 여러 가문은 엘리트층 귀족 보호자로부터 다수의 평민층 피호민들로 밀접하게 연결되는 복잡한 관계망을 구축했다. 보호자 patron는 피호민 client에게서 정치적·군사적 지원을 기대할 수 있었고 피호민은 보호자에게서 재정적·법적 지원을 기대할 수 있었다. 따라서 귀족과 평민의 갈등이 어쩌다 격렬한 충돌을 일으키기는 했어도, 보호자와 피호민의 결속은 곧 로마 정치가 계급 전쟁보다는 경쟁 씨족들의 충돌에 가까웠음을 의미했다.

 그렇지만 진정 모든 로마인을 하나로 묶어준 것은 암묵적인 사회·정치 행동규범이었다. 로마인들은 성문화된 헌법이나 광범위한 법률을 보유한 적이 없었다. 양쪽 모두 필요 없었기 때문이다. 그 대신 성문화되지 않은 규율, 전통, 상호 기대가 로마인들의 삶을 에워싸고 있었는데 이를 통칭하여 '선조들의 관습'을 뜻하는 모스 마이오룸 mos maiorum이라 했다. 정적들이 부와 권력을 놓고 다툴 때조차 피호 관계의 힘과 민회의 자주권, 원로원의 지혜를 존중하는 태도를 공유했기에 선을 넘지는 않았다. 기원전 2세기 말 공화정이 와해되기 시작할 당시에도, 이는 로마의 법조문이 아니라 공동 합의된 모스 마이오룸에 대한 존중이 무너진 것이었다.[10]

 내분도 없지 않았지만, 로마인들은 외부의 위협과 맞닥뜨리는 순간

마다 하나가 되어 싸웠다. 로물루스는 로마인들에게 일찌감치 군인 정신을 각인시켰고, 거의 한 해도 빠짐없이 이웃나라와 이런저런 충돌이 일어났다. 주기적으로 발생한 이런 소규모 충돌이 때로는 전면전으로 확대되기도 했다. 기원전 343년을 시작으로 로마인들은 이탈리아 중부 산악지대에 거주하던 유목민족 삼니움인과의 장기전에 휘말려 들었다. 이후 50년간 계속된 삼니움 전쟁은 결국 이탈리아의 나머지 지역까지 반反로마 연합에 끌어들였다. 로마는 기원전 295년 이 연합을 격파함으로써 이론의 여지가 없는 이탈리아반도의 지배자가 되었다.[11]

그러나 이 승리는 포에니 전쟁이라는 더 큰 분쟁을 낳았다. 로마가 힘을 키운 기원전 300년대에 북아프리카에서는 부유한 상업도시 카르타고가 부상하고 있었다. 로마인들이 이탈리아를 정복할 무렵 카르타고인들은 이미 시칠리아섬으로 밀고 들어왔으며 히스파니아로의 진출을 앞두고 있었다. 두 신생 제국의 격돌은 불가피했다. 로마와 카르타고는 이후 100년 동안 지중해 서부의 패권을 다투었다.[12]

카르타고의 명장 한니발이 이탈리아를 침공한 기원전 218년에는 로마가 거의 패배할 듯했으나, 완강한 로마인들은 항복하려 들지 않았다. 실제로 얼마 안 가 로마인들은 지중해 전역으로 충돌을 확산시킬 수 있었다. 원로원은 한니발의 보급로를 차단하기 위해 여러 군단을 보내 카르타고령 히스파니아를 공격했다. 한니발이 마케도니아의 필리포스 5세와 동맹을 맺으려 한 것을 알게 된 원로원은 그리스로 함대를 보냈다. 마침내 이 전쟁의 위대한 영웅 스키피오 아프리카누스가 북아프리카의 카르타고 본국 침공을 감행했다. 기원전 202년 벌

어진 자마 전투에서 그는 한니발을 격파했다. 카르타고는 결국 항복했다.[13]

포에니 전쟁이라는 호된 시련을 헤쳐나온 로마는 더이상 한낱 지역 강국이 아니었다. 이제 로마는 지중해 전역을 제패한 절대 강국이 되었다. 그러나 원로원은 로마가 장악한 지역을 제국주의적으로 직접 지배하려 하지 않았다. 카르타고와 체결한 최종 조약은 놀랍도록 관대했다. 매년 배상금을 지불해야 하고 육군이나 해군 병력 배치가 금지되는 등 징벌적인 조항도 얼마간 있었지만, 그것만 제외하면 카르타고는 아프리카의 본래 영토를 유지하면서 자치권을 누릴 수 있었다.[14]

원로원은 그리스인들과 마케도니아인들의 통치에도 관여하지 않으려 했다. 일단 마케도니아의 참전을 무사히 막아내자 로마 함대는 아드리아해 너머로 철수했다. 당초 계획은 그리스를 그리스인들에게 맡겨두는 것이었으나, 원로원으로서는 실망스럽게도 필리포스 5세가 고의로 조약상의 의무사항을 위반하자 로마는 다시 동방으로 군대를 파견할 수밖에 없었다. 기원전 197년 키노스케팔라이에서의 결정적인 전투에서 로마 군단이 마케도니아군을 궤멸시킴으로써 필리포스 왕은 도발적인 오판의 대가를 치렀다. 그는 마케도니아에 틀어박혀 더는 문제를 일으키지 않기로 약속했다. 그런데 그리스를 마음대로 처분할 수 있는 입장이 되었음에도 승전국 로마는 기원전 196년 이렇게 선언했다. "필리포스왕과 마케도니아인들을 정복한 로마 원로원과 총사령관 T. 큉티우스는 이 나라들이 자유롭고 공세 납부에서 해방되며 각자 국법에 따라 살 것을 선언한다." 로마는 그리스인들을 정복한 것이 아니라 해방시킨 것이다.[15]

그러나 원로원은 '문명화된' 카르타고인과 그리스인에 대한 직접적인 제국주의 지배는 삼갔지만 '미개한' 히스파니아를 합병하는 데는 주저함이 없었다. 수익성 좋은 은광에 끌린 로마는 포에니 전쟁 후 히스파니아에 군대를 주둔시켜 그곳의 은이 로마의 신전들로 흘러가게끔 보장했다. 히스파니아에서 로마가 보인 행태는 속임수, 강탈, 주기적 잔혹행위 등으로 점철되어 있었다. 그리하여 반란과 평정의 주기가 숨가쁘게 반복되었고, 결국 원로원은 히스파니아 해안지역을 가까운 히스파니아와 먼 히스파니아라는 두 개의 영구 속주로 정식 편제했다. 기원전 197년에 이 두 곳은 시칠리아, 코르시카와 더불어 로마 제국의 초창기 해외 속주로 합류하게 되었다.[16]

푸블리우스 스키피오 아이밀리아누스는 기원전 185년 바로 이런 시대 배경에서 태어났다. 유서 깊은 파트리키 가문의 아들로 태어난 그는 자식이 없던 스키피오 가문의 수장에게 입양되어 법적으로 위대한 스키피오 아프리카누스의 손자가 되었다. 이 같은 입양은 로마 귀족 계층에서 동맹을 강화하는 방법으로 흔히 쓰였고, 아이밀리아누스는 세계 최강의 도시에서도 최강의 가문에서 성장했다. 특출한 정치 경력을 기대하게끔 길러진 아이밀리아누스는 자신이 위대한 지도자가 될 운명임을 믿어 의심치 않았다. 때가 되면 그는 공화정에서 가장 권위 있는 세 가지 주요 영역 모두에서 공훈을 세우고, 나아가 로마 제국 최후의 위업을 달성하는 주인공들의 대열에 합류할 터였다.[17]

아이밀리아누스의 첫번째 전투 경험은 그리스에서 이루어졌다. 친부인 루키우스 아이밀리우스 파울루스가 열일곱 살 된 아들을 전투에 데리고 가서 로마가 전쟁을 치르는 방식을 직접 눈으로 확인시켜 준 것이다. 기원전 168년 6월 파울루스의 군대는 마케도니아인들을 진압하고 로마의 패권을 타도하려 했던 젊고 야심만만한 페르세우스 왕을 폐위시켰다. 아이밀리아누스는 아버지가 마케도니아 왕실의 금고를 압수하고 30만 명 넘는 사람들을 노예로 만들어 마케도니아 왕국을 말 그대로 지도에서 지워버리는 모습을 지켜보았다. 한때 알렉산드로스대왕의 왕국이었던 곳이 이제는 작은 공화국 네 개로 쪼개졌다.[18]

그러나 이처럼 냉혹한 정리가 끝나자 원로원은 이전의 너그러운 통치 방식으로 돌아갔다. 새로 생긴 마케도니아의 네 공화국 주민들에게는 계속 세금을 요구했지만 세율은 마케도니아 왕들에게 내던 것의 절반으로 낮췄다. 전쟁에서 무사히 살아남고 노예로 팔려가지만 않는다면 로마 치하의 삶은 썩 나쁘지 않았다.[19]

아이밀리우스 파울루스는 정복전쟁이 한창이던 중에 그리스인 저명인사 1천 명을 인질로 잡았다. 그들의 친족들이 얌전히 굴게 만들기 위해서였다. 그렇게 잡혀온 인질 중에 폴리비오스라는 탁월한 정치인 겸 학자가 있었다. 폴리비오스는 메갈로폴리스의 시민 지도자로서 로마와 마케도니아의 전쟁 당시 로마인들에게 중립 성향의 조언을 했고, 이것만으로도 위험 인사로 낙인찍히기에 충분했다. 따라서 폴리비오스에게는 추방이 예정돼 있었으나, 이는 예기치 않은 재난의 씨앗이었다. 로마군 고위 사령부가 메갈로폴리스를 통과해 지나가는 동안 당시 10대 소년이던 아이밀리아누스는 폴리비오스에게 책을 빌렸고, 이후에 오간 토론을 통해 두 사람 사이에는 우호적인 유대가 형성되었다. 파울루스의 주선으로 폴리비오스는 로마에서 유배생활을 하며 파울루스의 아들에게 수사학과 역사, 철학을 가르치게 되었다.[20]

폴리비오스의 지도 아래 아이밀리아누스는 당대를 휩쓸고 있던 새로운 그리스·로마 정신을 받아들였다. 교양을 갖춘 그리스인 노예들이 이탈리아로 쏟아져 들어오면서 귀족층의 젊은 세대 전체가 그리스 문학과 철학, 예술에 푹 빠져들게 되었다. 로마의 보수층 일부는 그리스 사상이 초기 로마인들의 엄격한 덕목을 훼손한다는 믿음하에 그리스 사상 유입을 맹렬히 비난했다. 그러나 아이밀리아누스를 비롯한 젊은 선도자들은 그리스 문화에 심취하면서도 로마의 세계 지배권에 대해서는 결코 의문을 품지 않았다. 게다가 보수주의자로서 도덕적인 고뇌를 보였음에도 불구하고 복종이란 채찍 든 손으로 가르쳐야 한다고 믿었던 스키피오 아이밀리아누스는 관대함과는 거리가 멀었다. 따라서 로마의 통치를 못 견뎌하는 사람들이 들고일어나기 시작하고 마침내 원로원이 지중해 지역에 복종을 가르치기로 결심하는 순간, 그는 바로 그 채찍 든 손이 되기 가장 적합한 위치에 있을 터였다.[21]

폴리비오스는 로마에서 유배생활을 하는 동안 로마 공화정을 높이 평가하기에 이르렀다. 혹은, 어쨌든 로마의 힘은 저항할 수 없을 만큼 압도적이며 자기 같은 그리스인들은 그 힘에 익숙해지는 편이 낫다고 생각하게 되었다. 부지런히 세상을 탐색하는 관찰자로서, 폴리비오스는 어느새 온 세상을 지배하게 된 이 이탈리아 촌구석의 야만인들에 관해 끊임없는 기록과 폭넓은 서신 교환을 통해 철저히 조사할 수 있었다. 훗날 그는 로마인들이 그토록 짧은 시간에 그토록 높이 부상하게 된 과정과 원인을 설명한 로마 역사서를 쓰게 될 터였다. 로마인들의 군사적 기량이 확실히 뛰어나기도 했지만, 무엇보다도 그들은 전통적인 세 가지 통치 형태들—일인 지배체제인 군주정, 소수 지배체제인 귀족정, 다수 지배체제인 민주정—간에 완벽한 균형이 이루어진 정치 체제하에 살았다는 것이 폴리비오스의 주장이었다.[22]

아리스토텔레스의 정치 이론에 따르면 다양한 통치 형태는 제각기 장점을 갖지만 시간이 갈수록 그 안에서 가장 압제적인 형태로 바뀌다가 급기야 전복된다. 그러므로 군주정은 독재정이 되어 진보적 귀족들에게 전복당하고, 귀족정은 억압적인 과두제로 빠져들다가 민중 민주주의가 과두제 집권층을 타도하며, 민주정은 무정부 상태로의 문을 열어 또다시 상황을 안정시킬 군주정에 기회가 돌아오는 것이다. 폴리비오스는 로마인들이 이러한 순환의 고리를 끊었던 까닭에 다른 도시국가들이 움직이는 모래처럼 불완전한 정치 체제하에서 무너지는 와중에도 성장을 지속할 수 있었다고 보았다.[23]

로마의 정치 체제에서 군주정 요소는 행정을 맡은 집정관들이었다. 로마인들이 왕에 대해 강한 반감을 지닌 탓에 로마 공화정은 단일 행정수반을 두는 대신 두 명의 집정관을 뽑아 군사, 정치, 종교 부문의 최고 권력을 나눠 갖게 했다. 전제적인 권력 장악의 위험을 막기 위해 각 집정관은 동료 집정관의 결정에 거부권을 행사할 수 있었다. 하지만 그보다 더 중요한 장치는 임기를 단 1년으로 제한한 것이다. 집정관들은 임기가 끝나면 시민의 대열로 다시 돌아가고 새로운 지도자 두 명이 그 자리를 대체했다.[24]

그러나 실용적인 성향의 로마인들은 독재관이라는 비상시 관직까지 만들었다. 위기 상황에 맞닥뜨리면 집정관들은 한 사람에게 권력을 넘겨주고, 그 사람은 로마를 위험에서 구하기 위해 절대적인 권한을 갖는 것이다. 여기서 위기 상황이란 반드시 외국의 위협만을 뜻하지는 않았다. 실제로 최초의 독재관이 임명된 계기는 적대적인 이웃나라의 위협이 아니라 로마 내의 평민 소요 사태였다. 하지만 가장 결정적인 점은 독재관 임기가 여섯 달이면 끝난다는 것이었다. 왕에 대한 로마인들의 혐오가 워낙 확고했으므로, 원로원은 로마 시민 누구든 언제라도 왕권을 노리다가 발각되면 다른 시민이 죽일 수 있도록 허용했다. 거의 500년을 지나는 동안 로마의 독재관들은 예외 없이 그 권한을 자발적으로 내려놓았다.[25]

귀족정 요소는 당연히 원로원이었다. 원로원은 원래 로물루스가 최고 행정기구 역할을 할 원로 100명으로 조직한 기구였으나 폴리비오스 시대에는 약 300명 규모로 확대되었다. 로마의 가장 부유하고 영향력 있는 가문에서 구성원을 확보했으며, 점차 공화정의 중추적 정치기관으로 발전했다. 원로원은 전직 정무관들로 구성된 만큼 매년 선출되는 지도자들의 주된 자문기관으로 활약했다. 집정관들이 원로원의 심의를 거친 조언을 듣지 않고 정책을 추진하는 경우는 극히 드물었다.[26]

마지막으로 민주정 요소는 모든 로마 시민에게 열려 있던 민회에서 찾아볼 수 있다. 폴리비오스 시대에는 세 가지 주요 민회가 존재했다. 우선 백인조회Centuriate Assembly는 고위 정무관들을 선출했다. 트리부스회Tribal Assembly는 하위 정무관들을 선출하고 법률을 통과시키고 법적 판단을 내렸으며, 평민회Plebeian Assembly는 트리부스회와 대체로 동일한 권한을 지녔지만 호민관을 선출하고 평민 가문 출신만 참여한다는 점에서 차별화되었다. 로마 정치 체제의 민주정 요소는 과소평가되는 경우가 많지만, 사실 민회들은 믿을 수 없을 정도로 강력했다. 가령 법률을 제정하거나 시민에게 사형을 선고하는 일은 민회에서만 가능했다. 게다가 시민은 언제나 민회에 상고할 수 있었던 반면 민회측에서 상고하는 경우는 없었다. (그리스와 로마 문헌자료는 세 가지 민회 중 무엇에 관해 논하였는지 명확히 밝히지 않은 경우가 많으므로, 이후로는 셋을 통틀어 '민회'라 부르기로 한다.)[27]

폴리비오스의 해석에 따르면 로마 정치 체제의 세 요소는 어느 한 요소가 우위를 차지할 수 없도록 균형을 이루고 있었다. 그러나 폴리비오스가 뛰어난 이론가이긴 했어도, 기원전 100년대 중반 그의 역사서가 서술된 무렵에는 그가 감탄하던 균형은 이미 깨어진 뒤였다. 포에니 전쟁을 끝낸 원로원은 기원전 400년대에 평민들의 첫번째 이탈이 일어난 이후보다 더욱 강해진 상태였다. 포에니 전쟁 동안 해마다 고위 사령관들이 바뀌어 전쟁 계획을 세우는 데 방해가 되자 원로원은 집단적으로 정책 수립과 실행을 주도하기 시작했다. 원로원 의원들 역시 말 잘 듣는 피호민을 호민관으로 선출시키는 데 능숙해졌다. 포에니 전쟁이 끝날 즈음엔 집정관이건 호민관이건 민회건 더이상 원로원을 견제하지 못하고 원로원 세력의 연장선으로 작용했다. 폴리비오스가 균형잡힌 로마 체제에 관해 찬가를 쓰고 있던 바로 그 순간에도, 원로원 귀족 계층은 억압적인 과두제로 빠져들고 있었다.[28]

원로원의 권력 행사 방식 하나는 최고위 정무관 직에 선출될 인물을 엄격히 통제한 것이었다. 기원전 200년대 중반에 이르면 그간의 신분 투쟁을 통해 파트리키와 평민의 구분은 대부분 사라지고 없었다. 하지만 엘리트 귀족층 하나가 몰락할 때마다 그 자리를 차지할 다른 세력이 있었으며, 그에 따라 새로운 구분이 생겨났다. 이제 조상대에 집정관을 배출했다고 주장할 수 있는 가문들은 파트리키나 평민을 막론하고 노빌레스nobiles, 신귀족로 지칭되었다. 집정관급 조상이 없는 이들은 조롱 섞인 표현인 노부스 호모novus homo, 즉 신진 세력이라 불렸다. 이처럼 파트리키와 평민을 아우르는 새로운 귀족 계층은 자기네 가문에서 계속 집정관 직을 독식하고자 애썼고, 신진 세력에게는 집정관 직을 차지할 기회가 거의 주어지지 않았다. 이렇듯 과두제로 향해 가는 기류의 여파를 체감한 사람들 중에 루키우스 뭄미우스도 있었다. 그는 야심만만한 젊은이였고, 신진 세력이기도 했다.[29]

뭄미우스의 어린 시절에 관해서는 알려진 바가 거의 없다. 출생연도조차 수수께끼로 남아 있으며 기원전 200년에서 190년 사이로 추정해볼 수 있을 뿐이다. 뭄미우스가 일반적인 궤도를 따랐다고 가정한다면 18세에서 22세 사이 교육과정을 마친 뒤 군에 입대했을 것이다. 공직에 진출하려면 10년 동안의 군 복무가 필수였으므로 뭄미우스는 여러 속주의 주둔군에서 기병 장교로 복무했을 것이다. 10년간의 군 복무를 끝낸 뭄미우스는 쿠르수스 호노룸cursus honorum, 즉 선출직 정무관의 위계로 이루어진 '관직의 사다리'에 오를 자격을 얻었다.

관직의 사다리 첫 단계는 재무관quaestor이었다. 매년 민회에서 재무관 열 명이 선출되어 공화국의 재무, 회계, 기록 관리 업무를 할당

받았다. 재무관들은 대개 고위 정무관의 보좌진 역할을 맡아 로마 행정의 요령을 익히며 임기를 보냈다. 재무관으로 선출되는 동시에 원로원에 들어갈 수 있는 자격도 주어졌다. 물론 30대 초반의 하급 관료인 만큼 원로원에서 중요한 논쟁이 벌어질 때 참석은 하지만 발언은 하지 않는 것이 보통이었다. 뭄미우스는 재무관 임기 동안 로마에서 국고 관리 업무에 배정되었을 수도 있고 시칠리아나 사르디니아, 히스파니아 중 한 곳에 파견되어 속주를 관리했을 수도 있다.[30]

재무관 위는 조영관aedile이었다. 매년 민회에서 네 명씩 선출된 조영관은 공공사업과 경기대회를 감독할 책임을 맡았다. 1년간의 조영관 재직은 성대한 경기대회를 개최하거나 새로운 도로나 수도교처럼 세간의 이목을 끄는 사업을 주관함으로써 인지도와 인기를 구축할 아주 좋은 방법이었다. 야심만만한 젊은이들은 향후 정치적으로 성공하면 채무를 변제할 기회가 생길 거라는 암묵적인 합의하에 종종 막대한 빚을 내어 이런 사업의 자금을 대기도 했다.[31]

재무관과 조영관 재직 경험이 있는 사람이 마흔 살 생일에 가까워지면 법무관praetor 선거에 출마해 하급 정무관에서 상급 정무관으로의 문턱을 넘는 것이 허용되었다. 그해의 집정관 두 명이 모든 곳에 있을 수는 없었으므로, 매년 민회에서는 집정관 부재시 통치권을 갖는 법무관 네 명을 선출했다. 법무관들은 속주 행정과 군사 작전, 사법 절차 등의 책임을 나누어 짊어졌다. 뭄미우스는 틀림없이 젊은 관료의 가능성을 알아본 귀족 보호자들의 도움으로 기원전 153년 법무관으로 당선될 수 있었을 것이다. 하지만 신진 세력이라는 그의 신분을 감안하면 사실상 뭄미우스가 오르기를 기대할 수 있는 가장 높은 자

리는 거기까지였다. 집정관 직은 어차피 신진 세력이 오를 수 있는 자리가 아니었다.[32]

그러나 히스파니아에서 터진 위기 덕분에 뭄미우스는 그 어떤 신진 세력도 집정관으로 선출되지 않았던 약 30년간의 흐름을 단절시킬 수 있었다. 원로원은 루시타니족의 저항으로 휘청거리던 먼 히스파니아의 질서를 회복시킬 임무를 뭄미우스에게 맡겼다. 뭄미우스는 내륙으로 진군하던 중에 루시타니족 주력 부대를 발견하고 격퇴했으나, 저항세력을 추격하던 중 그의 군대가 결속력을 잃는 바람에 루시타니족에게 형세를 역전시킬 여지를 주었다. 결국 뭄미우스는 해안까지 다시 후퇴해야만 했다. 그러나 이러한 상황에도 그는 의연함을 잃지 않고 조직을 재정비한 뒤 루시타니족을 연거푸 패배시켰다. 그해가 끝날 무렵 뭄미우스는 노예와 약탈품을 무더기로 깔고 앉아 있었다. 로마 원로원과 인민은 승리에 대한 보상으로 뭄미우스에게 개선식을 허가했다. 이는 그 자체로도 상당히 드문 일인데다 신진 세력에게는 거의 주어지지 않던 영예였다.[33]

개선식은 단순히 영예에 그치지 않았다. 그것은 로마 정치의 화려한 구경거리 중에서도 극치를 이루었다. 귀국하는 장군은 승리한 그의 병사들 및 전리품과 함께 로마에 입성한 뒤 의례적인 경로를 따라 카피톨리누스 언덕의 유피테르 신전으로 갔다. 그 과정에서 로마 시민들은 전쟁중에 군단이 모은 금은보석, 이국적인 공예품, 전승기념물, 노예 들을 구경했다. 행진이 끝난 뒤에는 개선장군이 연회와 경기 대회를 여는 경우가 많았다. 인상적이고 이국적인 요소가 많으면 많을수록 더 성공적인 행사였다. 로마 지도층 인사들은 다들 어떻게든 개선식을 얻어내려 애썼지만 그들 모두가 개선식을 치르지는 못했다. 신진 세력임에도 불구하고 로마 거리에서 개선행진을 했다는 것은 뭄미우스의 능력과 정치적 인맥을 보여주는 증거였다. 설사 뭄미우스가 집정관 선거에 출마하기로 결심하더라도 괜찮을 만큼 이제 그의 이름은 두루두루 널리 알려져 있었다.[34]

신진 세력이던 뭄미우스가 체계적이고 꾸준한 단계를 밟으며 관직의 사다리를 올라야 했다면, 파트리키 귀족 스키피오 아이밀리아누스는 세상에 걱정거리라곤 하나 없이 경쾌하게 그 길을 나아갔다. 아이밀리아누스는 기원전 155년경 재무관으로 선출되었지만, 이는 그가 집정관이 되기 전까지 유일하게 맡은 정무관 직이었다. 기원전 151년 그는 당시의 집정관을 따라 히스파니아로 가겠다고 자원했는데, 그곳은 추가 반란이 일어나 지속적인 군사 개입이 필요한 상황이었다. 히스파니아에 있는 동안 아이밀리아누스는 용기와 신체적 기량으로 명성을 쌓았다. 한번은 적군의 성벽을 가장 먼저 넘은 일로 포상을 받았고 한번은 궁지에 몰린 3개 대대의 군단병들을 구출했으며, 이후에는 거만하게 뽐내던 히스파니아 전사를 일대일 결투로 쓰러뜨리기도 했다. 이 모든 활약은 위풍당당한 젊은 영웅에게 딱 들어맞는 이력이었고, 로마인들은 그의 위업을 대단히 즐겼다.[35]

아이밀리아누스의 인기가 높아진 것과 동시에 잠자던 거인 카르타고가 50년간의 잠에서 깨어나면서 그의 운명이 또렷해졌다. 기원전 152년, 노쇠한 대大 카토는 분쟁을 중재하러 카르타고에 갔다가 포에니 전쟁 이후 그사이 너무나 화려하고 부유해진 카르타고의 모습에 깜짝 놀랐다. 새로운 자신감을 감지한 카토는 로마로 돌아가서 카르타고인들이 또다시 로마를 위협하지 못하도록 당장 전쟁을 벌여야 한다고 주장했다. 이후로 그는 원로원에서 연설을 할 때마다 주제에 상관없이 "더욱이 카르타고는 반드시 궤멸되어야 합니다"라고 끝마쳤다는 유명한 일화가 전해진다. 원로원은 결국 카토의 끈질긴 잔소리에 굴복하여, 기원전 150년에 공격의 빌미를 찾았다. 그러나 카르타고의 방어시설은 무척이나 단단했고, 로마인들은 그 도시를 파괴하기는커녕 2년간의 포위 공격이라는 늪에 빠졌다.[36]

   쉽고 빠른 전쟁이 될 거라고 약속받았던 로마 시민들은 일을 마무리짓지 못하는 원로원의 무능함에 점차 인내심을 잃어갔다. 기원전 148년이 되자 그들은 새로운 지도자를 찾아 나섰다. 집정관 선거가 가까워올 무렵, 인기 있는 스키피오 아이밀리아누스를 발탁하려는 움직임이 로마에서 일어났다. 하지만 문제가 있었다. 아이밀리아누스가 그 직책을 맡기에는 너무 어린데다 재무관 이상의 정무관 직을 수행해본 적이 없다는 점이었다. 법률 조문으로 보나 법 정신으로 보나 아이밀리아누스는 집정관 직에 부적격이었다. 그러나 거대한 힘을 지녔던 민회는 단순한 다수결로 자격 기준을 유예하고 아이밀리아누스를 집정관에 선출한 뒤 카르타고로 파견했다. 기원전 147년 봄 카르타고에 도착한 아이밀리아누스는 도시를 체계적으로 포위하는 작업에 착수했다. 그는 배들이 로마의 봉쇄를 뚫고 빠져나가지 못하도록 방파제를 쌓아 항구를 막고 대규모 공성보루를 건설하여 마침내 카르타고시를 무릎 꿇렸다.[37]

아이밀리아누스의 파격적인 집정관 선출 다음해에는 루키우스 뭄미우스가 불가능한 일에 도전할 준비를 하면서 이로 인해 또다른 파격 선거가 있었다. 귀족 보호자들의 지원과 개선식의 기억으로 들뜬 분위기 속에서 뭄미우스는 기원전 146년 집정관 선거에 출마했다. 귀족 계층이 새로운 피를 단 한 방울이라도 조직에 받아들인 지 30년 이상이 지났지만, 뭄미우스는 그런 영예를 받을 만한 인물로 여겨졌다. 그는 근 40년 만에 처음으로 신진 세력 출신의 집정관이 되었다.[38] 원로원은 새로 선출된 집정관 뭄미우스를 그리스로 파견했다. 그곳에서는 로마의 패권이 다시 한번 도전에 직면해 있었다. 기원전 168년 마케도니아에 승리한 이래로 원로원은 그리스 내정에서 영향력 있으면서도 객관적인 역할을 지속하면서 여러 도시국가와 왕국 사이의 정치·경제 분쟁을 치우침 없이 중재했다. 그러나 그리스 동부의 도시국가들이 종종 로마의 중재와 지침을 구하기는 했어도 매번 원로원 결의를 준수한 것은 아니었다. 기원전 148년 아카이아 동맹(그리스 중부 도시국가들의 연합체)에서 파견한 사절단은 불만을 품은 회원 도시들이 동맹에서 탈퇴하지 못하게 해달라고 로마에 탄원했다. 하지만 원로원이 동맹에서 탈퇴하기를 원하는 도시는 모두 그럴 수 있다는 결의를 내리자, 아카이아 동맹의 지도자들은 원로원 결의가 시행되는 것을 막고자 전쟁을 일으켰다. 필연적으로 불행한 결말을 맞을 수밖에 없었던 이 시도에 관해 지리학자 파우사니아스는 다음과 같이 평했다. "나약함과 무모함의 결합은 미친 짓이라 불러야 마땅하다."[39]

게다가 그것만으로는 부족하다는 듯이, 그리스에서 막 전쟁의 조짐이 일어나던 그때 마케도니아의 왕위를 노리는 인물이 왕국을 재건하기 위한 군사 행동을 개시했다. 이렇듯 마케도니아에서 막 터진 위협의 소식이 로마까지 전해지자 원로원은 법무관 퀸투스 카이킬리우스 메텔루스를 파견했고, 메텔루스는 마케도니아군을 순식간에 해치움으로써 영구히 '마케도니쿠스'라는 코그노멘(로마식 명명법에서 개인 이름과 씨족 이름 다음에 붙는 이름. 개인의 별명처럼 쓰이기도 하고 가문 대대로 유지되기도 했다 — 옮긴이)을 얻었다. 이 같은 최근의 마케도니아 반란 사태 이후, 로마는 마케도니아의 반란이라면 이제 질리도록 겪었다는 결론에 이르렀다. 그리하여 원로원은 현지 주민들에게 주권을 돌려주는 대신 그 지역 전체를 합병시켜 로마 공화국의 새로운 속주인 마케도니아를 만들었다.[40]

그렇게 마케도니아인들은 진압되었지만, 저 아래 그리스에서는 아카이아인들이 여전히 버티고 있었다. 기원전 146년 봄 루키우스 뭄미우스가 도착했을 때는 끝까지 타협하지 않은 아카이아인들이 코린토스에 숨어 있었다. 뭄미우스는 포위 작전을 인계받아 마지막 대규모 공격을 준비했다. 공격을 받으면 버티지 못하리라고 확신한 코린토스 주민 대부분은 뒷문으로 몰래 달아났다. 뭄미우스는 주민들이 빠져나가도록 내버려두었다가 도시가 거의 비워지자 군단들에게 성문을 부수라고 명령했다. 아마도 원로원의 사전 지시에 따른 행동으로 짐작되지만, 뭄미우스는 병사들에게 값비싼 물건을 눈에 띄는 대로 모으고 마주치는 주민들은 모조리 죽이거나 노예로 만든 다음 코린토스시를 체계적으로 파괴하라고 명령했다.[41]

코린토스가 파괴되었다는 답장을 받은 원로원은 그리스로 위원단을 보내 동방문제를 영구히 매듭짓고자 했다. 그리스인들이 자유롭다는 가식을 유지하려고 50년간 애쓴 끝에 로마는 마침내 포기를 선언했다. 그리스는 마케도니아와 함께 단일한 로마 속주 마케도니아로 통합되었다. 그리스의 자유는 과거가 되었고, 이제는 로마인들의 통치가 시작되었다.[42]

한편 북아프리카에서는 로마인들이 최대의 숙적을 상대로 최후의 승리를 거머쥘 준비를 하고 있었다. 1년에 걸친 치밀한 준비 끝에 기원전 146년 봄 아이밀리아누스는 마지막 카르타고 공격을 감행했다. 로마 군단은 성벽을 깨고 도시 안으로 돌진했지만 최후의 저항세력을 진압하기까지는 일주일간 집집마다 돌며 격전을 벌여야 했다. 마침내 카르타고시가 정복되었을 때 아이밀리아누스는 아마도 뭄미우스가 받았던 것과 동일한 사전 지시에 따라 행동한 것으로 보인다. 그는 도시의 재산을 모조리 몰수하고 살아남은 전사들은 모두 노예로 삼았으며 나머지 주민들은 내륙으로 강제 이주시켰다. 그런 다음 카르타고를 불태우라고 명령했다. 얼마 지나지 않아 원로원에서 파견한 위원단이 도착해 카르타고 땅을 로마 영토에 합병시키고 아프리카라는 이름의 새로운 속주를 만들었다.[43]

그러나 스키피오 아이밀리아누스는 불타는 카르타고의 모습을 바라보면서 한때 막강한 힘을 자랑했던 이 나라의 운명을 가만히 곱씹었다. 그러다 격한 감정에 휩싸여 눈물을 흘렸다. 친구이자 조언자인 폴리비오스가 다가와 아이밀리아누스에게 왜 우느냐고, 이보다 더 나은 성과가 어디 있겠느냐고 물었다. 아이밀리아누스의 대답은 이러했다. "영광스러운 순간이죠, 폴리비오스. 하지만 언젠가는 내 조국에 이와 똑같은 운명이 선고될 것 같은 무서운 예감이 듭니다." 이어서 그는 로마 전통에 따라 호메로스의 한 구절을 인용했다. "언젠가 성스러운 트로이아가 멸망하고 프리아모스와 그의 백성들이 학살되는 날이 찾아올 것이다." 아이밀리아누스는 그 어떤 권력도 영원히 지속될 수 없음을 잘 알았다. 모든 제국은 필히 무너지게 되어 있으며, 그것은 한낱 인간이 어찌할 수 없는 일임을.[44]

1장
이탈리아의 짐승들

THE
BEASTS
OF
ITALY

THE
STORM
BEFORE THE
STORM

> 사유재산을 훔친 도둑은 족쇄를 차고 살고,
> 공공재산을 훔친 도둑은 부와 쾌락에 파묻혀 산다.
> _대大 카토1

티베리우스 셈프로니우스 그라쿠스도 카르타고가 불타는 광경을 목격했다. 기원전 146년에 이 10대 청년은 생애 처음으로 출정하여 유명한 사령관 스키피오 아이밀리아누스 휘하에서 복무중이었다. 이는 명문가의 자손들이 배치되는 전형적인 자리였고, 그라쿠스 가문은 명문가였다. 티베리우스의 증조부 대에 처음 귀족으로 봉해진 이 가문은 세대가 지날수록 위상이 높아지다가 티베리우스의 부친 대에서 정점에 다다랐다. 역사가 리비우스(기원전 59년~서기 17년, 고대 로마의 역사가—옮긴이)는 이 인물을 두고 "단연코 당대의 가장 유능하고 정력적인 젊은이"라 일컫기도 했다. 아버지 그라쿠스는 잘 알려진 그의 생애 동안 두 차례 집정관을 지냈고 두 번의 개선식을 허가받았다. 티베리우스가 겨우 열 살 됐을 때 아버지가 돌아가시긴 했지만, 소년은

아버지의 공적에 관해 익히 잘 알고 있었다. 아버지를 따라가려면 갈 길이 멀다는 것도 알고 있었다.²

티베리우스의 어머니 코르넬리아는 로마 역사상 가장 존경받는 부인 중 하나였다. 그녀는 스키피오 아프리카누스의 딸로서 광범위한 스키피오 가문 내에서 막대한 영향력을 행사했다. 기원전 154년 남편 그라쿠스가 사망한 뒤 코르넬리아는 재혼하지 않고—심지어 이집트 왕의 청혼까지 거절했다—티베리우스와 또다른 아들인 가이우스에게 온전히 헌신했다. 그녀는 아들들의 교육에 몰두했으며 이름난 그리스인 가정교사들을 고용해 당대의 선진 학설을 접하게 했다. 출처가 불분명하지만 상당히 인상적인 일화에 따르면, 어느 부유한 귀족 여성이 아름다운 보석 세트를 자랑하자 코르넬리아는 티베리우스와 가이우스를 가리키며 "내 보석은 저애들이랍니다"라고 말했다.³

젊은 티베리우스는 성장해갈수록 지성과 품위로 뭇사람들의 감탄을 자아냈다. 그는 "빛나는 지력과 강직한 태도…… 천성적으로 타고난 동시에 교육도 받아야만 가능한 더없이 고매한 덕성"을 지니고 있었다. 인품이 고결하며 청중을 사로잡는 웅변가였던 티베리우스는 부친이 세워둔 높은 기준을 충족시키고 당대의 선도적 인물이 될 수 있는 궤도에 올라 있었다.⁴

가문의 재산을 한집에 둘 요량으로, 코르넬리아는 딸 셈프로니아와 입양된 조카 아이밀리아누스의 결혼을 주선했다. 사실 그녀는 아이밀리아누스를 좋아하지 않으면서도 그리한 것이었다. 코르넬리아는 아이밀리아누스가 허세를 부린다고 여겼으며 가장의 명예를 얻을 자격이 없다고 생각했다. 실제로 코르넬리아가 자식들에게 집중한 것도 대체로 아이밀리아누스가 그녀의 보석들보다 빛나지 못하게 하려는 노력이었다. 그녀는 로마인들이 아직까지도 자신을 그라쿠스 형제의 어머니가 아니라 아이밀리아누스의 장모라고 부른다는 사실을 상기시킴으로써 아들들의 야망을 부추겼다.[5]

이러한 가족 내의 온갖 갈등에도 불구하고, 아이밀리아누스는 10대인 처남 티베리우스를 카르타고 포위 작전에 데려갈 의무를 졌다. 아프리카에서 티베리우스는 군 생활의 기초를 경험했다. 그는 어느 모로 보나 군인으로서의 역할을 훌륭히 수행했고 병사들에게 존경받았으며, 적의 성벽을 가장 먼저 넘어감으로써 모두가 탐내는 포상까지 받았다. 기원전 146년에 카르타고가 무너지던 순간에도 티베리우스 그라쿠스는 현장에서 불타는 도시를 지켜보고 있었다.[6]

티베리우스가 북아프리카에서 돌아오자, 코르넬리아는 교묘한 수를 써서 그를 아피우스 클라우디우스 풀케르의 딸과 결혼시켰다. 티베리우스의 장인은 로마 공화정에서 가장 유구한 파트리키 가문 출신이었고 얼마 전에 원로원 최고참 의원으로 지명된 참이었다. 프링켑스 세나투스princeps senatus, 즉 원로원 최고참 의원은 원로원 명부 맨 위에 이름이 오르고 모든 논의석상에서 가장 먼저 발언할 수 있는 명망 높은 자리였다. 그러나 이 결혼에는 복잡한 문제가 없지 않았다. 클라우디우스가 스키피오 아이밀리아누스의 격렬한 반대자였기에 티베리우스는 두 사람의 대립 구도 한가운데 끼게 되었던 것이다. 하지만 그렇긴 해도 티베리우스는 20대 초반부터 어쩌면 아버지를 능가할 만큼 걸출한 명성을 획득할 수 있는 위치에 있었다. 그는 훌륭한 교육을 받았고 인맥이 두터웠으며 벌써부터 "빼어난 품성과 웅변술과 존엄"

을 갖춘 인물로 인정받은 터였다. 그러나 대다수 로마인들과 달리 티베리우스는 전장에서 외적과 싸우는 대신 포럼(고대 로마의 도시 광장. 이 책에서는 특히 포럼 로마눔을 가리킨다—옮긴이)에서 급격히 심화하는 경제 불균형이라는 내부의 위협에 맞서 싸우는 것으로 명성을 얻고자 했다.[7]

기원전 202년 제2차 포에니 전쟁이 끝난 후 이탈리아 경제는 대규모 격변을 겪었다. 히스파니아, 그리스, 북아프리카를 정복한 로마군은 사상 초유의 재물을 들고 귀환했다. 한 집정관급 총독은 동방에서 전투를 치른 뒤 은광석 6만 2천 킬로그램과 은화 60만 개, 금화 14만 개를 가지고 돌아왔다. 티베리우스의 부친은 히스파니아 전투 후 은광석 1만 8천 킬로그램을 들고 왔다. 공화정 초기의 검소하고 금욕적인 로마인들이라면 상상도 못했을 엄청난 양의 보물이었다. 그러나 기원전 2세기 중반 무렵의 로마는 지중해의 돈방석에 앉아 있었다.[8]

전에 없이 부유해진 로마인들은 고급 양탄자, 화려한 은제품, 장식된 가구, 금은과 상아로 만든 장신구 등 다양한 사치품에 돈을 썼다. 이 같은 부의 유입에 따른 여파는 일부 기민한 원로원 의원들의 우려를 사기 시작했다. 일찍이 기원전 195년에 대 카토는 동료 의원들에게 다음과 같이 경고했다. "우리는 온갖 악의 유혹으로 가득한 그리스와 아시아에 다녀왔고, 왕들의 보물을 만지작거리고 있습니다…… 우리가 이 물건들을 차지하는 것이 아니라 이 물건들이 우리를 차지하지 않을까 심히 걱정스럽군요." 몇 년마다 원로원은 부의 과시 행위를 엄격히 통제하려고 시도했지만, 그 결과 생겨난 규제는 어김없이 시행되지 못하고 무시당했다. "치명적인 우연의 일치로 인해 로마 인민은 악덕에 맛을 들인 동시에 악덕을 충족시킬 자유를 획득했습니다."[9]

그러나 엄청난 재물이 도덕적 타락을 낳았다는 이야기는 전리품을 장악한 소수 귀족 가문에게만 해당하는 것이었다. 대다수 로마 시민들에게 지중해 일대 정복은 번영이 아닌 궁핍을 의미했다. 공화정 초기만 해도 군 복무를 한다고 해서 시민의 재산 유지 능력에 지장이 생기지는 않았다. 전쟁은 항상 집 가까운 곳에서 농한기에 맞춰 치러졌다. 하지만 포에니 전쟁으로 군단이 지중해 전역에 퍼져나가자 징병된 시민들은 고향으로부터 1천500킬로미터나 떨어진 곳에서 수년간 끝나지 않는 전투를 치러야 했다. 이처럼 끝없이 계속된 전쟁 탓에 하층민 가정들은 "병역과 가난을 떠안았고" 그들의 재산은 구제불능의 방치 상태에 빠졌다. 제대한 병사가 집에 돌아오면 자기 땅을 이전만큼 생산성 좋은 상태로 회복하는 데 필요한 시간도, 노력도, 자원도 부족하다는 사실을 깨닫기 십상이었다.[10]

부유한 귀족 가문들은 첨예화된 빈부 격차를 더욱 가중시켰다. 그들은 새로 얻은 재산을 투자하려던 차에 언제든 주워 담기기만을 기다리는 황폐한 땅뙈기를 무수히 발견했다. 곤궁한 가정들이 더는 관리할 여력이 없는 땅 대신 뭐라도 얻는 데 만족하고 자진해서 땅을 파는 경우도 있었지만, 팔지 않고 버티던 사람들이 협박을 당해 어쩔 수 없이 땅을 포기하는 경우도 많았다. 이렇게 새로 입수된 작은 부지들이 대규모 토지에 합쳐짐에 따라, 로마의 농경지 풍경은 소규모 자작 농지에서 몇몇 가문이 장악한 대규모 상업 농장 중심으로 변하기 시작했다.[11]

땅을 잃은 시민들이 상업용 농지의 노동 인구로 전환될 수 있었다면 그토록 지독한 곤경을 겪지는 않았을지도 모른다. 그러나 외적과의 전쟁이 연이어 성공적으로 끝나면서 노예 수십만 명이 이탈리아로 쏟아져 들어왔다. 토지를 모조리 사들인 부유한 귀족들은 늘어나는 토지를 경작할 노예까지 사들였다. 가난한 로마인 가구들이 땅에서 내쫓긴 것과 동시에 자유인 노동력의 수요도 급락했다. 역사가 디오도로스(기원전 1세기에 활동한 시칠리아 출신의 그리스인 역사가—옮긴이)의 논평은 그 상황을 잘 보여준다. "그리하여 몇몇 사람은 극도로 부유해진 반면에 나머지 이탈리아 인구는 빈곤과 세금, 병역의 가혹한 무게를 이기지 못해 나날이 쇠약해졌다."[12]

티베리우스는 젊은 시절 처음으로 이 같은 새로운 경제적 현실과 마주했다. 훗날 그의 동생이 쓴 소小 평론에 따르면 "티베리우스는 에트루리아(오늘날의 이탈리아 토스카나)를 지나던 도중 그 지역에 주민이 거의 없으며 야만인 노예들이 땅을 갈거나 가축을 기르고 있는 것을 목격했다". 가이우스는 바로 그 순간 티베리우스가 경제·사회 개혁의 필요성을 처음으로 진지하게 마주했다고 서술했다. 출처 불명의 이 이야기는 아마도 멋들어진 과장 선전이겠지만, 빈곤 가구들이 전통적인 생활방식으로부터 근본적으로 멀어진 당시의 현실을 정확히 포착하고 있다.[13]

이렇듯 기존 생활을 박탈당한 시민들 일부는 임금 노동을 찾아 도시로 이주했으나, 도시의 일도 노예들이 독차지하고 있다는 사실만 확인했을 뿐이었다. 그래서 대부분은 고향 시골에 남아 소유주가 아닌 소작인으로서 계속 땅을 경작하며 땅 없는 소농이라는 새로운 계층을 형성했다. 새로 지주가 된 사람들은 이를 대단히 반겼다. 소작농들은 이윤이 낮은 곡류 생산에 활용할 수 있고, 그러면 노예들을 올리브나 포도같이 더 수익성 좋은 작물을 기르는 데 투입할 수 있기 때문이었다. 정치에 뜻을 둔 지주들에게는 소작을 줘야 할 또다른 유인이 있었다. 소작농들은 여전히 정치적 피호민이었으므로 민회 투표에서 표를 기대할 수 있었던 것이다. 이처럼 새로운 유형의 가난한 소작농들은 누군가 나타나서 새로운 활로를 열어주지 않는 한 영원히 지주에 의지한 채 살아가야 했다.[14]

이러한 경제적·사회적 위치 변화는 로마인들이 자청해 히스파니아의 수렁에 빠지면서 더욱 악화되었다. 기원전 146년 카르타고와 코린토스가 몰락할 때만 해도 로마의 힘은 천하무적으로 보였지만, 히스파니아에 가 있던 로마 사령관들이 탐욕스러운 잔학행위에 탐닉하면서 현지인들의 거센 저항을 끝없이 촉발시켰다. 따라서 원로원은 해마다 신병을 모집해 이베리아반도로 실어 보내야 했고, 병사들은 사기를 떨어뜨리는 소규모 접전에 능한 적을 상대로 언제 끝날지도 모를 전투를 치러야 했다. 게다가 징집병들이 복무에 대해 받은 보답은 집에 돌아와보니 엉망으로 망가져 있는 농지였다.[15]

히스파니아 전쟁에 대한 불만이 점차 커지는 와중에 예비 징집병들은 집정관들에게 저항하기 시작했다. 달리 의지할 데가 없었던 그들은 다시 한번 호민관들에게 보호를 청했다. 호민관은 본래 평민의 수호자였지만 지난 100년 동안 원로원에 흡수되어 있었다. 하지만 시민들이 또다시 귀족의 변덕스러운 전횡 아래 고통을 겪자 호민관들은 박해로부터 인민을 보호한다는 신성한 의무로 돌아갔다. 기원전 151년과 138년에 집정관들이 공격적으로 모병을 실시하자 결국 호민관들이 나서서 모병을 그만둘 때까지 집정관들을 구금하는 일까지 벌어졌다. 그들에게는 집정관들을 감옥에 가둘 수 있는 권리도 있었지만, 그렇다 해도 이는 귀족의 권위에 대한 충격적인 도전이었다.[16]

원로원은 군 생활을 조금 덜 힘들게 완화시켜 예비 징집병들을 달래보려 했다. 복무 기간을 최대 6년으로 제한하고 병사들에게 상관이 내린 처벌에 항의할 수 있는 권한을 주었다. 하지만 이러한 조치는 궁극적으로 히스파니아에 파병된 군단병들의 사기 진작에 별 도움이 되지 못했다. 기원전 140년, 6년간 복무한 노련병들은 제대 조치되고 빈자리는 신병들로 채워졌다. 이들 신병은 "숙소도 없이 혹독한 추위에 노출되었고 그 지역의 물과 기후에 익숙하지 않았으며 이질에 걸려 죽는 이가 많았다". 신병 모집 벽보에 적을 만한 내용은 결코 아니었다.[17]

유권자들이 살던 땅에서 내몰리거나 진흙탕 같은 히스파니아 전장으로 끌려가는 상황을 지켜보던 호민관들은 귀족층의 권력을 억제하기 위한 첫걸음을 내디뎠다. 공화정 역사 내내 시민들은 자신의 표를 공개적으로 행사했고, 따라서 영향력 있는 보호자는 손쉽게 피호민이 지시받은 대로 투표하게 만들 수 있었다. 그런데 기원전 139년에 어느 호민관이 대담하게도 선거에서 비밀 투표를 실시하도록 규정한 법을 통과시켰다. 2년 뒤 비밀 투표는 사법 절차로까지 확대되었다. 이러한 개혁의 효과가 체감되기까지는 시간이 걸렸지만, 비밀 투표가 도입된 것 자체가 원로원 과두정치의 근간을 뒤흔드는 일격으로 드러

나게 될 터였다.¹⁸

　기원전 130년대에 이탈리아의 상황을 살피던 일부 귀족들은 더욱 큰 문제가 있음을 파악했다. 징집된 시민이 실제로 입대하려면 최소 재산 기준을 충족시켜야 했는데, 부자들이 가난한 이들을 땅에서 몰아냄에 따라 최소 복무 기준을 통과할 수 있는 시민이 크게 줄었다. 로마는 과거에도 이 같은 위기를 맞은 적이 있었고, 더 많은 병사를 확보하기 위해 재산 기준을 완화하는 방식으로 대응했다. 그러나 기원전 2세기 중반에 와서는 많은 시민들이 최소 복무 기준조차 맞출 수 없었다. 따라서 집정관들은 계속 줄어드는 병력에 의지해 전쟁을 치르고 속주를 수비할 수밖에 없었다.¹⁹

　이 모든 사회·경제 문제의 소용돌이 속에서 티베리우스 그라쿠스는 기원전 137년 재무관으로 선출되었다. 원래대로라면 이는 그가 관직의 사다리에 오르는 첫걸음이 되어야 했으나, 실제로는 티베리우스의 공직 경력을 미처 시작되기도 전에 거의 끝내버리고 말았다. 티베리우스는 집정관 가이우스 호스틸리우스 망키누스 사령부의 일원으로 누만티아와의 전쟁을 이어가고자 기원전 137년 봄 히스파니아에 도착했다. 누만티아 원주민인 켈트이베리아인은 그때껏 로마의 모든 진압 시도에 힘겹게 저항해온 터였다. 티베리우스는 도착하자마자 로마 군단이 좀처럼 겪어보지 못한 당혹스러운 패배에 휘말리게 되었다. 집정관 망키누스는 군인보다 학자에 훨씬 가까운 사람이었기에, 노련한 누만티아 유격대 쪽이 그의 어설픈 작전을 훨씬 능가했다. 소규모 접전이 연거푸 실패로 끝난 뒤 망키누스는 어둠을 틈타 작전상 후퇴

를 시도했지만, 해가 떴을 때 그의 군대는 적에게 포위되어 있었다.²⁰

과거 로마에 배반당한 경험이 있던 누만티아 지도자들은 젊은 티베리우스 그라쿠스를 먼저 보내 협상할 것을 요구했다. 한 세대 앞서 티베리우스의 아버지가 히스파니아에서 복무하던 중 누만티아인들과 공정한 평화 조약을 중재한 바 있었으므로, 그들은 그라쿠스라는 이름을 기억하고 그의 아들도 아버지만큼 공정하게 행동하리라 믿었던 것이다. 처음으로 나간 전투인데다 무려 3만 명의 목숨이 걸려 있는 상황에서, 티베리우스는 향후의 평화를 약속하는 조건으로 로마 군단이 그 지역에서 안전하게 빠져나갈 수 있게 하는 조약을 성사시켰다.²¹

그 상황에서 티베리우스가 달리 할 수 있는 일은 거의 없었음에도, 이 항복 소식이 로마에 전해지자 원로원 의원들은 기를 쓰며 그 굴욕적인 조건을 개탄했다. 원로원은 망키누스와 그의 선임 참모진을 로마로 소환하여 이 비겁한 조건부 항복에 관해 해명하도록 했다. 당황한 망키누스는 자신의 행동을 정당화해보려 했지만 원로원은 인정사정 없이 그를 질책했다. 원로원은 망키누스의 집정관 직을 박탈한 뒤, 로마는 그 조약을 거부한다는 표시로 망키누스를 쇠사슬로 묶어 누만티아 성문 앞에 데려다놓도록 지시했다. 그러나 누만티아인들은 "한 나라의 배신행위를 한 사람의 피로 갚을 수는 없다"라는 전갈과 함께 망키누스를 로마로 돌려보냈다.²²

티베리우스를 비롯한 하급 군관들은 이 사건에서 맡은 역할에 대해 공식 견책은 모면했지만 맹렬한 비난까지 피해 가지는 못했다. 티베리우스가 영웅 대접을 받으며 귀국하기를 기대할 수 없는 상황이긴 했어도, 원로원이 그에게 가한 비난의 강도는 그가 저지른 '죄'에 비해 터무니없이 심해 보였다. 그가 한 일이라곤 꼼짝없이 죽을 처지에 놓여 있던 수많은 병사들을 구한 것뿐이었다. 원로원은 진정 그가 자발적인 집단자살을 선택했어야 한다고 생각한단 말인가? 그러나 원로원의 나이 많은 고위층 인사들이 독선적으로 격분한 데 반해, 티베리우스가 원로원 의사당에 모습을 드러내자 그가 구해낸 병사들의 집안 식구들은 그에게 환호를 보냈다.[23]

티베리우스가 정치적 외상을 치유하는 동안, 소농 시민 인구의 재건에 전념한 일단의 원로원 의원들에 의해 이미 구원의 길이 열리고 있었다. 이 개혁파 의원들은 수십 년간 심화된 경제 불균형의 흐름을 되돌릴 수 있기를 희망하며 토지법Lex Agraria이라는 새로운 법안을 준비하고 있었다. 그들은 로마법을 규정하는 철칙인 사유재산권과 충돌하지 않으면서도 부유층에서 빈곤층으로 땅을 재분배하는 기발한 방법을 찾아냈다고 확신했다. 부자들이 불법적으로 무단 점유한 아게르 푸블리쿠스ager publicus만을 공략할 작정이었다.

라틴어 표기를 보고 짐작했을 수도 있겠지만, 아게르 푸블리쿠스는 국가가 소유한 공유지였다. 이탈리아를 정복할 당시 로마인들은 늘 하던 식으로 패배한 적의 영토 3분의 1을 몰수하여 국가 소유의 공유지로 만들었다. 공화정 초기에는 이러한 공유지를 로마인 거류지로 전환했으나, 티베리우스 시대에 이르러서는 주로 개인 소작인에게 임대하여 땅을 경작하는 대가로 약간의 수확물을 가져가게 했다. 부유한 가문들이 공유지를 독점하는 것을 막기 위해, 어떤 가문이든 공유지 500유게룸(약 1.2제곱킬로미터) 이상은 임대할 수 없게 하는 법안이 민회에서 통과되었다. 그러나 이러한 금지 규정은 대부분 무시당했다. 한도 시행 책임을 맡은 정무관들부터가 한도 이상 공유지를 차지하고 있던 부유한 지주였으므로, 모두가 다 같이 결탁하여 법망을 피해 갔다.[24]

토지법안의 법적 근거는 단순했다. 500유게룸 제한을 엄격히 이행한다는 것이었다. 법적 한도 이상으로 공유지를 점거하다 발각된 사람은 누구든 초과분을 국가에 반납해야만 했다. 그러면 그 초과분을 관리하기 쉽도록 작게 나누어 땅 없는 시민들에게 재분배할 수 있을 터였다. 소규모 자영농 계층을 재건하자는 것이 애초 이 개혁안의 핵심 취지였으므로, 새로 생긴 소구획지들을 분할해서 팔 수 없다는 규정이 명시되었다. 토지법안 작성자들이 가난한 사람에게 땅을 내주고 싶어한 것은 받자마자 돌아서서 부자에게 되팔라는 뜻에서가 아니었다.[25]

언뜻 이해가 가지 않지만, 이 급진적인 개혁 법안을 만든 원로원 의원들은 선동가 기질의 뒷자리 평의원이 아니라 로마 최고의 유력인사였다. 이 무리를 이끌던 수장은 티베리우스의 장인이자 원로원 최고참 의원이던 아피우스 클라우디우스 풀케르였다. 그와 함께한 이들 중에는 저명한 두 형제가 있었는데, 바로 부유한 법률가이자 학자인 푸블리우스 리키니우스 크라수스 무키아누스와 그 시대 최고의 법학자로 평가받던 푸블리우스 무키우스 스카이볼라였다. 이밖에도 걸출한 원로원 의원들과 떠오르는 젊은 귀족들이 클라우디우스의 개혁파 집단을 둘러싸고 있었고, 그중 한 사람이 티베리우스 그라쿠스였다.[26]

역사가들이 볼 때 토지법에서 가장 논란이 되는 측면은 법안 작성자들이 로마 시민에게만 땅을 할당받을 자격을 부여하려 했는지, 아니면 로마 시민권이 없는 이탈리아 동맹시민까지 자격 대상으로 생각했는지 여부이다. 이탈리아인들은 로마군 병력 대부분을 제공했으며, 개인적으로 티베리우스도 "전장에서 그토록 용맹하고 로마인들과 한 핏줄로 연결되어 있는 민족이 나아지리라는 희망도 없이 서서히 가난에 빠지고 인구가 줄어드는 상황을 개탄"하면서 그들의 힘겨운 처지를 염려했다. 그러나 원래 의도가 어떠했든 재분배 계획에 최종적으로 이탈리아인들이 포함되었다는 증거는 어디에도 없다. 이 부분에 관해서는 잘 다뤄지지 않은 것 같지만, 토지법을 둘러싼 싸움은 로마가 이탈리아인을 동등하게 대할 의지가 있는지에 대한 초창기 시험대였다. 결국 로마인들은 그 시험에 통과하지 못했다.[27]

  역사학계에서는 이 법안 작성자들의 동기에 관해서도 여전히 의견이 분분하다. 어쩌면 그들이 고결한 원칙에 따라 행동했으며 그저 시민 소농들을 부활시키고 로마군 예비 병력을 복구하고 싶었을 수도 있다. 그러나 냉소적인 시각으로 보면 자신들의 정치적 연계망에 새로운 피호민을 대거 추가할 목적으로 법안을 마련했을 가능성도 있다. 예로부터 토지 분배 업무를 맡은 사람은 그로부터 이득을 본 가구들을 자신의 피호민으로 흡수했다. 그리고 바로 이 지점에서 우리는 이 법안이 완강하게 거부당한 근본적 원인까지 감지할 수 있다. 토지법이 제안한 내용은 곧 자동적으로 지주에게 종속되었던 궁핍한 소작인들을 모두 빼내어 그들의 정치적 충성을 클라우디우스 파벌에게 옮겨놓는 것이었으므로, 원로원 내 힘의 균형이 엄청나게 흔들릴 터이

기 때문이었다.[28]

 이토록 논란 많고 지대한 영향을 미칠 법률이 즉흥적으로 만들어졌을 리는 없다. 클라우디우스와 스카이볼라, 무키아누스는 로마법을 하나하나 살피면서 토지 측량은 어떻게 진행될 것이며 땅 소유권을 두고 다툼이 있을 때는 누가 중재할 것인지 계획하느라 수년을 보냈을 것이다. 그러나 법 초안이 완성된 뒤에는 그저 법안을 제출할 적절한 시기와 인물을 기다리기만 하면 되었다. 그리고 바로 이 역할을 맡길 이로 클라우디우스는 자신의 젊고 재능 있는 사위 티베리우스를 점찍었다. 마침 티베리우스는 누만티아 사태로 인한 불명예를 떨치고 일어나려 애쓰던 참이었다.

 토지법 작성자들이 법안을 제출할 적기를 기다리는 동안에도 인기 없는 히스파니아 전쟁은 계속되고 있었다. 티베리우스가 성사시킨 조약을 원로원이 거부한 뒤 결론도 나지 않는 싸움이 2년 더 이어졌다. 더 많은 병사가 죽고 더 많은 농지가 황폐해졌으며 더 많은 가족이 살던 곳을 떠나야 했지만, 그 모든 일이 뚜렷한 소득이나 목적도 없이 일어났다. 로마 인민은 점점 질려가는 중이었고, 그래서 카르타고와의 전쟁 때처럼 스키피오 아이밀리아누스가 이 전쟁을 완전히 끝내주기를 바랐다. 하지만 그들은 카르타고 전쟁 때와 비슷한 문제에 봉착했다. 아이밀리아누스의 출마가 사실상 금지되어 있다는 문제였다. 15년 전의 카르타고 전쟁 때는 그가 너무 젊다는 것이 문제였다. 이번에 마주친 문제는 정치 경력 중 집정관 직을 한 번 이상 맡는 것을 금지하는 법이 통과된 것이었다. 그러나 민회에서 표결을 통해 기원전

147년 아이밀리아누스가 집정관 선거에 출마할 수 있도록 제한 규정을 면제했던 것처럼 이번에도 집정관 다선 금지 조항을 면제해주었다. 아이밀리아누스는 기원전 134년 정식으로 집정관 직에 선출되었다.[29]

민회로부터 특별대우를 얻어내는 능력을 갖춘 아이밀리아누스의 정치 이력은 향후 야심 있는 정치인들에게 모범이 되었다. 아이밀리아누스는 군중을 움직여 개인적 야망을 달성하는 것이 얼마나 쉬운지 보여주었다. 거기에는 걸리적거리는 규정을 일시 중지시키는 것도 포함되었다. 그러나 아이밀리아누스가 남긴 위험한 본보기는 그뿐만이 아니었다. 그는 기원전 134년 집정관 선거 유세중에 자신의 방대한 피호민층에서 신병을 모집하겠다고 약속했다. 스키피오 가문은 로마 정계의 무게 중심을 차지하고 있었으므로 수많은 친구와 협력자가 기꺼이 아이밀리아누스를 따라 히스파니아에 가겠다고 나섰다. 그중에는 티베리우스의 동생인 가이우스도 끼어 있었다. 4천 명으로 이루어진 군단을 직접 모은 아이밀리아누스는 강제 징병을 할 필요도 없이 히스파니아로 떠날 수 있었다. 이는 당장에는 비상 상황에의 반가운 해결책이었지만, 영향력 있는 귀족이 자신의 피호민 중에서 사적 군대―로마 원로원과 인민에 대한 충성심보다 해당 귀족에 대한 충성심이 클 수도 있는 군대―를 모집하는 선례를 남기기도 했다.[30]

그렇지만 클라우디우스의 관점에서 보면 아이밀리아누스가 히스파니아로 떠난 것은 강력한 정적이 적어도 1년간은 로마에 없으리라는 의미였다. 가장 큰 경쟁자가 사라진 상태에서 클라우디우스는 지체 없이 사위 티베리우스 그라쿠스를 내보내 누군가 막아서기 전에 토지법 통과를 강행해야 했다.

아이밀리아누스가 히스파니아로 떠나고 몇 달이 채 지나기 전에 티베리우스 그라쿠스는 호민관 선거에 출마했다. 호민관 직은 티베리우스의 명성에 조금 못 미치는 직위였고, 누만티아 사태가 출세 전망을 어둡게 하지 않았더라면 그는 곧장 조영관 직으로 넘어가서 필연적으로 다가올 법무관과 집정관 선거 출마를 준비했을 가능성이 높다. 그러나 히스파니아에서 일어난 참사의 불명예를 극복해야 했음을 고려하면, 호민관 재임 기간을 로마 정계의 최선두로 단숨에 재도약할 기회로 활용할 수 있을 터였다.

티베리우스의 취임에 앞서, 클라우디우스의 개혁파 의원들은 토지법 내용을 원로원 동료 의원들에게 제안했다가 회의적인 반대에 부딪혔다. 이 부유한 지주들은 수년째 공유지를 차지하고 있다보니 그 땅을 자신의 개인 재산으로 여기기에 이르렀다. 그들은 그 땅에 투자하여 가치를 높였으며, 그 땅을 담보로 대출을 받고 지참금으로 내주거나 상속인에게 물려주기도 했다. 토지법안 작성자들은 반대를 줄이기 위해 여러 가지 양보 조항을 마련해두었다. 몰수된 공유지에 대해 보상금을 지급하고 남은 500유게룸 땅의 확실한 소유권을 주며 대가족일 경우에는 정상을 참작해 더 많은 토지를 보유할 수 있게 해준다는 내용이었다. 그러나 이 같은 양보 조항에도 불구하고 원로원의 큰 파벌은 그 법안에 무조건 반대할 작정이었다. 자기네 땅이 몰수되어 쓸모없는 하층민들에게 넘겨진다는 것은 그야말로 말도 안 되는 얘기였다.[31]

원로원의 대다수가 비우호적으로 나오자, 클라우디우스 일당은 모스 마이오룸을 깨고 티베리우스를 앞세워 법안을 민회에 곧장 상정시킴으로써 원로원이 견해를 표명할 기회를 차단해버렸다. 법안을 민회에 상정하기 전에 **반드시** 원로원에 제출해야 한다고 명시한 법은 없었다. 그저 항상 행해져온 관례일 뿐이었다. 티베리우스의 도발적인 책략에 모두의 신경이 곤두섰다. 기원전 134년 12월에 취임한 직후, 티베리우스는 민회에 출두하여 공유지를 부유층에서 빈민층으로 재분배하는 법을 통과시킬 계획이라고 선언했다.[32]

로마법에 따르면 법안이 상정된 뒤 세 번의 장날이 지나야만 그에 대한 표결을 진행할 수 있었다. 장날은 거의 한 주에 한 번꼴로 돌아왔으므로 법안 상정부터 표결까지는 달력상 18일에서 24일의 기간이 비었다. 이 유예 기간 동안 유권자들은 투표권 행사를 위해 로마로 갈 시간을 벌 수 있었다. 티베리우스는 실재하는 분노를 이용하고 있었던 만큼, 이후 3주 동안 땅을 빼앗긴 시민들은 마치 "모든 것을 수용하는 대양으로 흘러드는 강물처럼" 로마로 쏟아져 들어왔다. 투표권이 없는 이탈리아인들마저 이 법안을 응원하기 위해 모여들었다. 투표를 하지는 못해도 토지 재분배에 대한 물리적·심리적 지지를 표명할 수는 있었기 때문이다. 이 3주 동안 티베리우스는 포럼에서 시민들에게 정기적으로 연설을 하며 그들의 열의를 활용하고 굳게 결속시켰다. 그는 투표일이 다가올 때까지 민회에서 열성적인 절대 다수를 확보할 계획이었다.[33]

장날이 세 번 지난 뒤 티베리우스는 카피톨리누스 언덕에서 토지법을 검토할 민회를 소집했다. 민회장을 가득 채운 유권자들로 인해 유피테르 신전 앞터는 "폭풍이 치는 바다의 거친 파도처럼" 보였을 것이다. 법안을 정식으로 상정하기에 앞서 티베리우스는 일생일대의 연설로 토지법을 옹호했다. 그라쿠스 형제는 지중해 지역 최고의 웅변가들에게 수사학을 배운 터였고, 티베리우스는 유혹적이리만치 차분하고 위엄 넘치는 태도로 완벽하게 무대를 압도했다. 그는 로스트라 연단(로마의 포룸에 설치된 연단. 적군 배의 충각rostra으로 연단을 장식한 데서 유래한 이름이다—옮긴이)을 서성이지도, 가슴을 치며 울부짖지도 않았다. 미동도 없이 가만히 서서, 그의 주장에 내재된 힘이 완전히 몰입한 청중의 관심을 사로잡을 수 있게 했다. 플루타르코스(46년경~120년경, 고대 로마의 그리스인 철학자 겸 저술가—옮긴이)에 따르면 티베리우스는 로스트라 연단 한가운데 차분히 서서 로마의 일반 시민들을 열정적으로 변호했다.[34]

"이탈리아를 배회하는 야수들은 하나같이 숨어들 동굴이나 소굴이 있습니다." 그는 말했다. 반면에 "이탈리아를 위해 목숨 바쳐 싸우는 사람들은 평범한 공기와 빛을 누리지만…… 그 외에는 아무것도 누리지 못합니다. 그들은 집도 절도 없이 아내와 자식과 함께 정처 없이 떠돕니다". 전쟁과 가난으로 살던 곳을 떠난 이탈리아 인구에 관해서는 다음과 같이 언급했다. "지휘관들은 전장의 병사들에게 적으로부터 성묘와 성소를 지키라고 새빨간 거짓말로 훈계하지만…… 사실 그들은 부유하고 호화롭게 사는 타인들을 지키기 위해 목숨 바쳐 싸우는 것입니다." 이렇듯 파괴적인 전쟁은 평범한 로마인에게 도저히 받아들일 수 없는 역설적인 상황을 가져왔다. "그들은 전 세계의 주인이라 일컬어지지만, 자기 소유의 흙 한 덩이조차 없습니다."[35]

민회장을 눈물바다로 만든 뒤, 티베리우스는 그가 이길 것이 분명한 투표에 대한 준비로 서기에게 법안 낭독을 요청했다. 그러나 토지법에 반대하는 원로원 의원들도 지난 3주를 헛되이 보내진 않은 것으로 드러났다. 그들은 투표에서 질 것을 예상하고 티베리우스의 동료 호민관 마르쿠스 옥타비우스를 사전 포섭하여 애초에 투표가 실시되지도 못하도록 조치했다. 호민관이 휘두른 가장 강력한 무기 중 하나는 거부권veto, '나는 금지한다'이었다. 호민관은 이유를 불문하고 언제나 무엇에 대해서든 거부권을 행사할 수 있었고, 다른 호민관도 그것을 뒤집을 수 없었다. 따라서 서기가 자리에서 일어나 정식으로 토지법 조문을 읽으려는 순간, 마르쿠스 옥타비우스는 앞으로 나가 법안 낭독을 거부했다. 한순간 모든 것이 중단되었다. 서기가 법안을 낭독하기 전에는 표결을 실시할 수 없었으므로, 옥타비우스가 자신의 거부권을 지속하는 한 법안이 낭독될 수도 표결이 실시될 수도 없었다. 의사 진행이 중단됨에 따라 티베리우스는 그날의 민회를 산회했다.[36]

관대한 법안으로 원로원의 반대를 피하는 데 실패하자, 티베리우스와 그를 지원하는 클라우디우스파 의원들은 부자들을 악당으로 만들어서 티베리우스의 대중적인 기반을 결집시키는 것이 최선의 방책이라고 판단했다. 티베리우스는 다음 투표일 전에 우호적인 양보 조항을 삭제함으로써 "일반 대중에게 더 친화적이고 부정행위자들에게는 더욱 엄격"해지도록 토지법을 수정했다. 운이 따라준다면 민중의 압력으로 옥타비우스는 별 수 없이 거부권을 포기할 터였다. 그렇게 되면 법안을 표결에 부칠 수 있을 테고, 그들은 표결에서 틀림없이 승리할 터였다.[37]

티베리우스와 옥타비우스는 민회의 회기 사이 날마다 포룸으로 가서 토지법의 가치에 관해 논쟁을 벌였다. 포럼은 그리 넓지 않고 음악 축제의 무대와 비슷한 형태이다. 그곳에는 연설할 수 있는 로스트라 연단도 몇 개 없고 청중이 겹치는 경우도 많았다. 그렇듯 비좁은 공간에서 티베리우스와 옥타비우스는 종종 상대방을 논쟁에 직접 끌어들이곤 했다. 그 과정에서 갈수록 화가 치민 티베리우스는 옥타비우스가 법안에 대한 반대를 멈춘다면 그가 소유한 공유지를 적정 가격에 구입하겠다고 약속했다. 옥타비우스가 반대하는 원인이 고결한 공덕심이 아니라 지독한 사리사욕에 있음을 넌지시 암시하는 말이었다. 그러나 옥타비우스는 포기하려 들지 않았다.[38]

전통적인 논쟁과 설득으로 교착 상태가 해소되지 않자 티베리우스는 과격한 조치로 방향을 틀었다. 티베리우스는 옥타비우스가 동의할 때까지 모든 공무에 대해 거부권을 행사하겠노라 장담했다. 그런 뒤 곧장 사투르누스 신전으로 걸어가 자신의 인장으로 국고를 봉인했다. 따라서 "그 어떤 통상 업무도 질서정연히 진행될 수 없었다. 정무관들은 평상시의 공무를 수행할 수 없었고 법정은 문을 닫았으며 계약도 체결되지 못했다. 그 밖에도 온갖 혼란과 무질서가 곳곳에 만연했다". 티베리우스는 극적인 분위기를 점점 더 가중시키기로 했다. 적들이 그의 암살을 계획하고 있다는 이야기를 넌지시 흘리며 망토 속에 단검을 숨겨두었고 언제 어디서나 열렬한 추종자 수천 명에 둘러싸여서 다녔다.[39]

그러나 토지법을 검토하기 위한 민회가 재차 소집되었을 때도 옥타비우스는 여전히 고집을 꺾지 않았다. 그는 다시 한번 법안 낭독을 거부했고, 회기는 빗발치는 화염처럼 맹렬한 비난이 오가는 혼란 속으로 빠져들었다. 그때 원로원 의원 두 명이 나서서 교착 상태에 빠진 호민관들에게 이 사안을 원로원에 상정하라고 요청했다. 티베리우스에게는 원로원이 협상을 중재해줄지도 모른다는 일말의 희망이 아직 남아 있었다. 표결에 부쳐지기만 한다면 토지법이 압도적인 표차로 통과되리라는 것은 의심의 여지가 없었다. 과거 호민관들이 민생 법안에 거부권을 행사했을 때는 상징적으로 자신의 반대 의사를 표명한 뒤 거부권을 철회했다. 인민의 의지에 영구히 저항한 사람은 단 한 명도 없었다. 모스 마이오룸이라는 전통의 힘을 따른다면 옥타비우스는 토지법 표결을 허용해야 했다. 인민의 분명한 의지를 호민관이 이토록 집요하게 막아서는 것은 전에 없던 일이었다. 원로원은 분명 옥타비우스를 설득하여 반대 의사를 철회하게 만들 터였다.[40]

그러나 한자리에 모인 원로원 의원들은 적절한 타협점을 찾아낼 생각은 않고 이 기회를 틈타 티베리우스에게 욕설을 퍼부었다. 누만티아 사태 이후와 똑같은 행동이었다. 누가 어떤 말을 했는지는 기록이 남아 있지 않지만, 아피아노스는 티베리우스가 "부자들에게 호된 질책을 받았다"고 전한다. 그들은 옥타비우스가 타협안을 받아들이도록 압박하지 못했을 뿐 아니라 도리어 티베리우스에 대한 공격에 적극 가담했다. 토지법에 반대하는 의원들은 법안의 내용과 티베리우스의 정치적 책략은 물론이고 아마 티베리우스라는 인물까지도 맹비난했을 것이다. 회의는 난제에 대한 아무 해결책도 없이 끝났고, 티베리우스는 그 어느 때보다도 분개했다.[41]

전통적인 수단으로는 진척이 보이지 않자 티베리우스는 다음번 민회에서 사상 초유의 법안을 제출했다. 그는 인민의 의지를 거스른 호민관은 호민관이 아니라고 주장하며 민회가 옥타비우스를 호민관 직에서 해임할 것을 제안했다. 호민관을 해임할 수 없다는 법 조항은 없었지만, 이 제안은 모든 모스 마이오룸을 벗어난 것이었다. 그때껏 호민관이 민회를 이용해 동료 호민관을 해임한 적은 한 번도 없었다. 그것은 전대미문의 일이었다. 그러나 티베리우스는 다시 한번 자신의 지지자들로 민회를 가득 채웠고, 그들은 이제 불온한 분위기를 풍기며 로스트라 연단을 에워싸고는 누구든 그들의 지도자를 방해할 수 있으면 해보라고 부추겼다.[42]

옥타비우스는 폭동을 일으키고 싶지는 않았으므로, 자멸을 초래할 비타협적인 태도 대신 지조 있는 순교로 방향을 정하고 해임안에 대해서는 거부권을 행사하지 않았다. 민회는 원한다면 자유롭게 그를 해임할 수 있게 되었고, 티베리우스는 유권자들에게 투표를 준비하라고 요청했다. 로마인들은 투표를 위해 35개 트리부스로 나뉘었고 각 트리부스는 공동으로 한 표를 행사했다. 트리부스의 구성원들은 가설투표소에 줄지어 서서 항아리에 투표용지를 넣었다. 투표가 끝나면 표수를 산출하고, 여기서 나온 다수 의견이 해당 트리부스 전체의 한 표를 결정했다. 그런 뒤엔 다음 트리부스의 투표 결과를 조사하는 식으로, 전체 트리부스의 과반수가 안건에 찬성할 때까지 같은 과정을 반복했다.[43]

첫번째 트리부스가 투표를 마쳤을 때 포고관이 결과를 발표했다. '해임 찬성 한 표'였다. 티베리우스는 자신이 동료 호민관에게 전례 없는 공격을 사주하고 있다는 걸 알았으므로 첫번째 표가 나온 뒤 진행을 중단시키고 옥타비우스에게 거부권을 철회하라고 간청했다. 하지만 옥타비우스는 거부했다. 이어서 16개 트리부스가 투표용지를 넣었고 하나도 빠짐없이 해임 찬성표가 나왔다. 승리를 눈앞에 두고 티베리우스는 또다시 진행을 중단시킨 뒤 옥타비우스에게 마지막으로 한 번 더 물러날 기회를 주었다. 옥타비우스는 또다시 거부했다. 이어서 열여덟번째 트리부스가 표를 던졌다. 그들이 투표를 마치자 포고관은 과반수가 채워졌다고 선언했다. 옥타비우스는 관직에서 해임되었다. 호민관 자격을 빼앗긴 옥타비우스는 더이상 그 관직에 따른 보호 혜택을 누리지 못하고 무시무시한 군중의 위협을 받았다. 그는 친구들 덕택에 간신히 그 자리를 빠져나올 수 있었다. 친구들은 인파를 헤치고 나아가며 민회장 밖까지 옥타비우스를 호위했다.[44]

옥타비우스의 해임은 토지법을 둘러싼 싸움에서 결정적인 전환점이 되었다. 이 운명적인 한 걸음을 내딛기 전만 해도 티베리우스는 여전히 동료 호민관들과 원로원 내 후견인들로부터 상당한 지지를 받았다. 그러나 동료 호민관에게 이토록 무모한 공격을 가하고 나자 티베리우스는 태생적으로 보수적인 이 엘리트 집단에게 치명적인 존재가 되어버렸다. 장인인 클라우디우스는 그의 곁을 지켰지만, 그 외에 이론상 개혁안을 지지했던 대다수 의원들은 끈질긴 반대에 직면하자 기꺼이 법안을 제쳐놓고서 상황이 가라앉기를 기다렸다가 1,2년 뒤에 다시 시도하기로 마음먹었다. 그러나 티베리우스는 저선 안 될 형편이었다. 토지법 통과에 그의 정치적 향방이 걸려 있었으므로 그는 법안을 통과시키기 위해서라면 무슨 짓이든 불사할 작정이었다. 그리고 당장은 효과가 있었다. 티베리우스 그라쿠스는 전투에서 승리했다. 옥타비우스가 밀려나자 민회는 압도적인 찬성으로 토지법을 통과시켰

1장 이탈리아의 짐승들

다. 논란 많던 토지법안은 이제 정식 법이 되었다.[45]

토지법에 따라 공유지를 측량하고 소유권을 확인하고 토지를 분할하려면 세 명으로 구성된 위원단이 필요했다. 이 작업을 제대로 처리하기 위해(또한 토지 분배에 따른 정치적 공적을 독차지하기 위해) 티베리우스는 민회를 움직여 그 자신과 장인 클라우디우스, 스물한 살 된 동생 가이우스를 첫 토지 위원 3인으로 선정하게 했다. 거기까지는 모두 순조로웠다. 그러나 얼마 지나지 않아 티베리우스는 법안을 통과시키는 것과 법 조항을 시행하는 것은 전혀 다른 일임을 깨닫게 되었다.[46]

토지법안이 법이 되는 것을 막지 못했던 원로원의 보수파들은 그들이 가진 온갖 수단을 동원해 반격을 개시했다. 이 반대를 주도한 인물은 최고신관 pontifex maximus 푸블리우스 스키피오 나시카로, 스키피오 씨족 중에서도 보수 성향이 강한 분가 출신이었다. 나시카는 개인적으로 500유게룸이 훨씬 넘는 공유지를 가지고 있었으므로, 신임 토지 위원단에게 모욕적인 일격을 가할 획책을 꾸몄다. 토지 측량을 완수하는 데 필요한 인력과 물자에 드는 자금 지출 승인은 원로원의 책임이었고, 그 작업에는 웬만한 군대만큼이나 많은 비서와 서기, 측량사, 건축가, 수레, 노새가 필요했다. 나시카의 성화에 원로원은 표결을 통해 위원들의 일일 경비만 간신히 댈 정도로 부족한 돈을 책정했다. 이렇듯 고의적으로 인색하게 책정된 경비를 받아든 티베리우스는 노 없는 배의 선장이 된 꼴이었다. 속 터지는 상황이었지만 그가 할 수 있는 일은 아무것도 없었다.[47]

이 일격을 당한 직후, 티베리우스의 가장 가까운 지지자 한 명이 갑작스럽게 죽었고 정황상 살인이 의심되었다. 티베리우스는 갈수록 심한 편집증에 사로잡혔다. 그는 이미 친구들과 피호민들로 이루어진 비공식 집단이 가족들의 상시 경호원 역할을 수행하게 해둔 터였다. 이제는 이 보호 조치가 그 어느 때보다도 절실해 보였다. 그저 군중의 반응을 노렸던 건지 진심으로 목숨의 위협을 느꼈는지는 알 수 없지만, 티베리우스는 상복 차림으로 자식들을 민회에 데려가서 "자신은 살 가망이 없다고 말하며 아이들과 그 어머니를 보살펴달라고 인민에게 간청했다".[48]

하지만 바로 그때 운명의 여신이 개입해 로마 역사의 진로를 바꿔놓았다. 게다가 이후로도 종종 일어난 일이지만, 이탈리아 해안에서 동떨어진 곳의 사건들이 로마 국내 정치의 판도를 결정지었다. 이 경우 그 사건은 페르가몬 왕 아탈로스 3세의 죽음이었다. 페르가몬은 현재 터키의 에게해 연안지역을 차지하고 있던 그리스 왕국으로, 근 100년 동안 로마와 동맹 관계를 맺고 있었다. 아탈로스 3세는 아들이 없었던데다 자신이 죽고 나면 왕위 계승자 후보들 간에 격렬한 권력 투쟁이 벌어질 거라 확신했으므로, 자신의 왕국과 왕실 금고 전부를 로마 인민에게 유증했다.[49]

아탈로스의 사망 소식은 토지법이 통과된 직후 로마에 전해졌고, 티베리우스는 유언 조항에 관해 가장 먼저 전해들은 사람 중 하나였다. 티베리우스의 아버지는 로마와 페르가몬의 동맹을 확정하는 자리에 원로원 사절단 일원으로 참여한 적이 있었다. 그렇다보니 아탈로스왕의 유언장을 가지고 온 특사는 로마에 도착하자 그라쿠스 형제의 집에 머물렀다. 티베리우스는 적들보다 한발 앞서 민회를 소집한 뒤, 아탈로스왕의 유언장에 "내 재산을 로마 인민에게 상속하라"고 적혀 있기 때문에 왕실 금고 처분과 차후의 새로운 속주 관리를 모두 민회에서 처리할 것이라고 알렸다. 이어서 티베리우스는 아탈로스왕의 왕실 금고 일부는 토지 위원단의 활동 자금으로 사용될 것이며, 새로운 땅 소유주들에게 초기 자본을 제공할 수도 있을 거라고 선언했다.[50]

이 과감한 수에 원로원 보수파 의원들은 분통을 터뜨렸다. 관습상 인정된 모든 권리에 의해 원로원은 국가 재정과 대외 정책의 완전한 재량권을 누렸다. 공화정체를 면밀히 연구했던 폴리비오스는 원로원에 관해 "국고의 통제권을 가지고 있으며 모든 세입과 세출을 관리한다…… 또한 의견 차이를 해결할 목적으로 이탈리아 외부 국가에 사절을 파견하는 문제에도 모두 관여한다"고 말했다. 또한 인민은 "이와 하등 관계가 없다"고도 했다. 티베리우스는 페르가몬에 대한 권리를 주장함으로써 동시에 두 가지를 다 뽑아내려고 했다. 원로원은 격분하여 회의를 소집했고, 티베리우스가 무모한 선동 정치가이고 스스로 포학한 전제군주가 되려 한다며 맹비난했다.[51]

그런 직후, 호민관 직이 부여하는 면책특권을 유지하기 위해서건 토지 위원단을 보전하기 위해서건(아니면 그 둘 다이건 간에) 티베리우스는 또 한번 충격적인 발표를 했다. 호민관 재선에 도전한다는 선언이었다. 호민관 연임을 금지하는 법은 없었지만 모스 마이오룸의 힘이 워낙 강력하다보니 티베리우스의 시도는 전례 없는 것이었다. 그의 정적들에게 이 발언은 티베리우스가 독재자가 될 계획임을 보여주는 완벽한 증거였다. 그가 만약 국가 재정과 부동산 분배, 외교 정책을 장악하고 영구 중임할 권리를 주장한다면, 티베리우스 셈프로니우스 그라쿠스는 이름만 아닐 뿐 사실상 로마의 왕이 될 터였다.[52]

 티베리우스로서는 불행하게도, 기원전 133년 여름 선거가 다가올 무렵 그의 정치 세력은 어느 때보다 약화되어 있었다. 토지법을 둘러싼 싸움 동안에는 그를 지지하는 확고한 지방 유권자층에 의지할 수 있었다. 어쩌면 이번에는 한창 수확철이라서 티베리우스가 또하나의 논쟁적인 투표에 지지자들을 다시 동원하기 어려웠을 수도 있다. 하지만 보수파들은 이번에는 무슨 수를 써서라도 티베리우스가 재선되지 못하게 해야 한다고 마음먹고 있었다. 그들이 이제 더는 토지법을 반대하지 않으며 티베리우스가 호민관 직에 있건 아니건 토지 재분배는 그대로 진행될 것이라고 알린다면 다가오는 선거에 대한 절박함이 줄어들어 많은 유권자들이 투표장에 나오지 않을 터였다.[53]

 평소의 지지층이 없는 상황에서 티베리우스는 필요한 표를 얻기 위해 도시 인구를 노렸다. 도시 평민들은 토지 개혁에 그리 관심을 가진 적이 없었으므로 티베리우스는 공약의 범위를 확대해 병역 추가 제한, 재판관 판결에 대한 항소권, 원로원 의원의 배심원단 참여 금지 등을 포함시켰다. 이로써 마침내 공화정 후기를 장식한 거대한 정치 싸움의 전선 하나가 그어졌다. 물론 이 당시에는 아직 실행되지 않은 공허한 제안에 불과했다.[54]

 선거를 앞둔 티베리우스는 언제나처럼 극적으로 검은 상복을 입고 또다시 자식들과 함께 돌아다니면서 만약 무슨 일이 생기면 그의 아이들을 지켜주겠다는 약속을 지지자들에게 받아냈다. 최종 선거 전

날 밤 티베리우스는 무장 경호원들에 둘러싸여 잠을 잤다.⁵⁵

다음날 아침 일찍부터 티베리우스의 지지자들은 카피톨리누스 언덕의 유피테르 신전 인근에 빽빽이 모여들었다. 투표장 일대를 장악하기 위해서였다. 티베리우스가 경호원들을 대동하고 나타나자 군중은 환호와 박수로 그를 맞았다. 이후 도착한 티베리우스의 정적들은 그라쿠스파 군중의 틈새로 뚫고 들어갈 수 없었다. 가설투표소로의 접근이 저지된 상태에서 트리부스 투표를 시작하라는 소리가 들린 순간, 반그라쿠스파 유권자들이 모여 있는 군중의 가장자리에서 밀고 들어가려고 하면서 실랑이가 벌어졌다. 싸움이 터지자 투표는 중단되었다.⁵⁶

한편 원로원은 카피톨리누스 언덕 바로 근처에 있는 피데스 신전에서 회합을 열었다. 티베리우스가 다른 호민관들을 모두 해임했으며 제왕적 권력을 잡으려 한다는 소문이 난무했다. 그날 아침 원로원 회의를 주재한 집정관은 바로 토지법 초안 작성자 중 하나인 무키우스 스카이볼라였다. 나시카를 비롯한 원로원 강경파 의원들은 스카이볼라에게 무슨 수를 쓰라고 요구했다. 그러나 집정관의 대답은 "폭력에 기대지도, 재판 없이 시민을 처형하지도 않을 것이오. 그러나 사람들이 티베리우스의 설득이나 강요 아래 법에 어긋난 쪽으로 투표한다면 이 표결은 법적 구속력이 없는 것으로 간주하겠소"라는 것이었다.⁵⁷

격분한 나시카에게는 한참 부족한 대답이었다. 나시카는 자리를 박차고 일어나 "이 나라를 살리려는 이들은 나를 따르시오"라고 말했다. 그런 뒤 최고신관의 복식을 갖춰 입고 뜻이 같은 원로원 의원들과 피호민들로 이루어진 무리의 선두에 섰다. 그들은 다 같이 유피테르 신전으로 행진했다. 포메리움Pomerium, 즉 도시의 신성경계선 안으로는 무기를 들고 갈 수 없었으므로 나시카와 그의 추종자들은 주로 탁자 다리나 이런저런 곤봉으로 무장했다. 이후의 공격이 사전에 계획된 것은 아니었어도, 이들이 티베리우스 그라쿠스를 로마의 왕으로 만들려는 군중을 기꺼이 무력을 써서 격퇴하려 했던 것은 분명하다.[58]

그사이 로스트라 연단에 서 있던 티베리우스는 폭도가 오고 있다는 경고를 들었다. 티베리우스의 측근들은 돌아서서 싸울 준비를 했지만 폭도 무리에 원로원 의원들이 끼어 있고 선두에 선 이가 다름 아닌 최고신관인 것을 보자 주춤했다. 그라쿠스 무리가 물러서기 시작했음에도 나시카 쪽 사람들은 아랑곳하지 않고 거칠게 군중을 밀고 때렸다. 떠밀리고 얻어맞기 시작하자 티베리우스 지지자들도 자연히 맞서 싸우게 되었고, 결국 민회장 곳곳에서 충돌이 일어났다. 이후 벌어진 아수라장에서 피해자는 완전히 한쪽에 쏠려 있었다. 티베리우스 쪽 사람들은 무기가 없었기에 나시카 무리에게 손쉬운 표적이 되었다. 유피테르 신전 앞의 비좁은 공간에 갇힌 많은 이들이 발밑에 깔려 짓밟히거나 카피톨리누스 언덕의 가파른 절벽에서 떨어져 죽었다. 먼지가 걷혔을 때는 300명이 죽어 쓰러져 있었다.[59]

공격의 주된 목표물은 당연히 티베리우스였다. 반동적인 보수파 의원들이 그들의 사냥감을 찾아내기까지는 그리 오래 걸리지 않았다. 유피테르 신전 입구 근처에서 티베리우스는 이미 쓰러져 있던 누군가의 시체에 발이 걸려 넘어졌고, 미처 일어나기도 전에 동료 호민관 한 명과 원로원 의원 한 명의 기습을 받았다. 호민관 신분인 그는 신성불가침한 존재였지만, 이 두 사내는 막무가내로 달려들어 티베리우스 그라쿠스를 의자 다리로 때려죽였다. 역사가 아피아노스는 이 사건을 다음과 같이 기록했다. "집정관을 두 차례 지낸 그라쿠스와, 카르타고의 패권을 무너뜨린 스키피오의 딸 코르넬리아 사이에서 난 그라쿠스는 그렇게 카피톨리누스 언덕에서, 여전히 호민관 직에 있던 상태로 비명횡사했다. 그는 더없이 훌륭한 계획을 너무나 맹렬히 추진한 결과로 목숨을 잃었다. 게다가 대중 집회에서 최초로 자행된 이 가공할 범죄는 이후로도 종종 유사한 사례를 찾을 수 있었다."[60]

그날은 로마 정치사에서 손꼽히게 유혈이 낭자한 하루였다. 물론 "이 사건은 왕정 폐지 이래 로마에서 유혈사태와 시민들의 죽음으로 끝난 최초의 폭동이었다고 전해진다"라는 플루타르코스의 말은 과장된 것이다. 하지만 적어도 사람들이 기억하는 한 그때까지 로마 정치가 폭력에 기대어 수행된 적은 없었다. 그런데 이제 수백 명의 시민이 카피톨리누스 언덕에 죽어 누워 있었다. 티베리우스 그라쿠스나 그의 토지법에 관해 어떻게 생각했든 간에, 그 장면은 누구에게나 충격으로 다가왔을 것이다.[61]

기원전 133년 사태의 주요 원인은 위태로운 쌍방간의 벼랑 끝 전술이었다. 티베리우스가 원로원을 건너뛰자 옥타비우스가 법안 낭독에 거부권을 행사했고, 그러자 티베리우스는 공공업무 일체를 중단시켰다. 옥타비우스가 계속 완고하게 버티자 티베리우스는 그를 호민관 직에서 해임했고, 그러자 원로원은 토지 위원단에 운영 자금을 주지 않았으며, 그리하여 티베리우스는 페르가몬의 유증 재산을 움켜잡고 재선에 출마했다. 이 모든 일은 결국 나시카가 무장 폭도를 이끌고

300명을 죽인 사건으로 막을 내렸다. 고작 몇 달 사이에 단순한 토지 재분배 법안 하나가 폭력적인 대량 학살로 확대된 것이다.

원로원은 이 공격에 대해 아무런 사과도 하지 않았다. 죽은 티베리우스와 그의 지지자들은 전통적인 장례 절차마저 금지된 채 한무더기로 티베리스강에 버려졌다. 이는 그 자체로 전통에의 지독한 모욕이었다. 그라쿠스 가문은 여전히 유력한 귀족 가문이었다. 그런 가문의 아들에게 적절한 장례를 불허했다는 것은 엄청난 종교적·사회적 의미가 내포된 일이었다. 그러나 이제는 티베리우스가 왕이 되려 했다는 풍설이 떠돌았고, 그것은 공직사회에서 가장 큰 금기였다. 게다가 원로원은 장례식이 폭력혁명이 재개되는 장소가 되는 위험을 무릅쓸 순 없다고 판단했다.[62]

사방에서 모스 마이오룸의 온갖 금기가 깨진 이 사건은 "로마 시민 유혈사태의 시작이자 방종한 무력의 시작"이었다. 이 같은 노골적인 폭력의 명백한 승리는 그 누구도 잊을 수 없는 교훈이 되었다. 고대 로마 역사가 벨레이우스 파테르쿨루스(기원전 20년경~서기 30년경, 로마의 군인이자 역사가—옮긴이)가 이후 논평했듯이, "전례는 처음 시작된 곳에서 멈추지 않는다. 최초에 발을 내디딘 길이 아무리 좁더라도, 결국엔 지극히 자유롭게 나다닐 수 있는 가도를 만들어낸다…… 남들에게 유리한 것으로 판명된 경로를 자신의 기반으로 여길 사람은 아무도 없다".[63]

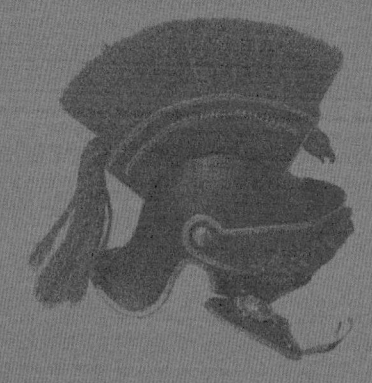

2장
로마의 의붓자식들

THE
STEPCHILDREN
OF
ROME

THE
STORM
BEFORE THE
STORM

> 권력을 쥔 자들이 잔인하고 부정하게 행동하면 통치받는 백성의 기질도
> 격앙되어 난폭한 행동에 빠지기 마련이다……
> 그들이 마땅히 누려야 할 친절을 누리지 못하면 그들은
> 잔혹한 폭군처럼 행동한 자들에 대항해 반란을 일으킨다.
> _디오도로스[1]

기원전 132년 새해 벽두부터 원로원은 티베리우스 그라쿠스의 혁명을 묻어버릴 준비가 되어 있었다. 그들은 왕정을 만들려는 티베리우스의 불법적인 시도를 지지했던 이들을 처벌할 특별위원회를 설립했다. 위원회를 이끌 책임은 신임 집정관들인 푸블리우스 루필리우스와 푸블리우스 포필리우스 라이나스가 맡았으며 이들에게는 사형 선고를 내릴 수 있는 권한이 주어졌다. 그러나 이 임시 위원회의 적법성 여부에는 의문점이 있었다. 예로부터 전해진 12표법 Law of the Twelve Tables에는 "시민의 사형에 관한 법은…… 민회를 거치지 않는 한 통과될 수 없다"고 명시되어 있었다. 원로원도 집정관들도 독단으로 시민에게 사형 선고를 내릴 권한은 없었다. 그런데 지금 그들은 이를 무시하며 밀어붙이고 있었다.[2]

민중은 뻔뻔스럽게 법을 무시한 조치에 격분했으며, 하층계급 평민이나 거류 외국인만 고발 대상이 되자 분노는 더욱 커졌다. 그 일에 가담했던 귀족 원로원 의원들, 가령 토지법 작성자들은 그 사태에서 핵심 역할을 했음에도 불구하고 단 한 번도 책임 추궁을 당하지 않았다. 이후 몇 주간 로마 민중은 특별위원회의 불길한 그림자 아래 살았다. 그라쿠스운동과의 실낱같은 연결고리만으로도 사람들은 집정관들 앞으로 끌려갔다. 일부는 처형되었고 훨씬 더 많은 이들이 추방으로 내몰렸다.[3]

원로원 의원 그 누구에게도 책임을 묻지 않은 사실에 많은 이들이 몹시 불쾌해했다면, 스키피오 나시카가 여전히 자유롭게 활보하고 다닌다는 사실은 그야말로 신성모독이었다. 나시카는 신성불가침한 호민관의 살해를 지휘했다. 그런 그가 아직까지 아무런 대가도 치르지 않았다는 것은 말 그대로 신들에 대한 범죄였다. 따라서 젊은 개혁파 의원이자 그라쿠스 세력을 지지하기도 했던 마르쿠스 풀비우스 플라쿠스는 나시카가 법의 심판을 받게 하겠노라고 선언했다. 나시카의 행동을 어떻게 생각하는지와는 별개로, 원로원측에서는 성난 무리가 최고신관을 기소하는 것을 가만히 두고 볼 순 없었다. 다행히도 편리한 해법이 저절로 나타났다. 티베리우스가 죽으면서 원로원이 페르가몬 왕국에 대한 통제권을 되찾은 터였으므로, 그들은 페르가몬으로 가서 상황을 파악하고 합병 절차를 시작할 사절로 나시카를 지명했다. 최고신관은 자신이 뒷문으로 떠밀려 나간다는 사실에 격노했지만 동료 의원들의 뜻에 따랐다. 나시카는 동방으로 떠났고, 그곳에서 "배은망덕한 고국으로 돌아갈 마음 따위는 없이" 얼마간 살다가 거대한

노예 반란이 일어나는 것까지 목격하고 씁쓸한 죽음을 맞을 터였다.[4]

이 위기를 무사히 해결한 원로원은 새로운 위기를 점화시키려 하지 않았다. 그들의 터무니없고 억압적인 조치를 밀어붙이는 데도 한계가 있다는 것을 잘 알고 있었으므로, 토지법을 폐기하거나 토지 위원단을 중단시키려는 시도는 하지 않았다. 마침내 개혁의 유효성을 인정했기 때문일 수도 있고 이제 와서 중단했다가는 폭동이 일어날 거라 생각했기 때문일 수도 있지만, 어쨌든 원로원은 토지 위원단이 활동을 계속하도록 허락했다. 토지법안 작성에 참여했던 원로원 의원 중 한 사람인 무키아누스를 티베리우스의 자리에 임명해 클라우디우스, 젊은 가이우스 그라쿠스와 나란히 토지 위원단에서 일하게 했다. 공유지 재분배는 계속되었다.[5]

로마에서 이 모든 일들이 벌어지는 사이 스키피오 아이밀리아누스는 지구 반대편에서 누만티아 정복을 마무리짓고 있었다. 18개월 전에 그가 도착해보니 히스파니아 군단들은 사기가 떨어지고 활기가 없었으며 기강도 해이해져 있었다. 아이밀리아누스는 그들을 깨끗이 정돈시키고 날마다 달리게 해서 전투에 나갈 수 있는 상태로 돌려놓았다. 만 1년간의 준비 끝에 아이밀리아누스는 로마의 동원 가능 병력을 전부 불러들였다. 기원전 133년 봄, 6만 명이 넘는 이탈리아, 아프리카, 히스파니아 병사들이 누만티아시를 에워쌌다. 그 가련한 도시에는 이제 마지막 저항군 8천 명만 남아 있었다. 압도적인 병력을 마주한 누만티아인들은 패배를 인정했다. "그리하여 탈출할 희망을 상실하고 격렬한 분노에 휩싸인 그들은 검과 독약과 큰불로 자신과 식구들, 고향 도시를 끝장냈다." 정신적 충격에 빠진 몇 안 되는 생존자들이 성문을 빠져나오자, 아이밀리아누스는 그들을 가두고 누만티아를 남김없이 파괴하라고 명령했다.[6]

아이밀리아누스는 이 승리가 로마 최고의 화젯거리가 되기를 기대했다. 그러나 누만티아 함락 직후 로마 정국에 대대적인 위기가 발생했다는 소식이 들려왔다. 티베리우스 그라쿠스와 추종자 300명이 논쟁적인 토지법을 통과시킨 뒤 살해당해 티베리스강에 던져졌다는 얘기였다. 아이밀리아누스는 이 소식에 세련되게 대응하지 않았다. 티베리우스가 왕이 되려고 음모를 꾸몄다는 것이 공식적인 이야기였으므로, 아이밀리아누스는 호메로스풍의 지혜가 섞인 반응을 내놓았다. "그런 범죄를 기도하는 자들은 다 그렇게 죽는 거지." 그러나 아이밀리아누스의 호메로스식 재담이 본국에 전해지자 거리 곳곳이 성난 소리로 술렁거렸다. 아이밀리아누스가 호민관 살해에 찬성했다는 건가? 다른 사람도 아닌 자기 처남인데? 아이밀리아누스를 이례적으로 두 차례나 집정관 직으로 이끌어줬던 바로 그 사람들이, 이제는 그를 자기네만의 세상에 사는 그렇고 그런 귀족으로 보게 되었다.[7]

그러나 아이밀리아누스는 로마의 바뀐 분위기를 전혀 모른 채, 최근에 이룬 정복 대업 덕택에 자신의 별이 그 어느 때보다도 밝게 빛난다고 믿었다. 기원전 132년 여름에 귀국한 그는 자신을 맞이한 사람들의 태도에 충격을 받았다. 로마 사람들은 그를 흠모하며 모여드는 대신 쏘아보거나 쌀쌀맞게 대했다. 괴로움에 빠진 아이밀리아누스에게는 불과 2년 전 만장일치로 그를 집정관에 선출했던 사람들이 알아볼 수 없을 만큼 낯설게 느껴졌다.[8]

누만티아 정복으로 얻은 재물을 후하게 나눠줄 수 있었다면 아이밀리아누스의 상황이 달라졌을 수도 있겠지만, 불행히도 그렇게 뿌릴 재물이 없었다. 카르타고 약탈 이후의 개선식에 비해 아이밀리아누스의 누만티아 개선식은 한심하기 짝이 없었다. 재물도 노예도 얼마 없었고 이국적이거나 아름답거나 경이로운 볼거리라고는 전혀 없었다. 로마가 보여줄 성과라는 것이 고작 자질구레한 장신구 몇 개와 말라빠진 히스파니아인 몇 명뿐임을 히스파니아 전쟁에서 스러져간 그 모든 생명들이 봤다면 분개하지 않을 수 없었으리라.[9]

아이밀리아누스의 초라한 개선식이 치러진 직후, 그라쿠스 파벌의 떠오르는 샛별 가이우스 파피리우스 카르보가 기원전 131년 호민관으로 당선되었다. 젊고 열정적인 개혁가 카르보는 비밀 투표를 로마의 모든 민회로 확대한다는 법안을 제출했다. 만일 이 법안이 통과된다면 로마의 선거를 공개 투표에서 비밀 투표로 완전히 바꿔놓을 터였다. 선거, 사법, 입법과 관련된 모든 민회가 비밀이 될 것이었기 때문이다. 카르보는 티베리우스의 재선 시도가 적법했음을 소급 확인하는 법안도 제출했다. 티베리우스가 법을 위반했기 때문에 그의 살인이 정당하다는 보수파들의 주장을 약화시키기 위해서였다.[10]

상황이 지나치게 민중 편향적으로 흘러간다고 생각한 아이밀리아누스는 포럼에서 카르보의 법안에 반대하는 연설을 했다. 그는 반복된 관직 재임을 금하는 전통은 공화정의 덕목에 부합한다고 말했는데, 아이밀리아누스 본인이야말로 이 금지조항에 대한 면제를 얻어냈던 인물이었으니 분명 군중에게 위선자라는 인상을 주었을 것이다. 아이밀리아누스가 대중 앞에 섰을 때 한번은 카르보가 앞으로 나와서 티베리우스 살해에 관해 **정말로** 어떻게 생각하느냐고 따져 물었다. 아이밀리아누스는 "그가 국가를 장악하려 했다면 살해당해 마땅했다"고 대답했다. 청중이 적의를 드러내자 아이밀리아누스도 받은 대로 돌려주었다. 성난 군중을 바라보는 아이밀리아누스의 눈에 진정한 로마인들은 보이지 않았다. 시끄러운 외국인 침입자 무리가 보일 뿐이었다. 로마의 미덕과 존엄이 어떤 의미인지도 모르는 이민자, 해방노예, 노예 들이었다. 그는 크게 고함을 질렀다. "어찌 내기, 전장에서 그토록 여러 차례 두려움도 느끼지 않고 적의 함성을 들었던 내가 당신네 같은 자들의 고함소리에 당황하겠소? 당신들에게 이탈리아는 계모일 뿐인데?" 당연하게도 이 발언은 더 큰 야유를 불러왔고, 아이밀리아누스는 포룸에서 쓸쓸히 물러날 수밖에 없었다. 재선에 줄마할 권리를 확정하는 법안은 통과되지 않았지만, 이 싸움은 아이밀리아누스의 명성에 돌이킬 수 없는 타격을 입혔다.[11]

어떤 면에서는 그날 포룸에서 마주한 군중에 관한 아이밀리아누스의 생각이 옳았다. 로마 초기에는 플렙스 우르바나plebs urbana와 포풀루스 로마누스populus Romanus, 다시 말해 도시 평민과 로마 인민 간에 아무 차이가 없었다. 도시 평민이 로마 인민이었고 로마 인민이 도시 평민이었다. 그러나 기원전 2세기 말경 로마는 단연 지중해 일대 최대의 도시였다. 당시 다른 도시들의 시민이 수만 명이었다면 로마는 **수십만** 명을 뽐냈다. 지중해의 가장 크고 강력한 도시로서 로마는 이주의 중심지가 되었다. 시민이 아닌 이탈리아인들이 나날이 커지는 이 대도시로 빈번히 이주해 왔으며 그리스 철학자, 히스파니아 수공업자, 북아프리카 상인, 시리아 사절, 갈리아 용병 등이 그 뒤를 이었다. 기원전 130년대에 이르러 로마는 세상에 알려진 모든 언어와 민족이 뒤섞인 다언어 사회로 변모해 있었다.[12]

지방 소농들과 마찬가지로, 대거 유입된 노예들 역시 도시 인구 변화에 극적인 영향을 끼쳤다. 부유한 로마인들은 지중해 너머에서 숙련된 수공업자들을 사와 도시에서 판매용 상품을 제작하는 데 투입했다. 그러나 숙련된 노예들은 일이 서툰 노예들과 달리 대개 일정 기간 동안만 노예로 남았다. 주인에게 돈을 내고 노예 신분에서 벗어나 전 주인의 보호하에 개인 사업을 시작할 수 있었기 때문이다. 원로원 의원들은 이런 해방노예 피호민들을 통해 원래 참여가 금지되어 있는 영리 사업을 벌일 수 있었다. 그들은 해방노예를 법적인 간판으로 내세워 아파트 단지와 소매상점을 운영하고 해외 무역에 관여했다. 또한 이런 해방노예를 통한 경제활동은 원로원 의원의 부동산을 영리 사업체로 신속히 전환시키는 동시에 정작 원로원 의원 그 자신은 사업과 관련된 지저분한 일들에 손대지 않아도 되게 해주었다.[13]

대부분 시골에 사는 이탈리아 주민들과 달리 도시 평민은 온전히 임금 노동으로 생계를 유지했다. 로마가 제국 무역의 거대 정보교환소가 됨에 따라 일거리는 주로 소매와 무역에 집중되었다. 부두, 창고, 상점 들은 매일같이 사람들의 활기로 가득했다. 노예들도 임금 노동자들과 나란히 수도교, 도로 같은 대규모 공공 건설 사업에 투입되었고, 기존의 공사가 완료되면 항상 새로운 공사가 시작되었다. 로마시는 철저히 현금 경제를 기반으로 했고 식료품과 숙소, 연료를 사는 데 모두 주화가 필요했으므로 극심한 빈곤이란 없었다. 살아갈 돈이

없는 사람은 시골로 떠나거나 뒷골목에서 죽었다. 가난은 치명적이었다.[14]

정치적으로 보면 도시 평민은 이제 옛이야기가 된 신분 투쟁 이후로 공동의 정치적 정체성이 없었다. 민주적인 민회들이 35개 트리부스를 통해 운영되고 있었지만, 로마에 상주하는 모든 시민들은 한데 묶여 그중 단 4개의 트리부스로 분류되었다. 따라서 민회에서 그들은 대개 다른 모든 유권자들보다도 수가 많았지만, 그들이 공동으로 행사할 수 있는 표는 네 표뿐이었다. 하지만 이렇듯 투표에서의 영향력이 제한적이어도 도시에 산다는 것만으로 그들은 로마 정치의 잠재 세력이 되었다. 토지법 관련 사태가 입증했듯이, 이제는 민회장을 물리적으로 장악하는 것이 정치 싸움에서 이기는 데 결정적인 요소로 작용했다. 도시 평민이 그곳에 상시 존재한다는 것은 곧 선거에서는 그들의 목소리가 아무리 약화된다 해도 그들의 **물리적** 목소리는 크고 또렷하게 들릴 수 있다는 뜻이었다. 스키피오 아이밀리아누스가 티베리우스 그라쿠스에 대한 과격 발언으로 그들에게 야유당했을 때 깨달은 것도 바로 이 점이었다.[15]

정치적 목소리를 되찾은 도시 평민은 큰 뜻을 품은 정치인들에게 자기네의 특정한 필요를 충족시켜달라고 요구할 수 있다는 사실을 깨달았다. 토지 재분배는 그들에게 딱히 매력적이지 않았다. 그들은 상인이고 수공업자이고 무역상이었지 농부가 아니었기 때문이다. 하지만 그들의 관심을 끈 요소는 값싼 곡물을 안정적으로 공급한다는 약속이었다. 도시 평민은 식량을 자급할 수 없었으므로 그들을 먹여 살릴 곡물 생산을 주변 전원지대에 의존하고 있었다. 로마의 정치 신인이라면 누구나 알게 되었듯이 도시 평민이 진정으로 원하는 것은 식량 안보였다. 그들은 모두 날씨나 운송사고, 흉작으로 식량 공급이 갑작스레 부족해지기 쉽다는 사실을 뼈저리게 자각하고 있었다. 혹은 시칠리아에서 일어난 대규모 노예 반란 같은 원인도 있었다.[16]

그라쿠스 시대 로마에 공급된 곡물은 대부분 시칠리아에서 생산되었다. 기원전 241년 카르타고인들이 양도한 시칠리아는 로마가 최초로 얻은 해외 속주였다. 놀랍도록 비옥한 그 섬은 수확되기를 기다리는 무한한 보고였다. 로마의 지주들이 쏟아져 들어오면서 노예들도 "소떼처럼 여러 무더기로 몰아서" 함께 데려왔다. 시칠리아 사유지의 노동 환경은 끔찍하기 짝이 없었다. 노예들은 "터무니없이 잔인한 구타와 채찍질을 당했고" 의식주도 제대로 제공되지 않았다. 따라서 그들은 살기 위해 산적 행위에 가담했으며, 비슷한 처지의 이탈리아인들처럼 점점 늘어나는 노예 농장 때문에 피해를 보고 있던 시칠리아 원주민들을 약탈했다. 불만이 쇄도했지만, 섬 전체를 관리하는 인력은 고작 로마의 하급 정무관 몇 명뿐이었다. 거기서 나는 수익으로 모두가 부유해지는 이상 그 잔인한 제도를 개혁할 이유가 없었다.[17]

희망이라곤 없던 시칠리아의 노예들은 반란 모의를 시작했다. 주요 지도자로 부상한 이는 에우누스라는 시리아인이었다. 시칠리아에 도착할 당시 에우누스는 말 많고 사람을 휘어잡는 매력이 있는 사기꾼이었다. 자칭 예언자이자 불 뿜는 사람이라고 주장한 그는 언젠가 자신이 그들의 왕이 될 거라는 이야기로 주인들의 마음을 사로잡았다. 기원전 135년에 한 무리의 노예들이 그에게 은밀히 접근했다. 그들은 주인들을 죽이고 싶다면서 예언자 에우누스에게 조언을 구했다. 에우누스는 신들이 그들의 계획을 지지한다고 말했고, 이내 무장한 400명이 에우누스의 수하로 들어왔다. 그날 밤 그들은 헨나시를 습격했다. 그가 했던 유쾌한 약속과는 달리 에우누스는 승리 앞에서 자애롭지 않았다. 그는 헨나 주민들을 한데 모아놓고 숙련된 대장장이들만 따로 빼놓은 다음 나머지 사람들을 처형했다. 대학살 소식이 퍼지면서 총체적 봉기가 촉발되었다. 몇 주 내로 노예 1만 명이 반란군에 합류했다. 에우누스는 그렇게 자신의 예언을 이뤘다. 그는 훔친 디아데마(왕권을 상징하는 머리띠—옮긴이)를 머리에 두르고 자신이 시칠리아의 안티오코스왕이라고 선언했다.[18]

에우누스의 반란에 이어 겨우 몇 주 뒤 섬 반대편에서 두번째 반란이 터졌다. 클레온이라는 킬리키아인 노예가 에우누스의 반란 소식을 듣고는 자체적으로 폭동을 일으켜 자신의 기치 아래 5천 명을 끌어모았다. 클레온의 군대는 남쪽 항구도시 아그리겐툼을 침략하고 약탈했다. 포위 공격을 당한 시칠리아인들은 두 노예 군대가 충돌하여 서로 섬멸할 거라는 희망을 품었으나 막상 클레온이 '시칠리아의 안티오코스왕'에게 무릎 꿇은 것을 보고 경악했다. 하나로 합쳐진 노예 군대는 이제 무적이었다.[19]

원로원 내에서는 이 반란이 금세 잠잠해질 거라고 생각했지만, 시칠리아로 보낸 증원 병력들은 하나같이 돌아올 기미를 보이지 않았다. 원로원은 시칠리아 속주의 질서를 바로잡고자 법무관 한 명을 파견했으나 그가 실패하자 이듬해에 또다른 법무관을 보내야 했다. 그러나 어느새 노예 반란군의 수는 약 20만 명에 이르렀고, 어떤 로마 병력도 그들을 제압할 수 없는 듯 보였다. 게다가 노예들만이 문제가 아니었다. 가난한 시칠리아 소작농 다수가 탐욕과 절망, 복수심이 뒤섞인 채 부유한 사유지들을 습격하기 시작했다. 혼란과 무질서가 판을 쳤다.[20]

그리하여 원로원은 히스파니아의 난제와 갑자기 일어난 그라쿠스혁명에 대처하는 동시에 이렇게 계속되는 시칠리아 노예 반란까지 처리해야 했다. 원로원은 이 모든 상황에 좌절감을 느꼈고, 로마 거리에서는 식량 공급 중단으로 도시 평민이 분노하고 있다는 사실도 의식하고 있었다. 최초의 봉기 후 꼬박 3년이 지난 기원전 132년 여름까지도 반란이 지속되자 원로원은 집정관 푸블리우스 루필리우스를 시칠리아로 파견했다. 반그라쿠스 위원회의 일을 마무리 지은 루필리우스는 이제 또다른 내란 선동세력을 처부수러 떠났다.[21]

루필리우스가 다른 로마 사령관들이 실패했던 일에 성공할 수 있었던 것은 시칠리아가 황폐해진 덕분이었다. 폭동을 일으킨 노예들은 당연히 쟁기를 던져버렸으므로 섬의 농지와 초원은 경작되지 않았다. 기원전 132년 루필리우스가 도착할 무렵 로마의 대규모 곡창지대는 척박한 땅이 되어 있었다. 이처럼 암울한 상황이었기에, 루필리우스는 노예들이 있는 각 도시에서 음식과 관대한 처분을 받는 대신 성문을 열어줄 만큼 필사적인 사람들을 어렵지 않게 찾을 수 있었다. 로마인들이 헨나에 도착하자 클레온이 노예 군대를 이끌고 출전했지만 그는 이어진 전투에서 죽었고 그의 군대는 패배했다. 루필리우스는 기꺼이 헨나의 성문을 열어줄 배반자를 찾아냈고, 안티오코스왕은 뒷문으로 달아났다. 그는 며칠 뒤 "전속 요리사, 이발사, 목욕탕 때

밀이, 그의 연회에서 공연하는 광대"와 함께 동굴에 숨어 있다가 발견되었다. 루필리우스가 안티오코스왕을 감방에 던져넣자 왕은 그곳에서 이에 물어뜯겨 죽었다. 훗날 제1차 노예전쟁으로 알려진 이 사건은 3년 만에 끝을 맺었다.[22]

노예 반란이 끝나자 원로원은 떨듯이 기뻐했다. 거기다 누만티아에서의 승리와 그라쿠스파의 위협 퇴치까지 더해짐에 따라 로마의 귀족 지도층은 너무나도 당연히 얼마간 평화와 안정을 즐길 준비가 되어 있었다. 그러나 시칠리아 승전으로부터 몇 달 지나지 않아 동방에서 보고가 들어왔다. 로마가 또다시 대규모 속주 반란을 떠안게 되었다는 소식이었다. 페르가몬 왕국 합병을 위해 파견된 사절단은, 그곳에 자신들의 독립 왕국이 커가는 로마 제국의 한낱 속주가 되는 것을 원치 않는 이들이 많다는 사실을 알게 되었다.

로마인들에게 프로빙키아provincia는 원래 정무관이 해당 범위 내에서 로마의 이름으로 권한을 행사하는 영역을 뜻하는 말이었다. 그것은 지리적 영역일 수도 있고 군사적 임무나 사법 관할권일 수도 있었다. 그러나 로마가 영구적인 제국의 책무를 떠맡게 되면서 다양한 정무관들의 연간 프로빙키아는 고정된 지리적 경계의 형태를 띠기 시작했다. 기원전 146년에 원로원은 시칠리아, 사르디니아, 가까운 히스파니아와 먼 히스파니아, 마케도니아, 아프리카 속주에 해마다 정무관을 파견하고 있었다. 정확히 로마인들이 사용한 용어는 아니었지만, 이처럼 속주에 배치된 정무관을 속주 총독이라고 부르는 것은 비교적 타당하다. 로마 제국 초창기 총독의 업무는 주로 군사 안보에 집중

되었다. 정치적 사안은 현지 도시 및 부족과의 동맹 확보에 한정되었고, 경제 문제는 세금 징수와 군사 점령에 따른 비용 지불로 제한되었다.[23]

속주 행정부는 소수의 관리 집단으로 이루어졌다. 신참 법무관이나 집정관은 친구나 가족 중에서 고른 비공식 자문단 레가티legati, 보좌관단와 관저에서 일할 직원들을 데리고 왔다. 또한 총독에게는 재무관 한 명이 배정되었는데, 보통 공직을 처음 시작하는 젊은이로 속주의 재무를 위임받았다. 이 임무는 재무관들 중 어떤 이에게는 골치 아픈 경험이었고 어떤 이에게는 자신의 고결함을 증명할 기회였으며 또다른 이에게는 이권과 뇌물을 챙길 기회였다.

로마에서 파견되는 행정 관료들이 워낙 적었기 때문에 속주 총독은 주로 현지 지도자들과 기존의 법적·사회적 제도에 의지했다. 해당 도시 귀족층의 환심을 사서 자기편으로 끌어들였고, 그 아들들을 볼모로 로마에 보내 좋은 대우와 온전한 로마식 교육을 받게 했다. 실제 통치 차원에서는 현지의 법과 사회 관습, 제도가 유지되었다. 다만 이제 권력의 최종 원천은 현지 왕실이 아닌 로마였다.[24]

정식 행정부의 규모가 작고 로마 공화국 신민으로서 져야 할 공적인 부담이 가볍긴 했지만, 그렇다고 해서 속주 주민의 삶이 견디기 쉬운 것은 아니었다. 모든 총독은 정치 경력의 정점에 와 있었고, 거기까지 오는 동안 상당한 빚을 진 경우가 많았다. 속주를 맡는 것은 그에게 재산을 다시 모을 시기로 여겨졌다. 그러나 새로 취임하는 총독에게 시간은 제한되어 있었고 큰 정복 전쟁들은 과거가 되었으니, 그들은 대개 전쟁을 하지 **않는** 대신 여러 부족과 도시에서 돈을 쥐어짜는 방법을 택했다. 총독들은 그 자리를 떠나기 전에 최대한 많은 돈을 벌고 싶어했다. 속주 주민들로서는 불행하게도 다음 총독 역시 같은 상황에서 취임할 터였고, 그렇게 같은 과정이 반복되었다.[25]

총독들의 이러한 폐해는 종종 반란의 원인으로 지목되었다. 그리하여 기원전 149년—지중해 중부를 합병하던 당시—로마인들은 그들 최초의 상설 재판소인 부당취득죄 법정 quaestio de repetundis을 설립했다. 이 법정은 자신의 권력을 이용해 속주 주민들에게서 부당한 수입을 뜯어낸 로마 정무관을 조사하고 처벌할 권한을 가졌다. 하지만 당연하게도 부당취득죄 법정의 배심원단은 원로원 의원으로만 구성되었다. 그들이 불법을 저지른 동료에게 과연 얼마나 자주 유죄를 선언했을지는 불 보듯 뻔하다.[26]

새로 생긴 아시아 속주는 제국에서 가장 수익성 좋은 속주 중 하나가 될 터였고, 따라서 착취와 학대의 온상이 될 운명이었다. 그러나 로마인들이 새 속주를 착취하려면 먼저 그곳을 정비해야 했는데 이는 대단히 까다로운 일이 될 터였다. 기원전 132년 스키피오 나시카와 원로원 동료 사절들이 그곳에 도착했을 때, 그들은 모든 페르가몬 사람들이 스스로를 로마 인민의 소유물로 여기진 않는다는 사실을 알게 되었다.

아탈로스 3세가 죽은 뒤 왕위를 노린 아리스토니코스라는 자는 왕국을 로마에 이양하기를 거부하고 스스로 왕권을 주장했다. 아리스토니코스는 곳곳에서 지지를 얻으려 애썼지만, 부유한 해안도시 대부분은 로마와 좋은 관계를 맺고 있었으므로 반란에 동참하는 데 거의 관심이 없었다. 하지만 내륙으로 몰려난 뒤에는 노예들에게 군인이 되면 해방시켜주겠다고 약속함으로써 모병 상황이 좀 나아졌다. 빈곤한 소작농들과 들에서 일하는 노예들로 군사를 일으킨 아리스토니코스는 로마를 무찌르고 나면 그가 헬리오폴리스Heliopolis, 즉 '태양의 도시'로 이름 붙인 자유로운 유토피아에서 그들 모두 평등한 시민이 될 거라고 약속했다.[27]

그리하여 원로원은 히스파니아와 시칠리아가 잠잠해지자마자 방향을 틀어 아시아를 처리해야 했다. 지휘권은 신임 집정관이자 얼마 전 토지 위원으로 임명된 무키아누스에게 돌아갔다. 무키아누스는 동방의 거대한 부가 약속된 이 지휘권을 얻으려고 열심히 로비를 했지만 막상 아시아에 도착하고 보니 처음부터 무엇 하나 되는 일이 없었다. 그는 군단들을 이끌고 아나톨리아의 내륙 산악지대로 들어갔다가 아리스토니코스에게 연거푸 패배를 당했다. 결국에는 무키아누스 자신이 적군에게 붙잡히는 굴욕을 당했고, 포로가 되었다는 사실에 격분한 집정관은 억류자들을 도발했으며 "자신을 감시하던 야만인을 꼬챙이로 찔러 눈멀게 했다". 그 보초는 "통증으로 쓰리고 분노에 타올라 그를 검으로 찔렀다".[28]

무키아누스가 실패하자 원로원에서는 기원전 130년에 또다른 집정관 군대를 파병해야 했다. 이 군대는 성공적으로 아리스토니코스의 수도를 포위하고 헬리오폴리스를 굴복시켰다. 거주민 대부분은 죽거나 도로 노예가 되었다. 아리스토니코스는 사슬에 묶여 갇혔다가 이후 로마에서 열린 개선행진에 세워졌다. 행진이 끝난 뒤 그는 감옥에서 사형집행인에게 목 졸려 죽었다. 노예 없는 유토피아의 덧없는 꿈

은 그와 함께 사라졌다.²⁹

이 모든 전투와 포위 작전이 수개월을 넘어 수년 동안 계속되었기 때문에, 로마인들은 기원전 129년에야 마침내 옛 페르가몬 왕국을 새로운 아시아 속주로 재편하는 작업을 시작하게 되었다. 원로원은 준비 과정을 감독하기 위해 원로원 의원 열 명으로 구성된 위원단과 함께 집정관 마니우스 아퀼리우스를 파견했다. 그런데 알고 보니 아퀼리우스는 품성이 미심쩍은 사람이었다. 군데군데 흩어진 몇몇 도시가 여전히 로마의 점령에 저항하고 있었는데, 소탕 작전으로 시간을 허비하고 싶지 않았던 아퀼리우스는 "샘물에 독을 타는 사악한 편법"에 기대어 마지막 저항세력을 무릎 꿇렸다. 명예로운 정복 수단이라고 하긴 어려운 방법이었다.³⁰

그러나 이제 로마가 완전히 주도권을 쥐게 되자 아퀼리우스와 신임 원로원 사절단은 아시아 속주의 틀을 잡을 수 있었다. 하지만 그 과정은 계속 시간을 끌며 더디게 진행되었는데, 사절들이 아탈로스의 유언에 따라 왕실 소유지와 자유 도시들 간의 경계를 정해야 했기 때문이다. 왕실 소유지는 국가에서 관리하는 공유지가 되고 자유 도시들은 세금을 면제받을 터였다. 이렇듯 경계가 정해지는 동안 아퀼리우스는 약간의 부수입을 올릴 기회를 잡았다. 이웃나라 왕들에게 뇌물을 받고 아리스토니코스 봉쇄를 도운 '보상'으로 수익성 좋은 땅을 넘겨준 것이다. 특히 프리기아 왕국을 폰토스의 미트리다테스 5세에게 내주었는데, 이는 한 세대 후에도 여전히 논란이 될 수상쩍은 거래였다.³¹

하지만 드디어 아시아가 로마의 품에 들어오면서, 공화국은 또 한

번 거대한 부가 이탈리아로 유입되는 광경을 보게 될 참이었다. 아시아는 제국의 단연 가장 수익성 좋은 자산이 되었고, 개인과 국가 양쪽에 부를 전해줌으로써 이미 공화국의 안정성을 약화시키고 있던 불평등 추세를 더욱 악화시켰다.

역사책이 로마의 군사 및 정치 지도자의 이름들로 가득한 것은 로마 역사가들이 그런 이들에 관해 기록했기 때문이며, 그리하여 우리는 모든 로마인이 승리를 좇은 정치적 음모자였던 것처럼 여기게 된다. 하지만 부유한 로마 시민 중에는 위대한 귀족 가문들을 사로잡았던 집정관 직과 개선식을 향한 광적인 쟁탈전에 관심이 없는 사람도 수두룩했다. 게다가 원로원 의원에게는 상업 활동이 허용되지 않았으므로, 정치에 무관심한 부유층이 커가는 제국의 사업을 맡아 상위 정치(국가 생존과 직결된 군사, 안보 등의 문제를 다루는 정치—옮긴이)의 비애감 없이 막대한 재산을 모을 여지가 충분했다.[32]

로마의 비정치적 부유층을 형성한 가문들은 기사계급Equestrian class이라 불렸다. 이들은 원래 군마를 장만하고 유지할 수 있는 부를 갖추어 로마의 초기 기병대를 이룬 구성원들이었다. '기사'라는 이름도 이에서 유래한 것이다. 그러나 그라쿠스 시대에 이르면 기사라는 명칭은 일반적으로 40만 세스테르티우스(고대 로마의 화폐 단위로 공화정 시대에는 작은 은화 형태였다—옮긴이) 이상의 자산을 지닌 가문 계층을 가리켰다. 엄밀히 말하면 이 가문들이 로마의 '중산층'을 형성했다고 해야겠지만—그들의 재산은 원로원의 소수 집권층과 최저생활 수준의 소농 집단 중간쯤에 해당했다—어쨌든 기사계급은 재산이

상당히 많았으며 경제적 엘리트 계층을 이루는 일부였다.[33]

개인사업과 국가사업의 교차점에는 푸블리카니publicani, 징세청부업자라는 특수한 기사 집단이 있었다. 공화국에는 군대의 장비를 갖추는 일부터 신전 유지·보수, 도로와 수도교 건설까지 이행해야 할 다양한 책무가 있었다. 원로원 의원의 사업 운영이 금지된 상황에서 누군가 세부적인 물류 업무를 처리할 사람이 필요했다. 최초로 기록된 징세청부업자 계약서는 단순했다. 미신을 믿는 로마인들에 따르면 신들이 좋아하는 특별한 새들이었던 '신성한 거위'의 먹이 조달에 관한 내용이었다. 그러나 포에니 전쟁에 즈음하여 징세청부업자는 국가사업의 상당 부분을 취급하게 되었다. 군단병들이 5만 명에 육박했으므로 신발, 튜닉, 말, 담요, 무기의 수요가 끊이지 않았다. 어느 주문서는 토가 6천 벌, 튜닉 3만 벌, 누미디아 말 200필을 마케도니아로 배달해달라고 요청했는데, 그렇다면 **누군가** 그 일을 처리할 사람이 있어야 했다. 사람들은 합자회사의 지분을 구입한 뒤 계약 이행권에 입찰하곤 했다. 공화정 제국의 너비와 길이가 커짐에 따라―국가 계약으로 얻어지는 수익은 어마어마했다―일부 징세청부업자의 재산은 그저 그런 원로원 의원의 재산을 능가하기에 이르렀다.[34]

가장 수익성 높은 계약은 국유 광산 운영에 관한 것이었다. 최초의 국유 광산들이 로마의 관리하에 들어온 것은 포에니 전쟁중 로마가 히스파니아에서 카르타고를 몰아낸 뒤였다. 로마는 카르타고인들이 개발해둔 풍부한 은 광산을 발견하고 이를 국가 소유의 공유지로 삼았다. 광산 운영권 계약은 5년마다 경매에 부쳐졌으며, 실제 수치를 계산하기는 어렵지만 이와 관련된 수입은 그때껏 로마인들이 취급해

본 그 무엇과도 비교가 안 될 정도였다. 이들 광산의 노동 환경은 끔찍했다. 디오도로스는 노예들에 관해 "밤낮으로 몸이 닳도록 땅 밑을 파고…… 극도의 고난을 견뎌내다가 무더기로 죽어나간다…… 노동 중에 잠시의 중단이나 휴식도 주어지지 않고 감독자들의 구타 속에 혹독한 곤경을 감내해야만 하기에, 그들의 삶은 이토록 끔찍한 방식으로 소모된다"라고 서술하였다. 광산 노동은 사람의 목숨을 위태롭게 했지만, 그로 인한 수익은 천문학적이었다.[35]

두번째로 수익성 높은 계약은 세금 징수에 관한 것이었다. 로마 속주 행정관들은 속주의 세금을 직접 징수하지 않았다. 징세청부업 투자자들이 회사를 설립해 5년짜리 계약을 사들이고 로마 몫의 세금을 징수할 권리를 얻는 대신 일시불로 현금을 지불했다. 이때 회사가 지불한 금액을 초과하여 벌어들인 돈이 그들의 수익이었다. 징세청부업자로서는 최대한 많은 돈을—합법적으로 정해진 금액을 넘어서라도—쥐어짜낼 온갖 유인이 있었으므로, 이것은 악용되기 십상인 제도였다. 로마의 속주 관리가 제한적인 상황에서, 징세청부업자들은 금세 그들이 가는 곳엔 법도 자유도 없다는 악명을 얻었다. 그러나 이처럼 끔찍하게 탐욕을 부린다는 악명에도 불구하고 징세청부업자들이 실질적으로 제국의 물류 업무를 처리할 수 있는 유일한 집단이라는 사실은 변하지 않았다. 공화정에는 상설 관료 체제가 없었기에 누군가는 그 일을 해야만 했던 것이다.[36]

원로원으로서는 이러한 징세청부업체들의 부상이 달갑지 않았다. 원로원 의원들은 직접적인 영리사업 참여를 금지당한 터였으므로 자연히 통속적인 상업은 덕망 있는 사람의 품위를 떨어뜨리는 일로 여겼고, 징세청부업자들을 욕심 많은 기생충이라며 불신했다. 기원전 168년 마케도니아 정복 후에 원로원은 대규모 광산과 삼림, 기반시설을 일부러 징세청부업자들에게 내주지 않았다. 징세청부업자들이 더는 세력을 확장하지 못하도록 막기 위한 계획적인 조치였지만, 이는 그리 오래가지 못했다. 5년 뒤 마케도니아 속주가 개방되고 돈이 밀려 들어오기 시작했다. 그때부터 로마가 가는 곳 어디든 징세청부업자들도 따라갔다. 그리고 부유한 아시아 속주에서 징세청부업자들이 빌인 행태는 향후 일어날 분쟁의 특히 중요한 근원이 될 터였다.[37]

아시아가 해외 분쟁의 근원임이 점차 드러나는 한편, 로마 본국에서는 토지 위원단의 활동으로 이탈리아 사회·정치 지형의 거대한 단층선이 드러남으로써 한층 더 파멸적인 분쟁의 씨앗이 뿌려지고 있었다.

기원전 2세기의 이탈리아는 통일된 국가가 아니라 여러 도시들의 계층화된 연합체로, 각각의 도시는 언제 어떻게 로마 산하에 들어갔는지에 따라 서로 다른 사회적·정치적 권리를 지녔다. 시민권 위계의 최상부에는 당연히 완전한 로마 시민권자가 자리했다. 시민이 되기 위한 재산 요건은 없었다. 가장 부유한 원로원 의원이나 가장 가난한 거지나 동등한 시민의 권리를 공유했다. 이는 집단적으로 그들의 리베르타스libertas, 즉 시민적 자유를 확립했다. 이러한 자유 중에 가장 중요한 것은 민회에서 투표할 권리와 고위 정무관의 박해로부터 보호받는 것이었다.[38]

시민권 위계에서 완전한 로마 시민권자 아래에는 소위 라티움 시민권을 보유한 공동체나 개인이 있었다. 원로원은 기원전 338년 라티움을 일방적으로 합병한 뒤 새로운 라티움 시민들에게 완전한 시민권 대신 진정한 로마인들과 반쯤 대등한 자격으로 활동할 수 있는 일련의 권리를 부여했다. 라티움인은 결혼하고, 계약을 맺고, 완전한 로마 시민권자와 토지 청구권을 다툴 수 있었다. 심지어 민회에서 투표할 권리도 있었지만, 원로원은 그들에게 지나치게 많은 발언권을 주려 하지는 않았다. 라티움인들은 35개 트리부스 중 하나에 몰아서 배정되었다.[39]

결국 라티움 시민권이라는 개념은 애초의 종족적 기원을 넘어서기에 이르렀다. 로마가 이탈리아 일대에 새로이 식민지를 건설했을 때 그곳 주민들은 식민지의 작은 땅과 집을 무료로 받는 대신 라티움 시민권 보유자로 강등되었다. 이탈리아인들도 개인적으로 원로원이나 로마 고위 정무관의 특별 승인을 통해—주로 전장에서의 영웅적 활약이나 로마에 특별히 봉사한 데 대한 보상이었다—라티움 시민권을 획득할 수 있었다. 라티움 시민권 보유는 이내 종족적 구분이 아닌 시민적 구분이 되었다.[40]

마지막으로 시민권 위계의 가장 밑에는 '동맹'으로 일컬어진 포이데라티(foederati, 로마와 조약으로 맺어진 이민족 동맹—옮긴이) 혹은 소키(socii, 로마의 이탈리아 내 동맹 도시—옮긴이)가 있었다. 로마는 이탈리아 전역으로 세력을 넓히면서 싸움에 패한 도시와 부족에게 로마와 서로 원조하도록 규정한 상호 방위 조약에 강제 서명하게 했다. 그러나 패배한 도시들은 정식 합병되지는 않았으므로 로마의 '동맹'으로만 남았다. 이탈리아 거주민 대다수는 시민으로서나 정치적으로나 제한된 권리만 가진 동맹이었다. 하지만 그런 만큼 부담할 책임도 거의 없었다. 로마는 정기적인 세금을 요구하지 않았고 지역 행정은 현지 정무관들에게 맡겼다. 로마의 동맹에 대한 요구는 군단의 사병 수를 채울 병력을 제공하라는 것이 전부였다. 로마령 이탈리아를 특징지은 계층적인 연맹 관계는 두 세기 동안 웬만큼 무난하게 유지되었다. 그런데 이제 그 연맹의 매듭이 풀리고 있었다.[41]

기원전 129년이 되자 최초의 토지 위원들 중 남은 이는 젊은 가이우스 그라쿠스뿐이었다. 티베리우스는 카피톨리누스 언덕에서 죽었고, 그의 후임자 무키아누스는 아시아에서 죽었다. 무키아누스의 자리는 마르쿠스 풀비우스 플라쿠스가 채웠다. 그라쿠스 형제의 친구였던 그는 증오스러운 나시카를 로마 밖으로 몰아내는 일을 도운 바 있었다. 이제 30대 중반에 접어든 플라쿠스는 집정관 선거에 도전할 준비를 하던 중 토지 위원단에 합류하게 되었다. 이어서 기원전 129년에 늙은 원로원 최고참 의원 클라우디우스가 죽으면서 그의 자리는 가이우스 파피리우스 카르보에게 돌아갔다. 바로 기원전 131년 비밀투표 법안을 제출했으며 티베리우스의 죽음이 남긴 여파를 둘러싸고 아이밀리아누스와 대립했던 호민관이었다. 한때는 저명한 원로 정치인들이 그라쿠스 파벌을 이끌었다면, 이제는 젊은 선동가들의 손으로 바통이 넘어갔다.[42]

새로운 토지 위원단이 직면한 문제는, 확인하고 분할하기 쉬운 공유지는 이미 모두 확인과 분할이 끝났다는 사실이었다. 남은 것은 논란이 있는 사유지뿐이었다. 토지 경계를 두고 논란이 일 때마다 위원단은 상충되는 주장을 평가하기 위해 철저한 조사를 실시해야 했다.

혹여 소유주가 권리 증서를 내놓지 못하거나 판매자가 영수증을 내놓지 못하면 이 절차는 사실상 불가능에 가까워졌다. 결정하기 힘든 애매모호한 경우가 잦아지면서 위원단의 일 처리는 크게 둔화되었다.[43]

그 어디보다도 로마의 공유지와 이탈리아 동맹시들이 소유한 토지 간의 경계를 둘러싸고 가장 격렬한 대립이 일어났다. 로마 원로원과 인민이 보유한 공유지를 동맹시가 보유한 공유지와 구분하는 것은 불가능에 가까웠다. 부유한 이탈리아인들은 부유한 로마인들 못지않게 공유지를 자기네 부동산으로 흡수한 한편, 가난한 양치기들은 공유지에 의지해 가축떼를 방목했다. 소유지를 몰수할 작정으로 나타난 토지 위원단은 이들 모두의 생계를 위협했지만, 로마의 소송 절차에 직접 나설 수 없었던 이탈리아인들로서는 스스로의 이익을 지키기 위해 로마인 보호자가 필요했다. 그들은 길고도 유명한 이력의 마지막 공적 활약을 위해 막 무대에 오른 참이었던 스키피오 아이밀리아누스에게서 대변자의 가능성을 발견했다.[44]

아이밀리아누스가 이탈리아인들을 대신해 이 싸움에 뛰어든 이유는 여러 가지였고 온전히 고결한 것만은 아니었다. 첫째, 이 일은 그의 위신을 대단히 드높일 터였다. 그는 티베리우스의 비운에 대해 귀족 특유의 무시하는 태도로 일관함으로써 로마 민중과 멀어졌던 상황이었으므로 이제 자신의 정치적 지지 기반을 확대하는 쪽으로 방향을 잡았다. 둘째, 아이밀리아누스는 토지 위원단에 맞서는 일을 추진함으로써 원로원의 동료 의원들과 화해하고자 했다. 아이밀리아누스는 평생 그들의 전통을 조롱하며 살았지만, 원로원이 경멸하는 토지 위원단을 끝장낸다면 그는 다시금 상당한 호감을 얻게 될 터였다. 마지막으로, 원로원 쪽에서도 최소한 겉으로는 이탈리아인들의 불평을 진지하게 받아들이는 것처럼 보이고 싶은 공동의 바람이 있었을 수 있다. 원로원이 이탈리아의 완전한 통합을 바란 것은 아니었지만, 원로원 의원들은 이탈리아인들에게 공감하는 입장을 취함으로써 보다 과감한 개혁 요구를 영구히 피할 만큼의 지지를 얻어낼지도 모를 일이었다.[45]

아이밀리아누스는 기원전 129년의 원로원 연설에서 토지 위원단이 조약을 위반하고 있다고, 동맹에 속한 토지와의 경계는 국내 문제가 아니라 외교 정책과 관련된 문제이기 때문에 위원단과 이탈리아인들 간의 분쟁은 집정관이 중재해야 한다고 주장했다. 원로원은 이에 동의하면서 아이밀리아누스의 권고를 지지하는 결의를 통과시켰다. 이 결의에 일반적인 법적 효력은 없었지만, 아무래도 비교적 젊은 정치인 세 명이 토지 위원단을 운영하고 있다보니 원로원의 의견에 확연히 무게가 실렸다. 더구나 이젠 남아 있는 토지 태반이 이탈리아인들의 토지와 접하고 있었으므로 원로원 결의는 토지 위원단의 활동을 서서히 중단시키는 결과를 낳았다. 위원단이 공식적으로 폐지되지는 않았으나, 그 활동 능력은 치명적으로 축소되었다.[46]

곧이어 아이밀리아누스는 이 논의를 포룸으로 가져갔고, 그곳의 군중 앞에서 의견을 늘어놓으며 토지법을 대대적으로 수정하거나 전면 폐지할 초석을 다졌다. 하지만 다시금 아이밀리아누스를 맞이한 도시 평민은 그가 이탈리아인들 편을 드는 데 분개했다. 아이밀리아누스가 "그라쿠스의 법을 완전히 폐지할 작정이며 그럴 목적으로 무장 투쟁과 학살을 시작할" 거라는 고함이 터져나왔다. 원래부터 적대적이던 군중은 금세 **심각하게** 적대적인 태도를 보였고 몇몇 사내들이 "저 폭군을 죽여라!" 하고 외치기 시작했다. 하지만 아이밀리아누스는 물러서지 않고 이렇게 말했다. "당연하게도 우리 조국에 반감을 품은 자들은 먼저 나부터 죽이고 싶어하지. 스키피오가 버티고 있는 한 로마가 무너질 수가 없고, 로마가 무너졌는데 스키피오가 살아 있을 수도 없기 때문이오." 그러나 그가 군중에게 공격해보라고 부추기다시피 했음에도 군중은 그를 공격하지 않았으며, 집회가 끝나자 아이밀리아누스의 친구들은 그를 집까지 호위했다.[47]

아이밀리아누스는 자신을 무사히 집으로 데려다준 친구들에게 그날 밤에는 다음날 발표할 중요한 연설을 준비할 생각이라고 말했다. 그런데 다음날 아침 아이밀리아누스는 집밖으로 나오지 않았다. 걱정스러워하던 친구들은 곧 침대에 누워 있는 그의 싸늘한 시신을 발견했다. 쉰여섯 살밖에 되지 않았고 여전히 정치 경력의 전성기에 있던 스키피오 아이밀리아누스가 죽은 것이다.[48]

그의 갑작스러운 죽음을 둘러싼 상황을 감안하면 타살을 의심하지 않을 수 없었을 것이다. 그리하여 이후로 수년간 제기된 용의자 명단에는 가이우스, 그의 누이 셈프로니아, 그 둘의 어머니 코르넬리아 등 그라쿠스 집안사람들 모두가 포함되었다. 세 사람 모두 이전에 친족이었던 사람을 적으로 여길 이유가 충분히 있었다. 게다가 나머지 토지 위원인 플라쿠스와 카르보 역시 용의자로 의심받았는데, 둘 다 과거에 아이밀리아누스와 충돌한 적이 있었기 때문이다. 하지만 어쩐 이유에선지 원로원은 이 사건을 너무 깊이 캐려 하지 않았다. "[아이밀리아누스가] 위대한 인물이기는 했지만, 그가 사망한 방식에 관련해서는 어떠한 조사도 이루어지지 않았다." 어쩌면 아이밀리아누스는 자연사했고 그의 사망 시점은 그저 우연의 일치였을 수도 있다. 우리로서는 결코 알 수 없을 일이다.⁴⁹

푸블리우스 스키피오 아이밀리아누스의 유명하고도 논쟁적인 이력은 후대 로마인들이 따를 본보기를 만들어냈다. 그는 새로운 로마인상을 구현한 인물이었다. 아이밀리아누스는 그리스 철학을 수용했고 호화로운 환경을 편안해했다. 이러한 새로운 유형의 로마 신귀족은 대카토 같은 잔소리꾼 노인네를 몹시 싫어했으며 훌륭한 포도주와 품격 있는 대화를 마다할 이유가 없다고 여겼다. 해가 지나면서 스키피오 부류의 세계관이 상류사회를 장악했고, 그들은 당연한 듯이 아들들을 아테네로 보내 교육시켰다. 게다가 아이밀리아누스가 도입한 매일 면도하는 습관은 이후 300년 동안 로마 귀족 계층의 보편적인 관례가 되었다.⁵⁰

정치 전선에 있어서 아이밀리아누스는 민회를 이용해 장애물을 건너뛰는 법을 알아냈다. 그는 정계에 있는 동안 두 차례 집정관 직에 올랐으며 두 번 모두 민회의 특별 면제 조치로 얻어낸 것이었다. 집정관으로서 그는 두 번의 큰 전쟁을 치렀는데, 두 번 다 전통적인 추첨이 아닌 민회의 특별 표결을 통해 파견되었다. 이는 차후 공화정 말기의 모든 지배자들에게 이용될 강력한 본보기였다. 민회의 힘은 믿을 수 없을 만큼 강력했다. 인민의 통일된 목소리는 모든 것을 뒤집을 수 있었다. 민회를 장악한 사람은 원하는 어떤 일이든 할 수 있었다.

아이밀리아누스는 방대한 피호민층을 활용해 사적으로 군단을 모집하여 위험한 선례를 남기기도 했다. 징집을 둘러싼 싸움으로 골머리를 앓던 시대에도, 아이밀리아누스는 아무 문제 없이 병사들을 모집해서 누만티아를 정복하러 갈 수 있었다. 그는 지중해 전역에서 지지와 의무를 호소해 무려 6만 병사를 모을 수 있었다. 아이밀리아누스는 카리스마 있고 인맥 튼튼한 장군이 어떤 일을 해낼 수 있는지 보여주는 산 증거였다. 마리우스나 술라, 카이사르 모두 아이밀리아누스의 기본 작전 원칙을 따랐다. 즉 개인 군대를 모병한 다음 민회를 이용해 반대파를 흔적도 없이 사라지게 할 법률을 제정하는 것이다.

그의 경력은 미래에 일어날 일들을 암시하고 있었지만, 정작 아이밀리아누스 본인은 시대착오적인 사람으로서 이 세상을 떠났다. 미래는 낮에 세상을 지배하고 밤이면 그리스 철학을 논하는 고상한 귀족들로 정의되지 않을 것이었다. 그보다는 좀더 강인하고 냉정한 사람들이 미래를 주도할 터였다. 징세청부업자들은 자기네에게 이득이 되는 방향으로 제국을 몰아갔고, 가난한 농부들은 착취당하다 자신의 땅에서 쫓겨났다. 도시 수공업자들은 몇 번이나 곡물 부족 사태를 마주했고, 이탈리아 동맹시들은 시민권을 얻지 못해 좌절했으며, 수천수만 명의 노예들이 거듭하여 반란 직전까지 갔다. 다음 세대는 이들의 힘을 동력으로 삼아 공화국을 지배하려고 시도하는 사람들로 정의될 터였다. 하지만 아이밀리아누스가 언급한 것처럼, "무대에 오르는 배우들이 그렇듯이, 정치 경쟁이나 영광을 위한 경주에 기꺼이 나서는 이들은 반드시 그 행동을 후회하게 마련이다. 자신이 지배해야 할 대상으로 여기는 자들을 위해 봉사하거나 혹은 자신이 기쁘게 해주고 싶은 사람들을 화나게 할 수밖에 없기 때문이다."[51]

3장
포룸의 단검

DAGGERS
IN
THE
FORUM

THE
STORM
BEFORE THE
STORM

> 시민들은 공적 행위에 따라 '선하다'거나 '악하다'고 여겨지지 않았다.
> 그 점에 있어서는 모두가 똑같이 비도덕적이었기 때문이다.
> 그러나 가장 부유하고 가장 해를 잘 끼치는 이들은
> 기존의 정세를 보호했다는 이유만으로 '선하다'고 여겨졌다.
> — 살루스티우스[1]

가이우스 그라쿠스는 꿈을 꿨다. 꿈에서 죽은 형 티베리우스가 찾아와 "아무리 운명을 늦추려고 애를 쓰더라도 넌 나와 똑같은 죽음을 맞을 거야"라고 말했다. 같은 꿈의 다른 버전에서는 이렇게 말하기도 했다. "왜 망설이는 거야, 가이우스? 피할 길은 없어. 우리 둘에게는 한 가지 삶이, 인민의 투사로서의 한 가지 죽음이 정해져 있어." 가이우스는 자신의 꿈 이야기를 즐겨 했다. 그가 개인적인 야망에 탐닉하는 흔해빠진 정치인이 아니라는 인상을 줄 수 있었기 때문이다. 그는 그보다 한결 고귀한 힘에 의해 공직으로 소환되고 있었다. 그러나 가이우스 그라쿠스가 겸손을 가장하기는 했어도, 그가 어려서부터 그라쿠스 집안에서도 가장 위대한 그라쿠스가 되는 것을 목표로 삼았음은 분명하다.[2]

3장 포룸의 단검

같은 집에서 같은 어머니 손에, 같은 가정교사들에게 배우며 자랐지만 티베리우스와 가이우스의 성격은 달라도 너무 달랐다. 플루타르코스도 두 사람의 다른 기질을 크게 강조하고 있다. 티베리우스가 "온화하고 진중"했다면 가이우스는 "몹시 신경질적이고 열정적"이었다. 티베리우스는 "소박하고 꾸밈없이" 살았지만 가이우스는 "호사스럽고 까다로웠다". 대중 앞에서 발언할 때 티베리우스는 조용한 공감을 주된 무기로 삼은 데 반해 가이우스는 과장된 카리스마를 발산했다.[3]

가이우스가 형을 마지막으로 본 것은 기원전 134년 봄이었다. 스무 살의 가이우스는 그의 가문이 위대함의 문턱에 와 있다고 믿으며 히스파니아로 첫번째 원정을 떠났다. 그의 형은 토지법을 발의해서 그라쿠스 가문의 차세대를 단숨에 로마 정계의 선두로 올려놓을 준비를 하고 있었다. 그러나 히스파니아에 있는 동안 가이우스는 모든 일이 지독하게 틀어져버렸음을 깨달았다. 티베리우스는 토지법을 통과시켰지만 목숨으로 승리의 대가를 치렀다.[4]

가이우스는 기원전 132년에 로마로 돌아왔다. 티베리우스가 죽은 지 1년이 채 되지 않았을 때였다. 가이우스는 이제 집안의 가장일 뿐 아니라 형이 시작했던 정치운동의 리더가 될 거라는 기대까지 받고 있었다. 몇 달 뒤 집안 친구의 재판 변호를 맡아달라는 요청을 받으면서 가이우스는 공적 무대에 첫발을 내디뎠다. 가이우스의 웅변이 지닌 힘은 순식간에 전설이 될 만했다. 가이우스는 전에 없던 연극조의 웅변술을 새로이 개척했다. 그는 연설하는 동안 로마인 최초로 로스트라 연단 위를 열정적으로 서성이며 토가를 어깨 아래로 잡아당겼다. 그라쿠스 형제를 가차 없이 비판했던 키케로조차도 가이우스를 당대 최고의 웅변가로 여겼다. "그의 천재성은 얼마나 대단했던가! 얼마나 정력이 넘쳤던가! 얼마나 강렬한 웅변이었던가! 그 모든 훌륭한 자질과 재주가 좀더 나은 성격과 의도를 만나지 못했음을 모두가 한탄할 정도였다." 가이우스는 연설을 "귀족적인 형태에서 민주적인 형태로" 바꾸는 일에도 관여했다. "연설가들은 원로원이 아닌 인민에게 말을 건네야 하기 때문"이었다. 이 첫번째 위대한 연설에 관한 기록은 전혀 남아 있지 않다. 현재 우리가 아는 사실은 가이우스의 연설이 "다른 웅변가들을 어린아이나 다름없이 보이게 만들었다"는 것뿐이다. 당시 그는 겨우 스물두 살이었다.[5]

이듬해에도 가이우스는 가문의 유산을 지키기 위해 계속 자신의 웅변술을 활용했다. 그는 티베리우스의 재선 시도를 소급적으로 합법화하기 위한 카르보의 법안을 공개적으로 지지했다. 그 법안은 실패했지만, 가이우스의 활약은 정치 엘리트들에게 그라쿠스 가문에서 눈여겨봐야 할 인물이 티베리우스만은 아닐 것임을 예고했다. 실제로 주요 귀족들은 가이우스의 영향력에 대해 초조해하기 시작했으며, 그가 호민관이 되게 놔둬서는 안 된다는 데 대부분의 의견이 일치했다.[6]

귀족들이 초조해한 것은 옳았다. 가이우스는 죽은 형이 찾아오는 꿈만 꾼 게 아니었기 때문이다. 로마 공화정은 지난 100년간 엄청난 변화를 겪었지만, 국가라는 배가 항해하게 된 새로운 수역을 견뎌낼 수 있도록 배를 수리하려는 포괄적 시도는 전혀 없었다. 티베리우스가 단 하나의 급진적인 토지법을 제안하여 점점 심해지는 경제 불균형의 영향을 누그러뜨리려 했다면, 가이우스는 로마 제국의 팽창에서 가장 불안정한 측면을 개선할 총체적인 개혁을 꿈꿨다. 가이우스 그라쿠스는 꿈을 꾸었으며, 이 꿈은 그로 하여금 형과 하나의 삶을 공유하고 인민의 투사로서 죽도록 인도할 것이었다.

가이우스가 그의 초기 개혁 법안을 준비하는 동안 이미 한 가지는 분명해졌다. 바로 로마의 미래는 이탈리아에 달려 있다는 사실이었다. 아마 그의 형도 토지법 초안을 작성하면서 인지했겠지만, 공화정의 건전성을 회복시킨다는 것은 곧 로마 시민뿐만이 아니라 모든 이탈리아인의 건전성을 회복시키는 것을 의미했다. 이제는 이탈리아 동맹을 외국인으로 취급하는 대신 그들 본연의 모습, 즉 로마 공동체의 필요 불가결한 구성원으로 여겨야 할 때였다. 지난 200년간 이탈리아반도를 하나로 결합시켰던 로마 주도의 느슨한 연맹은 어느덧 수명을 다했다. 이제 지중해가 이탈리아를 중심으로 돌아가는 상황에서 반도가 하나로 통합될 시기가 온 것이다.[7]

티베리우스가 죽은 뒤로 동료 토지 위원인 마르쿠스 풀비우스 플라쿠스는 가이우스에게 형 같은 존재가 되었다. 가이우스는 이제 막 공직 생활을 시작하는 단계인 데 반해 플라쿠스는 집정관 직을 눈앞에 두고 있었다. 출마할 시기가 되자 플라쿠스는 가이우스와 미리 상의했을 가능성이 높은 도발적인 아이디어를 내놓았다. 바로 모든 이탈리아인에게 완전한 로마 시민권을 주자는 것이었다. 이 제안은 장기적으로 어마어마한 영향을 미쳤지만, 당시에는 토지 위원단과의 갈등 해결이라는 좀더 즉각적이고 실질적인 우려에 전제하고 있었다. 플라쿠스는 "이탈리아 동맹이 로마 시민권을 얻으면 고마운 마음에…… 더는 토지를 두고 다투지 않을지도 모른다"고 생각했다. 그리고 그들의 고마움이 핵심이기는 했지만, 그보다 더 중요하게는 시민권을 인정함으로써 토지 위원단을 교착상태에 빠뜨렸던 법적 장애가 해결되리라는 생각도 있었다. 플라쿠스와 가이우스 둘 다 이탈리아인들이 이 거래를 받아들일 거라고 확신했다.[8]

이탈리아인들에게 완전한 시민권을 주겠다는 것은 당연히 보수적인 로마 귀족들의 등골을 서늘하게 만드는 급진적인 제안이었다. 그들은 피통치자들이 자신들과 동등해진다는 생각만으로도 견딜 수가 없었다. 그리고 플라쿠스는 시민권의 특혜를 빈틈없이 지키려는 도시 평민들과 관련해서도 어려움에 부딪쳤다. 원로원은 플라쿠스의 제안을 경계하는 차원에서 한 호민관을 움직여 집정관 선거를 앞두고 모든 비시민권자들을 로마에서 쫓아내게 했다. 플라쿠스가 이탈리아인들에게 시민권을 준다는 공약으로 선거에서 이기고 싶다면 로마 시민들에게 그 공약을 납득시켜야 할 터였다. 주기적으로 외국인들을 추방하는 조치는 공화정 말기의 거듭되는 특징이 되었으며, 키케로는 이 관행에 대해 "시민이 아닌 사람이 시민의 권리와 특권을 행사하는 것은…… 옳지 않을 수도" 있지만 실제로 비로마인들을 추방하는 것은 "인간의 도리에 어긋난다"며 개탄했다.[9]

그러나 어쨌든 플라쿠스는 집정관으로 당선되었고, 기원전 125년 1월에 이탈리아 시민권에 관한 계획을 발표했다. 하지만 집정관이 되었다 해도 플라쿠스에게는 여전히 민회를 설득해 법안을 통과시켜야 하는 문제가 있었다. 특히나 이젠 로마인들만 시내에 남아 있으니 상황이 더욱 심각했다. 실제로 그 법안이 투표에 부쳐졌다면 어떻게 되었을지 예측하기는 어렵지만, 원로원으로서는 다행히도 플라쿠스의 주의를 돌릴 기회가 찾아왔다. 그리스인들이 세운 동맹 도시 마실리아(오늘날 프랑스의 마르세유)의 사절단이 약탈을 일삼는 갈리아 부족들에 관해 항의하러 로마에 온 것이다. 원로원은 그곳에 가서 습격자들을 몰아낼 임무를 플라쿠스에게 맡겼다. 자신의 법안이 통과되지 않을 거라고 직감했기 때문인지, 아니면 사회 개혁보다 군사적 영예를 우위에 두었기 때문인지 플라쿠스는 갈리아로 떠났고 집정관 임기가 끝날 때까지 로마로 돌아오지 않았다. 이탈리아인에게 시민권을 부여하는 법안도 그의 집정관 임기와 함께 기한이 만료되었다. 이 일은 이탈리아인의 완전한 시민권을 확보를 위한 길고도 험난한 싸움의 첫걸음이 될 터였다. 그 싸움은 30년 뒤까지도 지속되어, 내전으로 수십만 명이 죽어 쓰러지고 공화정 자체가 소멸 직전에 이른 뒤에야 겨우 끝이 날 것이었다.[10]

이탈리아 시민권 법안이 만료 폐기되었을 때, 적어도 한 이탈리아 도시는 그 소식을 담담히 받아들이지 않았다. 기원전 125년 말경 프레겔라이는 반란을 일으켰다. 삼니움 전쟁이 한창이던 기원전 328년에 건설된 로마의 옛 식민 도시 프레겔라이는 이후 한니발과의 긴 전쟁중에도 계속 로마에 충성했다. 실제로 이 도시는 카르타고를 상대하여 훌륭히 싸운 것으로 유명했다. 프레겔라이 시민들은 기원전 211년에 주요 교량을 파괴해 한니발의 진군을 저지했으며, 한니발이 보복으로 그들의 농지를 폐허로 만든 후에도 항복하라는 압력을 버텨냈다. 그들의 변함없는 충성에 원로원은 프레겔라이를 "로마의 지배권을 떠받치는 도움과 원조"를 제공한 도시들에 포함시켰다.[11]

프레겔라이 반란에 관한 상세 정보는 사실상 존재하지 않지만, 그 사태는 집정관이 나서야 할 만큼 위협적이라고 여겨지지 않았다. 그 대신 원로원은 기원전 124년 초에 법무관 루키우스 오피미우스를 파견해 반란을 끝내고자 했다. 오피미우스는 지도층 로마인치고 유달리 잔인한 인물이었다. 오피미우스는 곧 프레겔라이를 약탈하고 파괴하기 시작하여 "바로 어제까지도 그 눈부신 빛으로 이탈리아를 환하게 했던 도시에 주춧돌 잔해조차 거의 남지 않게" 만들어버렸다. 그 무자비한 약탈은 아마도 향후 프레겔라이의 선례를 따르려 생각할지 모를 다른 이탈리아 도시들에게 보내는 노골적인 경고였을 것이다. 후대 로마인들은 프레겔라이의 파멸을 로마의 팽창하는 제국주의적 자신감을 공공연히 증명한 일련의 파괴된 도시들과 결부시킬 터였다. "로마인들에 의해 누만티아가 파괴되고 카르타고가 초토화되었으며 코린토스가 황폐해졌고 프레겔라이가 전복되었다." 그러나 원로원은 로마로 돌아온 오피미우스의 개선식 요청을 받아들이진 않았다. 이탈리아인들을 겁주는 게 목표였을지는 몰라도, 그들의 상처를 다시 후벼파는 짓은 다소 지나치다고 여긴 것이다.[12]

프레겔라이에 대한 오피미우스의 무자비한 진압은, 그가 기존 질서를 지키기 위해서라면 기꺼이 채택하려던 냉혹하고 잔인한 책략의 첫 사례에 불과한 것으로 드러났다. 오피미우스는 기원전 121년 집정관으로 선출되어 그라쿠스혁명—오피미우스가 프레겔라이 약탈을 마치고 막 귀국한 시점에 재점화되었다—의 마지막 결전에서 중심적인 위치를 차지하게 될 터였다.[13]

3장 포룸의 단검

이 드라마가 펼쳐지는 동안 가이우스 그라쿠스는 로마에 없었다. 그는 기원전 126년 재무관으로 당선되어 사르디니아섬에 배치되었고 거기서도 계속 유명세를 떨쳤다. 기원전 126년에서 125년으로 넘어가는 겨울은 유난히 혹독했고, 군단병들은 제대로 된 보급 식량과 의복이 없어 큰 고초를 겪었다. 로마인 총독은 병사들을 먹이고 입히기 위해 사르디니아의 여러 도시에서 강제로 물자를 징발했지만, 사르디니아인들이 로마로 사절을 보내 불평하자 원로원은 징발을 취소하고 총독에게 다른 방법으로 보급 물자를 충당하라고 지시했다. 이 '다른 방법'이란 가이우스 그라쿠스가 섬 곳곳을 돌면서 그의 설득력 있는 웅변술을 총동원하여 사르디니아 주민들 스스로 로마인들에게 물자를 제공하게 만드는 것으로 나타났다. 결국 사르디니아인들은 설득되었고 자발적으로 물자를 내놓았다.[14]

가이우스의 성공적인 활약을 전해들은 원로원은 이를 기뻐하기보다도 그의 설득력 있고 카리스마 넘치는 웅변이 포룸에 돌아오면 과연 무슨 일이 벌어질지 노심초사했다. 그래서 가이우스를 최대한 오래 사르디니아에 붙잡아둘 음모를 꾸몄다. 집정관의 1년 임기가 끝나면 곧바로 집정관 권한대행으로 전환하는 것은 지극히 정상적인 일이었고, 참모진이 그 집정관 곁에 그대로 남는 것 역시 정상적인 일이었다. 이에 원로원은 사르디니아 지도부의 기한을 한 해 더 연장했고 가이우스는 사르디니아에 남았다. 하지만 다음해에도 원로원은 또다시 모두의 임기를 연장했는데 이는 상당히 이례적인 일이었다. 포에니 전쟁 이후로는 그만큼 여러 차례 연장이 필요한 적이 없었던데다 사르디니아는 평화롭고 잠잠해진 상황이었으니 이상한 결정이 아닐 수 없

었다.¹⁵

가이우스는 이 연장 조치가 집정관을 사르디니아에 두어야 할 필요성보다 그를 로마 밖에 묶어두려는 의도와 관련된 것이 아닌지 의심했다. 그래서 이 대단히 이례적인 명령에 대단히 이례적인 행동으로 대응했다. 그는 속주에 배치된 기간 동안 참모는 사령관 곁에 머물 의무가 있다는 모스 마이오룸을 무시하고 바로 짐을 싸서 기원전 124년 봄 로마로의 귀국길에 나섰다. 예기치 않게 가이우스가 로마에 나타나자 원로원은 격분했다. 부두에서 기쁘게 환호하는 시민들의 무리가 그를 맞이하는 광경에 원로원 의원들은 더욱 우울해졌다.¹⁶

그러나 가이우스를 사르디니아에 가둬두려던 계획은 실패했어도, 보수파 의원들은 그가 아무런 반대 없이 가뿐히 호민관 직을 손에 넣도록 내버려두지는 않았다. 가이우스는 귀국하자마자 감찰관들 앞에 출두해 사령관을 버리고 온 일을 해명해야 했다. 가이우스의 가장 유명한 연설 중 하나는 바로 이 고발에 대해 스스로를 변호하던 중에 했던 연설이다. 자신의 명예가 더럽혀진 상황에서 그는, 다른 이들이 속주에서 지위를 이용해 현지 주민들을 탄압하고 재산을 불린 데 반해 "나는 돈을 가득 채워 가져갔던 주머니를 속주에서 다 비우고 로마로 돌아왔습니다. 다른 사람들은 포도주를 담아 속주로 가져갔던 항아리들에 돈을 넘치게 채워서 집으로 가져왔지만 말입니다"라는 말로 사르디니아에서의 자기 처신을 변호했다. 그가 시민으로서 부도덕하다며 비난하는 사람들에 대한 신랄한 응수였다. 그렇게 비난한 이들 상당수가 실제로 해외 복무 기간에 포도주를 마시고 빈병을 보물로 채우면서 지냈던 것이다.¹⁷

그래도 이른바 규칙 위반 혐의로 가이우스를 처벌할 수 있는 감찰관들의 권한에는 한계가 있었다. 그러나 그 도덕적 승인은 더 심각한 혐의—형사법정에서 심리하게 될 혐의—의 토대를 마련해둘 목적에 지나지 않았을 가능성이 있다. 가이우스의 적들은 막연한 이탈리아 음모론을 끌어다가 프레겔라이 반란을 조장하는 데 기여했다는 명목으로 그를 고발했다. 그때쯤이면 가이우스의 친이탈리아인 성향이 잘 알려져 있었을 것이고, 보수파 의원들은 그 성향을 로마 원로원과 인민에의 실제 반역죄와 연결지으려 했다. 프레겔라이 반란 기간 내내 가이우스는 사르디니아에 있었으므로 그 혐의는 당연히 터무니없는 것이었지만, 그럼에도 저들은 가이우스가 대응할 수밖에 없는 추악한 의혹의 그림자를 만들어냈다. 현재 남아 있는 기록은 거의 없지만, 우리는 가이우스가 그 혐의를 무사히 피해 갔으며 운명적인 호민관 선거 유세를 시작했다는 사실을 알고 있다.[18]

기원전 123년 호민관 선거는 귀족층 대다수가 피호민들을 조직해 가이우스의 당선을 막으려 한 통에 특별히 격렬한 양상을 띠었다. 그러나 그라쿠스라는 이름의 폭넓은 인기와 가이우스의 웅변술이 지닌 힘은 불가항력이었다. 로마 인근 시골에서 시민들이 쏟아져 들어온 바람에 선거가 가까워질 무렵에는 그들 전부를 수용할 숙소가 없을 지경이었다. 심지어 훤히 트인 마르스평원도 금세 혼잡해져서 사람들이 옥상까지 차지할 정도였다.[19]

가이우스가 선거 유세를 하는 동안, 아퀼리우스가 설계했던 아시아 정비안을 마침내 비준하기 위한 법안이 민회에 제출되었다. 아탈로스왕이 죽은 지 어느덧 10년이 지났건만 아시아 정비안은 이제야 비준 준비 단계에 이른 것이다. 이 안건은 아퀼리우스의 수치스러운 행태에 관한 보고가 서서히 로마로 들어오면서 예기치 않게 지연되었다. 무엇보다도 아퀼리우스는 뇌물을 받고 미트리다테스 5세에게 유리하게 국경을 정했다는 혐의로 기소된 상태였다. 기소 내용은 100퍼센트 사실이었으므로 모든 정황이 명백한 유죄판결을 가리키고 있었다. 그러나 막상 배심원단은 아퀼리우스에게 무죄를 선언했다. 이런 결과가 나온 데는 법정에서 아퀼리우스의 변호를 맡았던 떠오르는 젊은 스타 마르쿠스 안토니우스의 비길 데 없이 뛰어난 웅변이 한몫했다. 하지만 한편으로는 아퀼리우스가 배심원들에게 뿌린 돈 덕분이기도 했다. 한마디로 뇌물을 써서 뇌물 혐의를 벗은 셈이었다.[20]

추문이 잦아든 후 아퀼리우스의 아시아 정비 계획을 비준하기 위한 최종안이 민회에 제출되었고, 가이우스는 강력히 반대하고 나섰다. 아퀼리우스가 제정한 행정체제에 특별히 반대할 부분이 있었는지 여부는 전해지지도 않거니와 핵심을 벗어난 문제일 가능성이 높다. 가이우스가 원한 것은 아시아 사안을 이용해 원로원의 비리를 맹공격하는 것뿐만 아니라, 자기 나름의 아시아 정비 계획을 가지고 온전히 새로 시작할 수 있는 백지상태로 돌아가는 것이었다.[21]

그러나 아시아 문제가 원로원 반대 활동에 썩 쓸모 있기는 했어도, 자기 형의 비극적인 사연만큼 가이우스가 자주 써먹은 주제는 없었다. 그는 이렇게 말하곤 했다. "사람들이 뻔히 보는 앞에서 저들은 티베리우스를 곤봉으로 때려죽였고, 죽은 형의 시신은 카피톨리누스 언덕에서 시내 한가운데로 질질 끌려가 티베리스강에 던져졌습니다…… 붙잡힌 형의 친구들은 재판도 없이 처형되었습니다." 이런 이야기의 대부분이 사람들을 뜻대로 조종하려는 의도에서 나오긴 했지만, 그것이 순전히 냉소였다고 생각할 이유는 없다. 티베리우스가 영향력 있는 권력자들에게 살해당한 것도, 그들이 처벌을 피한 것도 엄연한 **사실**이었다. 로마인이라면 가문의 명예가 달린 일을, 더구나 그토록 공개적인 방식으로 그 문제를 해결할 기회를 못 본 척 지나칠 리가 없었다.[22]

선거일이 오자 가이우스는 수월하게 당선되었으며, 기원전 124년 12월 취임 직후부터 그의 막강한 명성과 야망에 힘입어 명실상부하게 "모든 호민관 중 첫째가는 호민관"이 되었다.[23]

가이우스의 개혁안은 그 폭과 깊이가 전례 없는 수준이었다. 필시 수년에 걸쳐 세심하게 이루어졌을 준비 끝에, 가이우스 그라쿠스는 다양한 이익집단에 호소하도록 고안된 다면적인 공약을 들고 기원전 123년 호민관 직을 시작했다. 빠짐없이 제정되기만 한다면 그 공약은 원로원의 권한을 억제하고 폴리비오스가 말한 정치 체제의 균형을 회복할 것이었다. 훗날 전해진 바에 따르면 가이우스가 준비를 끝냈을 때 "그가 흩뜨리거나 손대거나 헤집어놓지 않은 것, 요컨대 이전 상태 그대로 둔 것은 하나도 없었다".[24]

하지만 야심찬 사회·정치 개혁에 돌입하기 전에 가이우스에게는 해결해야 할 가족 문제가 있었다. 그가 최초로 제출한 법안은 집요한 고집으로 티베리우스의 죽음에 가장 큰 원인을 제공했던 호민관 옥타비우스를 정확히 겨냥한 것이었다. 가이우스는 민회에 의해 직위 해제된 사람이 다시 정무관으로 일하는 것을 불법화하는 법안을 제출했다. 이것이 법으로 제정된다면 옥타비우스의 공직 경력은 끝장날 터였다. 그러나 잘 알려져 있듯이 코르넬리아가 탄원하는 바람에 가이우스는 법안을 철회했다. 이를 두고 일부 역사가들은 민회가 원한다면 정무관을 해임할 수 있다는 원칙—그때까지는 아직 확립된 법적 사항이 아니었다—을 은밀히 굳히는 동시에 그라쿠스 가문의 자비로움을 입증하기 위해 사전에 연출된 장면이었을 수도 있다는 의견을 내놓았다.[25]

가이우스의 다음 표적은 형의 추종자들을 핍박했던 이들이었다. 가이우스는 기원전 132년의 특별위원회 법정이 사형 사건에 대한 민회의 최고권한을 침범했다고 주장했다. 그런 일의 재발을 방지하기 위해 가이우스는 원로원이 민회의 허가를 받은 후에만 법정을 열 수 있다는 법안을 제출했다. 원로원이 기원전 132년의 억압적인 법정을 다시는 재현할 수 없게 되는 것이었다. 그러나 새로운 법안은 차후 그 같은 법정을 확실한 불법으로 만드는 데서 그치지 않았다. 가이우스의 법은 **소급법**이기도 했던 것이다. 이런 종류의 사후법을 금지하는 규정이 없었으므로, 누구든 제기된 범죄 당시에는 존재하지 않았던 법을 위반했다는 이유로 유죄판결을 받을 수 있었다. 예를 들어 기원전 132년의 법정을 이끌었던 두 집정관 루필리우스와 라이나스가 그러했다. 가이우스가 이 사후법을 통과시킬 무렵에 루필리우스는 이미 죽고 없었지만 동료 집정관이었던 라이나스는 여전히 건재한 상태였다. 마침내 법이 통과되자 라이나스는 로마 성문까지 울먹이는 친구들의 배웅을 받으며 추방 길을 떠났다.[26]

가족 문제가 해결되자마자 가이우스는 개혁안 이행을 위해 신속히 움직였다. 가장 먼저 토지 위원단 활동을 재개해야 했다. 원칙적으로는 여전히 위원단이 존재했고 가이우스, 플라쿠스, 카르보 모두 여전히 위원이었지만, 이탈리아인들과의 분쟁 관할권이 집정관에게 있다는 원로원 결의로 인해 그들의 활동은 수년째 지연되고 있었다. 플라쿠스는 이탈리아인들에게 완전한 로마 시민권을 부여해서 문제를 피해보려 했으나, 그 시도가 실패로 끝나면서 위원단은 하릴없는 처지에 머물렀다. 가이우스는 경계선을 둘러싼 모든 분쟁의 최종 관할권을 토지 위원들이 갖게 하는 법안을 통과시킴으로써 그 형식적인 법 절차를 돌파했다. 언제나 그라쿠스의 튼튼한 지지 기반이었던 지방 빈민층은 이제 추가로 확인하고 분할할 공유지가 생겼다는 생각에 감격했다.[27]

그러나 이제 가이우스는 땅 없는 평민을 작은 사유지에 정착시키는 것보다 훨씬 큰일을 하고 싶었다. 완전히 새로운 공동체를 만들고 싶었던 것이다. 가이우스는 이탈리아의 북쪽 에트루리아부터 남쪽 저 아래 타렌툼까지 이어지는 대대적인 새 식민지 연결망을 머릿속에 그렸다. 모든 식민지는 좋은 항구에 위치해서 이탈리아 내륙 안팎으로 오가는 무역을 증진할 것이었다. 새 식민지들을 채우려면 가이우스에게는 땅 없는 소농뿐 아니라 그곳들의 주요 무역상이 될 부유한 기사들도 필요할 터였다. 도로와 항구 건설을 위한 정부 계약과 무역 양쪽에서 얻게 될 금전적인 이득 덕분에 그의 식민지 건설 계획은 모두에게 매력적인 것이었다. 심지어 그는 격파된 카르타고 대항구를 영구적인 로마 식민지가 될 완벽한 장소로 겨냥하며 해외 진출까지

꿈꾸었다.[28]

그뿐만 아니라 가이우스는 이탈리아 도로들을 개선 및 확장하는 광범위한 사업도 출범시켰다. 최초로 균일한 방식과 설계 기준을 도입한 가이우스의 도로는 유용성과 정밀함으로 정평이 났다. 단단히 다진 모래 위에 질 좋은 돌을 깔아서 만든 이 도로들은 높이와 너비가 일정했으며 훌륭한 배수 시설도 갖추고 있었다. 또한 가이우스는 여행자들이 좀더 쉽게 거리를 계산할 수 있도록 1마일마다 돌기둥을 세워 표시하라고 작업반에 지시했다. 가이우스의 도로는 장기적으로 통신, 보급, 무역 노선 개선에 이바지했다. 그리고 단기적·정치적 차원에서는 징세청부업자들에게 수익을, 지방 노동자들에게는 꾸준한 일감을 약속했다.[29]

이 도로 공사는 멀리 떨어진 시골 내륙지역에서 일어날 예정이었으므로 로마의 도시 평민에게는 별 혜택이 없었다. 따라서 그들의 지지를 확보하기 위해 가이우스는 별도로 그들이 늘 원하던 것을 약속했다. 바로 값싼 곡물의 안정된 공급이었다. 가이우스가 막 취임할 무렵 북아프리카의 농작물이 메뚜기떼에 습격당하는 바람에 로마에 식량 부족 사태가 일어났다. 가이우스는 정부가 곡물을 사들여 비축한 뒤 시민들에게 고정 가격으로 판매하도록 지시하는 법안을 도입했다. 훗날 키케로는 이 사업에 대해 정치적 지원을 확보하려는 뻔한 거저주기라고 비난하면서 당대의 더 나은 인물들은 "그렇게 했다가는 민중이 부지런히 일하지 않고 게을러지는 결과를 낳을 거라 생각했기에 그 방식에 반대했다"고 말했다. 그러나 이것은 훗날 제정기 도시 정책의 특징이 될 무료 곡물 배급이 아니었다. 그저 곡물을 고정 가격에 공급해서 외견상으로나마 얼마간 안정을 가져오려는 조치였다. 도시 평민은 이 법안을 너무나 좋아한 나머지 정부의 곡물 보조 확대를 이후 100년 동안 가장 중요한 정치적 요구로 삼았다.[30]

이어서 가이우스는 터무니없이 비싼 군단 복무 비용에 대해 30년 동안 제기된 불만을 바로잡기 위한 조치를 도입했다. 국가는 징세청부업자와의 계약을 통해 군단에 무기와 장비, 의복을 제공했지만 항상 병사의 급여에서 경비를 제했는데, 이는 가뜩이나 가난한 군단병들에게 감당할 수 없는 부담이었다. 가이우스는 국가가 비용 공제를 중단한다는 법안을 통과시켰다. 곡물 배급의 진화와 마찬가지로 공화정 중기의 비상설 군대에서 아우구스투스의 상설 군단으로 바뀌기까지는 이후로도 한 세기가 걸리겠지만, 비용을 시민의 호주머니에서 국고로 옮겨놓은 가이우스의 법은 커다란 도약이었다.[31]

끝으로 가이우스는 넓게는 기사계급 전체, 보다 좁게는 징세청부업자들을 지원하는 주요 법안 두 개로 계획의 대미를 장식했다. 첫번째 법안은 가이우스가 이미 반대운동을 한 바 있던 아퀼리우스의 아시아 최종 처리 문제를 다룬 것이었다. 옛 왕실 영지는 이제 모두 로마의 공유지로 전환되어 과세가 가능했고, 여기서 나오는 수익은 어마어마할 터였다. 그러나 최종안에서 논란이 된 조항은 아시아의 징세 계약을 로마 총독이 현지에서 판매하도록 규정함으로써 총독에게 막대한 부의 흐름을 통제할 권한을 주었다. 가이우스는 로마에 있는 감찰관들이 아시아의 징세 계약을 팔도록 규정하는 법을 통과시켰다. 이 법은 원로원의 권한을 억제하기 위한 조치로 여겨졌지만 동시에 징세청부업체 중 가장 크고 힘있는 곳이 사업을 독점할 수 있게 해주기도 했다. 이로써 가이우스는 이미 그의 공공 토목사업에 깊은 인상을 받고 있던 로마에서 가장 부유하고 영향력 있는 사람들 일부의 지지를 얻어냈다. 이 사람들은 아직 정치권력 구조의 일부가 아니었지만 빠르게 그 체제에 통합되고 있었다.[32]

가이우스는 두번째 주요 법안인 부당취득죄 법정 개혁안으로 징세청부업자들을 한층 더 정치에 끌어들였다. 그때까지 부당취득죄 법정 배심원단은 항상 원로원에서 차출되었고, 원로원 의원이기도 한 배심원들은 오랫동안 서로의 악행을 눈감아주었다. 따지고 보면 이들이 바로 명백한 유죄 증거에도 불구하고 아퀼리우스에게 무죄를 선고했던 배심원들이었다. 가이우스는 원로원 의원이 배심원 역할을 수행하는 것을 금지하는 법을 통과시켰다. 원로원 의원 대신 기사계급에서 배심원을 뽑는다는 것이었다. 하지만 기사라고 누구나 자격이 있지는 않았다. 배심원이 되려면 로마를 영구 주소지로 둔 사람이라야 했다. 기사 가문 대다수는 시골의 저택 부지가 공식 거주지였으므로, "로마를 영구 주소지로 둔" 사람은 순전히 사업으로 벌어먹는 이들뿐이었다. 특히 징세청부업자들이 이에 해당했다. 이제 징세청부업자들은 자신들의 이익을 지킬 수 있는 강력한 메커니즘을 갖추게 되었다.[33]

이 모든 법률 제정을 끝낸 가이우스는 아우구스투스의 안정적인 제정 체제보다 100년 앞서서 각종 개혁을 도입했을 뿐 아니라, 그리하여 강력한 반원로원 연합의 중심에 서게 되었다. 도시 평민과 지방 빈민, 넓게는 기사계급과 좁게는 징세청부업자 모두가 어느덧 가이우스 뒤에 줄지어 섰다. 가이우스의 성공이 그들의 성공이요, 가이우스의 몰락은 그들의 몰락이 될 터였다. 가이우스가 구축한 연합은 후대의 마리우스와 사투르니누스, 드루수스, 술피키우스, 킨나 같은 이들이 나름대로 반원로원 성향의 과제를 수행하기 위해 똑같은 기본 배합을 활용함에 따라 향후 익숙한 풍경으로 재현된다.

이듬해 호민관 선거가 다가올 무렵, 가이우스는 입후보자로 나선 오래된 친구이자 동지 플라쿠스에게 바통을 넘길 준비가 되어 있는 듯 보였다. 플라쿠스가 호민관 직에 출마한다는 것은 그 자체로 모스마이오룸이라는 암묵적인 갑옷에 뚫린 또하나의 구멍이었다. 집정관을 지냈던 사람이 그보다 낮은 호민관 직에 출마하는 일은 이전에 한 번도 없었기 때문이다. 플라쿠스는 가이우스의 지원에 힘입어 손쉽게 당선되었다. 그런데 주의깊은 계획이 있었는지 예기치 않은 운이었는지 아니면 두 가지가 합쳐진 결과였는지 몰라도, 가이우스 역시 호민관으로 재선되었다. 한때 너무나 큰 논란을 일으켰으며 사실상 그의 형의 죽음을 초래하기까지 했던 바로 그 일이 일어난 것이다.[34]

더없이 충격적이었던 가이우스의 재선은 지금까지도 역사적 수수께끼로 남아 있다. 우리는 선거가 열릴 때까지도 가이우스가 엄밀히 후보가 아니었다는 걸 알고 있다. 그런데 선거 결과가 나오고 보니 호민관 자리 열 개 중 몇몇 빈자리가 남았는데, 이는 드물긴 하나 들도 보도 못한 결과는 아니었다. 그런 경우 빈자리를 채울 사람을 배정하는 것은 호민관들의 특권이었고, 가이우스 그라쿠스도 그렇게 지명된 사람들 중 하나였다. 문제는 이 극적인 사건이 사전에 얼마만큼 기획되었느냐는 것이다. 처음부터 투표가 공석이 남게끔 조작되었던 것일까? 아니면 이는 운명의 여신 포르투나의 자발적인 조화였으며 가이우스도 자신이 재선되었다는 사실에 다른 사람들 못지않게 놀랐을까? 우리로서는 알 수 없는 노릇이다. 확실한 건 그리하여 가이우스가 2년 연속으로 호민관이 되었다는 사실뿐이다.[35]

가이우스는 권력의 절정에서 두번째 임기를 시작했다. "도급업자, 기능공, 사신, 정무관, 군인, 학자 무리가 떼 지어 그의 곁을 따라다녔고, 그는 이들 모두와 편히 교류했다…… 다시 말해서 그는 로스트라 연단에서 연설할 때보다도 사람들과의 사적인 교류나 사업 거래에서 더욱 뛰어난 대중 지도자였다."[36]

그러나 원로원에는 그에게 반대하는 보수파 핵심 의원들이 있었다. 이 집단은 가이우스의 첫번째 임기 동안 꼼짝없이 제압되었지만, 그의 두번째 임기를 앞두고 다시 전열을 가다듬었다. 티베리우스가 겪었던 것과 마찬가지로, 가이우스의 적들은 그의 라이벌 호민관 마르쿠스 리비우스 드루수스를 자기네의 비열한 술수에 이용했다. 드루수스는 나름대로 로마 정계의 떠오르는 샛별이었다. 그 역시 가이우스처럼 언변이 뛰어나고 부유했으며 어려서부터 공직 생활을 기대하게끔 길러졌다. 그러나 가이우스는 대중 개혁을 통한 출세를 추구한 반면 드루수스는 그런 개혁을 막는 방법으로 출세할 계획이었다. 드루수스는 가이우스가 가는 길마다 그의 기세를 꺾겠다는 사명을 띠고 공직을 시작했다. 제대로만 된다면 원로원 내에서 막강한 협력자들을 얻게 될 터였다. 드루수스는 자기만의 새로운 식민지 계획을 제시하는 것으로 첫 행보를 시작했다. 그때까지는 가이우스의 계획이 역사상 가장 야심찬 식민지 계획이었지만, 드루수스는 **12개**의 새 식민지를 제안하면서 식민지 주민 3천 명을 위한 넉넉한 무상 토지와 초기 자본금을 약속했다. 무려 3만 6천 세대가 수혜 대상이었던 만큼 이 소식은 민중 사이에 큰 파장을 일으켰다. 또한 드루수스는 주도면밀하게도 새로운 식민지에 들어갈 자격은 로마 시민에만 국한된다는 사실을 모두에게 주지시켰다. 이탈리아인들에게는 허용되지 않을 거라는 얘기였다.[37]

드루수스가 로마인과 이탈리아인을 영리하게 구분짓고 있던 그때 마침 가이우스는 플라쿠스가 집정관 재임중에 실시하지 못했던 정책을 도입하려 준비하고 있었다. 바로 이탈리아인에게 시민권을 주는 정책이었다. 원칙으로나 정치적 이해관계로나 가이우스는 광범위한 참정권을 지지했고 종종 이탈리아인들의 입장을 대변했다. 가이우스는 라티움 시민권자를 완전한 로마 시민권자로 승격시키는 한편 동맹시민에게 라티움 시민권을 부여할 것을 제안했다. 가이우스의 법안은 기원전 125년에 플라쿠스가 제안했던 전면적 평등주의에는 미치지 못했지만, 그럼에도 이는 포럼 한가운데 던져진 거대한 폭탄이었다. 특히 로마인만을 대상으로 한 드루수스의 식민지 계획 직후에 나왔기에 그 충격이 더욱 컸다.[38]

플라쿠스의 집정관 재임기에 일어났던 상황과 똑같이, 원로원은 다시 한번 투표를 앞두고 로마 시민권이 없는 이탈리아인들을 로마 시 밖으로 쫓아내는 편법을 써서 이탈리아인에게 시민권을 주자는 가이우스의 주장에 대응했다. "선거권이 없는 사람은 누구도 이 법들과 관련해 투표가 진행되는 동안 도시 안에 머물거나 도시 [5마일] 내로 접근해서는 안 된다"는 것이 원로원 결의 내용이었다. 법안에 철저히 반대하는 사람들과 직면하게 된 가이우스는 자신의 다른 계획들을 위태롭게 하기보다 그 법안을 버리는 편을 택했다. 개혁 시도가 또다시 실패로 끝남에 따라 이탈리아인의 시민권이라는 사안은 로마인들에게 끝나지 않는 문제로 남게 될 터였다. 시민권을 내어줄 듯이 눈앞에서 흔들어 보이다가 막판에 채어 가버리는 패턴을 이탈리아인들이 이미 감지하고 있었기 때문에 더욱 그러했다. 이탈리아인들에게 이는 결코 즐거운 게임이 아니었다.[39]

이탈리아인의 시민권 관련 투표에서 진 가이우스는 기원전 122년 봄에 북아프리카로 항해를 떠났다. 그가 계획한 식민지들 중 가장 먼저 건설되는 중이고 가장 논란이 많은 곳이었다. 옛 카르타고 자리에 위치한 그 식민지는 전략적으로 유리한 항구를 장악할 터였지만, 미신을 신봉한 로마인들은 귀신 들린 땅에서 사는 것을 경계했다. 가이우스는 플라쿠스에게 로마를 맡겨놓고 직접 식민지 건설을 감독하러 카르타고로 갔다. 가이우스가 왜 이 시점에 로마를 떠났는지 정확히 꼬집어 말하기는 어렵다. 실질적으로나 상징적으로나 식민지가 건설되는 동안 자신이 현장에 있는 게 중요하다고 생각하지 않았을까 추측 가능할 뿐이다. 그러나 그가 누렸던 인민의 지지는 그가 없는 동안에도 지속되진 않았다.[40]

가이우스는 70일간 아프리카에 있었고, 그 70일 동안 무엇 하나 잘 풀리는 일이 없었다. 토지 구획과 식민지 설계를 제시할 조사팀은 갖가지 문제로 홍역을 치렀다. 도시 중심부를 표시하려고 심어둔 말뚝은 세찬 바람을 맞아 부러졌다. 필히 바쳐야 하는 희생제물의 내장 역시 바람에 흩어졌다. 뒤이어 늑대들이 경계표지를 습격해 그것들을 가져가버렸다. 이런 문제들은 미신적인 로마인들에겐 단순한 차질 정도가 아니라 신들이 가이우스의 계획에 찬성하지 않는다는 증거였다. 조만간 원로원은 여러 불길한 전조에 관한 보고를 이용해 가이우스와 그의 추종 세력에게 최후의 공격을 개시할 수 있을 터였다.[41]

한편 로마에서는 추종 세력이 나날이 줄어들고 있었다. 플라쿠스는 가이우스처럼 정치 공작에 능란하지 못했고, 드루수스가 그를 훨씬 앞서갔다. 이미 식민지 12개를 건설하겠다는 엄청난 제안이 그라쿠스의 사업 계획을 하찮아 보이게 만든 상황에서, 드루수스는 가이우스와 플라쿠스, 카르보가 토지 위원으로서 분배한 땅―국가에 임차료를 지불해야 한다고 명시되어 있었다―의 임차료를 면제하겠다고 선언했다. 드루수스는 대중적인 측면에서 그라쿠스파를 성공적으로 앞질렀고, 이제 가이우스는 옹졸한 구두쇠로 일컬어지게 되었다.[42]

두 달간 떠나 있던 가이우스가 돌아와보니 그의 정치적 위상은 급락해 있었다. 한때 그를 지지했던 사람들이 이제는 드루수스에게 환호했다. 카르타고에서 흘러나온 이야기들은 가이우스가 신들의 노여움을 자초하고 있다는 암시를 주었다. 그렇지만 가이우스는 패배를 인정하려 하지 않았다. 귀국한 그는 팔라티누스 언덕의 자택을 비우고 포룸 근처의 작은 집으로 거처를 옮겼다. 민중 사이에서 살면서 그들에게 마음 쓰는 사람은 드루수스가 아니라 바로 자신임을 증명하려는 것이었다.[43]

가이우스는 자신의 법안이 살아남게 하기 위해 모든 전례를 거슬러 연속 **세번째** 호민관 선거에 출마하기로 결심했다. 선거 당일 가이우스는 재선에 필요한 투표수를 확보해냈지만, 선거를 감시하던 참관인들이 대번에 가이우스 쪽 투표용지를 걸고넘어지면서 대부분이 사기이며 투표함에 부정 투표지가 들어갔다고 주장했다. 얼마 후 선거 담당 정무관들이 그 주장에 동의하면서 가이우스의 표를 대부분 던져버리고 그의 패배를 선언했다. 가이우스는 항의했으나 그가 할 수 있는 일은 아무것도 없었다. 선거 결과는 확인을 거쳤고, 그것으로 끝이었다. 새해가 왔을 때 가이우스는 공직에서 밀려나 기소 면책 특권과 신체 상해로부터 보호해주는 신성불가침권을 박탈당한 처지에 놓였다. 그는 힘도 없고 보호도 받지 못한 채 자신의 법안이 사장되는 것을 지켜볼 수밖에 없었다.[44]

기원전 121년의 선거 패배만큼이나 끔찍했던 것은 루키우스 오피미우스가 집정관으로 당선되는 것을 지켜보는 일이었다. 그라쿠스 가문의 공공연한 적이던 신임 집정관 오피미우스는 예전에 프레겔라이를 몰락시켰듯이 가이우스 그라쿠스를 몰락시키는 것을 자신의 사명으로 삼았다. 오피미우스의 계획은 그라쿠스파의 법안을 폐기하는 것은 물론이고 가이우스가 불법적인 일을 하도록 자극하여 기소와 추방이 정당해질 상황까지 만드는 것이었다. 가이우스는 그 나름대로 미끼를 물지 않으려고 노력했지만, 오피미우스가 카르타고 식민지를 버릴 계획임을 알자 결국 옛 지지자들을 모아 항의 시위를 벌였다. 실제로 가이우스의 진정한 지지 세력이 얼마나 남아 있었는지는 알 수 없지만, 그의 모친 코르넬리아가 비로마인들에게 몰래 로마시로 되돌아와 곤란에 처한 아들을 지원하라고 돈을 주었다는 내용이 플루

타르코스의 글에 지나가듯 언급되어 있다.[45]

카르타고 식민지의 운명이 논의 안건으로 예정된 날 아침, 두 경쟁 파벌의 구성원들이 서서히 포룸으로 들어왔다. 가이우스가 가까운 주랑현관을 서성이는 동안 플라쿠스는 오피미우스와 원로원의 폭정을 맹비난하는 열정적인 연설을 했다. 그라쿠스파가 산뜩 화나 있는 상황에서, 오피미우스의 하인 하나가 희생제물의 내장을 들고 혼잡한 사람들 사이로 뚫고 지나가기 시작했다. 일부 기록이 전하는 바로는 그 하인이 그저 가이우스에게 다가가서 공화국을 망칠 짓을 하지 말아달라 간청했다고 한다. 그러나 플루타르코스는 그 하인이 군중을 밀치고 나아가면서 그라쿠스파 불량배들에게 옆으로 비키라 요구하고 그들의 경솔한 행동에 악담을 퍼부었다고 말한다. 두 이야기의 세부 전개는 다르지만 끝은 같다. 바로 그라쿠스 지지자 무리가 그 하인을 에워쌌다는 것이다. 곧이어 그라쿠스파 한 명이 칼처럼 날카롭게 갈린 필기용 골필을 꺼내 오피미우스의 하인을 찔러 죽였다.[46]

이 살인사건 소식이 군중 사이로 전해지면서 포룸이 발칵 뒤집혔다. 뒤이어 큰 소란이 인 가운데 가이우스는 원로원에게 강력 진압의 구실을 만들어준 지지자들을 질책한 뒤 급히 앞으로 나가서 오피미우스의 하인 살해에 관한 진상은 보이는 것과 다르다고 해명하려 했다. 하지만 아무도 그의 얘기를 듣고 싶어하지 않았다. 일대 혼란 속에 아무도 얘기를 들을 수가 없었다. 그러나 마침 폭우가 내리는 바람에 최후의 대치 상황은 피했고, 양측은 포룸을 떠날 수밖에 없었다. 가이우스는 어느 방향으로 달아날지 고민하다가 이렇게 외쳤다. "불운하고 불쌍한 나는 어디로 가야 할까? 난 어디로 향해야 하나? 카피톨리누스 언덕으로? 하지만 그곳은 내 형의 피로 물든 장소가 아닌가! 아니면 내 집으로 가서 격심한 통탄의 고통 속에 슬퍼하고 괴로워하는 어머니를 뵐 것인가?"[47]

다음날 집정관은 전날 사태의 대응책을 논의하기 위해 원로원 회의를 소집했다. 논의가 막 시작되려는 찰나 포룸에서 시끄러운 소리가 터져나왔다. 오피미우스의 살해된 하인을 나르던 장례행렬이 공교롭게도 원로원이 모였을 때 포룸에 도착한 것이다. 장례행렬을 보기 위해 원로원 의사당에서 나온 의원들은 그라쿠스파의 무모한 정치 폭력을 맹렬히 비난하고 희생자들에 대해 비통해했다. 그러나 포룸에 와 있던 그라쿠스파 시민들은 훈계나 해대는 의원들에게 야유를 퍼부었고, 10년 전에는 티베리우스 그라쿠스와 그를 따르던 300명의 시신을 두 번 생각하지도 않고 티베리스강에 던져버렸으면서 지금은 하인 하나 죽은 일로 왜 그리 열을 내냐고 물었다.[48]

군중에게 모욕당한 원로원은 오피미우스에게 질서를 회복하는 데 필요한 권한을 주었다. 그들은 오피미우스에게 "국가를 지키기 위해 필요하다고 생각되면 뭐든지" 하라고 지시했다. 이 모호한 결의에 담긴 의도는 번거롭고 구식인 독재관의 권한을 부활시키지 않고도 오피미우스에게 독재관처럼 행동할 권한을 주려는 것이 분명했다. 당시에는 그들도 알지 못했지만, 원로원이 급조했던 이 결의는 훗날의 선례를 만들었다. 장차 원로원은 민간 소요 사태가 일어날 때 똑같은 방책을 동원하게 되며, 이는 원로원 최종 결의senatus consultum ultimum로 알려졌다. 오피미우스는 즉시 원로원 의원 전원에게 각자 집안사람 중에서 무장한 남자 둘을 제공하고 그들을 다음날 아침 포룸에 소집하

라고 지시했다.⁴⁹

 가이우스 그라쿠스는 형이 그랬던 것처럼 아침이면 큰 대결이 닥치리라 확신하고 경호원들과 열성 지지자들에게 둘러싸여 마지막 밤을 보냈다. 가이우스는 수년간 사람들에게 자신의 꿈 얘기를 해왔다. 죽은 형의 유령은 "운명을 늦추려 아무리 애써도 너는 나와 똑같은 죽음을 맞을 거야"라고 말했다. 한때는 마음을 뒤흔드는 선전의 일환이었던 것이 이제는 소름 끼치도록 명확하게 느껴졌다. 플라쿠스는 다가올 충돌에도 태연했고 심지어 그것을 열망하는 듯 보였다. 플라쿠스와 친구들은 밤늦도록 술을 마시며 아침에 같잖은 놈들과 일전을 벌이겠노라 큰소리쳤다. 하지만 가이우스는 술에 취하지 않았다. 그는 침울했다.⁵⁰

 이튿날 아침, 숙취로 인사불성이 된 플라쿠스는 남들이 깨워서야 일어났지만 정신을 차리고 나자 그가 소장하고 있던 무기를 사람들에게 나눠주었다. 그들이 집을 나설 때 가이우스는 붙잡는 아내를 억지로 떼어내야 했다. 아내는 그에게 가지 말라고 애원했다. "오 가이우스, 예전처럼 당신을 호민관이자 법률 제정자로서 로스트라 연단으로 보낼 수도 없고 당신이 죽을지 모르는 영광스러운 전장으로 보낼 수도 없어요…… 당신은 어쨌든 나를 명예로운 슬픔 속에 남겨놓겠지요." 가이우스는 아내의 말을 듣지 않고 아마도 그의 목숨을 노릴 자들 앞에 모습을 드러내려 했다. "마침내 최악의 상황이 왔군요. 이젠 사람들 사이에 논쟁이 일면 폭력과 칼로 결론이 내려지네요…… 티베리우스가 그렇게 살해되었는데 왜 더이상 법이나 신들을 믿어야 하

죠?" 그럼에도 가이우스는 아내를 밀치고 나아갔다. 집에 머무른다고 명예가 채워지진 않을 터였기에.[51]

그라쿠스 파벌은 아벤티누스 언덕을 차지했다. 팔라티누스 언덕에서 얕은 골짜기 하나를 건너 로마시가 건립되던 시절로 거슬러가는 평민 거주지를 따라서 위치한 언덕이었다. 플라쿠스는 언뜻 봐도 싸움을 갈망하는 모습이었지만, 가이우스는 마지막으로 한번 더 이성적인 생각을 해보라고 모두를 설득했다. 그들은 플라쿠스의 젊은 아들 퀸투스를 포룸으로 보내 이 위기를 해소할 방법이―혹시라도 있다면―무엇일지 알아보게 했다.[52]

포룸에서는 오피미우스가 병력을 배치시켜놓고 기다리는 중이었다. 최근에 발레아레스제도에서 전투를 치르고 돌아온 보조군의 투석병과 궁수까지 일부 합세하여, 오피미우스가 쓸 수 있는 병력은 약 3천 명에 이르렀다. 플라쿠스의 아들이 도착하자 오피미우스는 그 청년에게 일단 그라쿠스파가 무기를 내려놓고 포룸으로 와서 용서를 빌어야 한다고 말했다. 또한 그들의 대답이 완전한 항복에 조금이라도 못 미친다면 아예 돌아오지 않는 편이 좋을 거라고도 말했다. 가이우스는 물러설 마음을 먹은 듯 보였지만, 플라쿠스를 비롯한 급진주의 성향의 지지자들이 그러지 말라고 그를 말렸다. 그들은 오피미우스의 협박을 무시하고 플라쿠스의 아들을 다시 보내 요구조건을 거절했다. 오피미우스는 앞서 말했던 대로 청년을 체포해서 감옥에 처넣은 뒤 휘하의 소규모 군대를 이끌고 아벤티누스 언덕으로 향했다. 떠나기에 앞서 그는 플라쿠스와 가이우스의 머리에 황금으로 현상금을 걸었다. 황금의 양은 머리 무게만큼으로 정한다고 했다.[53]

오피미우스의 작은 군단은 아벤티누스 언덕을 올랐다. 궁수들이 화살을 높이 쏘아 보내자 한데 모여 있던 그라쿠스 무리는 뿔뿔이 흩어질 수밖에 없었다. 아수라장 속에 그들은 결속력을 잃었고, 설사 수적으로는 그들에게 힘이 있었다 해도 그 힘은 결코 실현되지 못했다. 본격적인 싸움이 시작되고 얼마 지나지도 않아 이미 제각기 알아서 살길을 찾아야 하는 상황이 되었다. 가이우스는 한 무리를 이끌고 가까운 디아나 신전으로 간 반면, 플라쿠스는 빈 대중목욕탕 혹은 어느 피호민의 작업장에 숨어들었다. 오피미우스의 병사들은 플라쿠스가 근처 어딘가에 있다는 건 알았지만 아무도 그가 어느 집에 있는지 찾아내지 못했다. 그들이 그 구역 전체를 태워버리겠다고 위협하자 누군가가 나서서 플라쿠스를 밀고했다. 그리하여 원로원 의원이자 집정관과 호민관을 지낸 로마 시민 마르쿠스 풀비우스 플라쿠스는 그대로 붙잡혀 아벤티누스 언덕의 어느 길거리에서 즉결 처형되었다.[54]

한편 가이우스는 모든 것이 무너져내리고 있음을 직감했다. 오피미우스가 이제 무기를 버리는 사람은 누구든 처벌을 면하게 해줄 거라는 소문이 퍼졌다. 간밤에 술 마시며 큰소리쳐댔던 그 거만한 무리가 어느새 무기를 내던지고 자비를 구했다. 얼마 남지 않은 가이우스의 지지자들은 그에게 어서 도망치라고 강권했다. 그래서 가이우스는 도망쳤다. 가장 충성스러운 친구 몇 명과 함께 아벤티누스 언덕을 내려가 티베리스강을 가로지르는 다리까지 달렸다. 그러나 오피미우스의 병사 일단이 맹렬히 추격해 왔다. 가이우스가 티베리스강 너머로 달아나는 동안, 충실한 친구들은 다리 앞에 버티고 서서 추격자들과 싸우며 그가 빠져나갈 시간을 벌어줬다. 그들은 마지막 한 사람까지 적

의 손에 죽었다.⁵⁵

가이우스와 노예 한 명은 로마 변두리의 오래된 산림인 신성한 숲 Sacred Grove까지 무사히 달아났다. 하지만 이곳에서 가이우스는 자신의 죽음이 가까워졌음을 느끼고 더이상 달아나지 않기로 결심했다. 그는 노예에게 단검을 건네고 자신의 목을 드러내며 찔러넣으라고 명령했다. 노예는 주인의 말을 따랐다. 또 한 명의 그라쿠스가 피 웅덩이 속에 쓰러져 죽었다.⁵⁶

가이우스의 시신이 발견된 후 그의 머리는 당연히도 어느 요령 좋은 전 지지자의 손에 잘려나갔다. 과거에 그라쿠스파였던 그는 머리를 집으로 가져가서 "목에 구멍을 뚫어 뇌를 꺼내고 그 자리에 녹인 납을 부어넣었다". 그런 뒤 조심스럽게 "가이우스의 머리를 창에 꽂아 오피미우스에게 가져갔으며, 그 머리를 저울에 올리자 8킬로그램이 나갔다". 오피미우스는 그 무게만큼 온전히 값을 쳐주었다.⁵⁷

티베리우스 때와 마찬가지로 격렬한 폭력이 벌어진 다음날 더욱 체계적인 숙청이 이루어졌다. 그 잔혹했던 날 아침에 가이우스, 플라쿠스와 함께 무려 250명이 죽었다. 그러나 오피미우스가 열성 그라쿠스파를 로마에서 없애버리려 함에 따라 이후 며칠간 수천 명이 더 확인되고 처형되었다. 부친의 전령 노릇을 하다 체포되었던 플라쿠스의 아들마저 고작 어떤 방식으로 죽을지 선택할 수 있는 호의를 얻었을 뿐이다. 그라쿠스 파벌은 그렇게 끝장이 났다.⁵⁸

마지막까지 남은 그라쿠스파 토지 위원 카르보는 편을 바꾸는 방법으로 겨우 숙청을 면했다. 그는 민회에서 오피미우스의 행동을 변호하기로 약속함으로써 기원전 120년 집정관 직을 획득했을 가능성이 높다. 그러나 배신자를 좋아하는 사람은 없는 법이기에, 카르보는 기원전 119년 직위에서 물러나자마자 모호한 반역죄 혐의로 법정에 섰다. 기소인단의 대표는 떠오르는 젊은 귀족인 루키우스 리키니우스 크라수스였다. 약관의 나이에도 크라수스는 날카로운 기지와 달변으로 청중을 사로잡고 자신의 과거를 모면하려는 카르보의 시도를 낱낱이 분쇄해버렸다. "카르보, 이곳의 청중은 당신이 오피미우스를 변호했다고 해서 당신을 훌륭한 시민으로 여기진 않을 것입니다. 당신은 분명 속내를 숨기고 다른 견해를 가지고 있었기 때문입니다." 10년 동안 철저한 그라쿠스파였다가 막판에 오피미우스를 변호한 카르보의 행동에 아무도 속아 넘어가지 않았다. 모두로부터 미움받고 명성을 더럽힌 카르보는 (키케로의 유창한 표현을 빌리자면) "자발적인 죽음을 택함으로써 준열한 심판으로부터 스스로를 구했다". 가이우스 파피리우스 카르보는 그라쿠스파 숙청의 마지막 희생자였다.[59]

그러나 그라쿠스 형제는 죽고 없었어도 그들이 추진한 개혁은 대부분 살아남았다. 부당취득죄 법정은 여전히 기사 배심원들로 채워졌다. 곡물 배급도 계속 가동되었으며, 당장은 가격이 통제된 소규모 배급에 그치긴 했어도 그 제도는 로마 통치 구조에 영구 편입되었다. 도로 건설과 공공 토목공사도 계속 진행되었고, 식민지들은 결코 완성되지 못했지만 앞서 땅을 얻은 초창기 식민지 주민들은 모두 땅을 그대로 지킬 수 있었다. 식민지 열두 곳을 만들겠다던 드루수스의 마법 같은 이야기는 머리 없는 가이우스의 시신이 티베리스강에 버려진 후로 다시는 들려오지 않았다.

한편 토지 위원단은 존속되긴 했으나 활동이 중단되었다. 몇 년 뒤에 민회는 그라쿠스파가 할당한 토지 소유자들이 땅을 팔 수 있게 허용하는 내용으로 토지법을 수정했다. 오래지 않아 부유한 거물들이 그 땅의 대부분을 사들였다. 기원전 111년에는 추가로 법이 제정되어 묶여 있던 공유지가 모조리 완전한 사유지로 넘어갔다. 토지법은 이탈리아의 불평등 확대 문제를 해결하고 점차 로마의 소농들이 사라져 가는 흐름을 역전시키기 위한 획기적인 시도였다. 그러나 이 문제는 결국 공화정이 몰락한 뒤까지도 해결되지 않을 터였다.[60]

그라쿠스 형제는 죽은 뒤 전설적인 인민의 순교자로 탈바꿈되었다. 로마인들은 형제가 각각 살해된 자리에 그들의 조각상을 세웠다. 시민들은 이 유사종교적 성소에 공물과 제물을 가져다놓았다. 형제의 어머니 코르넬리아는 그 뜨거운 사랑에 감동하여 "내 아들들이 죽어간 신성한 장소들은…… 그 자리에 묻힌 망자들에 걸맞은 무덤"이라고 말했다. 코르넬리아는 항구도시 미세눔에 있는 별장으로 들어가 20년을 더 살았다. 그녀는 그리스 지식인들과 철학자들의 사교모임을 꾸준히 열었으며 헬레니즘 문화권에 속하는 동방의 왕들을 비롯해 지중해 전역에서 찾아온 방문객들을 반갑게 맞이했다. 아들들에 관해서는 항상 "슬픈 기색이나 눈물을 보이는 일 없이…… 마치 로마 초창기 시대 인물들에 관해 말하듯이…… 그들의 업적과 운명에 대한 이야기를 들려주었다". 그녀의 차분한 태도에 당혹스러워한 사람도 일부 있었으나, 플루타르코스의 말처럼 "선이 악을 물리치려고 애쓸 때면 종종 운명의 여신이 선을 압도해버리지만, 그래도 고요한 확신을 가지고 악들을 견뎌내는 힘을 선에게서 앗아가진 못하는" 법이었다.

코르넬리아가 세상을 떠나자 로마인들은 포룸에 그녀의 조각상을 세웠다.[61]

세월이 지나면서 그라쿠스라는 이름은 단순히 그라쿠스 형제를 넘어 더욱 큰 의미를 지니게 되었다. 그 이름은 로마 정치의 새로운 민중파 운동을 총체적으로 대변한 여러 정책과 전술을 상징했다. 일반적인 민중파 정책에는 도시 빈민층을 위한 곡물 배급, 지방 빈민층을 위한 토지 분배, 기사계급을 이용한 법정 통제, 민회의 비밀 투표, 병역 보조금, 부패한 귀족들의 처벌 등이 있었다. 전술적으로 민중파는 원로원의 귀족적인 영향력이 아닌 민회의 민주적인 권력을 활용했다. 민중파 지도자들은 오고 갔지만, 로마 시민들은 늘 변함이 없었고 자기네가 원하는 것을 제시하는 이들을 지지했다.

민중파populares, 포풀라레스의 반대편에는 귀족파optimates, 옵티마테스가 있었다. 문자 그대로 '가장 훌륭한 사람들' 혹은 '선량한 사람들'을 뜻하는 이 옵티마테스라는 용어는 다양한 특징을 연상시켰다. 하지만 우리의 주요 출처가 키케로이다보니 그 특징들은 키케로의 세계관에 맞춰진 경향이 있다. 키케로의 관점에서 귀족파는 웅변술, 정치, 전쟁에 왕성한 관심이 있고 과거의 대 카토와 같은 엄격한 로마인의 미덕에는 별 관심이 없는 교양 있는 원로원 의원이었다. 귀족파 의원은 이국적인 음식과 그리스 사상에도 익숙했다. 이 당당하고 세련된 정치인들은 타고난 공화정의 수호자로서 나라 안팎의 적들을 감시하는 보초병 역할을 했다.

위대한 역사가 살루스티우스(기원전 86년~35년경, 로마의 역사가·정치가)에게 있어—그 자신부터가 공화정 말기 정계에서 특정 파벌의 일원으로 활발히 활동했다—민중파와 귀족파의 구분은 "정당과 파벌 제도"가 로마에 들어왔음을 의미했다. 살루스티우스는 양측 모두에게 위험한 양극화의 책임이 있다고 여겼는데 "귀족층은 그들의 지위를, 인민은 그들의 자유를 남용하기 시작했고…… 그 결과 공동체가 두 당파로 갈라졌으며 이 둘 사이에서 국가가 갈기갈기 찢어졌기" 때문이다. 그러나 살루스티우스의 관측에도 불구하고 로마에 현대적 의미의 정당은 없었다. 다시 말해 당시에 '민중당'이나 '귀족당'은 없었다. 전술과 전략, 연합은 모든 파벌에게 유동적이었다. 키케로가 호민관과 민회를 맹렬히 비난하긴 했지만, 그가 사랑해 마지않은 귀족파도 원하는 바를 얻기 위해 민회를 이용하는 일에 민중파 못지않게 능숙했다. 실제로 다음 세대의 가장 위대한 대중 웅변가들 대부분은 민중파가 아닌 귀족파를 대변하여 연설했다.[62]

그러나 공식적인 정당이 없기는 했어도, 정계의 창공에 떠다니며 언제든 필요에 따라 활용되길 기다리던, 명백히 대립되는 두 세계관이 존재한 것은 사실이다. 토지법을 둘러싼 위기에서 드러났듯이 이제 중요한 것은 특정 사안이 아니라 경쟁 세력을 이겨야 한다는 당면한 요구였다. 살루스티우스는 공화정 말기 빈발한 내전에 관해 고찰한 끝에 이렇게 말했다. "어떤 파벌이 수단 방법을 가리지 않고 다른 파벌을 이기려 하며 지나치게 잔인한 방식으로 패배자들에게 보복하려 드는 것, 바로 이런 태도가 위대한 국가를 파멸로 이끌곤 한다." 패배를 받아들이는 것은 이제 더이상 있을 수 없는 일이었다.[63]

실제로, 그라쿠스파에 가해졌던 지나치게 잔인한 처사의 기억은 고위층 귀족파의 방식을 목격했던 이들의 머릿속에 계속 남아 있었다.

훗날 키케로가 "포럼에 단검을 던졌다"며 비난했던 이는 그라쿠스 형제였지만, 공공질서라는 명목으로 수천 명을 살해했던 것은 귀족파였다. 무엇보다도 모욕적인 일은 원로원이 기원전 121년 벌어진 싸움에서 훼손된 콩코르디아 신전의 재건 및 재단장을 오피미우스에게 맡긴 것이었다. 그 신전은 로마 인민의 화합을 위해 봉헌되었지만, 로마의 많은 이들에게 유혈 숙청을 화합의 기틀이라고 칭하는 것은 일종의 모욕이었다. 복구 작업이 완료된 뒤 어느 익명의 공공기물 파손자가 신전 주춧돌에 이런 글귀를 새겨놓았다. "정신 나간 불화discord의 소행이 화합concord의 신전을 만들어냈다."[64]

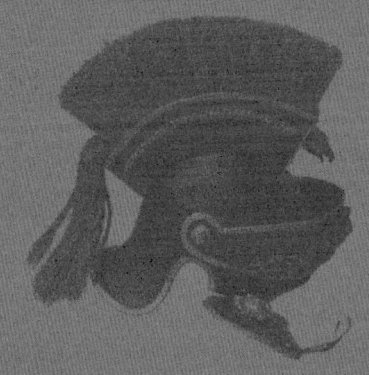

4장
팔려고 내놓은 도시

A
CITY
FOR
SALE

THE
STORM
BEFORE THE
STORM

> 우리는 모든 국가의 모든 돈이
> 몇 사람의 손에 들어가는 것을 보면서도 침묵한다.
> 오히려 이런 일을 한결 침착하게 용인하고 허용하는 듯한데,
> 이 강도들 중 누구도 자기가 하는 짓을 감추지 않기 때문이다.
> _키케로[1]

가이우스 마리우스는 기원전 157년 아르피눔에서 태어났다. 이 이탈리아 도시는 원로원에서 막 참정권을 받은 참이었다. 훗날 "시골 태생에 본데없고 투박하며 일평생 검소했던 사람"으로 폄하되긴 했지만, 사실 마리우스는 훌륭한 기사 가문의 아들로 태어나 안락하게 특권을 누리며 자랐다. 그러나 그가 부유한 가문의 잘 교육받은 아들이긴 했어도 기원전 2세기 당시의 로마 정계는 그의 야망을 조롱하도록 설계된 것 같았다. 마리우스는 지방 정부에서의 썩 괜찮은 경력 이상을 꿈꾸기에는 혈통이나 인맥이 충분치 않은 이탈리아 출신의 신진 세력이었다. 하지만 마리우스는 그보다 큰 것을 원했다. 그래서 교육과정을 마치자마자 상대적인 아웃사이더로서 정치적 명성을 얻을 수 있는 유일한 길을 택했다. 그것은 바로 군단 복무였다. 마리우스는 "군

입대 연령에 이르자마자 그리스식 웅변술이 아니라 현역 복무 훈련을 했다".[2]

스키피오 가문과 연고가 있었던 덕분에 스물세 살의 마리우스는 스키피오 아이밀리아누스가 기원전 134년 마지막 누만티아 원정을 위해 사적으로 모집한 군단에 입대할 수 있었다. 오랫동안 전해진 이야기와 달리 마리우스는 일개 사병으로 군 경력을 시작하지 않았다. 기사 지위로 인해 군관이 될 자격이 주어졌기 때문이다. 마리우스가 히스파니아에서 복무하는 동안 상급자들은 그의 용맹과 성실, 정직함을 칭찬했다. 마리우스는 자신이 믿어도 좋은 사람임을 연거푸 증명해 보였다. 누만티아 포위 작전 막바지와 관련해 자주 언급되는 일화에 따르면, 어느 날 밤 친구들이 아이밀리아누스에게 로마 인민이 그를 대신할 만한 사람을 어디서 찾겠느냐고 물었다. 그러자 아이밀리아누스는 젊은 마리우스의 어깨를 토닥이면서 "아마도 여기서"라고 말했다.[3]

누만티아가 함락된 후 마리우스는 상업적 전리품을 한몫 챙기려는 쟁탈전에 동참했을 가능성이 높다. 히스파니아에서 그런 전리품이란 곧 광산업을 뜻했다. 그가 실제로 채굴권 일부를 획득했다면, 돈이 많이 드는 로마 정계에서 경력을 쌓는 데 필요한 자금을 어떻게 충당했는지가 설명된다. 하지만 마리우스는 이 같은 상거래에서 이익을 얻는 순간에도 공직 생활을 방해하는 사회적 압력을 통렬히 의식하고 있었다. 그는 "당대의 실력자들이 인민에게 영향력을 행사하는 데 활용한 재산도, 웅변술도" 갖지 못했지만 "강력한 자신감과 지칠 줄 모르는 노력, 소박하고 단순한 생활양식을 통해 동료 시민들에게 어느

정도 인기를 얻었다."⁴

　타고난 사회배경에도 불구하고 마리우스에게는 한 가지 확실한 강점이 있었다. 로마의 지배적인 파벌로 부상하는 중이던 귀족 가문 카이킬리우스 메텔루스 가문의 세습 피호민이었던 것이다. 평민 가문으로서 다섯 대째 귀족 지위를 누려온 메텔루스 가문은 한 사람의 거물 덕분에 일약 명성을 얻었는데, 그는 바로 퀸투스 카이킬리우스 메텔루스 마케도니쿠스였다. 스키피오 아이밀리아누스와 동시대인이었던 마케도니쿠스는 기원전 147년 마케도니아의 마지막 잔당을 전멸시킴으로써 이 득의양양한 코그노멘을 얻었다.(머리말 참조) 이 승리는 제국을 횡단하여 히스파니아에서 그리스까지 마케도니쿠스를 데려가준 길고도 인상적인 경력의 시작을 알렸다. 하지만 마케도니쿠스는 출세할수록 자기 가문의 운명을 스키피오 무리나 클라우디우스 무리에 합류시키길 피하고 양쪽 세력과 모두 거리를 두었다.⁵

　하지만 메텔루스 가문의 진정한 힘은 인적 자원에 있었다. 마케도니쿠스와 동생 루키우스에게는 둘이 합쳐 아들 여섯과 딸 셋이 있었다. 이 메텔루스 집안의 아이들은 기원전 120년대 로마의 상위 정치에 진출하여 한 세대 동안 정계를 접수했다. 전쟁이 벌어지는 현장마다 반드시 메텔루스 집안사람이 있었고, 기원전 123년부터 106년까지 메텔루스 일가친척들은 여섯 차례나 집정관 직을 차지했다. 그들의 이름은 마케도니아, 트라키아, 시칠리아, 갈리아, 히스파니아, 북아프리카에서 성공적인 전투를 거둔 명예로운 개선장군들의 명부를 도배하고 있다. 메텔루스 가문 일족은 기원전 120년대와 110년대에 걸처 관직의 사다리를 가득 채웠다. 연장자들이 집정관 직에 이를 때쯤 최연소자들은 재무관, 조영관, 법무관 직을 차지했다. 이렇듯 정무관 직을 장악함으로써 메텔루스 가문은 권력의 지렛대를 직접 통제할 권한을 쥐었다.[6]

하지만 메텔루스 가문이 번성한 이유는 단지 식구가 많기 때문이 아니었다. 그들은 인재를 육성하기도 했다. 실제로 메텔루스 파벌의 진정한 배후 조종자는 그 가문 출신이 아닌 약삭빠른 젊은 수완가 마르쿠스 아이밀리우스 스카우루스였다. 스카우루스는 귀족 가문에서 태어났지만 그 가문은 지난 몇 세대 동안 정치적으로나 경제적으로나 운세가 급락한 터였다. 스카우루스의 아버지는 공직에 진출할 생각조차 하지 않고 평생 석탄 상인으로 살면서 물질적으로 집안을 다시 일으키려 했다. 이처럼 보잘것없는 출신 배경을 지닌 스카우루스는 후에 신진 세력이자 징세청부업자의 아들이라는 비방을 받았지만 둘 다 사실이 아니었다. 스카우루스는 가이우스 그라쿠스처럼 빼어난 웅변가는 아니었으나 친밀한 대화에서 "말재주보다는 중요한 사안에 대한 판단력"에 기대어 상대를 설득하는 재주가 있었다. 그는 메텔루스 가문의 지위가 막 오를 무렵에 말솜씨로 그들 무리에 들어갔고 마케도니쿠스의 딸 중 하나와 결혼했다. 그 가문에 들어간 순간부터 스카우루스는 지휘권을 잡기 시작했다. 훗날 키케로는 스카우루스를 두고 "그의 말이 없으면 아무 일도 일어나지 않는다"고 말하곤 했다. 살루스티우스는 스카우루스가 "권력, 명성, 재물 욕심이 많았지만 영리하게 자신의 결점을 감추었다"고 회고한다.[7]

스카우루스는 완벽한 막후 실력자였지만, 메텔루스 일가에게는 민회에서 주의를 끌 사람도 필요했다. 가장 촉망받는 인물들 중에는 활기찬 젊은 웅변가 루키우스 리키니우스 크라수스가 있었다. 전형적인 귀족파였던 크라수스는 명문가 출신에 예리한 지성과 타고난 웅변 재능이 있었다. 그는 기원전 119년에 변절한 토지 위원 카르보의 기소인으로 혜성처럼 정치 무대에 등장했다. 이제 그는 죽은 가이우스 그라쿠스의 역할을 이어받아 로마 최고의 웅변가로 여겨졌다. 하지만 크라수스는 그라쿠스 형제보다 학자에 가까워서 법학, 철학, 문학을 깊이 탐구했다. 그의 훌륭한 이력서에 단 하나 빠진 게 있다면 전장의 영광에 대한 관심이었다. 가이우스 마리우스 같은 인물이 군단 복무로 자신의 존재를 각인시켰다면 크라수스는 포룸을 통해 각인되었다. 훗날 그는 이렇게 말했다. "나는 꽤 젊었을 때 포룸에 입성했고, 재무관 임기를 제외하면 포룸에 가지 않은 날이 없었다." 웅변가 루키우스 크라수스만큼 포룸을 잘 아는 사람도 없었고 그만큼 포룸에서 잘 알려진 사람도 없었다.[8]

메텔루스 일족은 크라수스의 절친한 친구이자 정치 동맹인 마르쿠스 안토니우스 역시 끌어들였다. 크라수스보다 네 살 많은 안토니우스는 크라수스의 탁월한 능력을 인정하고 있었다. 안토니우스가 말하길, 사람들은 그가 연설할 때면 그에 맞먹는 실력을 가지기를 꿈꾸지만 크라수스가 연설할 때면 "언젠가는 그처럼 말할 수 있으리라고 스스럼없이 생각할 정도로 자만심 넘치는 사람은 아무도 없다". 안토니우스는 친구들에겐 의리가 있었지만 신중함의 힘을 잘 알았던 교묘한 인물이기도 했다. 그는 혹시 나중에 "자신이 바람직하지 않은 말을 했다면 그런 말을 했단 걸 부인할 수" 있도록 절대 연설 내용을 적어놓지 않는다고 말하기도 했다. 안토니우스는 이처럼 속을 알 수 없는 기본 성향을 평생 간직했다. 또한 크라수스가 대규모 공공행사의 대가였다면 그 자신은 법정 재판에서 빛을 발했다. 그리스 최고의 소피스트들과 맞먹는 기량을 갖춘 안토니우스는 논쟁의 어느 편에서든 주장을 펼쳐 이길 수 있었다. 그는 법정에서 만만찮은 힘을 발휘했고, 종종 메텔루스 가문의 이익을 지키는 데 효율적으로 활용되었다.[9]

이처럼 유망한 젊은 귀족들 외에도 메텔루스 일족은 기사계급, 상인들과 은행가들 가운데서도 동맹세력을 구축했으며, 이들로부터 외국 정복 전쟁 자금을 공급받아 국내의 패권을 유지했다. 기원전 131년부터 102년까지 메텔루스 가문 출신들은 감찰관 직을 싹쓸이하다시피 함으로써 꼬박 30년 동안 국가의 징세청부 계약을 좌지우지했다. 메텔루스 가문 사람들이 예외적으로 부패했다는 증거는 없지만, 그 시대에는 누구든 친구들은 돕고 적들은 방해하는 것이 당연한 일로 여겨졌다. 이러한 인맥에 힘입어 메텔루스 일족은 로마 정계에서 가장 강력한 단 하나의 파벌이 되었다.

가이우스 마리우스 역시 메텔루스 가문의 떠오르는 기사계급 피호민이었다. 10년간의 복무 끝에 마리우스는 병사들이 직접 뽑는 군단장교인 참모군관 선거에 출마했다. 아마도 그는 참모군관 임기 1년을 발레아레스제도에서 보내면서 메텔루스 일족의 최고 연장자 하나가 그 세대 최초로 개선식을 얻어내는 데 일조했던 것 같다. 그는 이때의 공로를 잘 활용해 처음으로 진정한 정무관 직에 도전하였고 기원전 122년 재무관으로 당선되는 데 성공했다. 재무관 재임 당시 마리우스는 갈리아 서부로 진군하고 있던 군대에서 복무한 것으로 추정된다. 바로 그곳에서 그는 20년 뒤 자신이 로마 역사상 손꼽힐 만큼 극적인 승리를 거두는 무대가 될 여러 언덕과 개울을 처음으로 보았을 것이다.[10]

로마는 이탈리아 국경 너머로 영역을 확장하면서 세 방향으로 움직였다. 다시 말해 서쪽으로는 히스파니아, 남쪽으로는 아프리카, 동쪽으로는 에게해로 진출했다. 그러나 북쪽 경계만큼은 아무런 변화가 없었는데, 알프스산맥이 거대한 자연 경계로 우뚝 솟아 있었던 것도 한 가지 원인이었다. 그러나 기원전 2세기 중엽의 대대적인 정복 이후, 로마는 멀리 떨어진 히스파니아 및 마케도니아 영토와의 보급·통신로를 유지할 필요가 생겼다. 그 결과 로마 군단들은 알프스산맥을 넘어 새로운 국경 너머에서 부족 세력들과의 분쟁에 휘말리게 되었다.[11]

그러나 알프스와 피레네 산맥 사이로 길게 이어진 해안지대는 기원전 120년대까지 로마의 관할에 속하지 않았다. 로마는 그 지역을 보호할 책임을 마실리아 시에 맡겼다. 기원전 600년대에 그리스와 페니키아의 식민지로 세워진 마실리아는 공화정 초창기부터 로마의 우방이자 무역 상대였다. 기원전 125년 마실리아는 알프스산맥과 론강 사이 평원 일대를 장악했던 갈리아 부족인 살루비족의 공격을 받고 로마에 도움을 요청했다. 원로원은 우방을 돕게 되어 기뻐하며(게다가 집정관 플라쿠스가 이탈리아인에게 시민권을 부여하는 법안을 통과시키기 전에 그를 로마 밖으로 내보낼 수 있게 되어 더욱 기뻐하며) 북쪽으로 군대를 파견했다. 몇 년간의 지지부진한 전투 끝에 로마인들은 마침내 마실리아에서 내륙으로 약 30킬로미터 들어간 곳에 있는 정착지를 차지했고, 그곳을 영구적인 군사 식민지로 정비하여 아콰이 섹스티아이(오늘날의 엑상프로방스)라고 이름 붙였다. 기원전 122년에 건립된 아콰이 섹스티아이는 이후로 갈리아 내 로마 군사 작전의 핵심 기지가 되었다.[12]

로마인들에게 격퇴당한 살루비족의 왕은 남은 부족민들을 모아서 론강 상류 유역을 지배한 또하나의 강력한 부족인 알로브로게스족에게로 도피했다. 알로브로게스족이 잠복해 있는 상황에서 원로원은 기원전 122년 집정관을 파견해 그곳 국경을 지키게 했다. 그해 끝자락에 로마군은 오늘날의 아비뇽 인근에서 알로브로게스족과의 큰 전투에 승리했고, 몇 달 뒤에는 그보다도 더 큰 승리를 추가했다. 바로 이 후자의 전투에 재무관 가이우스 마리우스가 참전했을 가능성이 있다. 이 초기 갈리아 전쟁이 절정에 이른 때는 기원전 121년 늦여름이었다. 로마인들은 아콰이 섹스티아이에서 북쪽으로 120킬로미터 떨어진 이제르강 기슭에서 갈리아 부족 연합체를 만났다. 그 전투의 자세한 내용은 알 수 없지만, 갈리아군의 인명 손실이 총 12만 명으로 추정되는 것으로 볼 때 대단히 큰 사건이었음은 분명하다. 이제르강 전투가 로마 역사상 가장 유명한 전투 중 하나가 되지 못한 이유는 오로지 세부 기록이 남아 있지 않아서다. 이 승리는 갈리아 남부에서 로마의 정치적·군사적 패권을 확립했다.[13]

로마인들이 갈리아에서 세력을 떨치는 상황에서, 원로원 의원들과 기사계급 상인들로 이루어진 한 파벌은 향후 비상사태에 대비해 원활한 보급로를 확보하기 위하여 그 지역에 영구 민간 식민지를 건설할 계획을 강력히 추진했다. 원로원은 몸을 비틀어대며 그 제안에 저항했지만, 그러다 구제불능의 마비가 오기 직전에 눈부시게 빛나는 젊은 웅변가 루키우스 크라수스가 민회에서 또 한번 인상적인 웅변을 선보였다. 그는 식민지 건설을 강력히 지지하며 민회를—그리고 원로원의 동료 의원 대부분까지—자기편으로 돌려놓았다. 마침내 기원전 118년에 새로운 도시 나르보(오늘날 프랑스의 나르본)가 건설되면서 갈리아 남부 지역 전체가 갈리아 나르보넨시스(나르보 갈리아)라고 알려지게 되었다. 로마인들은 그 지역에 영구 정착지들을 만든 데 이어 그 유명한 도미티우스 가도 Via Domitia를 건설했다. 이것은 이탈리아와 히스파니아를 잇는 영구적인 도로로, 지금도 프랑스 남부 해안을 따라서 남아 있다.[14]

기원전 130년대에는 히스파니아에서, 기원전 120년대에는 갈리아에서 참전한 뒤에 가이우스 마리우스는 군인에서 민간인 생활로 전환하여 기원전 119년 호민관 선거에 출마했다. 그는 메텔루스 가문의 후원 덕에 무사히 당선되었지만, 새로운 친구와 동맹을 얻는 데 호민관 임기를 쓰는 대신 거의 모든 사람을 멀어지게 만들기만 했다.[15]

비밀 투표제가 도입되었음에도 불구하고, 귀족 보호자가 피호민들을 특정한 방향으로 투표하게끔 단속하는 방법은 여전히 차고 넘쳤다. 흔히 쓰인 한 가지 방법은 유권자가 투표용지를 작성한 **후에**, 하지만 투표함에 넣기 **전에** 그와 대면하는 것이었다. 마리우스는 메텔루스 가문 보호자들의 반대를 무릅쓰고 그 같은 대면을 차단할 수 있도록 가설투표소를 재설계하자는 법안을 제출했다. 그해 집정관 한 명이—공교롭게도 메텔루스 가문 사람이었다—원로원을 움직여 마리우스의 법안을 규탄하고 마리우스에게 출두 명령을 내리게 했다. 그럼에도 마리우스는 겁먹지 않았고, 민회를 훼방 놓으면 집정관을 감옥에 처넣겠다고 위협했다. 집정관은 물러섰지만, 메텔루스 가문은 그들의 개가 먹이를 준 주인의 손을 문 것에 대단히 화가 났다.[16]

마리우스는 원로원의 주요한 보호자들을 화나게 한 데 이어 자신의 투표 개혁 노력을 지지했던 도시 평민에게 영합하는 것도 거부했다. 다른 호민관 한 명이 시민에게 제공되는 그라쿠스파의 가격 통제 곡물 할당량을 확대하는 법안을 제출했다. 그 법안은 로마에서 엄청난 인기를 얻었으나, 마리우스는 공화국의 도덕성을 망치는 불필요한 지원이라는 이유로 거부권을 행사했다. 도시 평민이 요구한 건 값싼 곡물이었지 도덕적인 으름장이 아니었다. 그렇게 해서 마리우스는 팔라티누스 언덕에서나 포룸에서나 똑같이 미움받으며 호민관 직을 떠났다.[17]

하지만 이렇듯 불안한 정치 성향에도 불구하고 마리우스는 야망의 힘으로 밀어붙여 기원전 118년 혹은 117년 조영관 직에 입후보했다. 마리우스는 조영관으로 한 해를 보내는 것이 민중의 호의를 되찾을 좋은 방법이라고 여겼을지 모르지만, 조영관 선거는 그보다 낮은 공직들에 비해 경쟁이 훨씬 치열했다. 호민관이나 재무관은 매년 열 명씩 뽑히지만 조영관은 들어갈 수 있는 자리가 네 개뿐이었다. 인맥 좋고 돈 있는 귀족이라도 반드시 이긴다는 보장이 없었다. 그러니 귀족파와 민중파 모두의 화를 돋웠던 이탈리아 출신 신진 세력이 이긴다는 보장은 당연히 없었다.[18]

마리우스는 처음엔 고등 조영관 후보였으나 투표가 진행되면서 발표된 그의 득표수는 놀랄 만큼 적었다. 패배가 확실해 보이자 마리우스는 상급직 명단에서 이름을 내리고 그 대신 하급 조영관 후보로 지원했다. 이는 관행을 깬 도박이긴 했지만 위법은 아니었다. 어차피 상관없는 일이었다. 마리우스는 그 선거에도 바로 떨어졌기 때문이다. 굴욕적인 이중 패배로 인해 이제 막 싹트기 시작한 마리우스의 정치 경력은 죽음의 고비에 처했다. 그러나 바로 그때 지중해 반대편에서는 그를 로마 권력의 핵심층으로 들여보낼 사건들이 펼쳐지고 있었다.[19]

누미디아 왕국은 대략 오늘날의 알제리에 해당하는 아프리카 북쪽 해안에 위치했다. 축산업과 해상 무역을 기반으로 세워진 왕국이었지만 최고 수준의 승마술로 유명했다. 누미디아는 지중해 일대에서 손꼽히게 훌륭한 기병들을 배출했다. 수 세대 동안 이웃의 카르타고가 그 기병들을 자유롭게 사용했지만, 누미디아의 마시니사왕은 제2차 포에니 전쟁이 한창일 때 로마 편으로 전향했고 기원전 202년 벌어진 한니발과의 결전에서 스키피오 아프리카누스와 함께했다. 마시니사는 그후 50년 동안 로마를 대신해 북아프리카를 통치했으며, 로마가 카르타고를 완전히 멸망시키러 돌아왔던 기원전 148년에야 사망했다. 로마의 집정관 권한대행이자 개인적으로 누미디아 왕가의 친구였던 스키피오 아이밀리아누스는 죽은 왕의 영토를 세 왕자에게 나누어주었으나, 운이 따랐는지 반칙을 했는지 몰라도 왕자들 중에서 미킵사가 누미디아의 단독 왕으로 부상했다.[20]

미킵사왕은 아이밀리아누스가 기원전 133년 누만티아 최종 정복을 위해 보조군 제공을 요청한 이들 중 하나였다. 미킵사는 기꺼이 도와줄 자세가 되어 있었다. 그뿐만 아니라 그에게는 원정대를 이끌 완벽한 적임자도 있었는데, 바로 사생아였던 그의 조카 유구르타였다. 혼외정사로 태어나긴 했어도 유구르타는 여전히 왕가의 세력권에 있었고 궁정에서 인기가 있었다. 유구르타는 "신체적 힘과 빼어난 용모"를 타고났지만 무엇보다 "왕성한 지적 능력"이 돋보였다. 미킵사왕은 몇 년간 유구르타를 왕위 계승 후보로 여겼으나 그에게 친아들들이 생기면서 유구르타는 골칫거리가 되었다. 이 비범한 왕가의 자손이 전쟁터에 나갔다가 전사할 수도 있었지만, 그렇게 되면 골치 아픈 문제의 편리한 해결책이 될 터였다. 하지만 이는 분명한 위험이 따르는 도박이었다. 만에 하나 유구르타가 무사히 돌아와 전보다 더 인기를 끌게 되면 어쩐단 말인가?[21]

유구르타는 누만티아에 가자마자 모두에게 깊은 인상을 남겼다. "그 젊은 누미디아인은 분별력에 있어서나 진취적 기상에 있어서나 실패라곤 없었다. 게다가 도량이 넓고 재치까지 넘쳤기에, 이런 자질들로 인해 수많은 로마인들과 막역한 친구 사이가 되었다." 유구르타는 로마인들과 교류하면서 로마의 전쟁과 정치가 **실제로** 작동하는 방식을 배웠다. 그는 로마의 군사 전술과 로마 정계의 단층선을 배웠다. 무엇보다도 그는 로마인들의 악덕을 배웠다. 아이밀리아누스는 유구르타가 어떤 것들을 배우고 있는지 눈치채고 젊은 누미디아 왕자를 따로 불러서 바라는 것을 얻기 위해 뇌물과 선물에 지나치게 의존하지 말라고 주의를 줬다. "다수에게 속한 것을 소수에게서 사는 건 위험한 짓이야"라고 아이밀리아누스는 말했다. 하지만 유구르타는 이 교훈만은 배우지 못했다.[22]

누만티아 포위 작전이 마무리되자 유구르타는 목숨은 물론이고 스키피오 아이밀리아누스의 열렬한 찬사가 담긴 편지까지 들고서 고국으로 돌아갔다. 편지 내용은 이러했다. "귀 왕이 보낸 유구르타가 누만티아 전쟁에서 단연 두드러지는 무용을 떨쳤다는 사실을 전하니, 분명 귀 왕이 기뻐하시리라 생각하오. 그가 세운 공로로 인해 우리는 그를 귀히 여기고 있으며, 그가 로마 원로원과 인민에게도 사랑받도록 최선의 노력을 다할 것이오." 그리하여 미킵사는 정말로 딜레마를 떠안게 되었다. 유구르타가 로마의 정식 승인을 얻었으니 이제 그를 제거할 수가 없게 된 것이다. 이제는 유구르타를 받아들이는 것만이 유일한 길이었다. 왕은 유구르타를 아들로 공식 입양함으로써 그를 이제 셋으로 늘어난 적법 왕위 계승자 중 하나로 만들었다.[23]

기원전 117년에 늙은 미킵사가 죽고 누미디아는 세 사람의 수중에 들어갔다. 바로 유구르타와 그의 '동생들'인 아데르발, 히엠프살이었다. 세 사람은 왕국과 국고를 똑같이 분할하기로 합의했지만 유구르타는 나눠 가질 생각이 없었다. 결국 유구르타의 하수인들이 뇌물을 써서 히엠프살의 집으로 잠입했고, 벽장 속에 웅크리고 있는 왕을 찾아내어 목을 베었다. 암살 소식을 들은 아데르발은 군사를 일으켰지만, 유구르타는 수년간 누미디아 군대에서 지휘했던 덕분에 모든 정예 병사들의 충성을 얻었다. 아데르발은 충성심도 없고 훈련도 잘되지 않은 신병들만 모을 수 있을 뿐이었다. 유구르타의 군대는 한 차례의 교전으로 아데르발의 병력을 휩쓸어버렸다. 누미디아 어디에서도 안전하지 않게 된 아데르발왕은 떠올릴 수 있는 유일한 도피처로 달아났다. 바로 로마였다.[24]

원로원은 누미디아의 소요 사태에 곤혹스러워하며 아데르발과 유구르타가 보낸 사절단의 입장을 들어보기로 했다. 예상대로 양측 모두 서로에게 책임을 돌렸다. 아데르발은 유구르타를 가리켜 형을 살해하고 전쟁을 일으킨 "지구상에서 가장 사악한 사람"이라 했다. 유구르타의 사절들은 아데르발과 히엠프살이 문제를 일으킨 진짜 원흉이며 유구르타의 행동은 정당방위였을 뿐이라고 주장했다. 아데르발이 유구르타에게 "해를 가하지 못하게 되어 불평하는" 것일 뿐이라는 얘기였다. 원로원은 이 문제를 논의한 뒤 열 명으로 구성된 위원단을 누미디아로 보내 추가 조사를 실시하고 정확한 정보에 입각해 판단하게 하기로 합의했다.[25]

위원단의 대표는 다름 아닌 루키우스 오피미우스였다. 프레겔라이와 그라쿠스파를 탄압하면서 경력을 보낸 그는 어느덧 원로 정치인이 되어 있었다. 유구르타는 오피미우스의 위원단을 온갖 예를 다해 정중히 맞이했고 그들의 판결을 따르겠노라 맹세했다. 관계자 면담과 지도 실측조사를 끝낸 위원단은 두 왕 중 누구도 축출하지 않고 공동통치 원칙으로 되돌아가기로 결정했다. 그들은 누미디아를 반으로 나눴다. 비옥한 내륙지역은 유구르타에게, 해안 평원지대는 아데르발에게 돌아갔다. 그렇게 위원단에 속한 원로원 의원들은 짐을 싸서 떠났고, 티격태격 싸워대는 누미디아 왕들의 소식을 더는 듣지 않기를 바랐다.[26]

누미디아에 관한 논의 과정에서 원로원의 일부 의원들은 상대적으로 유구르타에게 힘을 실어주었다. 그리고 유구르타의 하수인들이 "대량의 금과 은"을 들고 로마에 왔으며 "그것으로 먼저 유구르타의 옛친구들에게 선물 공세를 한 다음 새로운 친구들을 얻고자 했다는 것, 요컨대 아낌없이 금품을 뿌림으로써 가능한 모든 목적을 서둘러 달성하려 했다는 것"은 주지의 사실이었다. 이렇게 새로 생겨난 친구들의 유구르타에 대한 변호는 다소 당혹스러웠는데, 누미디아인의 뇌물 공세는 "악명 높고 뻔뻔스러웠기" 때문이다. 급기야는 스카우루스가 동료 의원들이 보인 행태를 크게 나무라는 지경에까지 이르렀다. 스카우루스는 "그같이 터무니없는 비리가 민중의 분노를 불러일으킬 것"을 우려했다.[27]

그러나 이 몰염치한 뇌물 수수 이야기가 사태의 전말을 말해주는 것은 아니다. 원로원의 대다수 인사들은 유구르타를 지지하는 데 굳이 돈을 필요로 하지 않았을 것이다. 많은 이들이 누만티아에서 유구르타와 함께 복무했고, 그가 용감하고 교양 있으며 로마의 훌륭한 동맹이라고 믿었다. 이런 옛 친구들이 별다른 선물 없이도 한때 전우였던 사람의 입장에서 하는 이야기를 믿었으리라는 생각도 충분히 해봄직하다. 그들은 아데르발을 알지 못했다. 하지만 유구르타는 알았고 또 대단히 좋아했다. 그 밖의 사람들은 외국 대표단이 주는 돈과 선물을 원로원 의원의 빌라 아트리움에 들어오기 위해 치러야 마땅할 입장료쯤으로 생각하고 받았을 것이다. 그렇다고는 해도, 언제든 돈주머니가 자신의 정치 견해를 좌우하도록 내버려둘 준비가 되어 있는 사람은 있기 마련이다. 유구르타는 그런 사람들을 최대한 많이 이용했다.

이런 일들이 전개되는 동안 가이우스 마리우스는 다시 말 등에 오르고 있었다. 마리우스는 조영관 선거 실패에도 단념하지 않고 더욱 큰 뜻을 품고서 기원전 116년 선거에 법무관 후보로 출마했다. 메텔루스 가문은 그들의 이전 피호민이 법무관 직을 얻으려는 시도를 저지하려 했지만, 그럼에도 불구하고 신진 세력 마리우스는 마지막 자리를 따냈다.[28]

곧이어 마리우스의 열혈 지지자들이 투표 줄에 노예들을 몰래 들여서 자기네 친구를 맨 위로 올렸다는 소문이 나돌았다. 선거 직후에 마리우스는 부정선거 혐의로 기소되었다. 수일간 재판이 계속되었고, 양측 증인들이 법정에서 진술했다. 증인에는 비시민권자들을 투표 줄에 슬쩍 끼워넣었다는 의혹을 받은 마리우스의 친구들 중 하나인 카시우스 사바코도 포함되었다. 마리우스의 다른 귀족 보호자들 중 하나인 가이우스 헤렌니우스 역시 소환되었다. 하지만 헤렌니우스는 보호자가 피호민에게 불리한 증언을 하지 않아도 된다는 예로부터 행해진 법적 원칙을 이유로 들어 출두를 거부했다. 마리우스 또한 자신이 법무관이 된 순간부터 더이상 그 누구의 피호민도 아니라면서 헤렌니우스를 의무에서 해방시켰다. 재판은 마리우스에게 불리하게 돌아가는 듯 보였지만, 막상 배심원단이 평결을 내리자 놀라운 결과가 나왔다. 찬반 동수가 나온 것이다. 로마 법정에서는 찬반 동수이면 피고측에 승리가 돌아갔다. 마리우스는 이제 법무관이었다.[29]

마리우스의 승리에도 불구하고 기원전 115년은 메텔루스 가문에게 최고의 해였다. 능수능란한 스카우루스가 메텔루스 가문의 일원과 나란히 집정관으로 선출된 한편, 또다른 메텔루스는 감찰관 직을 확보했다. 스카우루스가 막후에서 휘두른 권력을 입증하기라도 하듯,

메텔루스 가문 출신 감찰관은 스카우루스를 원로원 최고참 의원에 지명했다. 원로원 최고참 의원이라는 영예는 보통 더 나이 지긋한 의원에게 돌아갔을 뿐만 아니라, 현직 집정관에게 주어진 것도 전례 없는 일이었다. 아직 40대 중반에 불과하던 스카우루스는 향후 25년간 원로원 최고참 의원 자리를 지키며 원로원 명부 맨 위에서 로마 역사의 흐름에 영향을 미치고 모든 토의에서 맨 먼저 발언할 터였다. 감찰관들은 스카우루스를 원로원 명단의 첫번째 자리에 올린 데 이어 원로원에서 서른두 명을 몰아냈는데, 우리는 그들 대다수가 메텔루스 가문과 친분이 없었으리라 추측할 수 있다. 마리우스와 친했던 카시우스 사바코도 피해자가 되어 전년도의 부정선거 스캔들에 가담한 혐의로 제명되었다.[30]

마리우스는 로마에서 제 할일만 하며 별 탈 없이 한 해를 보낸 뒤 먼 히스파니아로 파견되었다. 히스파니아에서 보낸 시간에 대해서는 거의 알려진 바가 없지만, 그가 산적들의 온상이 된 지역까지 로마의 권위를 확장했다는 사실만은 분명하다. 기원전 114년에 이르면 마리우스는 그 지역에서 산적들을 소탕했고, 징세청부업자들이 그리로 진출하여 신규 광산 사업을 개시했다. 로마 행정가 대부분이 그렇듯이 마리우스 역시 해외 체류 기간을 재산 축적 시기로 여겼다. 우리는 그가 수익성 높은 미개발 광산 소유권을 한몫 챙겼다고 추정하는데, 기원전 113년 로마로 귀국할 당시 그는 대단한 부자가 되어 있었기 때문이다.[31]

다시 로마로 돌아온, 이제 마흔다섯 살이 된 마리우스는 부와 전도유망한 정치적 가능성을 밑천 삼아 상호간에 득이 되는 동맹을 맺고 열여섯 살의 율리아 카이사리스와 결혼했다. 율리우스 가문은 로마 공화정보다도 오래된 조상을 가진 유서 깊은 파트리키 가문이었다. 하지만 그 일족의 영향력은 수 세기에 걸쳐 쇠퇴했고, 고귀한 명성은 있어도 돈주머니는 텅 비어 있었다. 마리우스를 가문에 끌어들임으로써 그 가문에는 활력과 자금이 동시에 주입되었다. 마리우스는 여전히 신진 세력이었지만, 율리우스 가문이라는 인맥이 그가 법무관에서 집정관으로의 도약—누구보다 훌륭한 연고를 가진 사람들조차 넘지 못하기 일쑤인 단계였다—을 시도하기 위해 필요할 품위를 부여해주었다.[32]

마리우스가 붙잡기 힘든 집정관 직이라는 목표물을 쫓아 사냥을 시작할 무렵 누미디아 왕국은 돌연 일대 혼란에 빠져들었다. 유구르타와 아데르발은 3년 동안 긴장된 공존을 유지했으나, 기원전 113년 유구르타가 누미디아의 단독 통치자가 되고자 두번째로 도전했다. 그는 기습 부대를 동생의 영토로 보내 상대편의 반응을 도발함으로써 자신이 희생자인 것처럼 연기하려는 계략을 꾸몄다. 그러나 아데르발은 미끼를 물지 않았고, 오히려 로마로 사절단을 보내 유구르타의 도발 행위를 항의했다. 누미디아의 다툼에 진력이 난데다 수중에 그보다 훨씬 큰 문젯거리를 안고 있던 원로원은 아데르발에게 사실상 그가 알아서 해결하라는 내용의 서신을 보냈다.[33]

원로원이 아데르발을 도우러 오지 않으리라는 걸 알게 된 유구르타는 군대를 소집하여 아데르발이 다스리는 누미디아의 절반 땅으로 진군했다. 아데르발도 스스로를 지키기 위해 군사를 일으켰지만, 이번에도 유구르타의 우수한 병력이 그들을 거침없이 격파했다. 아데르발은 자신의 수도 키르타로 피신해 성문을 굳게 닫았다. 젊은 왕은 아마도 자신이 이길 가능성에 대해 비관적이었던 것 같지만, 키르타에 살고 있던 이탈리아인 상인들이 아데르발에게 버티라고 설득했다. 상인들은 **자기네가** 왕의 권리를 지지하고 있으며 원로원도 그럴 거라고 말했다. 그래서 아데르발은 로마에 도움을 호소하는 최후의 편지를 보내는 한편 포위 공격에 대비했다.[34]

원로원의 두번째 답장도 그리 나아진 건 없었다. 원로원이 파견한 하급 의원 세 명은 아데르발과 유구르타에게 서로 분쟁을 평화롭게 해결하라는 지시사항을 들고 누미디아에 도착했다. 유구르타는 이 젊은 의원들에게 자기 입장을 전하면서, 자신은 아데르발이 꾸민 사악한 음모를 알게 되어 스스로를 지키려 했을 뿐이라는 그럴듯한 이야기를 늘어놓았다. 그러나 로마 사절들이 키르타로 들어가 아데르발의 입장을 들어보게 해달라고 하자 유구르타는 그 요청을 거절했다. 당혹스러워진 사절단은 그대로 로마로 돌아가 상황을 보고했다. 원로원은 멍청하지 않았다. 그리고 유구르타가 사절들을 고압적인 태도로 무시한 걸 보면 필시 그가 이 모든 일의 주범인 게 분명했다. 그렇지만 유구르타는 여전히 원로원에 유력한 친구들을 두고 있었고, 그들은 질서를 회복하기 위해 누미디아에 로마군을 보내자는 의견이 나오는 족족 묵살해버렸다.[35]

그리하여 원로원은 군대 대신 또다른 위원단을 파견했다. 이번 위원단을 이끈 인물은 원로원 최고참 의원 스카우루스였다. 스카우루스는 한결같이 유구르타에게 비판적인 태도를 보였던 터라 아프리카에 도착하자마자 그 제멋대로인 왕에게 즉시 출두하라는 명령을 전달했다. 유구르타는 로마 정치를 잘 알았고 스카우루스가 만만치 않은 인물인 것도 알았다. 키르타를 점령하려던 마지막 시도가 실패로 끝난 뒤 유구르타는 결국 포기하고 로마인들 앞에 출두했다. 하지만 그는 스카우루스의 훈계를 묵묵히 듣는 동안 로마 군단이 들어오리라는 확실한 위협은 없다는 사실을 눈치챘다. 그리고 스카우루스가 이곳에 온 것은 군사적 연루를 피하기 위해서지 군사 문제를 일으키기 위해서가 아님을 깨달았다. 알고 보니 로마인들을 크게 두려워할 필요는 없었다. 그들은 누미디아 전쟁에 개입하길 원치 않았다.[36]

스카우루스가 아프리카에 와서 합의를 타결하려는 상황이 되자, 아데르발에게 저항하라고 부추겼던 이탈리아 상인들은 그제야 왕에게 항복을 권유했다. 그들은 왕에게 유구르타에게 투항하라고 말했고, 원로원이 어떤 합의 내용을 결정하든 두 왕은 따르기로 맹세해야 한다고 주장했다. 아데르발은 목숨을 부지하는 것 외에 아무 요구도 하지 않음으로써 그의 선의를 보여줄 수 있을 거라고도 했다. 아데르발은 그들의 말에 동의했는데, 이는 결국 치명적인 실수로 판명되었다. 일단 아데르발이 키르타 성문 밖으로 걸어나오자 유구르타는 조금의 시간도 낭비하지 않고 골칫거리 동생을 처리해버렸다. 불운한 아데르발은 붙잡혀서 고문받다가 죽었다.[37]

유구르타가 아데르발을 처형하는 데서 그쳤다면 거기서 모든 일이 끝났을지도 모른다. 아마도 원로원은 그를 누미디아의 단독 왕으로 인정했을 것이고 그렇게 삶은 계속되었을 것이다. 그러나 유구르타군이 키르타에 입성하자마자 병사들은 도시 안의 모든 사람들에게 피의 복수를 자행했다. 내려진 명령은 "손에 무기를 들고 있는" 자는 모두 죽이라는 것이었지만, 그 명령은 느슨하게 해석되어 이탈리아 상인 대다수를 포함해 수백 명의 목숨을 앗아간 대량 학살로 이어졌다. 유구르타에게 있어 모든 일이 틀어져버린 순간이었다. 누미디아 일에 관여하길 원치 않았던 원로원조차도 자국민 학살을 묵인할 수는 없었다.[38]

로마 내에서는 유구르타가 도를 넘었다는 것이 명백한 중론이었다. 하지만 거기서 그치지 않고, 이제 여론은 원로원이 누미디아 사태를 수년간 잘못 처리해왔다는 사실을 인식했다. 뇌물 수수와 비리에 관한 소문이 벌써 오래전부터 포럼에 나돌고 있었다. 유구르타가 최근에 저지른 잔학행위―가학적인 이탈리아인 학살―소식이 터지자 호민관들은 원로원에 조치를 취할 것을 촉구했다. 그들이 요구한 것은 제대로 된 조치, 즉 군사 행동이었다.[39]

원로원은 결국 동의했다. 그해 집정관이던 루키우스 칼푸르니우스 베스티아가 아프리카 속주로 파견되고 군단을 모집하라는 지시를 받았다. 베스티아는 군대를 소집하는 동시에 자신의 선임 자문 역할을 할 영향력 있는 보좌관 집단도 선정했다. 그중에는 스카우루스도 끼어 있었는데, 그 자신이 베스티아의 참모진에 들어가게끔 확실히 조치한 덕분이었다. 로마군을 누미디아에 들이지 않으려던 시도는 일단 실패했지만, 스카우루스는 여전히 이 사태의 평화로운 해결방안을 모색했다. 베스티아와 스카우루스 간의 논의는 유구르타를 굴복시키려면 얼마만큼 군사력을 과시해야 할 것인지를 중심으로 돌아갔을 것

이다.[40]

유구르타는 로마가 군대를 동원하여 행동을 취하려는 것을 보고 깜짝 놀랐다. 그는 자신이 결코 그들을 전투에서 마주할 필요가 없을 만큼 아낌없이 돈을 뿌렸다고, 로마인들이 누미디아에 군사적으로 개입할 가치가 없다 여긴다고 믿었다. 그가 떠올릴 수 있는 할일은 단 하나였다. 유구르타는 다시 뇌물로 원로원을 온순하게 만들기 위해 아들 한 명과 절친한 친구 두 명에게 **더 많은** 돈을 쥐여주고 로마로 보냈다. 그러나 그사이 정치의 풍향이 바뀌어 있었다. 원로원은 누미디아인들의 로마 출입을 금지했고, 그들에게 열흘 안에 이탈리아를 떠나도록 지시하는 내용의 결의안을 통과시켰다.[41]

기원전 111년 여름 베스티아의 군대는 아프리카 속주로 출항했고, 그곳에서부터 누미디아 국경을 넘어 진군했다. 유구르타는 로마군이 자기 영토에 들어왔다는 소식을 듣고 베스티아에게 대리인들을 보냈다. 유구르타의 사절단은 누미디아를 정복하려면 시간도 돈도 많이 들 것이며 합의를 볼 수 있다면 모두에게 훨씬 나을 거라고 집정관에게 말했다. 곧이어 유구르타가 직접 베스티아와 스카우루스를 찾아갔고 세 사람은 비공개 회담을 가졌다. 이 회담을 통해 "코끼리 30마리, 소와 말 여러 필, 소량의 은"을 배상금으로 지불하는 대신 로마는 유구르타를 누미디아의 단독 왕으로 인정하고 로마군 모두 본국으로 돌아가기로 의견 일치를 보았다.[42]

형식적인 군사 행동과 평이한 합의 조건 탓에 로마에서는 새삼 불평과 항의가 쏟아졌지만, 스카우루스는 그 뻔한 위장극으로 위기가 끝나기를 바랐다. 이제 유구르타가 누미디아의 단독 왕이 되었으니 더는 위협적인 행동을 하지 않을 것이고, 원로원은 훨씬 허점 많고 위험한 북쪽 국경지대에 집중할 수 있게 되었다고 생각했다.

그러나 그 위장극은 충분하지 않았다. 도시 평민은 베스티아가 유구르타의 완전한 항복 문서를 가지고 돌아오기를 기대했다. 그런데 정작 전령들이 들고 온 것은 베스티아가 쥐꼬리만한 배상금을 받은 뒤 철수하고 있다는 충격적인 소식이었다. 특히 한 젊은 지도자는 유구르타를 둘러싼 스캔들을 꽉 붙잡고 권력을 향한 직행 티켓으로 삼았다. 바로 가이우스 멤미우스였다. 멤미우스는 처음부터 베스티아의 누미디아 파견을 소리 높여 지지했던 사람 중 하나였고, 기원전 111년 호민관으로 당선된 후에는 원로원의 늑장 대처를 맹렬히 비난하며 원로원이 유구르타의 범죄에 연루되어 있다고 주장했다. 사실은 명백했다. 로마의 명예가 또다시 "탐욕으로 무가치해진" 것이었다.[43]

합의가 타결됐다는 소문이 로마에 날아들자 멤미우스는 원로원의 지독한 탐욕에 대한 전면 공격에 돌입했다. "범죄와 피투성이 손과 괴물 같은 탐욕으로 더럽혀진, 죄책감을 느끼면서도 동시에 자부심으로 가득한 자들. 그들은 명예와 명성과 충성심을, 다시 말해 명예롭고 불명예스러운 모든 것을 돈벌이의 원천으로 만들었습니다." 하지만 그는 이런 일이 지속되도록 내버려두는 인민 역시 꾸짖었다. "여러분은 국고를 강탈당하고 왕들과 자유민들이 소수 귀족에게 조공을 바치며 그 귀족들이 최고의 영예와 막대한 부를 차지한 것에 그저 조용히 분개하기만 했습니다." 이어서 멤미우스는 전 로마를 상대로 말했다. "원로원의 존엄은 돈 때문에 무자비한 적에게 넘겨졌고, 여러분의 주권은 팔려나갔으며, 여러분의 나라는 안팎에서 매물로 나왔습니다."[44]

그러나 멤미우스는 상황을 걷잡을 수 없이 몰아가지는 않으려고 애를 썼다. 그는 순교자가 된 그라쿠스 형제를 특별히 언급하며 말했다. "티베리우스 그라쿠스가 살해된 후로…… 로마의 평민들을 상대로 공소가 제기되었습니다. 그리고 또, 가이우스 그라쿠스와 마르쿠스 풀비우스가 살해된 후에는 여러분과 같은 평민 계급의 수많은 이들이 지하 감옥에서 죽어갔습니다. 두 경우 모두 법이 아니라 승자들의 일시적인 기분에 따라 유혈사태가 종식되었습니다." 불법적인 폭력은 반동주의 귀족들의 전략이었다. 멤미우스는 가장 확실한 길을 택하여 이렇게 말했다. "자기 조국을 적에게 팔아넘긴 자들이 처벌받게 합시다. 저들은 받아 마땅하나 여러분이 가하기에는 그리 적절하지 않은 무기나 폭력을 통해서가 아니라 법정을 통해서 말입니다." 그리고 멤미우스는 매우 구체적인 것을 염두에 두고 있었다. 그는 유구르타가 직접 부패한 원로원에 불리한 증언을 하기를 원했다.[45]

멤미우스는 민회를 설득해서 법무관 한 명을 누미디아로 보내고 유구르타를 다시 로마로 데려와 그가 매수했던 원로원 의원들을 지목하게 하도록 했다. 유구르타왕은 호민관들의 직권으로 완전한 보호를 받게 되고 그가 한 증언에 완전한 면책을 기대할 수 있었다. 개개인의 죄가 정확히 어느 정도이건 원로원이 이런 말을 듣고 좋아할 리 없었다. 유구르타 역시 이 말이 마음에 들지 않았지만, 그에게는 이 문제에 있어서 별다른 선택의 여지가 없었다. 그가 오지 않는다면 로마를 배반했다는 증거가 될 터였다. 그래서 로마 법무관이 그를 데려가려고 왔을 때 유구르타는 누미디아를 떠나는 배에 올랐다.[46]

수년간 이어진 스캔들 이후 유구르타가 로마에 도착한 일은 하나의 대사건이었다. 언제나 노련한 수완가였던 유구르타는 평소 착용하던 화려한 장신구 하나 없이 수수한 옷차림을 했다. 이 난국에서 무사히 빠져나가기를 바란다면 엄청난 부자 왕처럼 과시하듯 로마로 들어갈 수는 없는 노릇이었다. 하지만 수수한 옷을 입고 있었어도 그는 도저히 참지 못하고 얼마간 돈을 뿌리고 다녔다. 민회에서의 증언 일정이 잡히자 그는 뜻이 맞는 호민관을 찾아 도움을 확보하는 일에 착수했다. 유구르타는 그에 맞는 적임자로 가이우스 베비우스를 찾아냈고, 베비우스는 유구르타의 돈을 제 주머니에 챙긴 뒤 그를 위해 일하겠다고 약속했다.[47]

민회가 열렸을 때 군중은 흥분해 있었고 적대적이었다. 유구르타가 앞으로 나오자 멤미우스는 유구르타가 원로원을 얼마나 심각하게 부패시켰는지 하나하나 상세히 말하기 시작했다. 하지만 유구르타가 이 자리에 온 것은 증언을 하기 위해서지 처벌받기 위해서가 아니라고 모두에게 상기시켰다. 군중은 유구르타가 모든 것을 폭로할 결정적인 순간을 잔뜩 기대에 부풀어 기다렸다. 하지만 왕은 미동도 없었고 아무 말도 하지 않았다. 그 대신 가이우스 베비우스가 앞으로 나와서 왕에게 침묵을 지키라고 말했다. 베비우스는 그 소송절차에 거부권을 행사하겠다고 했다. 군중은 어리둥절해하다가 곧 분노를 터뜨렸다. 그러나 옥타비우스가 티베리우스 그라쿠스의 토지법안을 거부했을 때와 마찬가지로 그 무엇으로도 베비우스가 생각을 바꾸도록 설득하거나 위협하지 못할 터였다. 그것으로 끝이었다. 유구르타는 증언하지 않을 터였다. 유구르타가 호위를 받으며 로스트라 연단에서 내려가는 동안 민회는 분노에 떨었지만, 그가 사라지자 군중은 조용히 흩어졌다. 그렇지만 군중은 그들이 받지 못한 상품을 잊지는 않았다.⁴⁸

로마에 체류하는 동안 유구르타는 몇 가지 일을 매듭짓기로 결심했다. 그가 이전에 한 행동은 누미디아 왕족 혈통을 가진 이들의 디아스포라(이주)를 촉발시켰고, 그들 모두는 당연히 자신이 암살 표적이라고 여겼다. 이런 망명자들 몇 명은 로마로 흘러들었고, 그중 한 명은 로마인들이 유구르타를 진압할 경우 그를 대신할 후임 왕으로 자처했다. 그 사람은 죽은 누미디아 왕 미킵사의 손자 마시바였다. 유구르타는 이 음모의 낌새를 채고, 앞서 그가 히엠프살과 아데르발에게 했던 짓을 마시바에게도 해야겠다고 결심했다.⁴⁹

유구르타는 가장 충성스러운 지지자 중 하나인 보밀카르에게 그 일을 맡겼다. 보밀카르는 원하는 것을 찾아 로마의 음침한 뒷골목을 어슬렁거리다가 "그런 일에 능숙한" 사내들로 이루어진 작은 무리에게 살인을 청부했다. 이 사내들은 마시바에게 몰래 접근하여 평상시 생활 패턴을 파악한 뒤 덫을 놓아 그를 덮쳤다. 그러나 그 살인은 닌자 같은 은밀함과는 거리가 먼 방식으로 실행되었다. 마시바를 죽이기는 했지만, 워낙 난폭하고 시끄러운 싸움을 벌인 바람에 범행이 밝혀지고 암살범들도 체포되었다. 집정관 앞으로 끌려온 범인들은 모든 것을 자백했고 보밀카르를 배후 인물로 지목했다.⁵⁰

집정관은 유구르타에게 제공된 보호특권에도 불구하고 보밀카르를 범죄 재판에 회부할 준비를 했다. 그 과정에서 유구르타의 연루 사실까지 밝힐 수 있을지 모른다는 기대감도 있었다. 누미디아 왕은 고발 건을 웃어넘기려 하면서, 보밀카르의 법정 출두를 약속하는 뜻으로 자신의 하인 50명을 넘겼다. 그러나 평소처럼 뇌물을 써도 재판 절차를 중단시킬 수 없게 되자 유구르타는 더 손해가 나기 전에 그쯤에서 손을 떼기로 마음먹었다. 그는 인질 50명은 그들의 운명에 맡겨버리고 보밀카르가 로마에서 탈출할 수 있도록 주선했다. 피고가 달아난 사실을 알게 된 원로원은 유구르타에게 즉시 로마를 떠나라는 명령을 내렸다. 떠나는 길에 오른 유구르타는 로마를 돌아보며 그의 유명한 비평을 내뱉었다. "팔려고 내놓은 도시이니 구매자만 나타나면 빠른 파멸의 운명을 맞을 것이다."[51]

5장
승리의 전리품

THE SPOILS OF VICTORY

THE
**STORM
BEFORE THE
STORM**

처음으로 오만한 귀족들을 향한 저항이 이루어졌다.
인간과 신을 막론하고 모든 것을 혼란에 빠뜨린 투쟁이자,
시민들의 갈등에서 시작되었다가 광란의 극으로 치달은 나머지 결국 전쟁과
이탈리아의 참상으로 끝난 투쟁의 시작이었다.
—살루스티우스[1]

기원전 120년 이후의 어느 시기에 킴브리족이라는 북부 지역의 대규모 부족이 오늘날의 덴마크 근처에 있던 고향땅을 떠나 남쪽으로 이주했다. 그들은 이후 수개월, 수년에 걸쳐 다뉴브강 쪽으로 이동한 뒤 강줄기를 따라 서쪽 알프스산맥으로 향했다. 30만 명에 달하는 낯선 사람들 무리가 눈앞에 어슬렁거리며 다가오는 걸 보고 기뻐할 사람은 없으므로, 킴브리족은 가는 곳마다 적대적인 현지인들과 마주쳤다. 그러나 킴브리족은 정복하는 무리가 아니었기에 원주민들의 적대감을 직면하게 되면 그냥 계속 가던 길을 갔다. 그들이 바란 것은 그저 평화롭게 정착할 곳을 찾아 새로운 삶을 꾸리는 것이었다.[2]

지중해 너머 세계에 거주한 수많은 '야만' 부족들이 그렇듯, 킴브리족의 경우에도 그들이 누구이며 어디서 왔는지 확인하는 것은 역사

가들에게 어려운 문제이다. 로마인들은 세부 정보를 정확히 아는 데 그리 신경쓰지 않았고 지나치게 포괄적으로 일반화하는 경향이 있어서, 전혀 다른 민족들을 다 같이 두루뭉술한 단일 범주에 넣어버렸다. 킴브리족은 번갈아가며 갈리아인, 스키타이족, 켈트족, 게르만족으로 묘사되었다. 또 기원전 114년에 용케도 '킴브리족'으로 확인되었을 때조차, 그들이 정말로 단일 민족이었는지 아니면 테우토네스족과 암브로네스족 같은 집단들도 포함된 유랑 부족 연합체였는지 사료에 명확히 밝혀져 있진 않다. 게다가 로마인들은 모든 야만 부족을 몸집이 거대하고 털이 많으며 얼굴에 색칠을 했고 지저분하고 시끄럽다는 식으로 사람보다는 짐승에 가깝게 묘사하는 경향도 있었다. 역사가 디오도로스는 틀에 박힌 고정관념을 총동원하여 킴브리족이 "거인과도 같은 모습이었고 힘이 엄청나게 셌다"고 말한다. 하지만 로마인들은 게르만계 부족을 **하나같이** 이런 식으로 묘사했기 때문에 킴브리족이 실제로 어떻게 생겼는지는 알기 어렵다.[3]

 킴브리족이 정확히 **어떤** 사람들이었는지 알 수 없다면 그들이 정확히 **어째서** 이주를 시작했는지도 알 수가 없다. 지리학자 스트라본은 그들이 조상 때부터 살던 북해 연안에서 이동할 수밖에 없었던 것은 "바다의 범람" 때문이었다고 말한다. 하지만 그 이유가 생태계 변화였건 인구 과밀이나 부족 간 전쟁이었건 아니면 이들이 한꺼번에 작용했건 간에, 기원전 120년 무렵 20만에서 30만 명에 이르는 킴브리족이 짐을 꾸리고 남쪽으로 걷기 시작했다. 기원전 113년에는 킴브리족이 오늘날의 슬로베니아에 도착함으로써 알프스산맥을 기준으로 이탈리아 반대편에 위치하게 되었다. 현지의 한 부족이 로마인들에게 이

새로운 무리의 갑작스러운 등장을 알리고 원로원에 보호를 요청했다.[4]

　북쪽 국경의 잠재적인 위협에 불안감을 느낀 원로원은 집정관 나이우스 파피리우스 카르보—그라쿠스파 토지 위원이었다가 이후 자살로 내몰렸던 가이우스 파피리우스 카르보의 동생—에게 북쪽으로 군대를 이끌고 가서 국경지대를 지키라고 지시했다. 카르보는 킴브리족이 이탈리아에 들어가지 못하도록 알프스의 주요 고개에 군단들을 배치시켰다. 군대가 주둔해 있어서였는지 아니면 애초에 이탈리아로 들어갈 생각이 없었기 때문인지 몰라도, 킴브리족은 계속 서쪽으로 이동하여 오늘날의 오스트리아 알프스에 해당하는 곳으로 들어갔다. 일단 처음에 잡았던 위치를 킴브리족이 돌아서 지나가자, 카르보는 군단을 재정비하여 안전한 거리를 두고 그들을 추적하면서 동태를 살피고 그들이 왼쪽으로 방향을 틀어 이탈리아로 갈 생각을 하지 못하도록 감시했다.[5]

　결국 킴브리족은 로마인들의 존재를 알아차리고 카르보와 만날 사절단을 보냈다. 집정관은 그들의 세련되고 예의바른 태도에 놀랐고, 싸움을 걸 생각이 없으며 자기네가 살 무인 지역을 찾고 있을 뿐이라는 그들의 말에 기뻐했다. 명백한 우호의 표시로 카르보는 킴브리족에게 갈리아로 가는 최적의 경로를 안내해줄 현지인 길잡이 몇 명을 붙여주었고, 그 길로 가다보면 노레이아시를 지나가게 될 거라고 말했다. 하지만 카르보가 정말로 킴브리족의 의도를 의심했기 때문인지 아니면 개선식을 얻어낼 기회를 갈망했기 때문인지, 이 우호적 행위는 사실 치명적인 계략이었다. 카르보는 길잡이들에게 산맥을 관통하는 우회로로 킴브리족을 데려가도록 지시해놓고 군단들과 함께 지름길로 노레이아에 갔다. 그곳에서 카르보의 병사들은 킴브리족이 아무것도 모른 채 도착했을 때 덮치기 위해 진지에 매복하여 기다렸다.[6]

전술학자들은 대개 전투 지형을 고를 수 있거나 기습 효과를 유지할 수 있는 장군에게 전장의 승리가 돌아간다고 주장해왔다. 노레이아에서 카르보는 이 두 가지를 모두 갖췄지만 그래도 별 소용이 없었다. 그가 적의 규모를 지나치게 과소평가했기 때문이었다. 카르보가 덫을 작동시킨 지 얼마 안 가 로마 군단병들은 킴브리족 전사들의 인원수만으로 압도당해버렸고, 결국 그들에게 박살나서 사분오열로 후퇴할 수밖에 없었다. 한마디로 굴욕적인 패배였다.[7]

로마인들로서는 다행히도 킴브리족은 승리의 여세를 몰아 이탈리아를 침공하지 않았다. 그들은 정말로 정착할 평화로운 땅을 찾고 있으며 표리부동하고 호전적인 로마인들과는 더이상 얽히길 원치 않는 듯 보였다. 그러나 어쨌든 두 민족의 운명은 이제 연결되어버렸다. 노레이아 전투는 킴브리 전쟁의 서막에 불과했다.

킴브리족이 오기 전부터도 원로원에게는 로마 북쪽 국경의 상황이 그리 달갑지 않았건만, 이제 그 지역은 이주해 오는 무리들의 끊임없고 어쩌면 치명적인 압력에 시달리게 된 듯했다.

문제는 기원전 114년 마케도니아 국경에서 시작되었다. 다뉴브강 일대를 장악한 트라키아인 부족인 스코르디스키족이 남하하여 로마 영토를 침입하기 시작했다. 원로원은 그들의 침입을 저지하기 위해 전설적인 대 카토의 손자인 집정관 가이우스 포르키우스 카토를 보냈지만, 카토의 군대는 궤멸되었다. 로마의 마케도니아 방어선이 분쇄되자 스코르디스키족은 예비 주둔군을 전멸시키고 거대한 파괴의 흔적을 남겼다. 이에 분개한 어느 로마인은 스코르디스키족의 침략을 다음과 같이 흥미진진하게 묘사했다. "그들은 포로들에게 분노를 쏟아내며 온갖 잔학행위를 저질렀다. 신들에게 인간의 피를 제물로 바쳤고 해골에 술을 담아 마셨으며 불로 태우고 연기로 그을리는 식의 온갖 모욕을 가함으로써 죽음을 더욱 끔찍하게 만들었다." 이 일은 그리스 세계에서 가장 유명하고 신성한 곳으로 손꼽히는 델포이 신탁소의 약탈로 절정에 이르렀다. 델포이 신탁소는 풍부한 보물이 보관된 곳으로 알려지긴 했지만 만인이 인정하는 신성으로 보호되고 있었다. 그러나 스코르디스키족은 그런 신성 따위를 알지 못했기에 마음껏 델포이를 약탈했다.[8]

스코르디스키족이 마케도니아에서 활개를 치자 원로원은 할 수 없이 이후 2년간 연거푸 군대를 보냈다. 기원전 113년에는 메텔루스 가문의 인물이 로마군을 이끌었고, 이듬해에는 우리가 앞서 만나봤던 마르쿠스 리비우스 드루수스가 바통을 이어받았다. 10년 전 호민관으로 재직하던 가이우스 그라쿠스의 힘을 성공적으로 꺾어놓은 간교한 동료 호민관 말이다. 어느덧 집정관이 된 드루수스는 이 분쟁을 훌륭히 종식시켰고, 마침내 스코르디스키족을 로마 영토에서 몰아낸 대승리로 출정한 해의 마지막을 장식했다. 그러나 스코르디스키족은 계속 위협적인 존재였으므로, 기원전 110년 원로원은 마케도니아 국경을 추가적인 침략으로부터 적극 경비하기 위해 또다른 집정관을 보내야 했다.[9]

마케도니아와 그리스에서는 스코르디스키족이 미쳐 날뛰고 알프스

인근에는 거대한 킴브리족 무리가 어슬렁거리는 상황이었으므로, 원로원은 이 시기 동안 북쪽 국경의 안정을 우선순위에 두었다. 북부에서 위기가 있었다는 사실을 고려하면 확실히 원로원이 유구르타에게 무기력하게 대응한 이유가 쉽게 설명이 된다. 스카우루스 같은 원로원 지도부는 협상을 하고 참을성 있게 기다리면 누미디아의 질서가 회복되리라고 기대했다. 어쨌든 그 나라는 한 세기 가까이 로마의 충실한 동맹이었으니까. 살루스티우스 같은 후대의 로마 역사가들이 불명예스러운 뇌물 수수 탓으로 돌렸던 일이, 실은 단순히 북쪽에 더 큰 위험이 있음을 현실적으로 인지했던 결과였을 수도 있다. 당장 이탈리아가 야만인의 침공으로 위협받고 있는데 왜 누미디아로 병력을 보내겠는가?

북쪽 국경의 불안정한 수비는 로마 정계에 또다른 영향을 미쳤다. 패전 지휘관들이 실패의 책임으로 인해 법정에 기소되기 시작한 것이다. 카토는 기원전 114년 스코르디스키족에게 패배당한 뒤 민회에 불려나갔고 가까스로 추방을 면했다. 카토가 기소를 피할 수 있었던 것은 배심원들을 매수했기 때문이라는 게 대다수의 생각이었다. 그에 비해 나이우스 카르보는 그리 운이 좋지 않았다. 기원전 111년 민회는 카르보를 소환해 노레이아 전투를 촉발하고 패배한 데 대한 해명을 요구했다. 마르쿠스 안토니우스가 기소인단을 진두지휘하여 손쉽게 유죄판결을 얻어냈다. 형과 똑같이 카르보는 추방을 떠나는 대신 자살을 택했다. 두 형제가 모두 세련된 귀족파 웅변가인 크라수스와 안토니우스에게 시달리다가 죽었기에, 그 아들들은 향후 귀족파에게 특별한 적의를 품게 될 터였다.[10]

북쪽의 골칫거리에도 불구하고 로마 인민은 여전히 유구르타의 행동에 격분해 있었다. 유구르타는 기원전 111년 로마에서 도피한 뒤 누미디아로 돌아가 군대를 모집했다. 원로원은 유구르타의 모욕적인 행동을 모르는 체할 수 없었기에 기원전 110년 지중해 너머로 추가 군단을 보냈다. 이 침공에 대응하여 유구르타는 1년에 걸친 군사 작전에 돌입했고 회피, 지연, 속임수로 로마인들을 교착상태에 빠뜨렸다. 마침내 기원전 109년 1월에 유구르타는 로마군을 함정으로 유인했다. 로마인들이 가망 없이 포위된 상황에서 유구르타는 단순한 조건을 제안했다. 열흘 안에 누미디아를 떠나지 않으면 모두 죽을 거라는 내용이었다. 설상가상으로 유구르타는 패배한 군단병들에게 '멍에 밑을 지나가라'는 요구까지 했다. 그것은 항복을 인정하는 뜻에서 마구 아래로 걷는 굴욕적인 의식이었다. 궁지에 빠진 로마인들은 그 조건을 받아들여 멍에 밑을 통과한 뒤 누미디아를 떠났다.[11]

이 굴욕적인 패배는 누미디아에서 진행중인 한심한 군사 작전에 새로운 사령부가 필요하다는 로마 내부의 믿음을 더욱 굳혔다. 기원전 109년 선거에서 민회는 여섯번째이자 마지막으로 메텔루스 가문의 일원을 집정관 직에 선출했다. 바로 퀸투스 카이킬리우스 메텔루스였다. 메텔루스는 근엄하고 규율에 엄격하며 정직함과 두뇌를 모두 갖추었지만, 그의 세계관에는 귀족 특유의 자부심이 짙게 깔려 있었다. 메텔루스 가문의 최연소자로서 그는 형제들과 친척들이 권력의 지렛대를 움직이는 세계에서 성장했다. 그는 순탄하게 관직의 사다리에 올라 기원전 126년 재무관을 역임하고 121년에 호민관을, 118년에 조영관을, 115년에는 법무관을 지냈다. 정치적으로 단호하고 융통성이 없던 메텔루스는 민중을 선동할 필요가 거의 없었다. 메텔루스 가문의 왕자로서 그가 가진 귀족 인맥만으로 장래의 전망을 보장받고도 남았기 때문이다. 집정관 당선 후 메텔루스는 답답한 누미디아 전쟁을 인계받게 되었다.[12]

지난해에 갔던 군대가 패배했으므로, 메텔루스는 가뜩이나 계속된 경제적 혼란과 전쟁으로 큰 어려움을 겪고 있는 인구 중에서 추가 병력을 모집해야 할 것이 분명했다. 사료에 기록된 내용은 모호하지만, 우리는 메텔루스가 6년의 최대 복무 기간을 해제하고 징집 가능 연령 범위를 확대하는 등 징병과 관련된 각종 제한 규정을 면제받았다는 사실을 알고 있다. 두 가지 면제를 통해 메텔루스는 이미 복무를 마친 노련한 병사들—그들 한 사람은 신병 다섯 명의 가치가 있었다—을 뽑을 수 있었을 것이다.[13]

노련한 병사들을 찾는 과정에서 메텔루스는 가능한 한 최고의 군관들을 명단에 포함시키려 들기도 했다. 활용 가능한 인재가 부족했던 것이라고 가정하면, 그렇지 않은 경우에는 이해되지 않았을 결정을 설명하는 데 많은 도움이 된다. 메텔루스는 가이우스 마리우스에게 보좌관이 되어달라고 요청했다. 마리우스가 메텔루스 가문과 충돌하기는 했어도 로마에서 가장 유능한 군관으로 손꼽힌다는 사실은 의심의 여지가 없었다. 마리우스는 주저 없이 그 작전에 합류했다. 누미디아 전쟁이 지지부진하게 흘러가고 명백히 그 책임이 원로원에 있는 상황이었던 만큼, 한낱 신진 세력이 명성을 얻을 기회도 숱하게 많을 터였다.[14]

한편 누미디아의 유구르타는 이러한 전개 상황을 훤히 알고 있었고 그 내용이 마음에 들지 않았다. 로마인들이 되돌아올 준비를 하고 있었던데다, 정보원들이 단언한 바에 의하면 메텔루스는 매수할 수 있는 인물도 아니었다. 그래서 메텔루스의 군대가 기원전 109년 봄 아프리카에 도착했을 때 유구르타는 갑자기 전술을 바꿨다. 그는 사절단을 보내 메텔루스에게 항복할 뜻을 전하면서 단 한 가지 조건을 붙였다. 그와 자식들의 목숨만은 살려달라는 조건이었다. 그러나 메텔루스는 교활한 왕에게 속아넘어가지 않을 작정이었다. 메텔루스는 유구르타의 속임수를 도리어 그에게 불리하게 틀어 사절단을 로마 편으로 매수했다. 사절단은 우선 평화의 메시지를 전한 다음 은밀히 움직여서 왕을 사로잡아 메텔루스의 발아래 데려다놓으라는 지시를 받았다. 하지만 유구르타는 편집증 수준으로 신중을 기하여 이후 일어난 음모를 모면했다. 앞으로 협상은 없을 것임을 알아차린 유구르타는 다시 한번 전장에서 로마인들을 패배시키기로 다짐했다.[15]

유구르타는 지형을 훤히 꿰고 있다는 강점을 이용해 줄곧 메텔루스를 한 발짝 앞서갔으며, 그러던 중 기원전 109년 늦여름에 매복 작전을 펼칠 수 있었다. 무툴 강가에서 유구르타는 로마인들의 수원을 차단했다. 그렇지만 그는 빠른 항복을 받아내지 못하고 하루종일 이어진 메텔루스와의 전투에 말려들었다. 로마군은 해가 질 때까지 간신히 버텨냈으며, 날이 어두워지자 유구르타는 철수하고 로마인들은 서로 연결된 요새진지를 세웠다.[16]

로마군은 이후 며칠간 진지에 머물렀고, 그곳에서 메텔루스는 골치 아픈 소식을 들었다. 유구르타가 말을 타고 시골을 돌면서 인근 주민 수천 명을 추가로 모병하여 손실 병력을 대체하고 있었던 것이다. 로마군이 바로 직전에 사상자들을 안겼음에도 불구하고, 누미디아군은 조만간 그 어느 때보다 강해진 상태로 돌아올 터였다. 유구르타가 거의 무한정으로 병사들을 내보내는 상황에서, 메텔루스는 이것이 연거푸 전투를 해서 이길 수 있는 전쟁이 아니라는 판단을 내렸다. 그 대신 나라 전체를 지속적으로 포위 공격함으로써 유구르타가 병사들과 접촉하지 못하게 할 필요가 있었다. 이 전쟁의 다음 국면에서는 눈부신 영웅적 활약을 할 기회가 거의 주어지지 않겠지만, 어쨌든 메텔루스가 거기 와 있는 건 전쟁에 이기기 위해서였다.[17]

한편 로마에서는 전직 호민관 가이우스 멤미우스가 누미디아에서의 대실패를 이용해 원로원의 직권 남용에 반대하는 개혁운동을 확대하고 있었다. 기원전 109년 메텔루스가 막 아프리카로 떠나던 무렵, 멤미우스와 동맹한 호민관 가이우스 마밀리우스는 비리와 반역을 조사하기 위한 특별 재판소를 창설했다. 훗날 마밀리우스 특별위원회라고 불린 이 재판소에서는 멤미우스가 주요 기소인 역할을 맡았다. 기사계급 배심원단과 묵은 원한을 갚으려는 민중파 지도자들이 운영한 기소인단은 특정한 뇌물 수수 기소에서부터 자연스레 원로원에 대한 총체적인 공격으로 옮겨갔다. 멤미우스와 동료 기소인들은 "전문(傳聞) 증거에 입각하고 민중의 변덕스러운 기분에 맞춰 사납고 맹렬하게 조사를 실시"했다.[18]

첫번째로 위원회에 소환된 사람은 루키우스 오피미우스였다. 그는 오랫동안 민중파에게 미움받아온 인물로, 기원전 125년의 가차없는 프레겔라이 약탈과 121년의 그라쿠스파 학살에 책임이 있었다. 10년 동안 처벌을 피해온 오피미우스가 드디어 인민의 분노를 맛보게 된 것이다. 오피미우스는 첫번째 누미디아 사절단을 이끌었던 때의 행동에 대해 반역죄로 기소되었다. 그는 유구르타로부터 뇌물을 받은 혐의로 유죄판결을 받고 추방되었다. 오피미우스는 로마를 떠나 "인민에게 미움받고 욕을 먹으며 오명 속에 노년을 보냈다".[19]

다음 차례는 기원전 111년 유구르타를 굴복시키기 위해 누미디아로 갔다가 오히려 뒷돈을 챙기고 유구르타를 혼내는 시늉만 한 다음 돌아온 전 집정관 루키우스 칼푸르니우스 베스티아였다. 원로원 최고참 의원 스카우루스가 직접 위원회 앞에서 그를 변호했지만, 베스티아 역시 유죄판결을 받고 추방되었다. 집정관급 인물 두 명이 민중파의 분노로 제거된 것이다.[20]

이후로도 위원회는 로마의 기대를 저버린 귀족파에 대한 총공격을 이어갔다. 가이우스 포르키우스 카토는 날조된 혐의로—그의 진짜 죄는 기원전 114년 북방에서의 패배였다—기소되었다. 그리고 당연하게도, 군단이 멍에 밑을 지나는 것으로 끝난 누미디아 전투를 이끌었던 군관들 역시 반역죄로 기소되어 추방당했다. 마지막으로 마밀리우스 특별위원회는 집정관급 인물 네 명에게 유죄판결을 내림으로써 이른바 원로원의 권위에 전례 없는 타격을 가했다.[21]

마밀리우스 특별위원회의 활동은 살루스티우스가 유구르타 전쟁에 관해 글을 쓰기로 결심한 주된 이유 중 하나였다. 이 위원회는 민중파가 하나의 세력으로서 로마 정계에 공격적으로 복귀했다는 의미였다. 가이우스 그라쿠스의 몰락 이후 10년 만에 민중파가 맹렬히 돌아오고 있었다. 또한 민중파가 원로원에 가한 공격은 차세대 신진 세력이 부상할 수 있는 공간을 만들어주기도 했다. 그들은 공직에 출마해서 노골적으로 원로원에 반하는 주장을 펼치고, 그리하여 신진 세력이라는 사실을 부정적인 것에서 긍정적인 것으로 바꿔놓을 수 있는 이들이었다. 이 새로운 환경의 주요 수혜자는 가이우스 마리우스가 될 터였다.[22]

로마인들이 유구르타를 중심으로 휘몰아치는 정치 드라마에 집중할 수 있었던 것은 북쪽 국경이 비교적 조용한 상태를 유지한 까닭도 있었다. 마케도니아 국경은 잠잠했고, 킴브리족은 기원전 113년의 노레이아 전투 후 미지의 영역으로 떠났다. 그러나 마지막 접촉으로부터 4년이 지나서 킴브리족이 또다시 나타났다. 그들은 상주할 땅을 찾는 데 실패한 듯 보였고, 이제 다시 한번 갈리아 남부에서 그들의 운을 시험해볼 작정으로 론 계곡을 통과해 남쪽으로 내려오고 있었다.[23]

메텔루스는 누미디아로 떠났으므로, 원로원은 또다른 집정관 마르쿠스 유니우스 실라누스에게 이탈리아의 남은 병력을 소집하도록 지시했다. 그러나 메텔루스가 이미 누미디아에 데려갈 신병 모집을 위해 특별 조치를 요구한 상황이었기에 실라누스는 심지어 더 적은 예비 인력 중에서 신병을 뽑아야 했다. 하지만 그는 어찌어찌 그중에 마지막 남은 어중이떠중이들을 건져내어 알프스산맥을 거쳐 갈리아로 향했다. 양측이 싸울 태세를 갖췄을 때, 킴브리족의 소규모 사절단이 로마로 건너가서 "마르스의 민족은 우리에게 보상으로 땅을 주고 우리의 손과 무기를 원하는 어떤 목적으로든 활용하라"고 전했다. 원로원은 킴브리족의 요청을 들어주지 않았다. 로마가 조약을 맺는 상대는

패배한 적이지 반항적인 부족이 아니었다.[24]

킴브리족이 답을 받은 뒤 실라누스는 킴브리족에게 떠나라고 촉구했지만, 그 말이 전투를 촉발시켰다. 이 전투에 관한 상세 정보는 전혀 남아 있지 않다. 우리가 아는 것은 전투의 결과뿐인데, 또다시 킴브리족이 로마 군단을 격파했던 것이다. 사상자 수는 어마어마했다. 전해지는 얘기로는 "수많은 사람들이 죽임을 당했다. 어떤 이들은 아들과 형제를 부르짖으며 울었고, 아버지가 죽어 고아가 된 이들은 부모의 죽음과 황폐해진 이탈리아를 애통해했다. 게다가 남편을 잃어버린 많은 여자들이 가난한 과부가 되었다". 그러나 킴브리족의 승리는 개개인의 고통을 넘어서 이제 이탈리아로 가는 길이 훤히 뚫렸음을 의미했다.[25]

하지만 이전과 마찬가지로 킴브리족은 이탈리아를 약탈하는 데 전혀 관심을 보이지 않았다. 그들의 새로운 목표는 단지 자신들이 갈리아 남중부에서 최고 세력으로 우뚝 서는 동안 로마인들을 이탈리아 반도에 묶어두는 것이었을지도 모른다. 어쨌든 그들의 승리는 확실히 그 일대의 정치 상황을 뒤집어놓았다. 갈리아 지역의 로마 동맹 대다수는 자기네 동네에 더 큰 놈이 나타나자 로마와의 조약을 파기했다.

로마의 도시 평민은 실라누스의 실패로 충격에 빠졌다. 누미디아에서는 별다른 사건이 없어 목전으로 다가온 킴브리족의 위협에 관한 생각에서 그들의 관심을 돌릴 거리가 없었다. 좀더 체계적으로 누미디아를 함락시키겠다는 메텔루스의 결정은 군사적으로는 타당했으나, 귀족들이 누미디아에서 하는 일이라곤 늑장부리는 것밖에 없다는 사람들의 믿음을 키웠다. 메텔루스가 실제로 늑장부리고 있었던 건 아니지만, 어쨌든 로마에서 그의 이미지는 타격을 입었다.²⁶

기원전 109년 말에 메텔루스는 군대를 더 작은 단위로 쪼갠 뒤 유구르타에게 계속 충성하는 지역 공동체들을 파괴하도록 내보냈다. 메텔루스가 몇몇 잔혹한 본보기를 만들고 나자 지역 공동체들은 로마인들이 나타나기만 해도 바로 투항하기 시작했다. 이 협박전에 맞서기 위해 유구르타는 게릴라 작전에 의지했다. 소농 징집병들을 집으로 돌려보낸 유구르타와 최정예 기병 부대들은 로마군이 가는 곳마다 그림자처럼 따라다니면서 통신로와 보급로를 끊임없이 공격했고, 어쩌다 본대에서 너무 멀리 벗어난 개별 부대가 있으면 겨냥하여 제거했다. 그들은 또한 로마군보다 먼저 진지를 세울 만한 곳으로 말을 달려가서 로마군의 말들을 먹이는 데 이용될지 모를 들판을 망쳐놓고 민물 샘에는 모조리 독을 탔다.[27]

그러나 몇 주가 몇 달이 되자 누미디아 주민들은 사방에 출몰하는 두 군대에 진력이 난 나머지 로마인들을 싸우도록 도발한 유구르타를 원망했다. 메텔루스는 이 분노를 이용하려 했고, 유구르타의 충성스러운 부관이자 지난번 로마에서 마시바 암살을 주도했던 보밀카르와 비밀리에 회담을 가졌다. 뇌물과 협박을 오간 끝에 보밀카르는 유구르타를 설득해 항복을 받아내는 데 동의했다. 비밀스러운 만남을 끝내고 돌아간 보밀카르는 유구르타의 미래를 암울하게 그려 보였다. 로마가 승리할 것이다. 이 나라는 황폐해졌다. 백성들은 불만이 가득하다. 누미디아 전체를 위해 이제 그만 포기할 때가 왔다. 그토록 가까운 친구가 그렇게 얘기하자 유구르타는 마침내 동의하며 체념하듯 패배를

받아들였다. 그는 메텔루스에게 사절을 보내 항복 조건을 물었다.[28]

메텔루스는 유구르타를 쉽게 봐줄 생각이 없었다. 유구르타가 더는 전쟁을 하지 못하도록 재산과 수단을 모조리 뺏을 작정이었다. 유구르타에게 "은 9만 킬로그램과 소유한 코끼리 전부, 상당량의 말과 무기"를 지체 없이 내놓으라는 지시가 떨어졌다. 그러나 어둠이 다가오자 유구르타의 생존 본능이 되살아났다. 메텔루스가 왕에게 직접 출두하라고 명령하자 유구르타는 망설였다. 그는 마지막 항복 명령을 거부하고 말을 달려 로마인들로부터 한참 떨어진 누미디아 내륙 깊숙이 들어갔다. 멀리 떨어진 그곳에서 은둔하면서 돌아갈 방법을 꾀할 수 있을 터였다.[29]

메텔루스는 전쟁을 끝내려던 계획이 막판에 틀어진 데 낙담했지만, 유구르타의 힘을 크게 꺾어놓았다는 것만은 확신했다. 또한 얼마 후 원로원이 그의 지휘권을 연장했다는 소식을 듣고 기뻐했다. 요리조리 빠져나가는 왕을 사로잡을 시간이 1년 더 확보된 것이다. 그러나 메텔루스가 유구르타에게 정신이 팔린 동안, 그보다 더 큰 위험이 그의 조직 내에 도사리고 있었다.[30]

가이우스 마리우스는 항상 집정관 직에 눈독을 들였다. 그때껏 걸어온 정치 이력이 평탄하지 않았음에도 그는 언젠가 고위 관직을 얻어내는 것이 자신의 운명이라고 느꼈다. 어느덧 그는 쉰 살을 앞두고 있었지만 권력을 향한 그의 야망은 결코 식지 않았다. 마리우스는 기회만 주어진다면 자신이 썩어가는 귀족파보다 더 빛을 발하여 로마의 일인자가 될 수 있을 거라고 확신했다.

메텔루스 휘하에서 싸우며 보낸 1년은 마리우스가 뛰어난 군인이고 수하 병사들에게 인기 있다는 사실을 모두에게 일깨워주었다. 마리우스는 전리품을 후하게 나눠주었고 군단 사병들과 쉽게 어울렸으며 진지를 세우는 작업도 함께했다. 훗날 플루타르코스가 썼듯이, "장군이 남들도 보는 데서 평범한 빵을 먹거나 소박한 짚자리에 누워 자거나 참호를 파고 목책을 세우는 작업을 거드는 모습은 로마 병사에게 기분좋은 광경이 아닐 수 없다. 병사들은 명예와 부를 나눠주는 지휘관보다 궂은일과 위험을 함께하는 지휘관을 더욱 존경하기 때문이다". 마리우스는 이러한 지휘관의 전형과도 같았다.[31]

기원전 108년 초에 마리우스는 몇 가지 용무를 처리하고 신들에게 꼭 필요한 제물을 바치느라 항구도시 우티카로 갔다. 의식 중간에 그는 한 점쟁이에게 자기 개인의 상황을 살펴봐달라고 부탁했다. 점쟁이는 "위대하고 경이로운 경력이 당신을 기다린다"고 말하면서 마리우스에게 앞으로도 계속 "신들을 믿고, 마음에 둔 일을 실행하고, 가능한 한 자주 운을 시험해보라"고 격려했다. 그 당시 마리우스가 마음에 둔 일은 오직 하나뿐이었으므로, 신들이 보내준 메시지는 더없이 분명했다. 마리우스는 군단 주둔지로 돌아가면 로마로 가서 집정관 직에 출마할 수 있도록 메텔루스에게 휴가 승인을 요청하기로 마음먹었다.[32]

그러나 메텔루스는 마리우스에게 휴가를 허락할 마음이 없었다. 그는 마리우스에게 아무나 그런 꿈을 꿀 수 있는 게 아니며 이미 이룬 성공에 만족하고 자기 분수보다 높이 오르려 하지 말라고 대답했다. 하지만 마리우스가 그만두려 하지 않고 성가시게 졸라대자 메텔루스는 신랄한 말로 논의에 종지부를 찍었다. "빨리 로마에 가려고 안달할 것 없네. 내 아들과 같은 해에 출마해도 자네에겐 충분히 빠를 테니까." 당시 메텔루스의 장남이 갓 스무 살이었으므로, 그 말에 담긴 뜻은 분명했다. 메텔루스는 마리우스의 휴가 요청을 절대 들어주지 않을 터였다.[33]

마리우스는 분노했지만 좌절하지 않고 로마 내에서, 그리고 병사들과 누미디아 상인들 사이에서 쌓아놓은 방대한 지지 기반을 작동시켰다. 그는 메텔루스가 늑장을 부리고 있으며 만약 자기가 책임자라면 몇 주 만에 전쟁이 끝날 거라고 공공연히 불평해댔다. 또한 그는 망명해 달아났던 나머지 누미디아 왕가 사람들의 환심을 샀다. 오래전에 죽은 미킵사왕의 또다른 손자인 가우다는 유구르타가 폐위되자 메텔루스에게 접근하여 자기를 적법한 왕으로 인정해달라고 요청했다. 하지만 메텔루스는 그 청년을 결코 왕족처럼 예우해주지 않았다. 마리우스는 기분이 상한 그 자칭 왕을 찾아내어 자신이 책임자가 되면 그가 왕이 될 거라고 약속했다. 마리우스가 누미디아에서 꾸며낸 정치 공작으로 로마에 꾸준히 편지가 날아들기 시작했다. 메텔루스가 꾸물거리는 폭군으로 변하고 있으며 오만한 권력에 지나치게 탐닉한 나머지 전쟁을 제대로 끝낼 수 없을 정도라고 주장하는 편지였다. 마리우스는 대담하게도 "나에게 군 병력의 절반만 맡겨주면 수일 내에 유구르타에게 족쇄를 채울 것"이라고 주장했다.[34]

이 같은 정치적 음모가 로마군 진지에서 펼쳐지는 사이 유구르타 왕은 국고를 재건하고 병사를 모집하며 로마의 누미디아 점령을 전반적으로 약화시키는 작업에 재돌입했다. 기원전 109년에서 108년으로 넘어가는 겨울에 그는 로마군이 점령한 바가시와 접촉하여 주민들이 반란을 일으키도록 유도했다. 반란이 휴일에 일어난 탓에 로마 주둔군은 허를 찔렸고 마지막 한 사람까지 도륙당했다. 아니, 마지막 한 사람까지 당할 **뻔했다**. 주둔군 지휘관이자 인기 있던 군관 티투스 투르필리우스 실라누스가 어찌어찌 무사히 탈출했기 때문이다.[35]

반란 소식을 들은 메텔루스는 급히 군대를 이끌어 바가로 갔고, 그들의 빈약한 수비를 제압한 뒤 도시를 무자비하게 약탈했다. 한편 주둔군 지휘관 실라누스의 운명은 아직 결정되지 않았다. 메텔루스 앞으로 끌려간 실라누스는 바가시를 잃었으면서 왜 그의 목숨은 무사한 것인지 해명해야 했지만 명확한 답을 내놓지 못했다. 전해진 바에 의하면 이후의 비밀 토의에서 마리우스는 메텔루스에게 실라누스를 반역죄로 사형에 처해야 한다고 강력히 촉구했다. 메텔루스는 실라누스를 좋아했지만 결국 이에 동의했다. 실라누스는 채찍을 맞고 처형되었다.[36]

그러나 그 처형의 여파로, 마리우스는 메텔루스가 실라누스를 부당하게 처우했으며 그가 내린 잔인한 처벌은 실라누스의 죄에 비해 지나치게 무거웠다는 말을 퍼뜨리고 다녔다. 심지어 민회에 항의할 권리도 주지 않고 그런 형을 내리는 것은 집정관으로서 메텔루스의 권한 밖이므로 문제가 더욱 크다는 것이었다. 이 사건은 메텔루스를 침울하게 했다. 무엇보다 이제 병사들이 그를 의심하는 한편 마리우스가 사령관이 되기를 공공연히 기대하고 있었기에 더욱 그랬다.[37]

메텔루스는 아마도 자신을 향한 책망과 뒤에서 몰래 그의 권위를 떨어뜨리는 짓들이 모두 곧 무의미해지리라고 기대했을 것이다. 배신자 보밀카르와의 은밀한 관계가 금세 결실을 맺을 것처럼 보였기 때문이다. 그러나 예상과 달리 유구르타는 보밀카르의 배반을 알아챘고 한때 충실한 부관이던 그를 처형했다. 유구르타를 잡으려던 메텔루스의 새로운 계획은 실패로 끝났지만, 확실히 그 일로 유구르타는 편집증적인 고립 상태에 빠져들었다. 그때부터 유구르타는 "밤이고 낮이고 단 하루도 편히 지내지 못했다. 어떤 장소든 사람이든 시간이든 좀처럼 믿지 못했고, 제 나라 사람과 적을 똑같이 두려워했다".[38]

유구르타 생포에 실패했다는 것은 곧 전쟁이 계속된다는 의미였으므로, 메텔루스는 지금처럼 불만을 품은 마리우스는 다음 작전에 도움이 되기보다 방해만 되리라는 사실을 인정하여 집정관 선거를 겨우 12일 앞두고 마침내 마리우스의 로마 귀국을 허락했다. 메텔루스의 바람은 설사 마리우스가 선거에서 승리하더라도 원로원이 그의 누미디아 지휘권을 마리우스에게 넘겨주진 않으리라는 것이었다.[39]

마리우스가 떠난 뒤 메텔루스는 전쟁을 끝낼 작정으로 진지를 나섰다. 그즈음 유구르타 진영은 심각한 곤경에 빠져 있었다. 갈수록 심해지는 왕의 편집증으로 인해 수많은 지지자들이 떠났고, 징집병들은 거의 동원되자마자 탈영했다. 기원전 108년이 끝나갈 무렵 메텔루스는 누미디아 깊은 내륙에 위치한 탈라까지 어렵사리 유구르타를 추적했다. 그 도시는 75킬로미터 반경 내의 유일한 담수원 위에 자리잡고 있어서 원래대로라면 포위 공격에도 끄떡없는 곳이었다. 그러나 뜻밖에 내린 비가 로마군의 물 부대를 채워준 덕분에 군단들이 성문을 때

5장 승리의 전리품

려 부술 수 있었다. 하지만 탈라 약탈은 헛된 승리로 드러났다. 로마군이 시내로 들어갔을 때 유구르타는 이미 달아나고 없었던 것이다. 한편 탈라의 지도자들은 로마군이 돈 되는 약탈품으로 몰수할 만한 것들을 모조리 모아다가 도시 한가운데의 중앙 궁전 안으로 실어날랐다. 거기서 그들은 마지막으로 성대한 만찬을 열었고, 그런 뒤 건물에 불을 붙여 자신들을 포함해 안에 있던 모든 것을 태워 없앴다.[40]

 탈라 함락이 결정적인 승리는 아니었으나 그것은 전쟁의 역학을 바꿔놓았다. 탈라는 유구르타가 누미디아에서 확보하고 있던 마지막 중요 근거지였으므로, 그곳이 함락되면서 그는 자신의 왕국을 완전히 떠날 수밖에 없었다. 유구르타는 쉬지 않고 이리저리 옮겨다니며 '문명화된' 정권들의 힘이 미치지 않는 남서쪽 미개척지를 향해 말을 몰았다. 바로 그곳에 이르러서야 그는 아틀라스산맥에 거주하는 어느 유목민 부족에게서 피난처를 찾았다. 가져갔던 보물 덕분에 유구르타는 기마술에 능한 이 유목민들을 설득해 새로운 군대의 핵심을 형성할 수 있었다.[41]

 그러나 유목민 용병들만으로는 로마와의 전쟁을 지속하기에 충분하지 않을 터였으므로 유구르타는 마우레타니아의 보쿠스왕에게도 편지를 보내 동맹을 제안했다. 마우레타니아는 누미디아의 서쪽 국경에 맞닿은 왕국으로 대략 오늘날의 모로코에 해당하는 아프리카 북서부 지역을 아울렀다. 두 군주는 이미 친족 관계를 맺고 있었는데, 다만 정확한 관계는 확실치 않다. 어떤 사료는 유구르타가 보쿠스의 딸과 결혼했다고 하고, 다른 사료에는 보쿠스가 유구르타의 딸과 결혼했다고 적혀 있다. 하여간에 마우레타니아왕은 한층 더 가까운 동맹

관계를 선뜻 받아들였다. 그는 로마인이나 그들의 상습적인 제국 확장을 전혀 달가워하지 않았던 것이다.[42]

새로운 반로마 연합의 첫번째 합동 작전은 대도시 키르타를 치는 것이었다. 키르타는 수년째 로마의 지배를 받아왔고 메텔루스는 그곳을 자신의 금고와 물자, 포로들을 두는 주요 창고로 활용했다. 메텔루스는 유구르타와 보쿠스가 동맹했다는 보고를 받고 서둘러 전투를 벌이진 않기로 결정했다. 그 대신 방어 기지 가까이 머물면서 두 왕이 그에게 오기를 기다릴 생각이었다. 그는 파멸의 길이 예정된 유구르타의 저항에 얽혀드는 데 대한 경고 편지를 보쿠스에게 거듭 발송했다. 보쿠스는 평화로운 해결책을 암시하는 답장을 보냈지만, 매번 유구르타에 대해 관대한 처벌을 구했다. 보쿠스가 시간을 끌려고 한 건지 진심으로 합의를 타결지으려 애쓴 건지는 확실치 않다.[43]

보쿠스와 서신을 주고받던 바로 그때 메텔루스는 로마에서 날아온 공격의 포화를 맞았다. 가이우스 마리우스가 집정관으로 당선되었을 뿐 아니라, 메텔루스의 누미디아 지휘권을 유지한다는 원로원의 결정이 민회의 투표로 기각되었던 것이다. 곧 마리우스가 이 직책을 넘겨받으러 올 예정이었다. 희망이 꺾이고 분노한 메텔루스는 "이 소식에 그답지 않게 큰 충격을 받아 눈물을 참지도, 말을 삼가지도 않았다. 그는 위인의 다른 자질들을 갖추고 있었음에도 굴욕을 견디는 데 있어서는 좀처럼 의연함을 보이지 못했다".[44]

마리우스의 집정관 선거 유세는 원로원 귀족파에 대한 궁극의 타격이었다. 기원전 111년 멤미우스의 공격으로 시작되어 기원전 109년 마밀리우스 특별위원회의 비리 재판으로 이어졌던 타격이 이제 보란 듯이 반항적인 한 신진 세력의 집정관 선거운동으로 절정을 이룬 것이다. 마리우스로서는 이날까지 오는 데 참으로 오랜 시간이 걸렸다.

마리우스는 우레와 같은 분노로 유세를 치렀다. 그는 전쟁중의 행동에 대해 메텔루스를 맹비난함으로써 또 한번 모스 마이오룸과의 분명한 결별을 선언했다. 부관이 사령관을 그처럼 공개적으로 비판하는 것은 전대미문의 일이었지만, 마리우스는 선동의 노예가 되기를 거부했다. 메텔루스가 그를 집정관이 되지 못하게 막으려 했으니 더더욱 그래야 했다. 무엇보다도 마리우스는 단도직입적으로 단 한 가지를 약속했다. "나를 집정관으로 뽑아준다면 단시간 내에 죽어서든 살려서든 유구르타를 로마 인민의 손에 넘기겠다"는 약속이었다. 놀랄 것도 없이 마리우스는 당선되었다.[45]

당선된 후 원로원을 향한 마리우스의 공격은 더욱 거세졌다. 그는 혈통만 있을 뿐 자격은 없는 자들이라며 오래된 귀족들을 비난했다. "시민 여러분, 나는 집정관으로 선출된 후에야 처음으로 우리 선조들의 역사와 그리스인들의 병법서를 읽기 시작한 사람들을 실제로 알고 있습니다!" 그는 그들이 실수를 하더라도 "그들의 유구한 귀족 혈통과 조상들이 보였던 용감한 행동, 일가친척의 권력, 수많은 피호민 등이 모두 곧바로 도움을 준다"고 말했다. 그 자신은 "가문의 초상화도, 조상들의 개선식과 집정관 이력도 내보일" 수 없다면서 "하지만 필요하다면 내 가슴에 있는 흉터는 물론이고 창, 군기軍旗, 마구 등 군인에게 귀중한 것들을 보여드릴 수는 있습니다. 이것들이 바로 내 초상화입니다"라고 말했다. 그런 뒤 원로원에 대해 자신이 "그들에게서 승리의

전리품으로 집정관 직을 빼앗았다"는 의기양양한 말로 끝을 맺었다.[46]

그러나 당선만으로는 그가 누미디아 작전을 인계받으리라는 보장이 없었다. 실제로 원로원은 이미 누미디아를 1년 더 메텔루스에게 맡기기로 결정한 터였다. 하지만 앞서 스키피오 아이밀리아누스를 위해 그랬던 것처럼 민회가 나서서 원로원을 저지하고 누미디아를 마리우스의 속주로 만들었다. 모스 마이오룸의 끈은 한층 더 느슨해졌다.[47]

신규 군단들을 모집하려고 준비하던 중에 마리우스는 근 30년째 로마를 괴롭혀온 바로 그 문제에 부딪혔다. 자기 땅에서 밀려나는 가정이 갈수록 늘어남에 따라 군단 복무에 필요한 최소한의 재산 요건을 갖춘 이들도 점점 줄어들었다. 그러나 집정관들이 예비 군단병을 찾아 다 말라붙은 그릇 바닥을 긁어대야 했던 한편 수많은 젊은이들은 하릴없이 앉아 있었다. 그들의 유일한 감점 요인은 땅을 소유하지 못했다는 점이었다. 그래서 마리우스는 자신의 군단을 채우기 위해 로마 공화정 쇠망의 기나긴 역사에서 운명적인 한 걸음을 내디뎠다. 재산 요건의 면제를 요청한 것이다. 최빈곤층 평민 중에서 모병을 하겠다는 이 요청에 관해 살루스티우스는 이렇게 전한다. "누군가는 그에게 좋은 병사들이 부족해서 그랬다고 하고, 누군가는 그가 환심을 사기 위해 그랬다고 한다…… 사실 권력을 열망하는 이에게는 가장 가난한 사람이 가장 도움이 된다. 그들은 가진 게 없으니 자기 재산을 대수롭지 않게 여기고, 돈을 받는 일이라면 무엇이든 명예롭게 여기기 때문이다." 이제 누구든 아무리 가난하고 궁핍하더라도 군에서 복무할 수 있게 되었다. 약탈품과 명예를 얻을 가능성이 눈앞에서 어른거리자 이탈리아 전역의 빈민층 남자들이 마리우스의 열린 군단에

지원하려고 달려왔다.[48]

　과거에도 유사시에 재산 요건을 유예했던 사례가 없지는 않았다. 그라쿠스 형제의 조상 하나는 제2차 포에니 전쟁의 가장 암울한 시기에 심지어 노예들과 검투사들로 구성된 군단을 이끌기도 했다. 그러나 마리우스가 만들어낸 이 순간이 특히 중요했던 이유는, 이로써 자유 시민들을 징집한 일시적인 군대에서 군인을 직업으로 삼는—따라서 로마 원로원과 인민이 아니라 그들의 장군에게 충성할—병사들로 구성된 전문적인 군대로의 전환이 이루어졌기 때문이다. 하지만 마리우스가 장대한 역사의 흐름을 고려했던 건 아니었다. 당시 그는 그저 전쟁에 승리하겠다는 약속을 지키기 위해 모병을 하고 싶었을 뿐이었다.[49]

　마리우스는 어서 빨리 시작하고픈 마음에 그의 새로운 군대가 완전히 모이기도 전에 아프리카로 출항했다. 신규 기병 대대는 아직 한창 모병중이었으므로, 새로 선출된 휘하 재무관에게 그 일의 마무리를 맡겼다. 재무관의 이름은 루키우스 코르넬리우스 술라였다.

6장
황금 귀걸이

THE
GOLDEN
EARRING

THE
STORM
BEFORE THE
STORM

> 아들아, 왜 너는 신들 중에서도 가장 나쁜 야망의 여신을
> 그리도 갈구하느냐? 아아, 그러지 말거라. 그 여신은 의롭지 않다.
> 여신이 발을 들였다가 떠난 뒤에 몰락한 숭배자들만이 남은
> 수많은 가정과 도시가 한때는 번영했던 곳이었으니.
> _에우리피데스[1]

루키우스 코르넬리우스 술라는 기원전 138년 로마에서 태어났다. 그가 속한 코르넬리우스 씨족은 로마에서 가장 오래된 파트리키 가문 중 하나였다. 그러나 그가 귀족의 이름과 그에 어울리는 느긋한 오만함을 지니기는 했어도 그 가문에서 술라의 분가는 차츰 쇠퇴하여 세상에서 잊힌 지 오래였다. 그의 가문은 3대째 법무관보다 높이 올라간 사람이 없었으며 술라도 딱히 가문의 영광을 되찾을 준비가 된 것처럼 보이지 않았다. 젊은 시절 그는 배우, 시인, 악사 등 로마 사회의 밑바닥 사람들과 흥청대며 살았다. 그와 친구들은 술 마시고 흥청망청 즐기며 점잖은 계층의 고루한 틀에서 벗어난 생활을 했다. 또한 술라는 훗날 평생의 동반자가 된 배우 메트로비오스와 젊을 때부터 연애를 시작했다. 술라가 결혼하고 자식을 낳고 권력의 정점에 오를 때

까지도 메트로비오스는 늘 그의 곁을 지켰다.[2]

술라는 근심걱정 없는 쾌락주의자이긴 했어도 결코 학업을 게을리 하지 않았다. 그는 뛰어난 두뇌를 타고났고 좋은 교육을 받았다. 10대 시절부터 그리스어에 유창했으며 미술, 문학, 역사에 해박했다. 가운이 기울었음에도 불구하고 술라는 공직에 오르길 기대하며 어린 시절을 보냈다. 하지만 부친이 죽으면서 술라는 그의 집안이 얼마나 몰락했는지 알게 되었다. 술라의 부친은 파산한 상태였고 아들에게 유산 하나 남기지 않았다. 술라는 기병 장교로 군단에 입대할 형편조차 되지 못했는데, 그것은 무슨 자리든 정계에 진출하려면 반드시 선행되어야 할 필수조건이었다. 그래서 술라는 20대를 군단에서 보내는 대신 로마에 저렴한 아파트를 빌려 포도주와 여자와 노래로 세월을 보내며 방종한 생활을 계속했다.[3]

술라는 날카로운 회색 눈과 환한 붉은색 머리카락 덕분에 로마 길거리에서 단연 눈에 띄었다. 종종 얼굴에 붉은 반점이 올라와 골치를 썩이긴 했지만, 어느 자리에서나 이목을 집중시키는 잘생기고 카리스마 넘치는 청년이었다. "그는 언변이 좋고 영리했으며 사람들과 빨리 친해졌다. 자신의 목적을 숨기는 데 믿기 어려울 만큼 능숙했고, 많은 것들에 후했는데 특히 돈을 잘 썼다." 술라는 결코 자신의 어린 시절을 완전히 뒤로하지 않았다. 그가 사귄 친구들은 늘 가까이 머물렀으며, 향후 그는 일종의 이중생활을 하게 된다. 업무를 처리하는 동안은 엄격하고 차분하다가도 "식탁에만 앉으면 진지함이라곤 보이지 않았다…… 그는 친한 친구들을 만나 술을 마시는 순간 전혀 다른 사람이 되었다."[4]

술라는 서른 살 무렵에 '율리아'라고만 알려진 여성과 조건 좋은 결혼을 했다. 이 율리아는 가이우스 마리우스와 결혼한 율리아의 친척이었을 가능성이 농후하고, 따라서 술라는 마리우스의 경력이 막 힘을 받던 차에 그와 가까운 관계를 맺었을 수 있다. 하지만 술라는 결혼은 했어도 아내에게 충실하지 않았다. 그는 카리스마가 있었으며 수도 없이 불륜에 빠졌다. 특히 그가 난봉꾼 같은 생활방식을 유지할 수 있도록 기꺼이 도와준 연상의 과부들과 관계를 즐겼다. 술라는 그가 불렀던 애칭 '니코폴리스'로만 알려져 있는 여자와 특별히 오랜 기간 관계를 가졌다. 니코폴리스는 기원전 110년경에 죽었으며 술라를 주요 상속인으로 지명했다. 그맘때쯤 그의 계모 역시 죽었고 마찬가지로 전 재산을 그에게 남겼다. 한순간 술라는 그의 야망에 걸맞은 재산을 얻었다. 그가 거의 빈털터리로 시작해서 나중에 그토록 많은 부를 얻었다는 사실에 대해 적들은 비웃으며 이렇게 말했다. "당신이 어찌 정직한 사람일 수 있겠소? 부친이 아무것도 남겨주지 않았음에도 이토록 부자가 되었는데 말이오."[5]

술라는 파트리키라는 이점에 더해 두둑한 사례금까지 써서 필수였던 군 복무 기간을 건너뛴 다음 공직 선거에 나갔다. 기원전 107년 재무관으로 선출된 술라는 신임 집정관 가이우스 마리우스의 사령부에 소속되었다. 두 사람은 극명하게 대비되었다. 신진 세력이던 마리우스는 힘겹게 싸워서 간신히 관직의 사다리에 올랐고, 게다가 군대에서 10년을 보내기 전까지 참모군관으로도 출마할 수 없었다. 그에 반해 술라는 매음굴 출신이었고 파트리키로서의 자격을 포기했으며 돈으로 자리를 얻었다. 마리우스는 이 경험 없는 도락가를 보고 눈살을 찌푸리면서 술라에게 로마에 남아 기병 부대를 모집하라고 지시했다. 유구르타와의 전쟁을 끝내기 위해 누미디아로 떠나는 길에 그가 걸리적거리지 않게 치운 것이었다.[6]

기원전 107년 초에 마리우스가 아프리카에 도착했을 때 메텔루스는 자신이 내쳐졌다는 것에 도저히 분노를 이길 수 없었고, 그래서 후임자에게 직접 지휘권을 넘겨주는 관습을 거부했다. 메텔루스는 직접 가는 대신 부사령관을 보내 마리우스를 맞이하고 군대를 넘겼으며, 그사이 명분이 전혀 없진 않은 억울함을 먹구름처럼 머리에 인 채 배를 타고 로마로 돌아갔다.[7]

그런데 로마에 돌아가자마자 메텔루스는 자신의 명예가 완전히 더럽혀지지는 않았음을 알게 되었다. 마리우스가 집정관 직을 따내기는 했어도 메텔루스 가문의 세력은 여전했다. 따라서 그들은 환호하는 군중이 메텔루스를 맞이하도록 사전에 처리해두었고, 원로원이 메텔루스에게 개선식을 열어주는 안건을 통과시키게끔 유도했다. 앞서 마밀리우스 특별위원회가 더없이 효과적으로 써먹었던 것과 똑같이 부당취득과 비리 혐의로 메텔루스를 기소하려는 서투른 노력이 있었지만 이는 아무런 성과도 보지 못했다. 배심원단은 고발 건을 자세히 들여다보려 하지조차 않았고, 메텔루스는 모든 혐의에 대해 무죄판결을 받았다. 메텔루스 가문은 또 원로원을 설득하여 그의 활약을 기리는 뜻에서 누미디쿠스라는 칭호를 수여하게 했다. 본인으로서는 오래 지속될 불명예가 되리라 생각했을 상황에도 불구하고, 메텔루스 누미디쿠스는 정치적 위상을 유지했고 원로원에서 영향력 있는 실력자로 남

았다.[8]

　한편 마리우스는 빨리 전쟁을 끝낸다는 약속을 이행해야 했다. 하지만 이제 뒷자리에서 투덜거리기만 하는 것이 아니라 실제로 군대를 운영하다보니, 그는 메텔루스가 이미 하고 있던 것보다 효과적으로 작용할 마법 같은 전략은 없다는 사실을 깨달았다. 유구르타는 자유자재로 불쑥 나타났다 사라졌으며 항상 로마 군단이 잡을 수 있는 범위 바로 밖에서 날뛰었다. 그 첫해 동안 마리우스는 어렵사리 유구르타와 몇 차례 대전했지만 왕은 늘 귀신같이 빠져나가는 듯 보였다. 그리하여 마리우스는 며칠 안에 전쟁을 끝내겠다는 약속과는 달리 기원전 107년에서 106년으로 해가 넘어갈 때도 여전히 누미디아 왕을 쫓고 있었다.[9]

　그래도 민회는 그에 대한 신뢰를 버리지 않았기에 마리우스는 힘겹게 지휘권을 연장받을 수 있었다. 하지만 기원전 106년 진군에 나설 때 그에게 심각한 문제가 닥쳐왔다. 유구르타를 어디서도 찾을 수 없다는 점이었다. 기원전 106년 내내 유구르타의 행방은 전혀 알려진 바가 없다. 다만 그가 유목민 용병들과 함께 아틀라스산맥을 넘어 남쪽의 사막 지역으로 철수했다는 추측에 상당히 무게가 실린다. 마리우스는 캅사시로 진군한 데 이어 산맥을 따라 동쪽으로 이동해서 여러 도시를 공격하며 유구르타를 은신처 밖으로 나오게 하려고 애썼다. 마침내 그는 누미디아와 마우레타니아 사이 국경선에 이르렀고, 물루카강 유역에서 아마도 유구르타가 의존하고 있을 마지막 근거지 한 곳을 발견했다. 무엇보다 중요한 것은, 유구르타가 산맥 너머로 급히 떠나기 전에 남은 보물 대부분을 바로 그곳에 버리고 갔다는 사실

이었다.[10]

　술라는 이 군사 작전 초반을 이탈리아에서 기병을 추가 모집하며 보냈다. 하지만 드디어 기병 부대들이 채워짐에 따라 물루카강 유역에서 요새 포위 작전이 막 시작될 무렵 마리우스군에 합류했다. 초반에 마리우스가 가졌던 의구심과 달리 술라는 영리하고 유능했으며 무엇이든 빨리 배웠다. 앞뒤 재지 않고 군인 생활에 온몸을 던졌으며 힘든 일도 결코 마다하지 않았다. 술라는 얼마 안 가 '군 전체에서 가장 뛰어난 군인'으로 평가받았다. 로마 하층사회에서 어린 시절을 보냈던 그는 병사들과 자연스레 친밀한 관계를 맺었다. 병사들과 함께 웃고 농담을 주고받고 그들의 노역을 나눠 맡았으며, 부탁도 잘 들어주고 돈도 잘 쓰는데다 절대 갚으라고 하는 법이 없었다. 다만 항상 냉소적인 살루스티우스는 술라가 자기에게 빚진 사람을 가능한 한 많이 만들어두기 위해 그랬던 거라고 넌지시 말한다. 로마군이 물루카 요새를 함락시킬 즈음에는 심지어 마리우스조차도 술라를 자기 휘하 최고의 군관 중 하나라고 여겼다.[11]

　로마 군단들이 겨울을 대비해 키르타로 되돌아가던 시점에, 오랫동안 떠나 있던 유구르타가 마침내 공격을 감행하기로 결정했다. 그는 앞서 보쿠스와의 동맹을 되살려놓았으므로, 두 사람은 병력을 집결시켜 불시에 로마인들을 치려고 기다렸다. 그러나 로마군은 술라가 지휘한 신중한 측면 공략 덕분에 가까스로 매복 공격을 피했고, 오히려 누미디아와 마우레타니아 연합군이 몰려나 후퇴했다. 이틀 뒤 두번째 전투가 벌어졌고, 이번에는 단단하게 기강이 잡힌 로마군이 아프리카인들을 몰아붙여 사방으로 흩어지게 했다. 보쿠스는 안전한 마우레타니아로 다시금 달아났으며 유구르타는 또다시 종적을 감췄다.[12]

마리우스가 로마의 누미디아 지배력을 강화하는 사이, 로마의 북쪽 국경에는 또다시 금이 가기 시작했다. 로마가 갈리아 남부에 영향력을 뻗은 것은 비교적 근래의 일이었다. 120년대 후반에 와서야 로마 군단이 그곳에 주둔하기 시작했으며, 그때도 갈리아 나르보넨시스 속주는 그저 알프스와 피레네 산맥을 잇는 좁고 긴 해안지대에 불과했다. 로마인들은 현지 갈리아 부족들에게 연달아 패배를 안겨준 후 그 지역의 패권을 확립했다. 하지만 전쟁과 정치라는 무자비한 약육강식의 세계에서는 정상의 자리에 머무를 수 있을 때만 정상인 법이었다. 기원전 113년과 109년 킴브리족에게 참담한 패배를 당하면서 로마의 위신은 심각한 손상을 입었다.[13]

킴브리족은 기원전 109년 실라누스의 군단을 쳐부수고서 다시 론강 상류로 올라가 갈리아 중부를 향했다. 하지만 그들의 떠남은 그로 인해 생겨난 권력 공백을 다른 부족들이 이용하게끔 해주었을 뿐이다. 오늘날의 스위스 지역에 거주한 티구리니족도 로마가 실패한 틈을 타서 산악지대 밖으로 내려왔다. 따라서 기원전 107년 신임 집정관 마리우스가 군단을 모집해 누미디아로 떠날 때 동료 집정관 루키우스 카시우스 롱기누스는 군단을 모집하여 갈리아로 갔다. 원로원이 군단 복무를 위한 재산 요건을 없앤 것에는 이렇듯 양쪽에서 위협이 발생한 상황이 크게 작용했다. 롱기누스의 목표는 티구리니족을 물리치고, 킴브리족이 철저하게 망쳐놓은 로마 불패의 위상에 가해진 손

상을 바로잡는 것이었다.[14]

 그러나 티구리니족은 계속 서쪽을 습격했고, 롱기누스는 대서양까지 줄곧 그들을 그림자처럼 뒤쫓았다. 티구리니족은 로마인들이 쫓아오는 것을 알고 있었으며 적절한 때를 골라 함정을 놓았다. 롱기누스는 아무것도 모른 채 병사들을 매복 장소로 이끌었고 뒤이은 전투에서 전사했다. 패배한 군대의 지휘권은 가이우스 포필리우스라는 보좌관의 몫이 되었다. 히스파니아에서 젊은 티베리우스 그라쿠스가 그랬듯이 포필리우스도 수많은 병사들을 위해 생사가 걸린 결정을 내려야만 했다. 티베리우스처럼 포필리우스도 삶을 선택했다. 박살나고 지친 로마인들은 물자의 절반을 넘겨주고 멍에 밑을 통과하기로 약속한 뒤에야 떠날 수 있었다.[15]

 로마에서 이 패배는 항복한 군단이 늘 그러듯이 분노와 충격을 불러일으켰다. 포필리우스는 로마에 돌아가자마자 반역죄로 기소되었다. 그는 이를 조용히 받아들이지 않고 자신을 고발한 이들에게 되쏘았다. "그렇게 어마어마한 갈리아인 병력에 포위된 상황에서 내가 뭘 어찌했어야 한단 말입니까? 싸울까요? 하지만 그 당시 우리가 전진해봤자 소수에 불과했을 테죠…… 진지에 남아 있을까요? 하지만 우리에겐 기대할 증원군도, 버티고 살아남을 수단도 없었습니다…… 진지를 버릴까요? 하지만 우리는 봉쇄당했습니다…… 병사들의 목숨을 희생시킬까요? 하지만 나는 그들의 조국과 부모를 위해 가능한 한 다치지 않게 보호한다는 조건으로 병사들을 받아들였다고 생각했습니다…… 적의 조건을 거부할까요? 하지만 물자의 안전보다는 병사들의 안전이 우선입니다." 이 주장은 묵살되었고, 포필리우스는 유죄

선고를 받아 추방되었다.[16]

그러나 로마인들이 이전에도 절대 한 적이 없고 앞으로도 절대 하지 않을 한 가지가 있다면 바로 싸움을 포기하는 일이었다. 확실히 로마는 이미 얻어낸 영토를 되돌려주지 않았다. 따라서 북쪽으로 군대를 보내는 족족 모두 잃어버리는 듯 보이기는 했어도, 기원전 106년에 원로원은 상황을 수습할 무언가를—무엇이든—하기 위해 집정관 퀸투스 세르빌리우스 카이피오를 파견했다. 카이피오는 영향력 있는 귀족파인 스카우루스와 크라수스를 보호자로 둠으로써 오랫동안 메텔루스 파벌과 관계를 이어왔다. 그는 거의 모든 면에서 당시 원로원이 가지고 있던 문제의 총합이었다. 오만하고 탐욕스럽고 자만으로 가득했으며 결코 개인의 이익보다 공화국의 이익을 우선시하지 못했다. 그리고 이런 그에게 로마 공화정 역사상 손꼽히는 큰 패배의 책임이 돌아가게 된다.

카이피오는 북쪽으로 떠나기 전에 귀족파를 위해 한 가지 일을 처리했다. 아마도 스카우루스의 지원을 등에 업고 기사계급의 힘을 끌어내리는 법안을 민회까지 밀어붙였던 것이다. 마밀리우스 특별위원회를 겪은 후로 귀족들은 법정 지배권을 얼마간 되찾기를 원했다. 카이피오의 법안은 배심원단 자리를 온전히 원로원에 되돌려주지는 않고 원로원 의원과 기사에게 나눠서 배정했다. 이 법안을 변론하는 과정에서 크라수스는 그의 가장 유명한 연설 중 하나를 선보였다. 키케로가 평생에 걸쳐 연구했던 바로 그 연설에서 크라수스는 다음과 같이 민회에 촉구했다. "피로도 만족하지 못하는 잔혹한 자들의 아가리에서 우리를 구해내십시오. 우리가 다른 누구도 아닌 인민 여러분의 노예가 되게 내버려두지 마십시오. 여러분을 위해 일할 수 있고 또 일해야 하는 우리를 말입니다." 법안은 통과되었다.[17]

기원전 106년 군사 작전을 수행하러 갈리아에 도착한 카이피오는 톨로사시(오늘날 프랑스 남서부 지역의 툴루즈)를 함락시킴으로써 드디어 좋은 소식을 전했다. 곧 전설이 된 유명한 스캔들이 아니었다면 카이피오의 활약에 관해서는 아무것도 전해지지 않았을지도 모른다. 도시를 차지한 직후에 카이피오의 병사들은 우연히 엄청난 물건을 발견했다. 금괴 5만 개와 은괴 1만 개였다. 그 거금은 곧 기원전 279년으로 거슬러올라가는 아주 유명한 갈리아인의 그리스 침략 때 사라진 보물로 밝혀졌다. 그 당시 갈리아인들의 침략은 좀더 근래에 있었던 스코르디스키족의 습격과 유사하게 델포이 신탁소를 약탈하면서 끝이 났다. 그런데 그 신성한 보물에는 분명 저주도 같이 따라다녔던 듯했다. "누구든 약탈한 금괴를 만진 자는 끔찍하고 고통스럽게 죽었다." 갈리아인들이 그리스 밖으로 몰려나게 되면서 그들은 이 더럽혀진 보물이 문제의 일부라고 의심하기에 이르렀다. 전설에 따르면 갈리아인들은 보물 대부분을 톨로사 인근의 호수에 던져넣었지만, 보물의 일부는 어쩌다 시내의 한 신전에 들어가게 되었다. 카이피오의 병사들이 발견한 것이 바로 이 물건이었다.[18]

그러나 이것이 이야기의 전부가 아니다. 카이피오는 그 신성한 보물을 궤짝에 넣어 남쪽 마실리아로 운반하도록 지시했다. 거기서 배편을 통해 로마로 운송해서, 승인될 것이 분명한 그의 개선식에 전시한 뒤 사투르누스 신전에 보관하면 될 터였다. 하지만 일은 그렇게 흘러가지 않았다. 보물을 운반하는 과정에서 호송대가 산적 무리의 습격으로 황금을 도난당한 것이다. 이 사건이 우연이라고 믿는 사람은 거의 없었다. 대중의 추측은 카이피오가 직접 산적들을 고용해서 금을 훔치게 했다는 것이었다. 만약 그것이 사실이라면, 신성한 사원에서 저주받은 황금을 약탈한 다음 오로지 자기를 위해 훔쳐낼 음모를 꾸민 카이피오의 이중 범죄는 그의 불행한 운명을 설명하는 데 큰 도움이 된다. 역사가 유스티누스는 "이 신성모독 행위는 이후 카이피오의 군대가 파멸한 원인으로 판명되었다. 킴브리 전쟁의 발발 또한 마치 신에게 봉헌된 보물을 없앤 데 보복하려는 듯이 로마인들을 쫓아온 것 같았다"는 말로 동의를 표했다. 하지만 카이피오가 신들의 도움 없이도 스스로의 불행을 자초한 멍청이에 지나지 않았을 공산도 충분히 크다.[19]

한편 북아프리카에서는, 키르타 전투 후 보쿠스왕이 다시 180도 입장을 바꾸어 마리우스에게 평화를 구걸하기까지 그리 오랜 시간이 걸리지 않았다. 소란이 가라앉고 단 5일 만에 마우레타니아 왕이 보낸 특사들이 키르타에 도착해 마리우스에게 믿을 수 있는 사절들을 보내 보쿠스와 직접 만나게 해달라고 요청했다. 마리우스는 사절단을 이끌 대표로 루키우스 코르넬리우스 술라를 골랐다. 술라는 도착한 지 얼마 안 되었지만 이미 압박 상황에서도 말을 잘하고 침착하다는 것을 입증해 보인 터였다.[20]

술라는 보쿠스에게 로마가 마우레타니아와의 우호 관계에 열려 있음을 분명히 했다. 보쿠스왕이 유구르타의 전쟁에 동참하기는 했지만, 로마인은 실용적인 민족이었다. 그들이 가장 원치 않는 상황은 누미디아 전쟁이 계속 확대되어 북아프리카 전역에 퍼지는 것이었다. 술라는 보쿠스에게 "우리가 통치하는 이들은 이미 넘치게 많은 반면, 우리든 다른 누구든 친구가 충분히 많은 적은 없었다"고 말했다. 하지만 로마인들은 "관대함에 있어서 뒤진 적이 없"지만 "로마인이 전쟁터에서 보이는 용맹은 겪어봐서 알 것"이라고 왕에게 다시 한번 일깨우기도 했다. 보쿠스는 그 말뜻을 알아차렸다. 그는 항구적 평화를 위한 예비 단계를 강구할 수 있도록 마리우스에게 직접 사절을 보내게 해달라고 허락을 구했다. 술라는 승낙한 뒤 키르타로 돌아가서 상황을 보고했다.[21]

그러나 마우레타니아의 소규모 사절단은 마리우스를 만나러 가던 길에 산적 무리의 습격을 받았다. 서둘러 도망치면서 짐과 서류를 모두 두고 온 탓으로, 키르타에 도착한 사절단은 위대한 왕이 보낸 왕실 대리인이라기보다도 피난 온 소작농 같은 몰골이었다. 하지만 술라는 그들을 정중히 도시 안으로 맞아들이고 그들의 측은한 이야기를 단 한 순간도 의심하지 않음으로써 양국 간의 외교적 신뢰를 한층 더 공고히 했다. 사절들은 부패하고 음흉한 로마인들이 실은 상당히 교양 있고 너그럽다는 사실을 깨닫고 놀란 듯했다.[22]

사절단의 말을 끝까지 듣고 난 마리우스는 기원전 105년 초에 군사 회의를 소집했고, 회의 결과 원로원에 평화조약 체결을 권고하는 서신과 함께 마우레타니아 사절단을 로마로 보내기로 가결했다. 원로원은 이에 동의하여 다음과 같이 결의했다. "로마 원로원과 인민은 혜택과 피해 모두 기억하는 습관이 있다. 그러나 보쿠스가 뉘우치고 있는 만큼, 로마 원로원과 인민은 그의 죄를 용서한다. 그는 마땅한 자격을 갖추었을 때 우호조약을 얻을 것이다." 보쿠스왕은 로마인들이 평화조약을 기꺼이 받아들였다는 소식에 크게 기뻐했다. 그는 마리우스에게 다시 전갈을 보내 그때껏 충분한 지혜를 발휘했던 술라가 로마 대표를 맡게 해달라고 요청했다. 왕은 술라의 도움 아래 마우레타니아와 로마의 이해관계를 일치시키는 실질적인 절차에 들어갈 수 있을 거라고 했다. 마리우스는 승낙했다.[23]

목적지까지 가는 길의 안전을 확보하기 위해 보쿠스의 아들에게 호위를 맡겼지만, 술라와 그의 호위대는 자신들이 함정에 빠지고 있는 건 아닌지 확신할 수 없었다. 그들의 두려움은 정찰병들이 갑자기 나타나 유구르타가 겨우 3킬로미터 앞에 진을 치고 있다고 알려왔을 때 절정에 달했다. 술라 일행은 음모일 경우에 대비했지만, 보쿠스의 아들은 그의 부친이 선의를 갖고 있다고 맹세했다. 왕자는 목적지까지 줄곧 술라와 나란히 가겠다고 약속했다. 유구르타는 왕자의 목숨을 위태롭게 할 수 없었다. 그랬다가는 보쿠스와 동맹을 재결성할 일말의 가능성마저 영원히 단절시키는 셈이기 때문이었다. 그래서 일행은 아주 극적인 모습으로 계속 말을 타고 유구르타의 진지 옆을 지나갔다. 필시 말도 못하게 팽팽한 긴장이 감돌았겠지만, 누미디아의 왕은 그들이 지나가는 것을 보고만 있었다.[24]

유구르타 전쟁의 피날레는 한편에선 술라와 보쿠스 간에, 다른 한편에선 보쿠스와 유구르타 간에 큰 판돈이 걸린 협상 게임처럼 펼쳐졌다. 보쿠스와 술라는 마우레타니아 궁정에서 공개적으로 만났고, 그곳에서 왕은 진행 방식에 관해 아직 마음을 정하지 못했다고 술라에게 말했다. 그는 술라에게 최종 답변을 작성할 열흘의 시간을 달라고 요청했다. 그러나 이는 유구르타의 첩자들을 고려한 속임수에 지나지 않았다. 충실한 첩자들은 누미디아 진영으로 달려가서 유구르타에게 보쿠스의 마음을 돌릴 시간이 열흘 있다고 보고했다.[25]

그러나 같은 날 한밤중에 보쿠스는 술라를 불러 **진짜** 회의를 가졌다. 보쿠스는 술라에게 누미디아와의 경계를 이루는 물루카강을 절대 건너지 않을 것이며 병사, 함선, 돈 등 그가 소유한 모든 것을 로마의 처분에 맡긴다고 말했다. 술라는 계산적으로 따져보며 이 모두를 받아들였다. 그는 보쿠스에게 로마는 이미 전장에서 마우레타니아를 패배시켰기에 왕의 약속에 고마움을 느끼지 않는다고 말했다. 보쿠스가 우호조약을 얻어내고 싶다면 방법은 오직 하나, 유구르타를 넘겨주는 것뿐이었다.[26]

이튿날 보쿠스는 유구르타와 접촉하는 것이 분명한 신하 한 명을 불러서 누미디아의 왕에게 보낼 전갈을 전했다. 보쿠스는 곧 로마와 평화조약을 맺을 작정이라고 말하면서 그의 마음을 돌리기 위해 유구르타가 뭘 줄 수 있느냐고 물었다. 유구르타로부터 신속히 답장이 왔다. 누미디아의 왕은 동맹을 복원한다면 보쿠스왕이 원하는 건 무엇이든 주겠다고, 첫번째로 누미디아 영토의 거의 3분의 1을 넘기겠다고 약속했다. 그는 또 보쿠스가 술라를 납치할 것을 제안했다. 그런 다음 둘이 함께 원로원에 술라의 몸값을 요구하고 로마 군단이 아프리카에서 완전히 철수하도록 압박할 수 있을 거라고 했다. 보쿠스는 도시 외곽의 외딴 장소에서 유구르타와 만나는 데 동의했다.[27]

양측 모두에게 설득전을 펼치고 나자 보쿠스는 골치 아픈 결정을 내려야 할 상황에 처했다. 자신과 같은 왕을 로마인들에게 넘기고 그

백성들의 분노를 사느냐, 술라를 잡고 로마 군단의 분노를 사느냐의 갈림길이었다. 보쿠스왕은 유구르타와 만나기 전에 어떻게 할지 결정하느라 그날 밤을 지새웠다.[28]

다음날 보쿠스와 술라, 소수의 신하들은 말에 올라 약속된 외딴 장소로 향했다. 보쿠스는 술라나 유구르타 중 어느 한쪽을 배신할 참이었고, 술라로서는 만족스럽게도 유구르타에게 불리한 제비를 뽑았다. 보쿠스의 병사들이 숲속의 빈터 주위에 매복해 있다가 유구르타가 나타나자 순식간에 튀어나왔다. 얼마 남지 않은 유구르타의 신하들은 죽임을 당했고 왕은 붙잡혀 술라에게 넘겨졌다. 술라는 쇠사슬에 묶인 유구르타를 충실히 마리우스에게 전달했다. 유구르타가 히엠프살을 암살함으로써 이 모든 일을 시작한 지 12년, 원로원이 키르타 대학살 후 어쩔 수 없이 전쟁을 선포한 지 7년 만에 유구르타와의 전쟁이 끝났다.[29]

그러나 이 기쁜 소식은 북쪽에서 일어난 알 수 없는 재앙으로 완전히 가려질 운명이었다. 킴브리족은 기원전 113년에 처음으로 나타나 노레이아에서 로마군을 무찌른 뒤 계속 이동했다. 그로부터 4년 만인 기원전 109년에는 론강 하류로 내려와 또다시 로마군을 물리쳤다. 그리고 이제 또 한번 4년 주기가 지난 기원전 105년경에 킴브리족이 돌아왔고, 다시 한번 론강을 따라 지중해 해안으로 이동하고 있었다. 로마군을 두 번이나 이긴 적의 귀환에 원로원이 겁먹은 것도 당연한 일이었다.[30]

카이피오는 이제 톨로사의 황금 실종 사건에 연루된 것으로 널리 의심받고 있었지만, 그럼에도 원로원은 카이피오의 북부 지역 지휘권을 연장하고 그의 군대를 그대로 유지했다. 정원을 갖춘 로마군 2개 군단과 그 두 배에 이르는 이탈리아 동맹군 및 갈리아 보조군으로 이루어진 그 병력은 모두 합쳐 약 3만 5천 명에 달하는 규모였다. 북부 전선의 병력을 두 배로 늘리기 위해 원로원은 기원전 105년 집정관 나이우스 말리우스 막시무스에게 같은 규모의 군대를 모집하도록 지시했다. 이번에는 기필코 킴브리족을 섬멸해야 했다. 재산 요건이 없어졌기에 망정이지, 그렇지 않았다면 로마는 그만큼의 병력을 동원하여 6만에서 8만 명의 병사를 알프스 전역에 배치하는 동시에 누미디아에 가 있는 군단들까지 유지할 수 없었을지도 모른다.[31]

그렇지만 나이우스 말리우스는 평범한 신임 집정관이 아니었다. 그는 마리우스와 같은 신진 세력이었다. 기원전 191년부터 107년까지 신진 세력으로 확인된 사람 중에 집정관으로 선출된 이는 세 명에 불과했다. 그러나 민중파의 선동이 고조되는 추세 속에 원로원은 줄줄이 취임하는 신진 세력의 물결을 막을 수 없었다. 기원전 107년부터 94년까지 14년 동안 다섯 명의 신진 세력이 집정관에 당선될 것이고, 가이우스 마리우스는 단연코 로마에서 가장 유력한 지배자가 될 것이었다. 말리우스가 자신의 담당 속주로 갈리아를 뽑았을 때 원로원은 다시 한번 로마의 안전을 신진 세력에 맡길 수밖에 없었다.[32]

로마의 군 서열에서 집정관보다 높은 계급은 없었다. 따라서 갈리아에 도착한 말리우스가 카이피오 대신 총사령관이 되는 것은 당연한 권리였다. 하지만 원래부터 오만한 귀족인 카이피오는 시종일관 경멸하고 무시하는 태도로 신진 세력인 말리우스를 맞았다. 그는 론강을 기준하여 반대편의 지리적으로 독립된 속주에서 작전을 벌이겠다고 주장했고, 자신이 맡은 강 건너편에서 계속 자치권을 유지할 것을 고집했다. 이처럼 두 상급 지휘자가 하나로 통합되지 않은 것은—모든 사료가 이를 명백한 카이피오의 책임으로 보고 있다—두 사람이 함께 몰락한 주된 원인이었다. 그곳에 있던 것은 6만 명 규모의 로마군 하나가 아니라 3만 명 규모의 두 군대였다. 그리고 킴브리족은 필연적으로 그 차이를 이용할 터였다.[33]

기원전 105년 10월 초에 킴브리족이 접근하는지 정탐하던 말리우스군의 전방 정찰대가 불시에 그들의 본대와 마주쳤다. 정찰대는 포위 공격을 받고 전멸했다. 킴브리족이 당장에라도 도착할 것임을 자각한 말리우스는 론강을 건너와 군대를 합쳐달라고 카이피오에게 간청했다. 카이피오는 기꺼이 강을 건너서 필시 아무것도 아닌 일로 떨고 있을 게 분명한 겁쟁이 신진 세력 집정관을 도와주겠다고 말하며 말리우스를 조롱했다. 두 로마 군대는 론강 동쪽 기슭의 아라우시오 근처에서 만났지만, 카이피오는 자만심과 앙심 때문에 계속 자기 군대를 말리우스 군대와 합치지 않으려 했다. 카이피오는 심지어 그만 고집부리라고 간청하는 원로원의 특사들마저 무시했다. 그냥 거부만 한 것이 아니라 자기 군대와 함께 동료 집정관 말리우스와 킴브리족 사이에 진을 쳤다. 이와 관련해 오랫동안 이어진 의혹은, 카이피오가 먼저 킴브리족을 전장으로 끌어낸 뒤 말리우스는 들러리를 서게 만들어서 신진 세력을 난처하게 하고 자신이 모든 영광을 차지한다는 원대한 계획을 세운 게 아닐까 하는 것이다. 킴브리족 사절단이 땅을 내어달라고 요청하러 왔을 때 카이피오는 그들을 노골적으로 모욕하고 내쫓

았다.³⁴

 그뒤에 카이피오가 먼저 나서서 전투를 선동했는지 아니면 킴브리족이 올 때까지 기다렸는지는 알려져 있지 않지만, 그가 재앙을 초래한 것만은 분명하다. 그는 로마군이 곧 수많은 킴브리족 전사들을 마주할 것이며 두 군대를 합치더라도 로마군이 수적으로 열세일 거라는 사실을 한순간도 깨닫지 못한 것으로 보인다. 전투가 시작되었을 때 카이피오의 전방 부대는 첫번째 쇄도에서 이미 제압당했을 가능성이 크다. 뒤로 밀려난 카이피오의 병력은 말리우스의 군대로 뛰어들어 형태도 방향도 통일된 목표도 없이 뒤엉킨 혼란의 도가니를 야기했을 것이다. 혼란과 좌절에 빠진 군단병 무리는 곧이어 킴브리족에게 포위되었고 론강 앞에서 꼼짝 못하는 처지에 놓였다. 빠져나갈 곳도 없고 질서도 사라진 상태에서, 킴브리족은 살을 녹여버리는 산(酸)처럼 덫에 갇힌 로마군을 궤멸시켰다.³⁵

 해질무렵이 되자 로마군은 그냥 패배한 것이 아니라 전멸당했다. 사료에 기록된 총 사망자는 군단병 6만에서 8만 명에 더해 비전투원 4만 명에 이른다. 이 전투에서 살아남은 사람이 거의 없었다는 것이 모두의 일치된 의견이다. 빠져나간 생존자가 일부 있기는 했다. 카이피오와 말리우스 둘 다 로마로 돌아왔고, 퀸투스 세르토리우스라는 젊은 군관도 강을 헤엄쳐 건너 무사할 수 있었다(이후 세르토리우스는 로마 역사상 가장 위대한 장군 중 하나가 된다). 아마 그보다 훨씬 많은 로마인들이 붙잡혀 노예가 되었을 것이다. 그러나 모든 점을 종합해봤을 때 아라우시오 전투는 기원전 753년 건국부터 서기 476년 서로마제국 멸망까지 로마 전 역사에서 손꼽히는 대재앙이었음이 분명하다.

이제 로마는 갈리아에서 모든 것을 잃어버린 듯했다.[36]

그런데 최후의 대결전으로 가던 길에 희한한 일이 일어났다. 킴브리족이 또다시 물러난 것이다. 고대 역사가들은 킴브리족의 동기와 행동을 설명하려고 시간을 들이는 법이 없었으므로, 킴브리족은 십중팔구 이탈리아 침공에 전혀 관심이 없었으며 그저 난폭하고 공격적인 로마인들을 이탈리아반도에 묶어두길 원했을 뿐이라고 추측하는 것은 현대 역사학자들의 몫으로 남았다. 하여간 킴브리족은 자기들을 건드리지 않는 편이 좋을 거라고 세 번 연속 로마인들에게 보여준 후에 다시 철수해서 서쪽 히스파니아로 이동했다.[37]

로마에서 일어난 공포는 실로 엄청났을 것이다. 이듬해 집정관 선거가 다가오는 가운데 인민이 보기에 위험에 처한 로마 문명의 종말을 저지할 수 있을 이가 누구인지는 의심의 여지가 없었다. 민회는 또다른 무능력자 카르보나 적과 상대가 되지 않는 실라누스나 지독하게 오만한 카이피오를 원치 않았다. 인민이 원한 사람은 가이우스 마리우스였다. 민회는 그들의 소망을 이루기 위해 또다시 모스 마이오룸 두 가지를 내던졌다. 로마법은 집정관이 첫번째 당선으로부터 10년 안에 재취임하는 것을 여전히 금지하고 있었고, 또한 후보자가 선거에 출마하려면 실제로 로마에 있어야 했다. 민회는 이 두 가지 규정을 무시하고 부재중 후보인 마리우스를 3년 만에 집정관으로 재선출했다. 마리우스는 누미디아 일을 마무리짓고 로마로 귀국할 준비를 했다.[38]

기원전 104년 새해 첫날에 가이우스 마리우스는 개선식과 함께 두

번째 집정관 임기의 시작을 기념했다. 카르타고와 그리스를 정복했던 영광의 시절 이후로 이토록 화려한 개선식은 처음이었다. 누만티아 이후 아이밀리아누스의 개선행렬은(마리우스가 행진했을 수도 있는 행사였다) 실망스러웠던 것으로 유명했다. 그후로는 갈리아와 트라키아 부족들을 상대로 한 승리가 줄줄이 이어졌는데, 거기서 나온 전리품은 한때 로마 집정관들이 전투에서 복귀하면서 가져왔던 보물에 비해 초라해 보였다. 하지만 마리우스의 개선식은 "대단히 성대"했다. 이국적인 아프리카 왕국의 보물과 노예, 경이로운 장식품이 행렬에 선보이자 불과 석 달 전에 일어난 아라우시오 참사의 충격에 빠져 있던 사람들도 열렬한 환호를 보냈다.[39]

마리우스 개선식의 화룡점정은 다름 아닌 유구르타왕이었다. 지난번 로마에 왔을 때 유구르타는 원로원 의원들을 매수하고 민회를 거역하고 암살을 지시했다. 그는 로마 국내 정치에 타격을 주었으며 10년 내내 로마군보다 한 걸음 앞서갔다. 그랬던 그가 이제 일개 범죄자처럼 쇠사슬에 묶여서 억지로 두 아들과 나란히 행진해야 했고, 경외와 공포의 대상이 아니라 조롱과 야유의 대상이 되는 수모를 당했다. 개선행진 끝에 유구르타는 감옥으로 던져졌다. 너무나 거칠게 팽개쳐지는 바람에 걸고 있던 황금 귀걸이—그의 소유로 남은 마지막 금붙이—가 귀에서 완전히 떨어져나갔다. 더이상 뇌물 수수는 없었다. 교활한 계획도 더는 없었다. 로마인들은 그를 벌거벗은 채 지하 감옥 구덩이에서 굶주려 죽어가도록 내버려뒀다. "그 자신도 이젠 정복되고 쇠사슬에 묶인 채, 돈으로 매수할 수 있는 곳이며 언젠가 구매자만 나타나면 소멸할 것이라고 헛되이 예언했던 도시를 바라보았다. 그곳이 팔 물건으로 나왔더라면 구매자는 유구르타였다. 하지만 일단 그의 손아귀를 빠져나가자 그 도시는 소멸할 운명이 아님이 분명해졌다." 6일간의 격렬한 저항 끝에 유구르타는 마침내 바닥에 쓰러져 죽었다.[40]

그러나 마리우스는 평화롭게 자신의 개선식을 즐길 수 없었다. 자기네 영역을 침해하는 신진 세력을 업신여기던 자들이 젊은 귀족 술라를 유구르타 생포의 **진짜** 주역으로 칭송한 것이다. 군사적·정치적 전통에 따르면 속주의 임페리움(로마의 고위 관리에게 주어진 특별한 권한—옮긴이)을 가진 사람이 전쟁의 성패에 대한 모든 명성과 비난을 받았다. 그것이 늘 행해져온 방식이었고 그것이 모스 마이오룸이었다. 그런데 마리우스의 적들은 술라에게 그의 이야기를 해달라고 부추겼다. 자부심과 야망에 넘친 술라는 너무 기쁜 나머지 정정당당하게 굴지 못했고, 유구르타 생포 장면을 묘사한 그림을 자신의 개인 인장으로 주조하기까지 했다. 마리우스는 기분이 좋지 않았다. "이 일은 로마를 거의 몰락시킬 뻔한, 마리우스와 술라 사이의 지독하고 되돌릴 수 없는 증오를 부른 첫번째 씨앗이 되었다."[41]

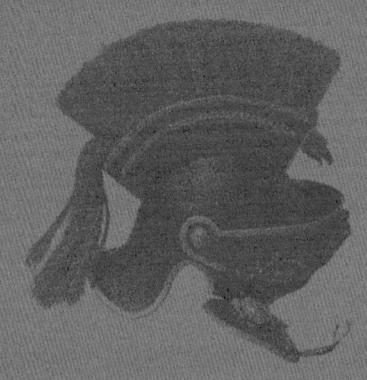

7장
마리우스의 노새들

MARIUS'S
MULES

THE
STORM
BEFORE THE
STORM

> 이 후대의 장군들…… 공공의 적이 아니라
> 서로를 상대하기 위해 군대가 필요했던 그들은,
> 장군과 선동 정치가를 한데 합치지 않을 수 없었다.
> _플루타르코스[1]

병사들은 불안해지고 있었다. 그들은 사흘 동안 갈리아 남부 론강변의 진지에 들어앉아 어마어마한 야만인 무리를 바라보기만 했다. 근 2년간 고대한 끝에 어서 싸우고 싶어 안달이 난 그들은 도대체 왜 마리우스가 공격 명령을 내리지 않는지 이해할 수 없었다. 이거야말로 우리가 기다려온 일이 아닌가? 이날을 위해 우리가 훈련해온 것이 아닌가? 사흘 동안 그들은 적이 내지르는 사나운 함성과 조롱을 견뎠다. 진지 방벽에 거듭 가해지는 공격도 견뎠다. 적이 인근 지역을 파괴하는 것도 견뎠다. 그러나 마리우스는 그들에게 공격을 허락하지 않았다.[2]

아무것도 하지 않는 사령관에 대한 병사들의 분개는 곧 혐오로 바뀌었다. "마리우스는 우리를 얼마나 겁쟁이로 봤기에 전장에도 나가지 않는 거지?" 그들은 물었다. "적에게 패배당한 카르보와 카이피오처럼 될까봐 두려운 건가? 설사 그들처럼 죽는다 해도, 여기 가만히 앉아서 우리의 동맹들이 약탈당하는 광경을 구경하고 있을 바엔 뭐라도 하는 게 나아." 하지만 마리우스는 자존심보다 중요한 것이 훨씬 많다면서 고집을 꺾지 않았다. "지금 [너희들이] 목표로 삼아야 할 대상은 개선식이나 전승기념물이 아니라, 어떻게 하면 저 거대한 전쟁의 구름과 벼락을 막아 이탈리아를 안전하게 지키느냐 하는 것이다." 그는 싸우는 대신 병사들에게 방벽에 인원을 배치하고 적을 관찰하도록 지시했다. 적의 무기를 면밀히 살피고 적의 기병들이 말을 달리는 모습을 관찰하라고 말했다. 마리우스는 그의 병사들이 북방 전사들의 무시무시한 함성과 색칠한 얼굴에 익숙해지기를 원했다. 그렇게 함으로써 군단병들이 자기네와 마주한 상대가 지하 세계에서 온 악마가 아닌 평범한 인간임을 깨닫게 해주고 싶었다.[3]

    4일째 되던 날, 거대한 야만인 무리는 마지막 공격을 감행하여 로마 진지의 방벽을 열심히 공략했다. 예상대로 그들은 후퇴했다. 로마인들이 자기네 은신처에서 절대 나올 생각이 없다고 판단한 야만인들은 이제 그만 말뚝을 뽑고 이동을 계속하기로 결정했다. 그들은 거대한 행렬을 이뤄 로마군 진지를 지나쳐갔다. 남녀와 아이들로 이루어진 부족 전체가 론강을 따라 남쪽을 향한 이주를 계속했다. 그 무리는 지나가면서 마지막으로 로마인들을 큰 소리로 비웃었다. 아내들에게 전할 말이 있냐고 물으면서 "왜냐하면 우리가 곧 그 여자들과 만날 거거든"이라고 했다. 북방인들이 마지막 한 사람까지 모두 지나가고 강 하류로 충분히 이동했을 때, 마리우스는 마침내 진지를 철수하

고 적을 쫓으라는 명령을 병사들에게 하달했다.[4]

가이우스 마리우스는 기원전 104년 1월 유구르타에 대한 승리를 기념한 뒤로 로마에 오래 머물진 않았다. 아라우시오에서 참사가 일어난 지 고작 몇 달밖에 지나지 않았고, 킴브리족이 서쪽으로 떠났다고는 해도 방향을 틀어 다시 돌아오지 않으리라는 보장은 없었다. 하지만 마리우스는 무작정 북쪽으로 달려가서 갈리아 남부에 있는 군단들을 지휘할 순 없었다. 갈리아 남부에는 군단이 **없었기** 때문이다. 그 병력은 아라우시오에서 전멸했다. 유구르타 전쟁 이후 그곳의 평화를 유지하기 위해 그의 누미디아 병력 대부분을 아프리카에 남겨두고 온 터였으므로, 마리우스는 아무것도 없이 처음부터 새로운 군대 하나를 만들어야 하는 상황이었다.

이 신생 군대의 핵심은 전년도 집정관 푸블리우스 루틸리우스 루푸스가 징집했던 예비 군단이었다. 불운한 운명을 맞았던 동료 집정관 말리우스가 킴브리족과 싸우러 떠날 당시 루틸리우스는 로마에 남아 계속 증원 병력을 모았다. 이 증원 병력이 한가롭게 빈둥거리는 것을 원치 않았던 루틸리우스는 검투사 양성소의 방식을 응용해서 만든 훈련 기법으로 병사들을 계속 바삐 움직이게 했다. 병사들은 백병전, 맨손 체조, 체력 단련을 실시했다. 마리우스가 기원전 104년 초에 이 소규모 병력을 인수받았을 때, 그는 이들이 그때껏 지휘해본 병사들 중에서도 가장 잘 훈련된 병사들에 속한다는 사실을 알 수 있었다.[5]

이 핵심 병력을 중심으로 군을 구축하기 위해 마리우스는 신병 모집 운동에 나섰다. 그는 누미디아 군사 작전 때와 마찬가지로 재산 요건 면제 방침을 얻어내어 계급과 배경에 상관없이 병사를 뽑았다. 모병에는 별다른 어려움이 없었다. 친구들과 이웃들이 북아프리카에서 부와 명예를 얻어 오는 모습을 지켜본 이들은 이제 직접 참전하기를 원했다. 한때 구제불능의 최하층 계급은 로마의 지중해 정복에서 배제되었지만, 이제는 그들이 귀족과 나란히 이득을 얻을 수 있게 되었다. 마리우스가 얼마나 많은 병사를 갈리아에 데리고 갔는지 정확히 알 수는 없지만 대략 로마인 3만 명과 이탈리아 동맹군 및 외국인 보조군 4만 명에 달하는 규모였을 것으로 추정된다. 하지만 우리가 확실히 아는 한 가지는 마리우스가 술라를 곁에 뒀다는 사실이다. 술라가 운 좋게 유구르타를 생포한 공을 차지한 일로 짜증이 나기는 했어도, 마리우스도 그가 로마에서 가장 유능한 군관 중 하나라는 사실을 부정할 수는 없었던 것이다. 술라는 재무관 임기를 마친 뒤 마리우스의 군대에 보좌관으로 합류했고, 다가올 갈리아 군사 작전에서 그의 핵심 부관이 되었다.[6]

마리우스는 갈리아에 도착한 후 아콰이 섹스티아이에 있는 국경 기지 너머 서쪽으로 이동했고, 오늘날의 프랑스 아를 근처로 추정되는 론강 유역에 요새진지를 구축했다. 킴브리족이 히스파니아에서 남쪽 해안을 따라 돌아오거나 다시 한번 론 계곡을 통해 내려온다면 그들은 필히 마리우스의 군대를 통과해야 할 터였다. 진지 적응을 끝낸 후 마리우스는 한 해 전 루틸리우스가 솔선했던 프로그램을 확대하여 군단들의 훈련을 시작했다. 병사들이 긴박감을 느끼며 훈련했음에도 불구하고 킴브리족은 꼬박 2년간 돌아오지 않았다. 그러나 이 같은 임시 유예를 얻었다고 해서 공화국이 순간의 평화를 즐길 수 있었

던 것은 아니다. 북쪽 국경이 조용한 사이에 또다시 격렬한 노예 폭동이 시칠리아섬을 장악했다.[7]

기원전 130년대 시칠리아에서 대규모 노예 반란이 발발한 후로 30년이 흘렀다. '안티오코스왕'의 노예 군대가 겨우 제압된 뒤, 원로원은 노예들에 대한 최악의 학대를 일부 완화하기 위해 몇 가지 개혁안을 도입했다. 하지만 시간이 흐르면서 제1차 노예전쟁의 기억이 점차 희미해지자 대부분의 로마인 노예주들은 과거의 악랄한 습관으로 되돌아갔다. 그러나 이후에 일어난 노예 반란은 단순히 학대행위에 대한 반작용이 아니었다. 마리우스가 직접 내놓았지만 지켜지지 않은 약속에서 비롯된 결과이기도 했다.[8]

마리우스는 새 군대를 채우는 과정에서 외국인 보조군을 요구했다. 하지만 동맹국인 비티니아 왕국의 니코메데스 3세는 로마 징세청부업자들이 그의 백성들을 잡아가서 노예로 팔아버리는 통에 그 의무를 이행할 수 없다는 답변을 보냈다. 더 가까운 곳의 이탈리아인들도 똑같은 불만을 토해냈다. 보아하니 징세청부업자들은 납세 의무를 다하지 못하는 이들을 닥치는 대로 붙잡아서 노예로 팔고 있었다. 이 같은 관행이 로마의 군단 모병 역량에 영향을 끼침에 따라 원로원은 차후 로마 속주에서는 이탈리아인과 비이탈리아인을 막론하고 동맹국 시민을 노예로 만들어선 안 된다는 결의를 공표했다. 원로원은 더 나아가 남녀노소를 불문하고 노예로 잡혀 있는 모든 동맹국 시민을 즉각 해방시키도록 결의했다. 얄궂게도 이 노예 해방 결의가 로마 역사상 두번째로 큰 노예 반란을 촉발시킨 도화선이 된다.[9]

법무관 푸블리우스 리키니우스 네르바는 기원전 104년 시칠리아에서 원로원 결의를 시행할 목적으로 재판소를 열었다. 기록을 검토하여 그 섬의 수많은 노예 중에서 해방될 요건을 갖춘 자들을 정하기 위해서였다. 재판소는 첫 주에 노예 800명을 찾아서 해방시켰다. 그러나 수익에 위협을 받게 된 시칠리아 지주들은 연합을 결성해 네르바에게 정면으로 맞서며 재판소를 폐쇄하라고 요구했다. 뇌물과 협박을 번갈아 활용한 끝에 지주들은 향후 해방시켜달라고 찾아오는 노예들을 돌려보내도록 네르바를 설득해냈다.[10]

하지만 그 시점엔 노예 해방에 관한 소문은 발이라도 달린 듯 저절로 퍼져나간 터였다. 어느새 시칠리아의 모든 노예는 자유로 향하는 승차권이 배달되는 중이라 믿고 있었다. 고작 몇백 명만 해방시키고 재판소가 문을 닫자 섬 전역의 사유지 노예들은 분노로 들끓었다. 남서쪽 해안지역에서 무장봉기가 일어나 노예 수백 명이 카프리아누스 산 고지를 점령했다. 일주일이 채 되지 않아 반란군은 2천 명으로 늘어났다. 노예들을 진압하기 위해 급하게 소집된 시칠리아 민병대가 파견되었으나, 이 군대는 전투가 제대로 시작되기도 전에 무기를 내려놓고 달아났다. 승리의 소식이 퍼지면서 노예 군대는 순식간에 2만 명이 넘는 규모로 훌쩍 커졌다.[11]

초기의 봉기 이후 제2차 노예전쟁은 제1차 노예전쟁과 같은 경로를 밟았다. 실제로 그 경로는 **지나치게** 유사해서, 고대 역사가들이 첫 번째 반란과 관련해 사라진 세부정보를 채워넣기 위해 두번째 반란의 세부사항을 그대로 베꼈다고 생각하는 학자들도 일부 있을 정도다. 그리하여 이번에도 역시 한 시리아인 노예 예언자가 저항세력을 모으고 스스로 왕이 되었다. 다만 이번에는 안티오코스왕이 아니라 트리폰왕이었다. 그런 뒤—전과 마찬가지로—섬 반대편에서 두번째 반란이 일어났고, 이번 반란을 이끈 주동자는 아테니온이라는 킬리키아인이었다. 이번에도 현지 주민들 사이에는 두 노예 군대가 서로 무찌를 거라는 희망이 일었지만, 트리폰 왕과 아테니온이 세력을 합치면서 또다시 희망이 꺾였다. 그러나 이처럼 모든 세부정보가 의심스러울 정도로 유사하긴 해도 제2차 노예전쟁 자체는 지어낸 이야기가 아니었다. 향후 3년 동안 시칠리아를 뒤덮은, 실제로 일어난 반란이었다.[12]

한편 로마에서는 원로원을 계속 포위 공격하고 마리우스가 두 차례 집정관이 되도록 지원한 민중파가 계속 왕성한 기세를 떨쳤다. 사실 기원전 105년 선거의 이례적인 결과는 마리우스의 재선만이 아니었다. 마리우스와 나란히 집정관으로 당선된 사람 역시 가이우스 플라비우스 핌브리아라는 신진 세력이었다. 로마 역사상 두 명의 신진 세력이 함께 집정관 직을 수행한 경우는 단 한 번도 없었다.[13]

정무관 서열의 아랫단 역시 민중파로 채워졌다. 증거가 부족하긴 하지만, 기원전 105년 가이우스 멤미우스—기원전 111년의 선동적인 호민관이자 기원전 109년 마밀리우스 특별위원회의 주요 기소인—가 법무관으로 당선되었던 건 거의 확실하다. 루키우스 카시우스 롱기누스(기원전 107년 티구리니족과 싸우다가 전사한 루키우스 카시우스 롱기누스와는 무관하다)나 나이우스 도미티우스 아헤노바르부스 같은 귀족파의 적들이 호민관으로 선출되었으며, 곧 그들의 지위를 이용해 사적·정치적 원한을 갚기 위한 고발을 추진할 터였다. 기원전 105년은 또 한 명의 야심만만한 신진 세력이 관직의 사다리로 오르는 첫발을 내디딘 해이기도 했다. 그라쿠스 형제보다 더욱 급진적이고 거리낌없던 루키우스 아풀레이우스 사투르니누스가 재무관으로 선출되었다. 그리고 조만간 그는 원로원의 오랜 질서를 완전히 전복시킬 뻔한 정치운동의 중심에 서게 될 것이었다.[14]

그리하여 마리우스가 킴브리족에 대한 방어책을 준비하러 떠나 있는 사이, 이 민중파 부대는 원로원을 향한 집중 공격에 돌입했다. 이제 대다수에게 경멸의 대상이 된 카이피오는 명백히 주요 표적이었다. 민회는 이미 아라우시오 직후에 카이피오의 집정관 직을 박탈했으며, 이젠 호민관 롱기누스가 민회에 의해 임페리움이 무효화된 이들을 모두 원로원에서 제명한다는 법을 통과시켰다. 카이피오는 원로원에서 쫓겨났고 곧이어 사라진 톨로사의 황금에 대해 책임져야 했다. 그런데 민중파로서는 대단히 불만스럽게도, 이후로 이어진 재판은 원로원 의원 다수가 배심원단 자리를 차지한 가운데 진행되었다. 카이피오는 보물을 훔친 혐의에 대해 무죄판결을 받았다. 그의 무죄 방면은 민중파의 분노에 기름을 부었다.[15]

이어서 호민관 아헤노바르부스가 스카우루스에게 개인적인 원한을 갚았다. 자신이 신관 직을 얻을 기회를 스카우루스가 차단했다고 생각했던 것이다. 아헤노바르부스는 사소한 소송 건으로 스카우루스를 법정에 묶어둔 뒤 대신관단 선출을 민선으로 돌리는 법을 통과시켰다. 그때까지는 신관 직에 공석이 생기면 고위 신관들이 그 자리를 채움으로써 귀족파의 일원들이 신관 직을 자기네의 특별한 전유물로 유지할 수 있었다. 그런데 이제는 일반 투표로 신관을 선출하게 된 것이다. 아헤노바르부스의 사례는 공화정 후기에 개인적 사안과 정치적 사안을 구분하기가 얼마나 어려운지 잘 보여주고 있기도 하다. 아헤노바르부스는 개인적인 원한일 가능성이 큰 동기에서 출발하여 민회의 권력을 한층 더 강화하고 귀족층을 약화시킨 법안을 강행 통과시켰다.[16]

또다른 젊은 호민관 루키우스 마르키우스 필리푸스가 대규모 토지 재분배를 목표로 하는 법안을 발의한 것도 민중파가 우세를 점한 이해에 일어난 일이었다. 필리푸스 법안의 세부 내용은 알려져 있지 않지만, 필리푸스가 이 법안에 관해 논의하던 중에 "이 나라에는 토지를 조금이라도 소유한 사람이 2천 명도 안 됩니다"라고 발언했음은 잘 알려진 사실이다. 민중파에 반대했던 키케로는 이어서 필리푸스의 연설에 관해 다음과 같이 평한다. "균등한 토지 분배를 옹호했기에 절대적으로 비난받아 마땅하다. 그보다 더 터무니없는 정책을 상상이나 할 수 있겠는가?" 필리푸스의 법안은 통과되지 않았지만, 그것이 발의되었다는 사실 자체가 그라쿠스 시절에 얻어진 이득이 세기가 바뀌면서 역전되었음을 방증한다.[17]

이러한 민중파의 공격 일부는 단순히 자신의 정치적 라이벌에게 최대한 많은 손해를 입히려 한 귀족계급 야심가들에 의한 것이었지만, 그보다 훨씬 많은 경우는 세상을 불태워버리려 했던 진정한 민중파 급진주의자들이었다.

로마에서 이 모든 일들이 펼쳐지는 사이, 마리우스는 갈리아에서 경계 태세를 유지하고 있었다. 기다리는 동안 그는 로마군의 실전 방식을 근본적으로 바꿔놓은 다수의 전략 및 병참 관련 개혁을 도입했다. 긴 포물선을 그리는 로마의 군사 역사에서 이전에 마지막으로 군단에 대대적인 변화가 일어난 것은 기원전 300년대 삼니움 전쟁 때였다. 중부 이탈리아의 험한 언덕지대에서 싸우게 된 로마인들은 그리스식의 엄격한 밀집대형을 버리고 보다 융통성 있는 대형을 개발했다. 이후로 군단의 편제는 기원전 146년 마지막 정복 시기까지 큰 변화 없이 유지되었다. 146년 이후에 군단은 또다시 변화를 거쳤는데, 기원전 3세기에 존재하던 방식의 군단을 기원전 1세기 지중해 정복을 완료할 무렵 폼페이우스와 카이사르가 이끈 군대로 바꿔놓은 대부분의 혁신이 마리우스의 공이라고 고대 사료는 기술하고 있다.[18]

마리우스가 도입한 혁신에서 가장 중요한 측면은 병사들의 체력 단련과 기동 속도에 특히 중점을 두었다는 것이다. 으레 로마군 뒤를 따라다니는 끝없는 물자 수송대 행렬이 군단의 기동성을 저해한다고 결론 내린 마리우스는 앞으로 그의 병사들은 각자 군장을 가지고 다닌다는 칙령을 내렸다. 무기와 담요, 의복, 배급 식량을 직접 등에 짊어진다는 뜻이었다. 이처럼 자급자족하는 병사들을 지켜보던 고루한 군관들은 조롱하는 의미로 그들을 '마리우스의 노새들'이라고 입버릇처럼 불렀다. 하지만 그 방법은 효과가 있었다. 속도와 응집력이 군단의 핵심 자산이 된 것이다. 마리우스는 또 개별 군단마다 고유한 동물 상징을 두던 관행을 중단하고 독수리—마리우스에게 특별한 의미가 있던 새—를 모든 군단의 보편적인 상징으로 삼으라고 명령함으로써 전 군단의 단결심을 고취했다.[19]

그뿐만 아니라 마리우스는 병사들이 휴대하는 무기류에도 전술적인 개선을 꾀했는데, 그중에서도 특히 새로운 종류의 창을 개발한 점이 두드러진다. 모든 병사가 가지고 다닌 표준 무기는 전투가 시작되는 순간 적을 향해 던지는 것이 일반적이었다. 하지만 그렇게 던진 무기를 적군이 집어들어 로마인들에게 되던지는 경우가 많았다. 그래서 마리우스는 강철 창촉과 나무 자루의 접합부에 납을 사용한 새로운 형태의 창을 개발했다. 그 창은 표적을 맞히고 나면 무른 납이 찌그러지고 휘어져 적군이 전혀 쓸 수 없게 되었고, 적군으로서는 꼴사납게 튀어나온 그 발사 무기를 떼어내는 것도 고역이었다.[20]

그러나 이 시기에 일어난 모든 군사 개혁이 종종 마리우스의 공으로 인정되기는 해도, 로마 군단의 표면적인 변화가 오로지 그 한 사람에 의해 이루어진 것은 아니었다. 가령, 군대의 기본 전술 단위를 소규모 중대maniple에서 그보다 큰 대대cohort로 바꾼 사람이 마리우스라고 보는 이들이 많다. 전술상 큰 방진을 이루면 야만인들의 대규모 돌격에 더 강력히 버틸 수 있으므로, 대대 단위가 채택된 시기를 마리우스의 개혁 도중으로 설정하는 것이 역사가들 사이에서 표준이 되었다. 하지만 알고 보면 그 주장을 뒷받침할 증거는 티끌만큼도 없다. 따라서 마리우스가 군단의 변화에 대단히 중요한 역할을 한 인물은 맞지만, 또한 훨씬 거대한 과정 안에서 활약했던 한 사람일 뿐이라는 사실도 기억하는 것이 중요하다.[21]

마리우스는 결과적으로 현실화되지 않은 킴브리족의 침공을 기다리며 기원전 104년 한 해를 보냈다. 하지만 갈리아 전선을 다른 사람에게 넘기고 싶지 않았던 민회는 기원전 103년 선거에서 마리우스를 2년 연속 집정관으로 선출함으로써 다시 한번 모스 마이오룸에 강력히 맞섰다. 공화정 역사를 통틀어 한 사람이 두 번 연속으로 집정관을 지낸 일은 두어 차례 아주 산발적으로 일어났을 뿐이었다. 그전의 마지막 사례는 제2차 포에니 전쟁중에 위대한 퀸투스 파비우스 막시무스가 기원전 214년과 215년 연속으로 집정관이 된 경우였다. 그러나 카이피오와 말리우스가 협력하지 못했다는 사실은 곧 그처럼 지휘권이 분열될 위험을 로마가 또다시 감수할 순 없다는 뜻이었다. 그래서 민회는 마리우스를 2년 연속 집정관 직에 선출하는 획기적인 선택을 했다. 마리우스로서는 6년 만에 세번째 집정관 직이었다.[22]

마리우스는 킴브리족이 돌아오기를 끈기 있게 기다리는 동안 로마의 갈리아 내 동맹관계를 재건하는 데 많은 시간을 쏟았다. 그는 위장시킨 병사들을 보내 현지 부족들에 관한 정보를 입수했으며 그들이 무엇을 원하고 무엇을 두려워하는지, 그들의 내부 경쟁 구도는 어떤지 등을 알아냈다. 그런 다음 외교 순방차 술라를 파견하여 그들을 로마 진영으로 다시 끌어올 수 있도록 각 부족마다 당근과 채찍이 섞인 맞춤식 정책을 제안했다. 기원전 103년 말에 이르자 로마는 킴브리족이 돌아왔을 때 의지할 수 있는 동맹 관계망을 다시 되찾았다. **만약에 킴브리족이 돌아온다면 말이다.**[23]

이 무렵 마리우스는 킴브리족을 물리칠 때까지는 계속 집정관 직을 유지해야 한다는 확신을 스스로 내면화한 상태였다. 하지만 킴브리족이 계속 모습을 보이지 않다보니, 마리우스가 집정관 직을 연임하도록 몰고 갔던 긴박한 분위기가 점점 희미해지는 것 같았다. 다가올 집정관 선거에서 패배할 위기에 처한 마리우스는 집정관 직을 단단히 붙잡고 있기 위해 로마로 돌아가서 물불 가리지 않는 젊은 정치인 사투르니누스와 동맹을 맺었다.

루키우스 아풀레이우스 사투르니누스는 기원전 105년 선거에서 다른 민중파 귀족들과 함께 재무관으로 당선되었다. 오스티아에서 곡물 공급을 감독하는 임무를 배정받은 사투르니누스는 하필 제2차 노예전쟁으로 시칠리아에서 들어오는 곡물 보급로가 차단된 때에 업무를 이어받았다. 이 위기로 인해 원로원은 사투르니누스에게서 그의 책무를 빼앗는 이례적인 조치를 취했다. 원로원 최고참 의원 스카우루스가 그해 남은 기간 동안 그 자리를 대신했다. 역사가 디오도로스는 사투르니누스가 굴욕적인 불신임을 당한 이유를 "나태함과 부도덕한 성품"에서 찾지만, 더없이 활발하고 도덕적인 재무관이었다 해도 그처럼 열악한 상황을 감당해낼 수 없었을 가능성도 적지 않다.[24]

이 모욕이 자극제가 되어 사투르니누스는 로마로 돌아가서 호민관 선거에 출마했다. 사투르니누스를 경멸의 눈으로 바라본 키케로는 그에 관해 이렇게 평했다. "그라쿠스 형제 시대 이후 모든 선동 연설가들 중에서 대체로 그가 가장 유능하다고 여겨졌다. 하지만 그가 대중의 이목을 끈 데는 실제로 유창한 표현이나 하다못해 웬만한 수준의 양식이 아니라 그의 외모와 몸짓, 복장이 크게 작용했다." 하지만 그의 연설은 충분히 훌륭했다. 사투르니누스는 기원전 103년 호민관으로 당선되었다.[25]

마리우스 같은 사람은 정치적 출세를 위한 연료로 민중주의 수사를 활용하기는 했지만 다른 한편으로 귀족들에게 받아들여져 그들과 대등한 인물로 인정받고 싶은 열망이 가득했다. 그에 반해 사투르니누스는 폭격기였다. 역사 속의 수많은 민중혁명이 그렇듯이, 문을 여는 사람과 그 문으로 뛰어나가는 사람이 항상 같지는 않다. 한 해 전에 민중주의 정책을 가동했던 아헤노바르부스나 롱기누스, 필리푸스 같은 이들은 모두 오래된 귀족 가문 출신이었고 마리우스와 마찬가지로 민중주의적인 수사는 권력을 향한 길이라고 여겼다. 반면에 사투르니누스는 정말이지 그저 모든 것을 불태워버리고 싶은 듯이 보였다.

이제 호민관이 된 사투르니누스는 같은 민중파인 가이우스 노르바누스와 손잡고 경멸받는 카이피오를 다시 법정에 세웠다. 귀족파의 편에 선 호민관 두 명이 그 재판에 거부권을 행사하려 했지만, 모스 마이오룸에 대한 존중이 위험스러울 만치 낮았던 노르바누스는 폭동을 선동함으로써 반대편 호민관들을 물리적으로 민회장 밖에 몰아냈다. 카이피오는 정식으로 기소되었고 유죄가 인정되어 추방형을 선고받았다. 로마 정치판에서는 폭력이 최종 결정권을 갖는다는 사실이 다시 한번 입증되었다.[26]

그러나 사투르니누스는 카이피오로 그치지 않았다. 그는 불운한 말리우스에게 눈길을 돌렸다. 이때까지 말리우스는 오만한 귀족에게 배반당한 신진이요 민중파의 순교자였다. 하지만 사투르니누스는 이전보다 더 무차별적인 무기를 휘두르고 있었으므로 말리우스 역시 기소되어 유죄판결을 받고 추방형에 처해졌다.[27]

이렇게 유죄판결을 받아낸 데 이어 사투르니누스는 반역죄maiestas, 즉 국가의 위신을 훼손한 범죄를 다룰 새로운 상설 법정을 설립하는 법안을 통과시켰다. 이 법은 임시로 운영되던 비리 재판소를 활용하여 공직사회의 영구적인 요소로 정착시켰다. 이제 정도를 벗어난 행동을 한 귀족은 누구나 더없이 빈약한 구실로도 신설 법정에 불려가서 기사들로 구성된 배심원단 앞에서 기소되는 상황을 예상할 수 있었다. 이 신설 법정은 프랑스혁명 시기에 공포정치의 도구가 된 혁명재판소Tribunal révolrutionnaire와 꼭 같지는 않았겠지만, 그에 근접했던 건 사실이다.[28]

정적들을 파멸시킬 수단을 확립한 사투르니누스는 이제 민중의 지지 기반을 강화하기를 기대했다. 그는 누미디아 전쟁 퇴역병들이 완벽한 기반이 되겠다고 확신했다. 누미디아에서 복무했던 병사들 대다수는 다시 로마 근처에서 살고 있었으니 언제든 조직되길 기다리는 정치 세력인 셈이었다. 사투르니누스는 퇴역병들을 회유하기 시작했으며 자신이 유구르타와 싸운 모든 병사에게 북아프리카의 토지를 나눠주는 법안을 발의할 계획이라고 알렸다. 그라쿠스의 토지 할당과 달리 사투르니누스의 토지 할당은 퇴직 특별수당의 성격을 띠었다. 그 땅은 퇴역병이 자기 마음대로 처분할 수 있을 터였다. 그러니까 땅을 가지고 있을 수도 팔 수도 있었다. '퇴역병을 위한 토지' 계획은 사투르니누스가 홍보할 때만 해도 새로운 정책이었지만, 이는 향후 군단병이 제대하면 토지를 기대할 수 있다는 전례를 남겼다.[29]

그러나 사투르니누스의 퇴역병을 위한 토지 방안은 정치 세력을 조직하는 것 못지않게 마리우스의 환심을 사려는 목적도 있었다. 2년 연속 집정관을 지내고 임기 막바지에 이른 마리우스는 엄청난 영향력을 행사하고 있었다. 사투르니누스는 그 영향력을 이용하고 싶었다. 그는 마리우스가 누미디아 퇴역병들을 부유하게 해주는 정책에 호의적일 거라고 예측했다. 그리고 사투르니누스는 마리우스의 병사들을 관리하는 것에 더해 서로에게 이익이 되는 포룸의 정치 무대까지 연출했다. 마리우스는 다시 집정관으로 선출되길 원했지만 이미 두 번 연속 재임한 터라 또 선거에 나가면 오만하고 허영심 많게 보일 수 있었다. 그래서 마리우스는 기원전 102년 선거를 앞두고 로마로 귀국하여 자신은 또다시 집정관이 될 생각이 없으며 인민은 다른 사람을 뽑아야 한다고 선언했다. 이에 때맞춰 사투르니누스는 로마 시민들을 무방비로 내버려두는 배신을 저질렀다며 마리우스를 비난하는 한편, 마리우스가 다시 집정관 직을 받아들이도록 요구하라며 청중을 부추겼다. 마리우스는 압도적인 표차로 재선되었고 기원전 102년 1월 유례없이 3년 연속으로, 다 합치면 네번째로 집정관에 취임했다.[30]

이 모든 일이 펼쳐지는 동안에도 시칠리아의 노예 반란은 맹렬히 계속되었다. 아이러니하게도 갈리아의 군 병력을 시급히 채워야 할 필요로 인해 이런 사태가 촉발되었지만, 이제 원로원은 군단병들을 되돌려 반란에 대처해야 했다. 기원전 103년 사면초가에 몰린 원로원은 법무관 루키우스 리키니우스 루쿨루스에게 최대한 많은 병사를 모집해서 시칠리아를 탈환하라고 지시했다. 본토까지 번져가는 반란으로 겁에 질린 남부 지역 공동체들에서는 확실히 모병이 가능했던데다 싸우는 것밖에 선택의 여지가 없는 시칠리아인들까지 더해져, 루쿨루스는 얼추 1만 7천 명의 병력을 그러모았다. 이 군대—이번에는 진짜 군대였다—가 도착하자 겁을 먹은 트리폰왕과 아테니온은 자신들의 수적 우세가 승리를 안겨주길 희망하며 루쿨루스와 맞서서 나왔다. 그러나 그들의 수적 우위가 거의 2대 1에 가까웠음에도 그것만으로는 충분하지 않았다. 이어진 전투에서 노예군은 무너져 패주했으며 2만 명으로 알려진 사망자의 시신만이 뒤에 남았다.[31]

하지만 승리했음에도 불구하고 루쿨루스는 자신의 지위를 강화하기 위해 혼신의 노력을 쏟지 않았다. 그는 9일이 지나고서야 병력을 이끌고 노예군의 수도인 트리오칼라 요새로 갔다. 루쿨루스는 그 도시를 함락시키려고 딱 한 번 시도했지만 요새가 너무 견고한 것으로 드러나자 다시 시라쿠사이로 철수했다. 루쿨루스의 이해할 수 없는 행동은 로마 국내에서 추문을 일으켰고, 그는 "나태한데다 무관심해서든 뇌물을 받고 부패해서든 적절한 직무 수행을 완전히 등한시한" 사람으로 규탄받았다. 루쿨루스는 반란을 진압하는 대신 반란이 지속되도록 내버려둔 것이다. 그리하여 기원전 102년 초에 원로원은 그곳의 군사 작전을 이어받을 후임자를 파견했다.[32]

지휘권을 상실한 뒤 무시당했다고 느낀 루쿨루스는 그의 병사들에게 충격적인 내용을 공표했다. 그들이 로마 원로원과 인민에 대한 의무를 다했으니 이로써 소집 해제되었다고 말한 것이다. 루쿨루스는 같이 데려온 병사 1만 7천 명을 해산시킨 것도 모자라 "방책과 방어 시설까지 모조리 불태워버림으로써 후임자에게 전쟁 수행에 유용한 자원을 아무것도 남기지 않았다. 그가 전쟁을 불필요하게 오래 끌고 있다는 비난이 있었기 때문에, 후임자가 굴욕을 당하고 실패하게 함으로써 자신에게 잘못이 없음을 밝힐 수 있으리라 믿었다". 후임자에게 군대도 방어시설도 남겨주지 않았으니, 루쿨루스가 로마에 돌아가자마자 각종 혐의로 소환되고 추방 선고를 받았다는 사실은 놀라운 일도 아니다.[33]

시칠리아가 계속 들끓고 있던 기원전 102년 봄에, 갈리아에서 가이우스 마리우스가 기다려온 순간이 드디어 도래했다. 킴브리족이 돌아오고 있었던 것이다. 마리우스의 정보망은 훌륭했으므로 그는 일찌감치 그들의 귀환이 임박했다는 보고를 받았다. 그는 또한 최소 세 개의 다른 부족이 그들과 합류하여 대규모 반로마 연합을 결성했다는 사실도 알았다. 킴브리족 외에 테우토네스족과 암브로네스족이 포함되었는데 이 두 부족 역시 북해에서 그 기원을 찾아볼 수 있다. 역시나 이 연합에 합류한 티구리니족은 그들이 익히 간파한 로마의 약점을 다시 한번 이용해볼 심산이었다.[34]

마리우스는 이 반로마 연합이 두 개의 전선으로 이탈리아에 침투할 목표를 세웠다는 보고도 받았다. 테우토네스족과 암브로네스족은 론 계곡을 따라 남하하여 북서쪽에서부터 이탈리아로 들어가는 반면 킴브리족은 동쪽으로 방향을 틀어 북동쪽에서부터, 그러니까 그들이 카르보와 처음 격돌했던 노레이아 근처에서 이탈리아로 들어간다는 계획이었다. 티구리니족이 맡은 역할은 알프스산맥으로 통하는 관문을 지키는 것이었다. 그들이 나뉘어서 침공한다는 것은 곧 로마인들도 수비력을 나눠야 한다는 뜻이었다. 마리우스가 테우토네스족과 암브로네스족에 맞서기 위해 갈리아 남부에 머무르는 동안, 동료 집정관 퀸투스 루타티우스 카툴루스는 킴브리족이 알프스를 통과하는 것을 막기 위해 이탈리아 북동부로 향했다.[35]

마리우스는 2년 넘게 갈리아 남부의 지형을 정찰해왔으므로 적군과의 첫 접전에 대비한 요새진지를 어느 위치에 두어야 할지 정확히 알았다. 론강 옆의 고지에 위치한 그 진지는 난공불락에 가까울 터였다. 테우토네스족과 암브로네스족이 곧 나타나리라는 소식이 들어오자 마리우스는 휘하 군단들을 이끌고 북쪽으로 가서 진지를 세웠다. 양 진영이 처음 맞닥뜨렸을 때 무슨 일이 벌어졌는지는 이미 앞에서 살펴본 바와 같다. 마리우스는 병사들을 진지 밖으로 내보내지 않고 거대한 무리가 이동할 때까지 기다리게 했다. 테우토네스족과 암브로네스족이 떠나고 나서야 마리우스는 마침내 병사들에게 진지를 떠나 적을 뒤쫓으라고 명령했다. 안달이 난 군단병들은 대담성이 없어 보이는 장군의 행동을 도저히 이해할 수가 없었다. 그때까지 그들은 마리우스가 주도면밀하게 설계된 계획을 실행하고 있음을 미처 깨닫지 못했다.[36]

마리우스는 휘하 군단들의 탁월한 속도를 이용하여, 그가 신중히 고른 아콰이 섹스티아이 근처의 또다른 장소에 모두가 다다를 때까지 야만인 무리와 나란히 질주했다. 테우토네스족과 암브로네스족은 강가에 진을 쳤고, 로마 군단들은 야만인들의 진지가 바라보이는 숲속 빈터에 자리를 잡았다. 마리우스는 목마른 병사들에게 "저곳에 가면 물을 얻을 수 있지만 그 대가는 피다"라고 말했다. 전투의 시작을 알린 전초전에서 마리우스는 암브로네스족 3만 명을 고립시켜 제거했다. 이어서 며칠 뒤에는 긴 산비탈 꼭대기에 병사들을 배치하여 테우토네스족이 그들을 만나려면 위로 올라오며 공격해야 하는 상황을 만들었다. 그러나 양쪽이 맞붙자마자 로마군은 그들을 다시 언덕 아래로 몰았다. 테우토네스족이 맹공격을 받고 후퇴하자 마리우스는 숨겨둔 예비부대에게 숲에서 튀어나와 테우토네스족의 노출된 후방을 치라고 명령했다. 전투가 끝났을 때 마리우스의 군단들은 그저 승리하기만 한 것이 아니라, 두 갈래로 나뉜 이탈리아 침공의 한쪽 줄기를

완전히 전멸시켰다.[37]

아콰이 섹스티아이 전투의 사상자 수는 어마어마했다. 사망자가 10만 명에서 20만 명 사이에 이르렀고, 그중에는 피비린내 나는 혼란의 틈바구니에 휩쓸린 민간인도 많았다. 어머니들은 노예가 되느니 "자식들을 바위에 내동댕이친 뒤 검으로 찌르거나 목을 매어 자살했다". 훗날 사람들이 말하기를 그 지역 주민들은 "전사자들의 뼈로 포도밭 울타리를 둘렀으며, 그 일대의 땅속에서 시체가 썩어 사라지고 그 위로 겨울 내내 비가 내리자 썩은 물질이 속속들이 스며든 토양이 너무나 비옥해진 나머지 이후 수년간 대단한 풍작을 거뒀다".[38]

마리우스는 지금껏 그의 이력 중에 가장 큰 전투에서 승리했음에도 불구하고 승리의 기쁨을 오래도록 만끽하지 못했다. 동료 카툴루스가 이탈리아 북동부에서 지독한 곤란을 겪고 있다는 보고가 들어왔다. 카툴루스는 강직한 귀족파 의원이었지만 군인보다는 학자와 정치가 쪽에 가까웠다. 그는 "한층 고상한 덕목과 지혜와 청렴함으로 유명한 인물"이었으나 "힘겨운 대결을 벌이기에는 너무 굼뜬" 사람으로 드러났다. 마리우스는 알프스 산길을 지키지 못했다는 동쪽으로부터의 심상치 않은 보고서들을 읽었다.[39]

카툴루스는 노련한 장군이 아니었을지 몰라도, 그의 곁에는 최고로 유능한 술라가 있었다. 수년째 마리우스 밑에 있는 것에 안달하던 술라는 기원전 102년 군사 작전에서 어찌어찌 카툴루스의 사령부로 옮겨갈 수 있었다. 술라는 군단들이 킴브리족을 기다리는 동안 현지 부족들과 동맹을 주선하고 안정된 보급로를 조직하는 등 주목할 만한 활약을 했다. 그러나 쓸 수 있는 병사가 약 2만 명뿐인 상황에서, 아무리 준비를 많이 한들 수십만에 달하는 킴브리족을 상대로 큰 차이가 있진 않을 터였다. 산악지대에서 벌어진 최초의 격돌은 느리게 움직이는 이 무리의 수적인 우위가 너무 크다는 것을 입증했다. 로마군은 싸우면서 후퇴할 수밖에 없었다.[40]

산속에서 포위되어 킴브리족과 싸웠던 다른 모든 로마군처럼 전멸될 위기에 놓이자, 카툴루스는 알프스 고개를 방어하기는 불가능하다고 선언한 뒤 군단들을 산에서 철수시켜 그대로 북부 이탈리아의 아디제강까지 후퇴했다. 그것이 전략적으로 타당한 판단이었을 수도 있지만, 카툴루스는 알프스산맥을 버림으로써 킴브리족에게 싸울 필요도 없이 갈리아 키살피나('알프스 이쪽의 갈리아'라는 뜻. 즉 이탈리아 쪽 갈리아—옮긴이)로 들어가는 길을 내주었다. 문을 두드려댄 지 10년 만에 킴브리족은 마침내 이탈리아에 들어왔다.[41]

전선을 사수하기 위해 카툴루스는 아디제강 이편과 건너편 양쪽에 철저히 요새화한 진지를 세우고 둘을 연결하는 다리를 놓으라고 명령했다. 그러나 킴브리족 정찰대가 로마군 진지의 위치를 알리자 부족장들은 기발한 전략을 생각해냈다. 곧이어 킴브리족 파견대가 강 하류로 가서 제방을 쌓기 시작했다. 그들은 "옛날 옛적 거인들처럼 주변 언덕들을 허물더니 뿌리째 뽑힌 나무와 절벽 파편과 흙더미를 싣고 가서 강 속에 던져넣어 강물의 흐름을 막았다". 그사이 두번째 파견대는 강 상류로 가서 물에 뜨는 추진체를 건조했다. 그 "육중한 덩어리들"은 급류를 따라 미끄러지며 "다리 말뚝을 향해 돌진했고…… 그 충격에 다리가 흔들렸다". 제방으로 인해 어느새 양쪽 기슭에 강물이

범람하고 추진체의 거듭된 공격으로 다리가 부서지자, 카툴루스와 그의 군대는 이 상황이 나쁘게 끝나지 않을까 우려하기 시작했다.[42]

로마군 진지들이 물에 잠기고 부서진 것과 동시에 킴브리족은 총공격을 개시했다. 전방 진지를 지키고 있던 병사들은 어느 모로 보나 용맹하게 싸웠지만, 강 건너편에 있던 군단들은 가망 없는 상황이라 여기고 달아났다. 한 기병 파견대는 쉬지 않고 말을 달려 곧장 로마까지 갔는데, 우리가 이 이야기를 아는 까닭은 그 기병들 중에 마르쿠스 아이밀리우스 스카우루스의 아들이 있었기 때문이다. 그 젊은 군관이 로마에 도착하자 원로원 최고참 의원 스카우루스는 아들을 모른 척했고 비겁하게 행동했다는 이유로 가문에서 퇴출시켰다. 킴브리족과의 전쟁에서 살아남은 청년은 치욕 속에서 스스로 목숨을 끊었다.[43]

이 전투중에 카툴루스가 취한 행동은 열띤 논쟁을 불러일으켰다. 카툴루스 본인에 따르면 그는 군대가 패주하는 것을 보고 병사들의 명예를 위해 자신의 명예를 희생했다. "병사들에게 남으라고 설득할 수 없다는 사실을 깨달았고 그들이 겁에 질려 달아나는 모습을 보았기 때문에, 그는 군기를 뽑으라고 지시한 뒤 후퇴하는 선두 부대 병사들에게 달려가 그들의 맨 앞에 섰다. 조국이 아니라 그 자신에게 불명예가 따라붙기를, 퇴각하는 병사들이 도망치는 것이 아니라 그들의 장군을 뒤따르는 것처럼 보이기를 바라서였다." 하지만 카툴루스가 남쪽으로의 무질서한 패주를 긍정적으로 포장해보려 했던 것일 가능성이 더 크다.[44]

그러나 이제 로마로 가는 길이 활짝 열렸는데도 킴브리족은 북쪽에 그대로 남았다. 그들은 분명 "온화한 기후와 먹고 마실 것과 목욕

할 곳이 넘쳐나는 환경에 영향"을 받았던 것 같다. 그들은 항상 머물러 살 보금자리를 찾아 헤매왔다. 아마도 여기가 그 보금자리인 듯했다. 하지만 그들이 떠나지 않고 머무른 것은 조만간 서부 알프스를 지나서 도착할 예정이던 테우토네스족과 암브로네스족을 다시 만날 날을 기다리기 위해서였을 수도 있다. 그들은 아직까지 자기네 형제 부족들이 이미 전멸당했다는 사실을 깨닫지 못했다.[45]

8장
로마 제3의 건국자

THE
THIRD
FOUNDER
OF
ROME

THE
**STORM
BEFORE THE
STORM**

> 자유, 민주주의, 법, 명성, 공직은 누구에게도 더이상 아무 쓸모가 없었다. 범죄자를 제지할 목적으로 고안되었던 호민관 직마저도…… 엄청난 포학행위를 저질렀고 엄청난 수모를 겪었기 때문이다.
> ─아피아노스[1]

킴브리족이 갈리아 키살피나를 점령하고 노예들도 여전히 시칠리아 전역에서 날뜀에 따라 로마 정계에는 급진주의가 대두했다. 비상시국 분위기 덕분에 사투르니누스 패거리는 정치적 한계를 초월할 수 있었다. 그들은 앞서 호민관 노르바누스가 성난 군중의 힘을 빌려 카이피오의 기소를 강행했을 때 이미 폭력을 부활시켰다. 마리우스의 재선을 돕고 나서, 이제 사투르니누스는 선거권과 물리력을 과시할 준비가 된 마리우스의 예전 병사들로 이루어진 작은 군단을 마음대로 활용할 수 있게 되었다.

사투르니누스와 함께 이 새로운 민중파 정치 군단의 선두에 선 이는 가이우스 세르빌리우스 글라우키아였다. 글라우키아는 원로원 동료 의원 대부분에게 경멸받는 인물이었다. 키케로는 그를 일컬어 "사상 최악의 파렴치한 놈"이라 칭한다. 이후에도 키케로는, 비록 자신이 저속한 비유를 권장하진 않지만 글라우키아는 "원로원의 똥덩어리"라 부르면 딱 맞았을 거라고 말하기도 했다. 하지만 그렇게 거만한 키케로조차도 사투르니누스에 대해서는 "예리하고 교묘하며 유머가 넘쳤다. 비천한 태생과 타락한 생활에도 불구하고 그는 집정관의 존엄을 쟁취할 수 있었을 것이다"라고 인정했다. 하지만 글라우키아는 집정관의 존엄에 이르지 못할 테고, 그의 부패한 삶이 그를 파멸로 몰아갈 터였다.[2]

다가올 그들의 로마 탈취에 도덕적 권위라는 허울을 입히기 위해, 사투르니누스와 글라우키아는 이제 전설이 된 그라쿠스 형제의 기억을 끌어들였다. 사투르니누스는 순교한 그라쿠스 형제의 흉상을 집 안에 전시했고 연설에서 그 형제 순교자들을 거론했다. 그라쿠스 형제의 유산을 자신의 것으로 만드는 것이 너무나 중요했던 나머지, 사투르니누스는 어느 날 오래전 사라진 티베리우스 그라쿠스의 아들이라는 한 청년을 데리고 포룸에 나타났다. 그 청년은 나이대가 맞아 떨어졌으며, 사투르니누스는 그를 정식으로 인구조사 명부에 올려 그라쿠스 가문의 적법한 후계자로 인정해야 한다고 주장했다.[3]

그라쿠스 가문을 개인적으로 아는 사람들은 누구나 사투르니누스가 속이 뻔히 보이는 이야기를 지어내고 있다는 것을 알았다. 그라쿠스 형제의 생존한 누이 셈프로니아는 만난 적도 없는 이 조카라는 청년을 받아들이려 하지 않았다. 하지만 이때는 거짓말하는 사람이 그것을 계속 진실이라고 주장할 정도로 대담하다면 거짓말이 아니게 되던 시절이었다. 사투르니누스에게 중요한 일은 잠재적인 지지자들의

머릿속에 그라쿠스 가문의 아들이 사투르니누스의 측근으로 들어와 있다는 생각을 심어놓는 것뿐이었다.[4]

그러나 사라졌던 그라쿠스를 내보인 것은 사투르니누스의 귀족파 정적들을 잡기 위한 덫이기도 했다. 그중에서도 핵심 타깃은 메텔루스 누미디쿠스였다. 메텔루스는 누미디아에서 지휘권을 박탈당한 뒤 로마로 돌아와서 이후 5년 동안 민중파의 모든 조치에 반감을 표하며 보냈다. 하지만 길거리에서는 그의 이름이 조롱거리가 되었어도 메텔루스는 여전히 많은 추종자를 거느렸으며 같은 귀족파 사이에서 나무랄 데 없는 평판을 누렸다. 그랬기에 마리우스를 연속 세번째로 집정관에 당선시킨 기원전 102년 선거에서 메텔루스는 감찰관으로 선출되었다. 메텔루스가 취임한 직후에 일어난 '젊은 티베리우스 그라쿠스'의 깜짝 등장이 우연일 리 없었다.[5]

감찰관의 주된 직무는 시민 명부 관리였고, 예상대로 메텔루스는 그라쿠스를 사칭하는 인물의 정통성을 인정하지 않음으로써 길거리에 거센 반발을 일으켰다. 게다가 메텔루스는 한 발 더 나가 사투르니누스와 글라우키아를 공중도덕 위반죄로 고발하면서 두 사람을 원로원에서 제명시키겠다는 의사를 밝혔다. 사투르니누스와 글라우키아는 즉시 군중을 조직해서 메텔루스의 행동에 항의했다. 자부심 강한 메텔루스는 이 성난 폭도에 맞서 꿋꿋이 버텨보려 애썼지만 결국은 군중이 토해내는 모욕과 비난을 피해 카피톨리누스 언덕의 한 신전으로 피신할 수밖에 없었다. 군중이 해산하고 나서 메텔루스의 사촌인 동료 감찰관은 노골적으로 벌집을 쑤시는 짓을 그만두고 사투르니누스와 글라우키아를 그냥 원로원에 두라고 그를 설득했다. 그러나 두 감찰관은 이 부분은 양보했어도 젊은 티베리우스 그라쿠스를 인정해주지는 않았다. 하지만 그 점은 중요하지 않았다. 이미 엎질러진 물이었다.[6]

이 사건이 일어난 직후 폰토스의 미트리다테스왕이 보낸 특사가 로마에 도착했다. 폰토스는 멀리 흑해 연안에 있는 왕국이었다. 미트리다테스는 최근에 이웃 카파도키아 왕의 목을 베고 자기 아들을 그 왕좌에 올렸다. 폰토스의 사절은 이 권력 이양을 인정해달라고 원로원에 요청했다. 이런 종류의 대표단에 걸맞게 이 사절들은 선물을 잔뜩 싣고 로마에 들어왔으므로, 사투르니누스는 외세에 매수된 특권층의 부패라는 오래된 반원로원의 주제를 되살릴 수 있었다. 사투르니누스는 유구르타의 충격적이었던 매수 사건을 모두에게 상기시키며 원로원과 폰토스 사절단의 부정행위를 싸잡아 비난했고 사절단에게 신체적 위협을 가해 로마를 떠나게 하려고 시도했다.[7]

이런 신체적 위협이 원로원에서 그냥 보아 넘길 수 없을 만큼 도가 지나쳤던 탓에, 사투르니누스는 외국 사절의 신성불가침성을 침해한 혐의로 법정에 소환되었다. 사형 죄로 기소될 상황에 처한 사투르니누스는 연극조의 과장된 언동으로 길거리 민중의 동정심을 불러일으켰다. "호화로운 의복을 벗어던지고 초라하고 누추한 옷차림으로, 수염도 그냥 자라도록 내버려둔 채 그는 도시 곳곳의 떠들썩한 인파를 만나러 이리저리 뛰어다녔으며…… 지금 그에게 닥친 재앙을 벗어나도록 도와달라고 눈물로 호소했다." 사투르니누스는 자신의 혐의가 날조된 것이며 그가 기소된 진짜 이유는 "인민을 향한 그의 선의" 때문이라고 주장했다. 마침내 재판일이 왔을 때 성난 군중은 민회장을 가득 메웠고, 그리하여 재판을 진행하기가 어려워—심지어 위험해—졌다. 사투르니누스는 재판이 시작되기도 전에 석방되었다.[8]

흔히 그라쿠스 형제는 군중 전술과 무원칙 포퓰리즘 정치의 으뜸가는 대가로 지목된다. 그러나 그들의 활동은 대부분 진정으로 공화정을 개혁하려던 열망에서 비롯된 것이었다. 그들의 삶을 에워싼 폭력은 사전에 계획된 것이 아니라 예기치 않게 발생한 것이었고 달갑잖은 침입이었다. 반면 사투르니누스는 뒤틀린 생각으로 교묘하게 조작된 군중 폭력이 한 사람의 경력을 얼마나 멀리까지 나아가게 할 수 있는지 후대의 선동 정치가들에게 최초로 보여준 인물이었다. 그리고 사투르니누스는 이제 막 시동을 건 데 불과했다. 그가 새로 얻은 막강한 정치적 동맹자 가이우스 마리우스가 곧 완전한 승리를 거두고 귀환하게 될 것이었기 때문이다.

카툴루스의 패배 이후 북쪽 상황은 격렬했지만 비관적이지는 않았다. 마리우스가 이미 테우토네스족과 암브로네스족을 전멸시킨데다, 킴브리족이 북부 이탈리아를 점거하고 있기는 했어도 계속 남하할 조짐은 보이지 않았다. 마리우스는 기원전 101년 1월 연속 네번째로 집정관 직에 취임했고, 겨울 동안 최대한 많은 병사를 갈리아에서 이탈리아로 이동시켰다. 동원 가능한 모든 병력을 포강 남쪽 기슭에 모은 뒤, 마리우스는 자신의 갈리아군과 카툴루스의 남은 군단들을 합쳐 전군의 지휘를 맡았다. 마리우스는 카툴루스와 술라 모두 지도부 자리에 그대로 두었지만 아라우시오에서의 치명적인 분열을 되풀이하지는 않을 작정이었다. 단독 지휘권은 마리우스에게 있었다. 기원전

101년 봄에 그는 5만 병사를 이끌고 포강을 건너 킴브리족 20만 명과 대적하러 나섰다.⁹

　로마 군단들이 지평선 위로 모습을 드러내자 킴브리족 사절들은 말을 타고 나와 로마인들을 맞았다. 킴브리족은 자신만만한 태도로 로마인들에게 갈리아 키살피나 땅을 양보하라고 요구했다. 테우토네스족과 암브로네스족이 곧 이탈리아로 넘어올 것이라고 마리우스에게 상기시키면서, 그들이 합세하면 로마인들은 이쪽의 힘에 저항할 수 없다고 말했다. 이 말에 마리우스는 웃음을 터뜨리며 말했다. "당신네 형제들에 대해선 걱정하지 마시오. 그들은 땅을 가졌고 영원히 가지게 될 테니까. 우리가 그들에게 준 땅을 말이지." 그들의 동맹 부족을 전멸시켰다는 마리우스의 말을 킴브리족이 믿으려 들지 않자 마리우스는 쇠고랑을 찬 테우토네스족 부족왕들을 진지에서 내보이라고 명령했다. 킴브리족 사절들은 격분하여 물러났다. 며칠 뒤 킴브리족의 주요 족장 한 명이 마리우스와 간단한 문제를 결정하기 위해 말을 타고 로마군 진지로 왔다. 양군이 전장에서 만날 시일과 장소를 정하자는 용건이었다.¹⁰

　이 만남으로부터 사흘째 날 로마인과 킴브리족은 라우디우스평원에서 전열을 갖추었다. 마리우스는 로마군의 좌익을 이끌었으며 카툴루스와 술라는 각각 중앙과 우익을 맡았다. 평원 맞은편에는 대규모의 킴브리족 보병대가 일설에 따르면 4.5킬로미터 넘게 정렬해 있었으며, 그들의 기병 파견대만 1만 5천 명에 이르렀다. 아침 안개가 사위를 짙게 뒤덮고 있었지만, 마리우스는 해가 떠서 안개를 몰아낼 때쯤이면 킴브리족이 직통으로 해를 바라보게끔 그의 군대를 서쪽을 향해 위치시켰다. 이는 로마군을 적으로부터 바람의 반대 방향에 두는 것이기도 했다. 태양과 바람 두 가지는 다가올 전투의 핵심 요소가 될 터였다.[11]

술라와 카툴루스는 각자의 회고록에서, 라우디우스평원 전투가 시작되자마자 마리우스가 자욱하게 이는 먼지 때문에 혼란에 빠졌으며 진격하면서 킴브리족을 완전히 놓치는 바람에 진짜 싸움은 자기네의 몫이 되었다고 주장했다. 하지만 이 주장은 정말이지 명백한 허위 선전이다. 마리우스는 필시 아콰이 섹스티아이에서 쓴 것과 같은 전략을 취했을 것이다. 적의 최전방 주력군을 꼼짝 못하게 묶어놓은 다음 측면에 치명적인 일격을 가하는 것이다. 마리우스가 먼지 속으로 사라진 동안 카툴루스와 술라가 한바탕 격전을 벌인 것은 사실이지만, 마리우스는 적을 놓치기는커녕 적군의 노출된 옆구리에 치명타를 날리느라 정신이 없었다.[12]

킴브리족에게 전투는 완패로 끝났다. 처음에는 햇빛 때문에 눈이 부시다가 다음엔 거대한 흙먼지 구름에 눈을 못 뜨겠다 싶더니, 어느새 그들은 사방에서 무자비한 공격을 받고 있었다. 부족 전사들은 달아나기 시작했지만, 어머니들과 아내들은 그들이 달아나도록 내버려두지 않았다. 최전선 뒤에 서 있던 "검은 옷의 여자들이 수레 옆에 버티고 서서 도망자들—남편이나 형제나 아버지—을 죽인 다음 어린 자식들을 목 졸라 죽여 수레바퀴 밑이나 소떼의 발 아래로 던졌으며 이어서 스스로 목을 그었다". 라우디우스평원 전투는 킴브리족의 종말을 가져왔다. 12만 명이 평원에 쓰러져 죽었고 살아남은 이들은 노예가 되었다. 로마 역사에서 흔히 그랬듯이, 로마가 전쟁에서 결국 이

기기만 한다면 전투에 거듭 패배하는 것도 견뎌낼수 있었다.¹³

승전 소식이 로마에 가닿자, 이제 그 누구도 로마의 천하무적 장군 가이우스 마리우스의 비길 데 없는 우월함을 부정할 수 없었다. 그는 명성과 권력과 위신의 정점에 있었고, "그때까지만 해도 수많은 요직에 오른 '신진 세력'을 시기하던 국가의 일인자들조차 이제는 그가 나라를 구했다고 인정"했다. 마리우스는 '로마 제3의 건국자'로 일컬어졌다. 무려 로물루스와 기원전 380년대 갈리아인들의 충격적인 약탈 이후 절멸의 위기에서 로마를 구해냈던 전설적 인물 마르쿠스 푸리우스 카밀루스 두 사람만이 포함되었던 최상위 영웅의 대열로 격상된 것이다. 한니발로부터 로마를 구했던 스키피오 아프리카누스조차도 그런 경칭은 얻지 못했다. 하지만 이상하게도 마리우스는 일반적인 개선장군의 코그노멘을 붙이지 않았으므로 결코 '마리우스 갈리쿠스'나 '마리우스 킴브리쿠스'로 알려지지 않았다. 그는 태어날 때부터 지녔던 간단한 두 마디의 이름 '가이우스 마리우스'를 그대로 유지했다.¹⁴

로마가 킴브리족의 위협에서 벗어났다는 믿기 어려운 소식은 곧 시칠리아에서 들어온 좋은 소식으로 짝을 이뤘다. 기원전 101년 마리우스의 동료 집정관은 그의 오랜 추종자 중 하나였던 마니우스 아퀼리우스였다. 그의 부친은 오명을 남긴 아시아 속주 재편 책임자였다. 젊은 아퀼리우스는 갈리아에서 마리우스의 주요 부관으로 복무했고 기원전 101년 집정관으로서 제2차 노예전쟁을 종식시킬 임무를 맡았다. 아퀼리우스는 그 분쟁을 전문가답게 처리하고 시칠리아섬의 질서

를 회복하는 작업에 착수했다.¹⁵

그 일은 결코 쉽지 않았다. 기원전 102년 초 루쿨루스가 비양심적으로 로마 병력을 해체한 직후 그 자리에 들어간 후임은 이듬해 내내 노예군을 저지하기 위해 아무것도 할 수 없었다. 그래도 그해 어느 시점에 '트리폰왕'이 죽고 아테니온이 노예 병력의 최고 지도자 자리를 이어받았다. 노예들이 상승세를 타면서 또다시 시칠리아 토착민들에게 무법 상태가 번졌다. "이때는 완전한 무정부 상태였고…… 사법권을 행사하는 로마 정무관이 아무도 없다보니 모두가 제멋대로 날뛰며 극악무도한 범죄를 저지르고도 아무 처벌을 받지 않았다. 그리하여 어디서나 폭력과 강도가 난무하여 부유층의 재산이 약탈당했다." 한때 "같은 시민들 사이에서 부와 명성으로 탁월한 위상"을 누렸던 사람들은 "갑작스레 바뀐 운명으로 인해…… 가장 큰 경멸과 조롱의 대상이 되었다".¹⁶

아퀼리우스가 도착한 기원전 101년 봄에 아테니온은 무려 시칠리아섬 북동단의 메사나(오늘날 이탈리아의 메시나)까지 지배 영역을 확장한 상태였다. 아퀼리우스는 마리우스의 갈리아군 출신 병사들로 구성된 보병 대대들을 이끌고 도착하자마자 노예들과의 전투에 나섰고, 도중에 벌어진 일대일 결투에서 아테니온을 죽였다고 전해진다. 이 영웅적인 윤색은 아마도 그 전쟁에 관한 아퀼리우스 본인의 기록에서 유래했겠지만, 극적인 일대일 결투에서였건 평범한 군대 간의 충돌에서였건 어쨌든 아테니온은 그 전투에서 죽었다. 반란군 생존자 1만 명만이 트리오칼라 요새로 후퇴했다.¹⁷

아퀼리우스는 루쿨루스와 달리 생존자들을 추격하여 노예들의 수도 트리오칼라를 공략했다. 반란군 잔당은 체포되어 모조리 로마로 실려 갔는데, 아퀼리우스는 이들을 로마 시민들의 오락거리로 다양한 야생동물과 싸우게 할 계획이었다. 그러나 이 최후의 반란자들은 로마에 도착해 자신들의 운명이 어찌될지 알자마자 경기장에서 인간 소품으로 쓰이는 대신 집단 자살을 택했다. 이는 시칠리아를 황폐하게 만들고 인구를 격감시킨 제2차 노예전쟁의 종막을 고한 마지막 유혈 사태였다.[18]

로마에서는 승리의 환호가 가득했다. 마침내 로마의 적들이 모두 죽거나 쇠사슬에 묶이자 로마인들은 끝나지 않는 승전 축하에 돌입했다. 민회는 킴브리족을 상대로 한 마리우스의 승전보가 들어온 뒤 15일간의 감사제를 선포했으며 위대한 개선장군의 로마 귀환을 준비했다. 그러나 마리우스는 이 개선식을 혼자 거행하려 하지 않고 카툴루스도 함께 무대에 서도록 초대했다. 합동 개선식은 전례가 없지는 않았지만 극히 드문 일이었다. 개선식이란 한 사람의 이례적인 업적을 보여주는 정치적 표현이었기 때문이다. 여기서 핵심은 세상의 주목을 독차지하는 것이지 공유하는 것이 아니었다. 우호적인 사료는 이 일을 지극히 관대한 행동으로 묘사한다. 하지만 적대적인 사료는 사실 마리우스가 킴브리족에 대한 승전의 **진짜** 주역이 카툴루스임을 알았고 카툴루스의 군단들이 자기네 사령관이 배제될 경우 들고일어날까봐 두려워했던 것이라고 말한다.[19]

마리우스가 이후 기원전 100년 여섯번째 집정관 직에 도전한 일에 관해서도 사료에 따라 서술이 갈린다. 우호적인 사료는 유권자들이 마리우스의 공로에 정당한 보상을 주었다고 말한다. 일종의 승리 자축 행사를 즐길 수 있게 해줬다는 것이다. 반면에 적대적인 사료는 군사 위기가 끝나 유권자들은 연속 집정관 선출을 끝낼 준비가 되어 있었지만 마리우스가 재선을 얻어내기 위해 아낌없이 뇌물을 뿌렸다고 주장한다. 하지만 과연 그런 물밑 전략이 꼭 필요했을지는 의문이다. 로마 제3의 건국자는 유례없는 명성과 부와 권력을 누렸다. 그는 쉽게 재선에 성공했고 이제 5년 연속으로 집정관이 되었다.[20]

마리우스는 다섯번째 집정관 직을 활용해 그의 갈리아 퇴역병들에게 누미디아 퇴역병들과 똑같이 토지를 지급받게 해주고 싶을 뿐인 듯 보였지만, 기원전 100년 1월 취임한 그의 곁에는 그것보다 훨씬 공격적인 의도를 가진 민중파 급진주의자들이 포진해 있었다. 사투르니누스는 호민관 재선에 성공한 뒤 교묘하게 민회를 조종했다. 그의 단짝 글라우키아는 법무관으로 당선되어 법정에 대해 광범위한 권한을 얻었다. 또 한 명의 측근 가이우스 사우페이우스는 재무관으로 선출되어 이 과격한 도당에게 국고에 접근할 권한을 부여했다. 한편 마리우스의 동료 집정관 루키우스 발레리우스 플라쿠스는 그들을 저지하리라 기대할 수 없는 인물이었고 "동료라기보다 하인"에 가까웠다고 묘사된다.[21]

사투르니누스의 호민관 선거운동은 이미 다음해의 전반적인 분위기를 결정지었다. 사투르니누스가 호민관 임기를 이용해 메텔루스 누미디쿠스를 추방할 계획을 짜는 낌새가 농후한 가운데, 귀족파는 자기네 편의 노니우스라는 젊은이가 호민관 선거에 출마하여 사투르니누스를 저지하도록 지원했다. 노니우스가 정말로 선거에서 이길 수도 있겠다는 조짐이 보이자 민중파 급진주의자들은 투표까지 기다리지도 않았다. 아마도 마리우스의 퇴역병들 중에 파렴치한들을 뽑은 것으로 추측되는 무장 일당이 불운한 노니우스를 덮쳐서 때려죽인 것이다. 모스 마이오룸의 속박은 이미 파기당한 터였기에, 사투르니누스는 이 선제적인 정치 암살에 대해 당장은 아무런 대가도 치르지 않았다. 그는 노니우스의 시체를 밀쳐내고 손쉽게 당선을 따냈다. 이 모든 사태가 기원전 100년의 무대를 마련했다. 하마터면 공화정이 사라질 뻔한 해였다.[22]

이 숙명적인 한 해 동안은 누가 누구를 이용하고 있었는지 구분하기가 상당히 어렵다. 다만 이제 사투르니누스는 가이우스 그라쿠스의 정책을 좀더 대놓고 악의 어린 형태로 추진한 것으로 보인다. 사투르니누스와 글라우키아 패거리—티베리우스 그라쿠스의 가짜 아들도 여전히 속해 있었다—는 도시 평민, 지방 소농, 기사, 그리고 귀족파 정적들을 괴롭히고 싶어하는 민중파 귀족으로 이루어진 과거의 그라쿠스파 연합체를 부활시키려 했다. 하지만 사투르니누스의 연합에는 이제 마리우스의 퇴역병들까지 합류했고, 그들은 조직에 대단히 필요했던 완력을 공급할 터였다. 가이우스 그라쿠스가 본의 아니게 폭력에 끌려들어갔다면 사투르니누스는 아무 거리낌 없이 폭력을 추구했다. 가이우스가 폴리비오스식 정치 체제의 균형을 회복시키고자 했다면, 사투르니누스는 진정으로 원로원을 박살내고 마리우스의 퇴역병들을 이용해 로마시를 철권통치하길 원했다.

사투르니누스는 호민관으로 취임하자마자 원로원 내 귀족파의 권력 제압을 목표로 아찔할 정도의 개혁안을 추진했다. 새로운 반원로원 연합의 씨앗은 운명의 해인 기원전 100년보다 훨씬 전에 이미 뿌려져 있었다. 글라우키아는 법무관으로 취임하기 전 어느 시점에—아마도 법무관과 달리 기록에 없는 호민관 임기중에—부당취득죄 법정의 지배권을 기사들에게 돌려줌으로써 이젠 추방된 카이피오가 기원전 106년 추진한 원로원 권력의 일시적인 부활을 번복하는 새로운 법안을 발의했다. 그러나 글라우키아의 법은 부당취득죄 법정의 배심원단 자리를 기사들에게 돌려주었을 뿐만 아니라 부당취득죄로 고발된 정무관은 물론이고 그 범죄로 이득을 본 사람들까지 포함하도록 기소 범위를 확대함으로써 사실상 시민 누구나 기사 배심원들에게 기소당할 수 있게 만들었다. 또한 글라우키아는 절차상의 전술로 재판을 지연시키기 위해 흔히 쓰이던 책략을 축소시켰다. 글라우키아는 법정을 귀족들을 때려잡는 망치로 만들 작정이었고, 배심원들이 동정심이나 공감을 느꼈다고 중형 선고를 피하게 해주는 것을 원치 않았다. 둘 중 어느 쪽도 허용할 때가 아니었다.[23]

    이와 같은 기사계급 친화적 조치가 이미 갖춰진 상황에서, 사투르니누스는 기원전 100년 호민관 직에 취임하여 도시 평민에게 곡물 배급 확대를 제시했다. 이는 특히나 도발적인 조치였는데, 원로원에서 시칠리아의 혼란 상황을 고려할 때 누구든 곡물 보조를 제안하는 자는 공익에 반해 행동하는 것이라고 선언한 터였기 때문이다. 사투르니누스는 신이 나서 그 도전에 응했다. 동료 호민관 한 명이 법안을 거부했지만 사투르니누스는 그를 간단히 무시해버렸다. 한때는 한 차례의 거부권 행사로도 공화정 전체를 멈춰 세우기에 충분했다. 하지만 이제 거부권은 간단히 구겨서 던져버리면 그만이었다. 사투르니누스의 도발적인 곡물 배급안은 3년 전 부친이 사투르니누스 패거리에 의해 추방당했던 젊은 퀸투스 카이피오에게 특히 모욕적으로 여겨졌다. 젊은 카이피오는 그해 재무관으로서 현 국고로는 추가 곡물 보조를 감당할 수 없다고 원로원에 권고했던 장본인이었다. 아버지의 명예는 물론 이제 자신의 명예까지 사투르니누스 때문에 더럽혀지자 카이피오는 화를 참지 못하여 패거리를 이끌고 민회로 갔다. 이들 무리가 투표용 서판과 항아리를 때려 부쉈지만, 이 같은 공공기물 파손 행위는 그저 법안 통과를 늦췄을 뿐이었다. 피해는 복구되었고, 민회는 투표를 통해 감당 불가능한 곡물 배급을 법으로 통과시켰다.²⁴

기사들과 도시 평민의 회유를 끝낸 사투르니누스는 그의 정책에서 진정한 골자, 즉 마리우스의 갈리아 퇴역병들을 위한 식민지와 무상 토지 마련이라는 야심찬 계획으로 넘어갔다. 이미 아프리카 토지 분배가 끝난 상황이었으므로 사투르니누스는 제국의 다른 곳에 있는 새로운 땅을 제안했다. 그는 킴브리족이 최근 차지했던 모든 영토에 대한 인민의 소유권을 주장하면서 민회는 그 땅을 위해 싸운 병사들에게 그것을 나누어줄 권리가 있다고 말했다. 또한 갈리아 남부와 시칠리아의 토지도 마리우스의 퇴역병들에게 분배할 것을 제안했다. 마리우스의 모병 대상이었던 지방 빈민들은 로마로 몰려들어 압도적인 표차로 법안을 통과시켰다.²⁵

점점 더 규모가 커진 사투르니누스 연합에는 이탈리아 동맹시민들도 포함되었다. 마리우스의 퇴역병은 로마 시민뿐만이 아니라 **모두가** 무상 토지를 받을 자격이 있었기 때문이다. 마리우스 본인부터 그가 태어나기 30년 전에야 완전한 참정권을 얻은 이탈리아 지방도시 출신이었다. 그는 과거부터 항상 철저히 친이탈리아 정치관을 고수했다. 여러 차례 전쟁을 치르는 동안 무용을 떨친 이들에게 수시로 시민권을 수여했으며, 심지어 킴브리족에 승리한 뒤에는 카메리눔 출신의 이탈리아인 보병 대대 전체에게 참정권을 주기도 했다. 독단적으로—또한 아마도 불법적으로—병사들에게 참정권을 준 그의 조치에 사람들이 이의를 제기하자 마리우스는 "무기 부딪치는 소리가 요란하여 법의 소리를 듣지 못했다"고 신랄하게 응수했다.[26]

그러나 먼지 자욱한 전장에서는 누가 로마인이고 누가 이탈리아인인지 구분하기가 불가능했어도, 로마에 있는 시민들은 둘의 차이를 아주 잘 알았다. 여느 때처럼 그들은 한낱 동맹시민들에게 토지를 준다고 투덜거렸다. 사투르니누스 연합에 이처럼 분열이 생기면서 마침내 귀족파가 반대 세력을 결집할 기회를 얻었다. 귀족파는 분개한 도시 평민의 자부심을 활용해 자체 폭력단을 결성하고 가능한 모든 곳에서 사투르니누스의 활동을 방해하게 했다. 거리에서 벌어지는 폭력 충돌이 나라의 일상적인 문제가 되었다.[27]

하지만 이러한 충돌에도 불구하고 사투르니누스는 마리우스의 퇴역병들에게 토지를 할당하는 법안을 강행 통과시켰다. 그는 자신이 직위에서 물러나면 그 법이 폐기될 수도 있음을 의식하고, 모든 원로원 의원이 위반시에는 추방형을 감수한다는 조건으로 절대 그 법을 폐기하지 않겠다고 서약하도록 규정하는 조항을 삽입했다. 이 서약을 통해 사투르니누스와 마리우스는 미움받는 메텔루스 누미디쿠스를 잡을 또다른 덫을 놓았다. 마리우스는 직접 원로원에서 연설하며 그 법에 찬성하는 견해를 표명했지만, 서약 조항에 대한 우려를 드러냄으로써 그 요구조건에 기겁한 메텔루스와 그 밖의 보수적인 의원들에게 구실을 제공했다. 하지만 마리우스는 서약할 시한을 단 몇 시간 앞두고 갑자기 마음을 바꿨다. 그는 서약을 하겠다고 동료 의원들에게 말한 뒤 의식을 치르러 사투르누스 신전으로 걸어갔다. 다른 의원들은 생각할 겨를도 없이 단 몇 분 안에 서약하는 것과 추방되는 것 중에서 선택해야 했다. 그들 모두 서약하는 쪽을 택했다. 심지어 스카우루스나 크라수스 같은 골수 귀족파도 예외가 아니었다. 유일하게 서약하길 거부한 사람은 메텔루스 누미디쿠스였다. 사투르니누스의 지지자들이 폭동이라 할 수 있을 정도로 그를 위협했지만, 메텔루스는 혼자 힘으로는 그 같은 폭력에 맞설 수 없다고 선언하며 추방을 받아들였다. 메텔루스는 "사태가 개선되고 인민이 마음을 바꾸어 그들의 초대로 내가 돌아오거나, 만약 그리되지 않고 문제가 그대로 지속된다면 내가 멀리 가 있는 것이 최선이기 때문"이라고 말했다. 사투르니누스는 정해진 수순대로 로마인 누구든 메텔루스에게 불과 물과 거처를 제공하지 못하게 금하는 법을 실시했다. 울먹이는 친구들과 피호민 무리가 로마 성문까지 메텔루스 누미디쿠스를 배웅하고 추방길에 오르는 그의 모습을 지켜보았다.[28]

그러나 드디어 메텔루스를 잡았다고 자축할 즈음, 사투르니누스와 글라우키아는 마리우스와의 정략결혼이 끝났음을 알게 될 순간도 앞두고 있었다. 퇴역병들의 토지가 확보되고 오랜 강적이던 메텔루스도 마침내 처치되자 마리우스로서는 이 급진주의자들을 지원해서 더이상 얻을 것이 없었다. 힘든 과업들이 완료되었으니 이제는 귀족 계층에서 입지를 굳히고 유력한 원로 정치인의 삶으로 잘 넘어가기만 하면 될 터였다. 그러나 사투르니누스와 글라우키아에게 이 모든 법들은 시작에 불과했다. 그들이 계속 나아갈 때 마리우스는 뒤로 물러났고, 최후의 피비린내 나는 대결을 위한 무대가 마련되었다.

기원전 99년 선거를 목전에 두고 사투르니누스와 글라우키아는 그들의 계획을 한층 더 밀어붙일 계획을 세웠다. 사투르니누스는 호민관 선거에 재출마했으며 티베리우스 그라쿠스의 '아들'을 합류시켰다. 그러자 마리우스는 경고의 뜻으로 가짜 그라쿠스를 사기 혐의로 체포하여 감옥에 처넣으라고 지시했다. 이후 가짜 그라쿠스는 감옥에서 석방되고 사투르니누스는 재선에 성공했지만, 마리우스가 이제 더는 한편이 아니라는 사실은 명백했다.[29]

이 정치적 결별은 집정관 선거가 시작되면서 더욱 분명해졌다. 유력한 당선 후보는 세 명으로 좁혀졌다. 인기 있는 웅변가이자 킬리키아 해적을 진압하고 개선장군으로 귀환한 터였던 마르쿠스 안토니우스는 귀족파의 전폭적인 지지를 받았다. 그의 당선은 사실상 따놓은 것이나 마찬가지였다. 나머지 한 자리의 유력한 경쟁자는 가이우스 멤미우스였다. 유구르타 전쟁중에 부패한 귀족층을 규탄하며 정치 경력을 쌓은 바 있던 멤미우스는 세번째 주자가 비집고 들어올 틈을 허용하지 않을 정도로 강력한 민중파 후보였다. 그리고 세번째 주자가 바로 가이우스 세르빌리우스 글라우키아였다.[30]

글라우키아가 집정관으로 당선될 경우의 위험은 누가 봐도 자명했다. 집정관이 된 그의 권력과 사투르니누스의 민회 장악력이 합쳐진다면 두 사람이 어떤 피해를 야기할지 예측할 수 없는 노릇이었다. 다행히 해결책이 있었다. 현직 법무관이었던 글라우키아의 출마는 엄밀히 따지면 불법이었으므로, 마리우스는 집정관으로서 그의 선거 출마 자격을 박탈할 권한이 있었다. 마리우스는 예전 동맹들로부터 멀어지던 행보를 이어가며 글라우키아의 출마 무효를 선언했다. 글라우키아를 저지한 마리우스의 조치는 여러모로 역설적이었다. 마리우스야말로 연달아 집정관 직을 얻어내는 동안 기존의 모든 금지 규정을 피해 간 장본인이었으니 말이다. 하지만 당대의 분위기에 걸맞게 글라우키아는 자격 박탈 결정을 무시하고 표를 얻기 위한 유세를 계속했고, 그리하여 로마를 그라쿠스 시대 이후엔 없었던 위기로 몰고 갔다.[31]

마침내 선거일이 왔고, 유권자들은 가설투표소를 줄지어 통과하며 표를 항아리에 넣었다. 예상대로 얼마 지나지 않아 마르쿠스 안토니우스가 첫번째 집정관으로 당선되었다는 포고관의 발표가 나왔다. 이어서 투표가 계속되며 두번째 자리를 채워갔다. 멤미우스가 막 당선되려는 것처럼 보이던 순간, 사투르니누스와 글라우키아는 지지자 한 무리에게 지시하여 가설투표소를 부수고 투표용 항아리를 박살내어 선거를 중단시켰다. 이어진 소요 사태 와중에 불운한 멤미우스는 로스트라 연단에서 구석으로 몰려 "볼품없이 생긴 곤봉"으로 맞아 죽었다. 귀족파를 공격하며 평생을 보낸 멤미우스는 결국 그가 언제나 환심을 사려 했던 민중파의 손에 최후를 맞았다. 혁명이 그 자식들을 집어삼키고 있었다.[32]

선거가 어느새 피비린내 나는 혼란에 빠져들자 마리우스는 원로원에 비상 회의를 소집했다. 신속한 논의 후에 원로원은 한 세대 앞서 만들어진 전례를 따르기로 결의했다. 마리우스에게 국가를 지키는 데 필요한 조치를 취하도록 지시한 것이다. 그들이 가이우스 그라쿠스와의 마지막 결전중에 오피미우스에게 내렸던 바로 그 원로원 최종 결의였다. 그러나 이번에 내린 원로원 최종 결의에는 전에 없던 새로운 골칫거리가 따라붙었다. 기원전 121년 오피미우스가 아벤티누스 언덕으로 진격했을 때는 가이우스 그라쿠스나 풀비우스 플라쿠스 모두 정무관 직에 있지 않았다. 당시 그들은 일반 시민으로서 최고 권력을 지닌 집정관에게 처벌당한 것이었다. 하지만 기원전 100년의 사투르니누스는 신성불가침권을 지닌 호민관이었고 글라우키아는 법무관이었다. 과연 그들도 그라쿠스파처럼 잔혹하게 처리될 수 있을 것인가?[33]

로마가 혼돈에 빠지고 법치는 이미 무너진 상황이었던 만큼 마리우스는 그가 내리는 명령이 적법한지 여부를 크게 따지지 않았다. 마리우스는 도시 평민과 퇴역병들 중에 지원병을 모집함으로써 필요한 모든 수단을 동원해 질서를 회복할 준비를 했다. 그리하여 심각한 공격을 받게 된 사투르니누스, 글라우키아, 사우페이우스와 티베리우스 그라쿠스의 가짜 아들은 무장한 추종자 무리를 이끌고 카피톨리누스 언덕으로 올라가 그곳에 있는 로마의 주요 성채를 점령했다. 하지만 마리우스는 앞뒤 가리지 않았던 오피미우스의 예를 따르는 대신 항상 그를 성공으로 이끌어온 전문적인 능력을 효율적으로 사용했다. 그는 체계적인 접근법을 취하여 카피톨리누스 언덕으로 물을 공급하는 모든 송수관을 차단한 뒤, 탈주자들에게 그들은 포위되었고 빠져나갈 희망이 없으며 탈수증으로 서서히 죽을 일만 남았다고 알렸다. 그는 낮의 열기가 효력을 발휘할 때까지 기다렸다가, 항복한다면 보호해주겠다고 반역자들에게 약속했다.[34]

사우페이우스는 이 제안을 거부하고 수도 로마와 그곳의 모든 신전을 불태워버리자고 제안했던 것으로 보인다. 하지만 사투르니누스와 글라우키아는 이 최후의 발악과도 같은 파괴 행위를 하려 들지 않았다. 그들은 항복했다. 마리우스는 법무관 글라우키아는 가택 연금에 처해 품위를 지켜줬지만 사투르니누스와 나머지 일당은 원로원 의사당으로 데려가 그들을 처리할 최선의 방법을 생각해낼 때까지 가둬두었다. 그러나 도시 평민이 마리우스 대신 그 질문에 답했다. 마리우스의 묵인이 있었는지 없었는지 모르지만(전자일 가능성이 훨씬 높다), 폭도 한 무리가 원로원 의사당에 잠입해서 사투르니누스가 정치 경력을 쌓는 데 쓴 것과 같은 종류의 정의를 행했다. 폭도들은 지붕의 기와를 내던져 무기도 없는 포로들을 죽였다. 사투르니누스는 곧 의사당 바닥에 쓰러져 죽었다. 글라우키아의 운명도 그리 낫진 않았다. 그는 집에서 끌려나와 길거리에서 살해되었다. 그리하여 좀더 고결했던 그들의 선배 그라쿠스 형제와 마찬가지로, 이 후대의 민중파 선동가 집단은 결국 피투성이 시체 더미가 되어 티베리스강에 밀어 넣어졌다.[35]

과격분자들이 무사히 티베리스강에 던져지고 나서 원로원은 사태 수습을 시작했다. 원로원은 민중파가 활발히 움직였던 기원전 104년에서 100년까지 통과된 법률을 **모조리** 폐기할 순 없음을 알고 있었다. 마리우스의 퇴역병들을 위한 토지와 식민지는 원래대로 유지되었다. 신관 선거는 없어지지 않을 것이고, 기사계급으로만 배심원단을 구성하는 법도 그대로 유지될 터였다. 하지만 나머지 다른—아마도 곡물 배급 확대를 포함한—법들은 결코 시행되지 않았다.

민중파의 몰락은 그들이 추방한 사람들이 돌아올 수 있게 되었다는 뜻이기도 했다. 그렇게 추방된 사람들 중 가장 중요한 인물은 메텔루스 누미디쿠스였다. 사투르니누스가 죽자마자 메텔루스의 아들은 아버지를 다시 로마로 불러오기 위해 끈질긴 활동에 돌입했다. 그 노력이 어찌나 끈질겼던지 얼마 안 가서 그는 효성이 지극하다는 의미로 '피우스Pius'라는 코그노멘을 얻었다. 하지만 사투르니누스와 글라우키아가 죽었어도 메텔루스에게는 여전히 적들이 있었다. 기원전 99년의 호민관 한 명은 원로원에서 메텔루스에게 축출당한 뒤 원한을 품었다. 이 호민관은 임기 1년 내내 메텔루스를 다시 불러들이려는 모든 시도에 거부권을 행사했다. 그러나 그의 임기가 끝난 즉시 민회는 표결을 통해 추방된 메텔루스를 소환했다. 메텔루스 일족에게 반대했던 호민관은 방해 행위의 대가를 톡톡히 치러야 했다. 그는 관직을 떠난 뒤에 무장한 패거리의 습격을 받고 살해당했다. 폭풍우가 지나갔어도 정상으로의 완전한 복귀는 요원한 일이었다.[36]

메텔루스 누미디쿠스의 귀환과 때를 같이하여, 마리우스는 한동안 로마에서 떨어져 있는 편이 신중한 처사라고 판단했다. 그의 군사적 승리에 따른 흥분과 열정이 희미해지자, 동료 로마인들에게는 자신이 국내 사태를 수습하는 과정에서 썼던 방법과 전술에 관해 불안해하는 장군만이 남게 되었다. 그래서 마리우스는 기원전 98년 여름 동방으로 떠날 핑계를 찾아내어 에게해 일대를 오랫동안 일주했다. 그리고

1년 후 로마로 돌아와 포룸 근처의 집과 시골의 빌라를 한 채씩 구입했다. 이렇게 두 집을 오가며 마리우스는 은퇴생활에 들어갔다. 많은 백전노장들이 그렇듯이 마리우스는 은퇴자로 사는 것이 편하지 않았고, 이내 전장에 다시 나가고 싶어 안달이 났다. "그는 뛰어난 장군이었지만 평화시에는 해악이었다. 끝없는 야망과 만족할 줄 모르는 욕심에 자제력이 없고 항상 일말의 불안을 느끼는 사람이었다." 이처럼 더 많은 영광을 향한 채워지지 않는 열망은 마리우스를 파멸로 몰아갔으며, 결국 이후 몇 년 안에 그는 "가장 잔인하고 흉포한 노령의 기슭에 닥쳐온 돌풍처럼 휘몰아치는 열정과 때에 맞지 않는 야심, 만족을 모르는 탐욕에 이끌려…… 전장과 포룸에서의 더없이 빛나는 경력 위에 세상에서 가장 추악한 왕관"을 얹게 된다.[37]

9장
이탈리아

ITALIA

THE
STORM
BEFORE THE
STORM

그 오명을 줄이기 위해 동맹과의 전쟁이라고 부르기는 하지만,
사실대로 말하자면 그것은 시민과의 전쟁이었다.
_플로루스[1]

퀸투스 포파이디우스 실로는 중부 이탈리아의 마르시족 출신이었다. 예로부터 마르시족은 전장에서 용맹한 것으로 평판이 높아서, 개가를 올린 로마 집정관 중에 마르시족을 상대로 이기거나 마르시족 없이 이긴 사람은 한 명도 없다는 말까지 있었다. 실로 역시 군단에서 복무했던 군인 출신으로 가이우스 마리우스의 군대에서 킴브리족과 싸운 것이 거의 확실하다. 고향에서 부와 평판을 겸비한 지도자였던 실로는 로마에도 여러 친구가 있었고 그곳에서 많은 시간을 보냈다. 하지만 로마의 사회체계에 완전히 융화되었고 로마 공화정을 지키느라 피를 흘리기는 했어도 엄밀히 따지면 실로는 여전히 동등한 시민이 아니었다. 그리고 그 사실은 점점 감내하기 힘들어지고 있었다.[2]

기원전 91년 여름에 실로는 오랜 친구 마르쿠스 리비우스 드루수스를 방문했다. 기원전 122년에 가이우스 그라쿠스를 철저히 방해했던 바로 그 인물의 아들이었다. 젊은 드루수스는 이제 호민관이 되어 그 나름의 정치적 돌풍을 맹렬히 일으키고 있었다. 실로가 로마에 온 것은 드루수스에게 자신이 내놓은 제안 몇 가지를 재고해달라고 부탁하기 위해서였다. 드루수스는 예전 그라쿠스파식의 토지 위원회를 부활시킬 계획이었는데, 이는 이탈리아인 공동체들을 임의적인 재산 몰수로 위협했다. 실로는 이탈리아인들이 최종적으로 동등한 시민권을 수여하는 법안이 따라올 경우에만 토지 재분배를 수용할 거라고 말했다(실로가 이탈리아 시민권의 필요성을 납득시키기 위해 네 살배기 소小 카토를 들고 창밖으로 내밀었다는 악명 높은 일화는 바로 이 방문중에 일어난 일이었다. 어린 카토는 이의를 제기했다. 플루타르코스 『영웅전』의 '소 카토' 편 참조). 드루수스는 이제 이 문제를 최종적으로 해결할 시기가 왔다는 데 동의했다. 그는 이탈리아 시민권에 관한 법안을 민회로 가져가겠다고 약속했다.[3]

이 약속에 대한 답례로 실로는 무조건적으로 드루수스를 지지하겠다고 맹세했다. "카피톨리누스의 유피테르, 로마의 베스타, 로마시의 수호신 마르스, 모든 인민의 기원인 솔(태양), 동식물을 이롭게 하는 테라(땅), 로마를 건국한 반신반인들, 로마의 국력 신장에 기여한 영웅들을 걸고, 드루수스의 친구는 내 친구요 드루수스의 적은 내 적임을 맹세한다. 드루수스나 같은 서약으로 묶인 다른 사람들의 이익을 위해 필요하다면 내 목숨이나 자식이나 부모도 아끼지 않겠다. 만일 드루수스의 법으로 로마 시민이 된다면 로마를 내 조국으로 여기고 드루수스를 가장 큰 은인으로 여길 것이다. 나와 같은 시민들에게 최대한 많이 이 서약을 전할 것이다. 내가 서약을 지키면 온갖 축복을 얻을 것이요, 서약을 어기면 그 반대가 될 것이다." 이는 괜한 약속이 아니었다. 1년이 채 지나지 않아 퀸투스 포파이디우스 실로는 이탈리아인들을 무장 반란으로 이끌게 된다.[4]

그라쿠스 형제 시대 이전까지 이탈리아 동맹시들은 로마의 이탈리아 연합 내에서의 자치권을 소중히 여겼다. 그들이 원로원에 제기한 불만은 주로 이탈리아 시민들이 너무 많이 로마로 이주한다는 사실―군단 징집을 피하기 위한 경우가 많았다―과 관련되어 있었다. 한편 로마 원로원과 인민은 오래전부터 그들이 공동으로 통제해온 권력을 이주민의 물결이 붕괴시킬까봐 우려했다. 로마와 이탈리아 동맹시의 상류층 권력자들은 종종 이주민들을 강제로 고향에 돌려보내기 위해 협력했다.[5]

그러나 빈부를 막론하고 모든 이탈리아인들이 꾸준히 제기한 불만이 하나 있었는데, 바로 로마 정무관들이 제멋대로 일삼는 학대였다. 가이우스 그라쿠스는 노예들이 로마인 정무관을 가마로 실어나르는 중에 있었던 일화에 주목한 바 있다. 현지의 이탈리아인 소농이 "그들에게 송장을 싣고 가느냐고 농담으로 물었다"가 모욕당한 정무관의 명령으로 맞아 죽은 일이었다. 또다른 사례에서는 한 정무관의 아내가 몇몇 공중목욕탕이 자기 혼자 쓸 수 있게 비워져 있지 않았다고 화를 냈다. 그에 대한 벌로 "포럼에 말뚝이 세워졌고…… 그 도시 최고의 저명인사가 그 앞으로 끌려갔다. 그는 옷이 벗겨지고 매질을 당했다". 로마 시민들은 가장 가난한 최하층민이라도 오랫동안 자의적인 체포와 매질, 처형으로부터 보호받아왔지만 이탈리아인들에게는 그 보호가 적용되지 않았다. 이는 계층을 막론하고 모두가 뼈저리게 느낀 모욕이었다.[6]

기원전 146년 이후로 독립적인 동맹시민으로서의 이득이 로마 시민이 누리는 이득에 비해 무색해지기 시작했다. 그라쿠스파 토지 위원회가 공유지를 분배하는 일에 착수했던 기원전 130년대 후반 무렵 이탈리아인들은 평등하지 않은 처우에 새롭게 불만을 표했다. 여러 이탈리아 도시들은 토지 위원들로부터 보호받기 위해 귀족 보호자 스키피오 아이밀리아누스의 관대한 비호에 의지해야 했다. 기원전 125년 풀비우스 플라쿠스는 이 문제에 대담한 해결책을 제시했다. 바로 토지 대신 시민권을 준다는 것이었다. 많은 이탈리아인들이 기꺼이 받아들일 만한 거래조건이었다. 특히 시민권의 혜택을 누리는 주인공이 될 부유한 지주들이 그랬다. 이 부유한 이탈리아인들은 로마의 법과 정치 체계에 대해 온전한 접근권을 누릴 수 있다면 토지 얼마쯤은 기꺼이 포기했을 것이다.[7]

논란이 된 플라쿠스의 법안이 실패하면서 프레겔라이 반란이 촉발된 후, 원로원은 기회를 틈타 현실적인 절충안을 내놓았다. 분리시켜 정복하는 수법에 능했던 로마인들은 관직을 통한 시민권civitas per magistratum이라는 새로운 정책을 도입했다. 이 새로운 제도하에서는 라티움 시민권을 보유한 이탈리아인이 지역 행정관으로 선출되면 개별적으로 로마 시민권을 부여받았다. 최상류층은 이 타협책을 반겼고, 기원전 122년 전 이탈리아인에게 참정권을 주려 했던 가이우스 그라쿠스의 마지막 시도 이후로 이 문제는 약 30년간 휴면 상태에 들

어갔다.[8]

가이우스 마리우스는 킴브리 전쟁중에 다시 이탈리아 문제를 끌고 왔다. 마리우스는 오랜 세월 이탈리아의 대의를 옹호했다. 그는 평생에 걸쳐 이탈리아인들과 함께 싸웠으며 본인부터 이탈리아 지방도시 출신이었다. 이탈리아인들이 징세청부업자들에게 괴롭힘을 당했다고 토로하자 마리우스는 원로원을 압박해 이탈리아인을 노예로 만드는 일을 중단시켰다. 전장에 나가서는 집정관으로서 권력을 행사하여 모범적인 이탈리아인 병사들에게 시민권을 주는 일이 다반사였다. 이렇게 시민권을 얻은 다양한 계층 출신의 병사들은 추가적인 권리와 특권을 가지고 고향으로 돌아갔다. 그들이 동일한 권리를 누리지 못하는 친구나 가족과 다시 어울리는 과정에서 불화의 씨앗이 뿌리를 내렸다.[9]

나머지 이탈리아인들은 기원전 97년 인구조사 시기가 돌아왔을 때 조금만 더 기다리면 시민권이 확대될 수도 있다고 생각하도록 부추겨졌다. 관직을 통한 시민권이 곳곳으로 퍼짐에 따라 로마에 거주하는 부유한 이탈리아인 대다수는 전직 행정관 행세를 하며 로마 시민으로 등록했다. 마리우스과 감찰관들은 일부러 자격 증명 확인을 느슨하게 했다. 그렇게 인구조사가 완료되고 나자 상당수 원로원 의원들이 의혹을 품고 결과를 재검토하길 원했다. 이제는 확립된 패턴이 된 것처럼, 로마인들은 항상 시민권의 가능성을 이탈리아인들의 눈앞에 들이밀었다가 바로 채어가버렸다.[10]

기원전 95년, 위대한 웅변가 루키우스 리키니우스 크라수스가 집정관 직에 올랐다. 그는 취임하자마자 시민 명부를 정리할 위원회를 구성하자고 제안했다. 이 조사는 진정 귀족파다운 방식으로, 시민권자는 인구조사에 포함시키고 비시민권자는 포함시키지 말아야 한다는 반박할 수 없는 논거를 전제로 삼았다. 해당 조사에 찬성표를 던진 로마 시민들에게 이는 완벽하게 합당한 말이었다. 하지만 그 작업에 필수적인 사전준비의 일환으로 크라수스와 동료 집정관 무키우스 스카이볼라는 이탈리아인 전원을 로마시에서 쫓아내는 추가 법안을 통과시켰다. 반복적으로 등장하던 이 임시방편은 대개 선거철에만 사용되었지만, 이 경우에는 진정한 로마 시민권자들만 로마 시민으로 남기려는 목적이 있었다.[11]

이 모든 과정은 로마인들에겐 매우 타당해 보였지만 다른 한편으로는 동맹시 전쟁에 시동을 걸었다. 이 조치를 통한 추방과 제명으로 가장 큰 타격을 입은 집단은 기사계급이었다. 로마에서 재정 수단과 거래처를 갖추고 있음에도 불구하고 아직까지 시민권을 얻을 수 있는 길을 찾지 못한 사람들이었다. 이탈리아 반란의 강력한 중추를 이룰 이들은 바로 이 계층의 불만을 품은 기사들이 될 터였다. 그들은 고향으로 돌아가 북방 전쟁에서 싸웠던 퇴역병들과 어울리면서 혁명을 모의하기 시작했다.[12]

그러나 원로원 입장에서 보면 이는 단순히 장부를 정리하는 문제에 그치지 않았다. 시민권을 꽉 쥐고 있는 것은 곧 민회를 꽉 쥐고 있다는 의미였다. 무엇보다 원로원이 두려워한 것은 최종적으로 이탈리아인들에게 시민권을 내준 로마인 지도자가 경쟁자들을 위축시킬 만큼의 피호민 명부를 확보하여 원로원 내 정치적 균형을 깨뜨리게 되는 상황이었다. 이는 한때 그라쿠스파 토지 위원회가 가했던 것과도 같은 위협이었다. 선거정치의 소소한 동력에 근시안적으로 집착한 결과가 로마 역사상 가장 불필요한 전쟁으로 이어진 것이다.

역사에는 유머 감각이 있는지라, 아시아에서 일어난 아무 관련도 없는 분쟁이 이탈리아 시민권을 둘러싼 마지막 결전을 촉발시켰다. 아시아 속주는 기원전 130년대와 120년대에 로마 정치의 최우선 문제로 부상했다가 이후 이탈리아 문제와 마찬가지로 휴면기에 들어갔다. 아시아가 제국에 편입되고 향후 20년간 로마의 관심은 아프리카와 갈리아로 향했다. 아시아는 내버려진 채 알아서 번창했다. 그곳이 번창하도록 내버려두지 않을 이유도 없었다. 아시아는 아프리카와 갈리아 전쟁의 자금줄이 되어줄 막대한 수익을 창출하고 있었으니까. 훗날 키케로는 "아시아는 너무나 부유하고 생산성이 높아…… 다른 모든 나라들보다 훨씬 우월하다"고 말하기도 했다. 한때는 아탈로스왕에게 돌아갔던 세금이 이제는 지속적인 부의 흐름을 형성하여 사투르누스 신전으로 곧장 쏟아져 들어왔다.[13]

그러나 속주 정부가 소수 인원만으로 운영됨에 따라 아시아의 세금 처리 업무는 감독도 받지 않는 징세청부업자들의 수중에 떨어졌고, 그들은 받아야 할 것보다 더 많은 돈을 일상적으로 갈취했다. 징세청부업체를 소유한 이들이 부당취득죄 법정의 배심원 자리를 차지하고 있었으므로 이 문제를 항의할 대상도 없었다. 스스로를 규제하는 것이나 다름없던 징세청부업자들은 아무런 처벌도 받지 않고 무사히 사업을 운영했다.

그런데 이제 공화국이 다시 평화에 접어들자 원로원은 나라를 파멸로부터 구하기보다 제국을 경영하는 일로 돌아가길 원했다. 무키우스 스카이볼라는 기원전 95년 시민 명부의 정리 작업을 도운 뒤 속주 운영 상태를 점검하고 적절한 개혁을 실시하기 위해 옛날식의 원로원 사절단을 이끌고 아시아로 갔다. 누군가 와서 현지 상황을 제대로 확인한 지 어느덧 25년이었다. 스카이볼라와 함께 간 사람은 또다른 전직 집정관 푸블리우스 루틸리우스 루푸스로, 기원전 105년 집정관 시절 병사들의 새로운 훈련법을 도입했던 그 인물이었다. 그 세대의 걸출한 스토아학파 지식인으로 여겨진 루틸리우스는 나무랄 데 없는 최고의 귀족파였다.[14]

원로원 사절단이 도착해서 보니 현지 상황은 전혀 제대로 돌아가고 있지 않았다. 아시아의 모든 사람들이 징세청부업자의 권한 남용에 관해 불만을 토했고, 자비로운 스카이볼라는 이쪽저쪽에서 관용을 베풀었다. "징세청부업자에게 시달렸던 사람이 찾아와서 호소할 때마다 그는 강직한 재판관들을 위임하여 모든 소송 사건에서 징세청부업자들을 규탄하게 했으며, 징세청부업자에게 부과된 벌금을 그들의 피해자들에게 주도록 강제했다." 스카이볼라는 약 9개월간 아시아에 머물면서 속주의 조세제도를 개정했고 그런 뒤 로마로 돌아가면서 루틸리우스에게 세부사항을 처리할 책임을 맡겼다. 아시아에서 시행된 개혁은 널리 인기를 끌었고, 스카이볼라와 루틸리우스가 로마의 아시아 통치를 한 세대 동안 안정시킨 것처럼 보였다.[15]

로마의 징세청부업체들은 이 상황이 전혀 탐탁지 않았다. 결국 기원전 92년 귀국한 루틸리우스는 부당취득죄 법정에 기소되었다. 혐의는 터무니없는 것이었다. 루틸리우스는 스토아주의적인 청렴결백의 전형이었고, 훗날 키케로도 그를 로마 위정자의 완벽한 본보기로 꼽았다. 이 터무니없는 광대놀음을 마주한 루틸리우스는 그 적법성을 인정하지 않겠다는 뜻에서 피고로서 항변조차 하지 않았다. 그를 변호하게 해달라는 크라수스와 안토니우스의 청도 거절했다. 성난 징세청부업자들이 배심원단을 좌지우지하는 판에 재판 결과가 어찌 나올지는 거의 의심할 여지가 없었다. 부당취득죄로 유죄판결을 받은 루틸리우스는 코에 엄지손가락을 대고 비웃으며 법정 문을 나섰다. 그는 아시아의 도시 스미르나로 가서, 그를 싫어했다고 알려졌으나 사실은 그를 사랑한 사람들 사이에 정착했다.[16]

스카우루스나 크라수스, 스카이볼라 같은 원로원 귀족파 의원들은 이 모든 일에 분개했다. 징세청부업자들의 고삐를 죄려던 그들의 시도가 역효과를 낳아 로마에서 가장 훌륭한 인물 하나가 추방되었기 때문이다. 이들 귀족파는 부당취득죄 법정에 대한 통제권을 되찾는 것만이 향후의 박해를 확실히 피할 유일한 길이라는 결론을 내렸다. 이처럼 다가오던 법정을 둘러싼 결전은 이후 통제 불능 상태로 빠져들어 기원전 91년을 또 한번 정치 폭력에 얼룩진 해로 기록되게 한다. 이러한 현상은 예측 가능할 만큼 규칙적이어서 기원전 133년 처음 시작된 후 121년, 100년을 거쳐 이제 91년에 또다시 나타났다. 폭력은 어느새 공화정의 정치 주기에서 일상적인 부분으로 자리잡았다.[17]

가장 최근에 벌어진 난국의 중심에 자리한 인물은 마르쿠스 리비우스 드루수스였다. 그라쿠스 형제와 다르지 않게 드루수스 역시 출세에 열을 올린 야심만만한 젊은 귀족이었다. 그는 크라수스와 안토니우스의 연설을 보고 배우며 자란 새로운 세대에서 손꼽히게 재능 있는 웅변가였다. 그는 세상이 자기에게로 오기를 기대하는 젊은이다운 오만한 자신감을 풍겼고 주목받기를 좋아했다. 한번은 어떤 건축가가 사람들의 이목을 훌륭하게 차단하여 보안과 행동의 자유를 보장해주는 집을 지을 수 있다고 자랑하자, 드루수스는 "당신에게 그런 기술이 있다면 내가 무얼 하든 모두들 볼 수 있는 방식으로 내 집을 지어줬으면 좋겠소"라고 말했다.[18]

드루수스는 민중파 무리에 끼지 않았다. 그는 귀족파의 후예였고 오만할진 몰라도 유능한 차세대 귀족층의 지도자가 되게끔 길러졌다. 그의 아버지 드루수스는 가이우스 그라쿠스를 공격함으로써 귀족파의 환심을 샀고, 이후 기원전 109년에는 스카우루스와 함께 감찰관으로 재직했다. 따라서 스카우루스가 원로원의 사법권을 되찾기 위해 민회에서 일련의 법안을 통과시킬 인물로 옛 동료의 아들을 선택한 것은 놀라운 일이 아니었다.[19]

배심원 자리를 원로원에 다시 넘겨주면 기사계급의 저항을 유발할 것임을 잘 알았던 드루수스와 귀족파 의원들은 가이우스 그라쿠스가 개척했던 것과 같은 연합체를 결성하려고 계획했다. 다만 그라쿠스 때와는 달리 이번에는 원로원을 허무는 대신 강화하는 데 연합의 힘을 사용하기 위함이었다. 첫번째로 드루수스는 원로원 규모를 의원 300명에서 600명으로 확대하자고 제안했다. 그렇게 하면 설사 '원로원'이 법정을 장악한다 할지라도 저명한 기사 300명이 추가된 이후일 터였다. 이는 도발적인 제안이었다. 기존 의원들 중에 자신들의 위신이 희석되는 것을 보고 싶어하거나 상스러운 평민들이 들어오는 것을 기뻐할 사람은 없었기 때문이다. 그러나 원로원 의원이 상업에 종사하는 것을 금지한 규정에 따르면 새로 들어올 사람이 상인일 경우 자기 사업을 포기하거나 입회 제안을 거절해야 할 터였다. 어느 쪽이 됐든 신규 의원들은 모두 기존 의원들처럼 많은 토지를 소유한 지주 계급이 되고 상업에 종사하는 자들만 따돌림을 받게 될 것이었다.[20]

기사들은 자기네의 이익을 위해 대중의 지지를 동원하는 능력이 상당했으므로, 드루수스는 예전의 그라쿠스파 연합을 충족시킬 일련의 정책을 준비해두었다. 도시 평민을 위해서는 새로운 곡물 배급 보조를, 지방 빈민을 위해서는 티베리우스 그라쿠스의 토지법을 모델로 만든 새로운 토지법을 제안했다. 이 제안들 모두 로마인 유권자들에게는 크게 인기를 끌었지만 이탈리아인들은 경계 태세에 들어갔다. 이탈리아인들로서는 그라쿠스파 위원회를 무사히 피했더니 이제 또 드루수스가 시도하러 오는 것 같았기 때문이다. 실로가 친구인 드루수스를 찾아가게 된 동기가 바로 이 문제였고, 두 사람은 결국 이탈리아 시민권이라는 대의에 자신들의 목숨과 재산과 신성한 명예를 걸기로 약속했다.[21]

하지만 드루수스의 의도는 모두에게 모든 것을 약속하여 모두를 만족시키는 것이었음에도—그는 "나 말고 다른 누군가가 나눠줄 만한 것을 하나도 남기지 않았다"고 자랑했다—인민은 이번에 부정적인 면을 곱씹었다. 지방 농부들도 원로원 엘리트들도 도시 평민에게 곡물을 보조하는 것을 반기지 않았다. 기존 의원들은 신규 구성원 300명이 추가되어 자기네의 권력이 약화되는 것을 경계했다. 기사들은 이러다가 자기네가 권력에서 아예 배제될까봐 걱정했다. 그리고 당

연히, 계층과 직업을 불문하고 거의 모든 로마인들이 이탈리아인의 시민권에 반대했다.[22]

드루수스와 귀족파 후원자들은 그해 집정관인 루키우스 마르키우스 필리푸스의 거센 반대에도 부딪혔다. 필리푸스는 기원전 104년에서 100년 사이 위기의 시기까지 거슬러올라가는 스카우루스와 크라수스의 오랜 정적이었다. 즉 이탈리아에서 토지를 소유한 사람이 2천 명에 불과하다고 말하는 한편 직접 급진적인 토지 재분배 법안을 상정했던 장본인이었다. 지독히 로마인답게도, 정적들이 비슷한 법안을 들고나오자 필리푸스는 격렬히 반대했다. 그는 드루수스의 법안 무더기에 당연히 위협을 느낀 징세청부업자들의 지지를 등에 업었다. 투표 당일 드루수스는 해야 할 일을 잘 해냈고 모든 법안이 통과될 듯 보였다. 그런데 그때 필리푸스가 포럼으로 진격해 들어와 민회장을 폐쇄하려 했다. 드루수스 편의 누군가가 "필리푸스의 먹살을 잡고는 그의 입과 눈이 시뻘게질 때까지 놓아주지 않았다". 필리푸스는 간신히 빠져나왔지만 집정관이 그렇듯 거칠게 다루어진 것에 엄청나게 화가 났다.[23]

역사 기록에 담긴 내용을 봐서는 드루수스가 개혁안에서 정확히 어떤 부분을 입법화할 수 있었는지 파악하기 어렵다. 그가 배심원단 개혁과 더불어 토지법안과 곡물법안을 추진한 것은 분명하다. 하지만 로스트라 연단에서 발의되지도 못했기 때문이든, 투표에서 부결되었기 때문이든 이탈리아 시민권 법안은 결코 실현되지 못했다. 이번에도 이탈리아인들은 그들에게 주어지려던 보상을 빼앗길 듯이 보였다. 마리우스 휘하에서 같이 복무했던 이탈리아 퇴역병들은 기원전 95년 로마에서 쫓겨나 불만을 품은 기사들과 한데 모였다. 그들의 공통된 불평은 대단히 선동적인 성격으로 변했다.[24]

그 법안이 부결되기도 전에 어느 폭력적인 이탈리아인 분파가 라티움 축제에서 두 집정관 필리푸스와 섹스투스 율리우스 카이사르(우리가 아는 그 율리우스 카이사르의 백부)를 암살할 음모를 꾸몄다. 용케도 드루수스가 미리 알려서 두 집정관은 무사히 축제 현장을 빠져나갔지만, 이 일은 드루수스가 애초에 어떻게 그런 위험한 정보를 입수했는가—누구와 한통속인가?—라는 불편한 의문을 제기했다. 그러나 기원전 91년 9월까지도 드루수스는 여전히 원로원 대다수의 지지를 받고 있는 것처럼 보였다. 스카우루스와 크라수스의 변함없는 조력 덕분에 대부분의 의원들은 계속 그의 편에 섰다.[25]

그들이 시국의 지배권을 쥐고 있는 상황에서, 기원전 91년 9월 귀족파 고위층 한 무리가 더욱 원대한 주제를 논하기 위해 크라수스의 빌라에 모였다. 그렇게 모인 소수의 사람들 중에는 크라수스의 오랜 친구들인 안토니우스와 스카이볼라, 그리고 촉망받는 두 학도 푸블리우스 술피키우스 루푸스와 가이우스 아우렐리우스 코타가 있었다. 늙은 스카우루스는 참석하지 않았지만, 그의 성향에 걸맞게 "근처 어딘가의" 자기 사유지에 있었다고 전해진다.[26]

우리가 이 만찬회에 관해 알게 된 것은 그 내용이 키케로의 중요한 대화체 저술 중 하나로 꼽히는 『웅변가론』이 되었기 때문이다. 키케로는 수년 뒤 참석자 중 한 명에게 이 모임 이야기를 듣고 이를 배경 삼아 역사, 이론, 수사학에 관한 폭넓은 문답 형식의 글을 완성했다. 이

논고의 세부 내용도 대단히 흥미롭지만 보다 더 유의미한 부분은 키케로가 왜 그 시간과 장소를 자신의 대화록의 배경으로 골랐느냐는 점이다. 키케로는 인물들을 경험과 지혜가 최대로 발현되는 순간, 즉 죽음을 앞둔 순간에 즐겨 배치했다. 그리고 크라수스의 빌라에 모인 사람들의 머리 위로도 죽음의 그림자가 드리워져 있었다. 그들 거의 모두가 몇 년 안에 죽음을 맞이한다. 키케로는 단순히 자기 영웅들의 삶 끄트머리를 『웅변가론』의 무대로 삼은 것이 아니었다. 그가 설정한 배경은 그 인물들 중 누구도 몰랐지만 단 몇 주 뒤 터지게 될 내전의 직전이었다.[27]

그 모임에서 유일하게 비명횡사하지 않은 사람은 집주인 루키우스 크라수스였다. 그는 분별 있게도 아예 싸움이 시작되기도 전에 죽었다. 필리푸스가 드루수스의 법들을 무효로 하겠다며 원로원에서 또다시 소동을 일으키자 크라수스는 변호를 위해 나서서 또 한번 길고 유창한 연설로 원로원이 지각을 되찾게 했다. 그러나 그는 아마도 알려지지 않은 어떤 병으로 이미 아프던 차에 연설을 하느라 애쓴 나머지 병석에 누웠고 일주일 뒤 세상을 떠났다. 아직 쉰 살도 되기 전이었다. 키케로는 크라수스의 갑작스러운 죽음에 관해 다음과 같이 말했다.

> 이것은 그의 친구들에게 서글픈 사건이었고 그의 조국에는 통탄할 재앙이었으며 인류 중의 덕망 높은 모든 이들에게 무거운 고통이었다. 그러나 이후 지독한 불행이 공화국을 덮쳤으니, 내 눈에는 불멸의 신들이 박탈의 의미로 루키우스 크라수스에게서 삶을 앗아간 것이 아니라 축복의 의미로 그에게 죽음을 선사한 것처럼 보인다. 그는 살아서 이탈리아

가 전쟁의 불길로 타오르는 광경이나 원로원이 민중의 증오로 뒤덮이는 광경이나 이 나라의 지도층이 더없이 극악한 죄목으로 기소되는 광경을 보지 않았다…… 결정적으로 공화국이 모든 면에서 치욕을 당하는 광경도 보지 않았다. 그곳이 더없는 번영을 이어가는 동안 그가 다른 누구보다도 단연 탁월한 영광을 누렸던 바로 그 공화국이.[28]

정적들이 친구의 죽음에 정신이 팔린 사이 필리푸스는 재빨리 공격의 기회를 잡았다. 그는 종교적인 구실이나 민회장에서 자신에게 개인적으로 가해졌던 폭력을 구실 삼아 드루수스의 법들을 무효로 하도록 원로원을 설득했다. 로마 역사상 다른 과격파 호민관들과 나란히 거론되는 경우가 많긴 하지만, 드루수스는 그에 앞선 사투르니누스와 그라쿠스 형제같이 과감히 뛰어들 준비가 되어 있지 않았다. 그는 운명을 받아들였고 법률 폐기를 거부하는 그 어떤 행동도 취하지 않았다. 다만 이렇게 말하긴 했다. "내게는 원로원 결의에 반대할 권한이 있지만 그러지 않겠습니다. 죄 있는 자들이 곧 그에 맞는 벌을 받을 것임을 알기 때문입니다."[29]

이탈리아인들이 정확히 언제 이 국면에 재등장했는지 가늠하기는 어렵지만, 드루수스의 법들이 최종적으로 무효화되면서 분명 행동을 취할 때가 왔다는 말이 전해졌을 것이다. 퀸투스 포파이디우스 실로가 자신과 함께 로마로의 시위 행군에 합류할 병사 1만 명을 결집시키기까지는 그리 오랜 시간이 걸리지 않았다. 이탈리아인들이 로마시에 가까워졌을 때 법무관 한 명이 그들을 만나러 와서 말했다. "포파이디우스, 그리도 많은 일행과 함께 어디로 가시오?" 실로는 대답했다. "로마로 가오. 시민권을 나눠 가지라는 호민관들의 부름을 받았기 때문이오." 법무관이 다시 대꾸했다. "적대적인 태도로 원로원에 접근하지 않는다면 당신이 구하는 것을 훨씬 쉽고도 명예롭게 얻을 수 있을 거요. 원로원은 강요하는 말은 듣지 않겠지만, 로마의 동맹이자 연합인 라티움인들에게 그런 호의를 베풀어달라고 간청하고 탄원한다면 들을 테니 말이오." 실로는 방향을 돌려 집으로 돌아갔다. 그러나 이것은 끝이 아닌 시작이었다.[30]

이탈리아인들이 집으로 돌아간 뒤에 누군가 마르쿠스 리비우스 드루수스는 그가 일으킨 분란의 대가를 치러야 한다고 결심했다. 그의 죽음을 누가 모의했는지, 드루수스가 자기네를 배신했다고 생각한 이탈리아인들이었는지 아니면 개인적으로 원한을 품은 누군가였는지 알려진 바는 없다. 하지만 누군가는 드루수스가 죽기를 원했다. 드루수스는 의혹을 품었고 집에서 업무를 보기 시작했다. 그렇게 하면 안전할 거라 생각해서였다. 그러나 어느 날 저녁이 끝날 무렵 집에 찾아온 이들을 쫓아 보내던 드루수스는 갑자기 고통에 찬 비명을 질렀다. 그의 엉덩이 혹은 사타구니(독자가 어느 쪽 광경을 선호하는지에 따라)에 꽂힌 칼 때문이었다. 실패에도 불구하고 여전히 자부심 넘치던 드루수스는 죽어가면서 이렇게 말했다. "오 가족과 친구들이여, 내 조국이 나 같은 시민을 또 얻을 수 있을까?" 살인범들은 발견되지 않았고 살인사건에 관한 조사도 이루어지지 않았다. 다들 그저 이 끔찍한 일을 잊고 모든 상황을 정상으로 돌릴 수 있기만을 바랐다. 하지만 상황은 정상과는 아주 거리가 멀었다.[31]

로마 시민들은 이탈리아 시민권 법안을 부결시켰을 때 자기네가 어떤 길로 접어들고 있는지 알지 못했다. 동맹시 전쟁이 바로 발밑에서 터졌을 때 그들 모두의 경악스러운 반응을 고려하면, 그들이 그 법안을 부결시키면서 몰고 온 파문을 전혀 자각하지 못했던 것이 분명하다. 로마인 입장에서 그 일은 오랫동안 여러 차례 이어진 이탈리아 시민권 거부 중에 또 한번의 거부일 뿐이었다. 그러니 별일도 아니었다. 하지만 이탈리아인들에게 그것은 최후의 결정타였다.[32]

그들이 막 벌집을 쑤셔놓았다는 사실은 꿈에도 모른 채, 로마인들은 뭔가 잘못되었을 수도 있다는 것을 서서히 깨달았다. 적어도 실로와 1만 명의 행군은 원로원에게 **무슨 일이** 벌어지고 있음을 알리기에 충분했다. 그리하여 드루수스가 살해된 후 원로원은 이탈리아의 여러 도시에 정보원을 파견해 동맹시들의 분위기를 확인했다. 파견된 정보원 대부분은 아무 문제도 없다고 보고했다. 적어도 표면상으로는 그랬다. 그러나 로마의 북동쪽 아펜니누스산맥(이탈리아반도를 남북으로 가로지르는 오늘날의 아펜니노산맥—옮긴이) 너머에 위치한 아스쿨룸시에서 로마 시민들이 인질로 잡혀 있다는 보고가 들어왔다. 법무관 한 명이 조사차 급히 그 도시로 갔다. 아스쿨룸 주민들은 어차피 봉기를 일으키기 직전이었으므로 그 법무관을 공격하여 살해했다. 폭도들은 곧이어 도시 곳곳을 휩쓸고 다니며 다른 로마 시민들도 보이는 족족 죽였다. 이 학살은 아스쿨룸 반란의 시작이자 동맹시 전쟁의 시작을 알렸다.[33]

반란의 확산 속도를 보면 이탈리아인들이 얼마나 오랫동안 계획해왔는지를 알 수 있다. 동부와 중부 이탈리아 대부분에 걸쳐 넓게 뻗은 초승달 지역에서 적어도 십여 개 이탈리아 부족들이 가담한 대규모 합동 반란이 폭발하듯 일어났다. 라티움인들은 변함없이 로마 편에 남았고 움브리아인들과 에트루리아인들은 반란으로부터 거리를 뒀지만, 이탈리아 동부와 중부는 일제히 로마 연합을 떠났다. 두 핵심 부족이 반란을 이끌었다. 첫번째는 남부의 삼니움족으로, 이들은 수백 년간 로마의 지배를 받으며 분통을 터뜨리다가 마침내 몇 사람의 코피를 터뜨려줄 기회를 잡은 것이었다. 이들과 합류한 부족은 북부의 마르시족으로, 실로도 이 부족의 주요 지도자로 참여하고 있었다. 당대의 로마인들은 마르시족이 반란을 일으킨 핵심 동력이라 여기고 이 전쟁을 종종 마르시 전쟁이라 불렀다. 이 전쟁이 동맹시들과의 전쟁War Against the Allies이라고 알려진 것은 나중에 가서였다. 그 과정에서 '동맹'을 뜻하는 라틴어 'socii(소키)'가 그 분쟁을 가리키는 영어 명칭 'Social War(동맹시 전쟁)'로 이어진 것이다.[34]

반란을 일으킨 이탈리아 중부 초승달 지역의 반군 지도자들은 코르피니움시에서 만났다. 그들은 그 도시를 이탈리카로 새롭게 명명하고 수도를 세웠다. 로마 역사가들은 이탈리아인들이 집정관, 법무관, 원로원 등 로마의 정치 구조를 본떠서 정부를 조직했다고 설명한다. 하지만 사실 이들의 정치 구조는 훨씬 분권화되어 있었다. 개별 부족들은 자체 부족 지도자의 지휘하에 움직였고, 부족 지도자들은 이탈리카에 설치한 합동 전시내각을 통해 의견을 교환했다. 이 내각은 가장 중요한 요구사항을 로마에 전달했다. 우리는 공화국의 동등한 시민이 되거나 그러지 못하면 독립한다는 내용이었다. 선택지는 시민권civitas과 자주독립libertas 중 하나였다.[35]

아직 그들이 빠져들고 있던 위기의 깊이를 깨닫지 못한 원로원은 그 최후통첩을 일거에 묵살했다. 그 결과 이탈리아 군대들은 지역 장군들의 휘하로 모여 기원전 91년 말에 동시다발적인 폭동을 일으켰다. 이탈리아 장군들은 모두 로마의 정치와 군사를 훤히 꿰고 있었으므로 맨 처음 어디를 공략해야 하는지 정확히 알았다. 로마인들은 공화정 초기의 부족전쟁까지 거슬러올라가는 시절 패배한 적의 뒷마당에 라티움 식민지를 건설했다. 이 공동체들은 로마군 당국의 전초기지로 꾸준히 남았다. 이탈리아인들이 가장 먼저 한 일은 이 라티움 식민지들을 공격한 다음 도로를 장악해서 라티움 내 활동영역 밖에서 로마의 통신 능력을 차단한 것이었다. 이는 로마인들의 허를 찌른 단순하고도 효과적인 전략이었다.[36]

로마 밖에서 새로운 소식이 들어올 때마다 또다른 도시나 부족이 반란을 일으켰다는 얘기가 나오자 로마 주민들은 너무 놀라 어안이 벙벙했다. 원로원은 허둥지둥 위기 대책을 마련했다. 임시 총독들에게 추후 통지가 있을 때까지 자리를 지키고 있으라 지시한 뒤 기원전 90년의 집정관과 법무관 전원을 이탈리아 속주로 파견했다. 제2차 포에니 전쟁 이래로 이탈리아반도에 최고위 정무관들이 이렇게 많이 집결한 것은 처음이었다.[37]

그러나 전쟁을 벌이기 전에 로마 사령부는 먼저 그들 중 누구에게 반란의 책임이 있는지 규명하느라 귀중한 시간을 보내야 했다. 퀸투스 바리우스 히브리다라는 호민관은 이탈리아 시민권을 지지함으로써 헛된 약속과 이기적인 민중 선동으로 "이탈리아인들을 부추긴" 사람들을 숙청할 위원회 설립을 제안했다.[38] 위원회의 표적이 될 가능성이 있는 이들에게 충성하던 호민관들은 그 법안을 거부하려 했지만, 골치 아프게도 어느덧 일상이 되어버린 폭도들이 호민관들을 위협하여 민회장에서 달아나게 만들었다. 법안은 통과되었고, 이제 인간 사냥에 나설 시간이었다.[39]

전원 기사들로 구성된 배심원단에 전직 집정관 필리푸스가 지휘를 맡은 바리우스 특별위원회는 분별없이 마구잡이로 적들을 공격했다. 스카우루스와 안토니우스를 포함해 최소 여섯 명의 저명한 의원들이 기소되었다. 나이 많은 귀족파 의원들은 유죄판결을 피했는데 이러나 저러나 로마에서 가장 힘있는 자들에 속했기 때문이다. 그러나 그들보다 위엄이 덜한 귀족파 친구들은 그리 잘 풀리지 못했다. 추방된 이들 중에는 기원전 91년 9월의 운명적인 밤 크라수스의 집에 있었던 청년들 중 하나인 가이우스 아우렐리우스 코타도 있었다. 그가 여러 내전을 거치고도 살아남은 이유는 아마도 추방 덕분일 것이다.[40]

스카우루스는 바리우스 특별위원회에 유죄판결을 받지는 않았지만 삶의 종점에 이르렀다. 어느덧 일흔 살 생일을 넘긴 원로원의 이 오랜 수장은 근 30년간 이끌었던 메텔루스 파벌이 와해되는 광경을 곁에서 지켜볼 만큼 오래 살았다. 메텔루스 누미디쿠스는 죽었고 그의 형제들과 친척들도 대부분 죽었다. 다음 세대에서 장래성이 보이는 것은 누미디쿠스의 아들인 메텔루스 피우스뿐이었다. 크라수스가 갑자기 죽고 공통된 피후견인들이 모두 표적이 되어 추방당하자 메텔루스 파벌은 분열되었다. 다른 가문들은 메텔루스 가문의 약점을 감지하고는 치명타를 가할 기회를 노렸다. 역사가 벨레이우스 파테르쿨루스가 언급하듯이 "그러므로 도시나 제국의 경우와 마찬가지로 가문의 운명도 흥했다가 이울고 결국 사라지는 것은 확실"하다. 스카우루스가 살아 있는 동안 메텔루스 파벌은 계속 로마의 지배적인 세력으로 남았지만, 이 노인은 친구 크라수스를 뒤따라 기원전 89년 초에 세상을 떠났다.[41]

이처럼 정치적 기소가 전개중이던 기원전 90년 봄이 오고 전쟁철이 도래하자, 로마인들은 여러 무대에서 반격을 시작할 준비를 갖췄다. 집정관 루키우스 율리우스 카이사르(우리가 아는 그 율리우스 카이사르의 종숙)는 남부의 삼니움족을 맡은 반면 푸블리우스 루틸리우스 루푸스는 북부에서 마르시족을 상대했다. 한편 집정관 권한대행 섹스투스 카이사르는 아펜니누스산맥 너머 아스쿨룸으로 파견되었다. 이 고위 정무관들 밑으로는 다수의 보좌관과 법무관이 포진해 있었고 이들은 이례적일 만큼 독자적으로 작전을 수행했다. 그중에는 로마 정계의 다음 폭력적 국면을 특징지을 인물들이 포함되어 있었다. 메텔루스 피우스, 폼페이우스 스트라보, 킨나, 퀸투스 세르토리우스에 더해 늙은 마리우스까지도 은퇴생활을 접고 나왔다. 하지만 누구보다도 동맹시 전쟁에서의 활약을 이용해 정치적 이익을 꾀한 사람은 루키우스 코르넬리우스 술라였다.[42]

술라는 사투르니누스의 폭동으로 절정에 이르렀던 기원전 104년부터 100년까지의 격렬한 정치 투쟁 기간 동안 방관자로 머물렀다. 그러다 기원전 99년 상황이 정상화되기 시작할 무렵 법무관 직에 도전했으나 유권자들에게 퇴짜를 맞았다. 전해지는 이야기로는 술라가 조영관 직을 건너뛰려 하는 것을 유권자들이 못마땅해했다고 한다. 술라는 여전히 마우레타니아의 보쿠스왕과 친하게 지냈으므로 인민은 그가 아프리카를 주제로 한 멋진 경기대회 같은 것을 열어주길 바랐다. 하지만 경력을 계속 쌓아가길 원했던 술라는 법무관으로 당선되면 인민이 바라는 경기대회를 열겠다고 약속했다. 그는 이듬해에 다시 출마해서 당선되었다. 경기대회는 대단히 훌륭했다.[43]

로마에서 보낸 1년 뒤 원로원은 술라에게 킬리키아로 가서 지중해 선박을 약탈하는 해적들을 감시하라고 명령했다. 하지만 동방에 있는 동안 그에게 까다로운 임무가 내려졌다. 지난 몇 년간 폰토스와 비티니아의 왕들은 국경을 맞댄 카파도키아 왕국을 두고 싸웠다. 폰토스의 왕 미트리다테스 6세와 비티니아의 왕 니코메데스 간에 끝도 없이 싸움이 계속되자 원로원은 두 손 두 발 다 들고서 니코메데스와 미트리다테스 둘 다 각자의 왕국에 조용히 틀어박혀 있으라고 명령했다. 향후 카파도키아는 외국의 속국살이에서 벗어나 스스로 통치한다고도 전했다. 물론 원로원의 '스스로 통치한다'는 말은 친로마적인 꼭두각시 왕이 카파도키아를 다스린다는 의미였다. 이 일을 맡을 사람으로 원로원은 말 잘 듣는 젊은 귀족 아리오바르자네스를 골랐다. 술라는 새로운 꼭두각시 왕이 평화롭게 즉위할 수 있게 하라는 지시를 받았다.[44]

술라는 아리오바르자네스를 왕좌에 잘 앉힌 뒤 아르메니아인들과의 국경 분쟁을 해결하기 위해 더 먼 동쪽으로 떠났다. 이 여정으로 술라는 먼 이란의 산악지대에 있던 위대한 페르시아 제국의 계승자인 파르티아 왕국 사신들과 공식 회담을 가진 로마 최초의 사절이 되었다. 로마와 파르티아는 로마인들이 지중해 지역을 에워싸는 순간 시리아와 메소포타미아에서 끝없이 격돌할 운명이었지만, 이 시점까지만 해도 로마인들은 아직 에게해 너머로 가지도 않은 상황이었다. 그러나 이 최초의 정상회담에서 술라는 파르티아인들에게 로마의 방식을 맛보기로 보여주었다. 회담 자리에서 그 자신을 가운데에 두고 다른 두 나라를 마주보도록 의자를 배치함으로써 파르티아를 로마가 아닌 카파도키아와 대등한 위치로 만든 것이다. 자기가 보낸 사신이 이처럼 아랫자리에 앉았다는 사실을 알게 된 파르티아의 왕은 그 신하를 처형시켰다.[45]

  술라는 이렇게 성공적인 동방 순회를 마치고 로마로 돌아왔으며, 기원전 91년 여름엔 옛친구 보쿠스왕의 방문을 받았다. 보쿠스는 오는 길에 훌륭한 미술품도 몇 점 가져와 카피톨리누스 언덕에 장식하라며 내놓았다. 그중 한 작품은 보쿠스가 술라에게 유구르타를 넘기는 장면을 묘사한 것이었다. 술라의 인장에 새겨진 것과 같은 바로 그 장면이었다. 유구르타 전쟁을 끝낸 **진짜** 주인공이 술라임을 일깨우는 이 모욕적인 물건에 격노한 마리우스는 항의했고, 항의가 묵살되자 친구들 무리를 이끌고 가서 새로 설치된 그 미술품을 뜯어냈다. 마리우스와 술라 사이의 내전은 이때 거의 일어날 뻔했다. 그러나 기원전 91년에서 90년으로 넘어가는 겨울에 동맹시 전쟁이 터지면서 두 사람은 서로 간의 의견 충돌을 제쳐놓았다. 이번이 그들이 같은 편으로서 싸우는 마지막일 터였다.[46]

  기원전 90년 벌어진 전투는 이탈리아인들이 로마인에 비해 얼마나 많이 준비되어 있었는지를 보여주었다. 남부에서는 집정관 루키우스 카이사르가 3만 명 남짓한 병력을 데리고 매복 공격을 감행했다가 대혼란에 빠져 후퇴했다. 그는 그해 후반에 갈리아와 누미디아에서 증원군이 오고 나서야 간신히 회복할 수 있었다. 그의 전투작전이 지연되고 있을 때 크레타 출신의 한 용병이 집정관을 찾아와 그를 위해 일하게 해달라고 청했다. 크레타인은 "만약 저의 도움으로 적들을 물리치게 된다면 제게 어떤 상을 내리시겠습니까?"라고 물었다. 카이사르는 "로마 시민이 되게 해주겠다"고 대답했다. 그러자 크레타인은 비웃으며 말했다. "시민권은 크레타인들 사이에서 아무 의미가 없습니다. 우리가 화살을 쏠 때 노리는 건 이득이지요…… 그래서 저는 돈을 벌려고 이곳에 왔습니다. 참정권일랑 그 말도 안 되는 걸 얻으려고 피를 흘려가며 싸우는 자들에게나 주십시오." 집정관은 크게 웃으며 사내에게 말했다. "그래, 만약 우리가 이기면 자네에게 상으로 1천 드라크마(그리스의 화폐 단위—옮긴이)를 주겠네." 크레타인은 1천 드라크마로 살 수 있었지만, 이탈리아인들은 로마에 피로써 값을 치르라고 요구했다.[47]

남부에서의 전쟁은 시작이 좋지 않았지만 적어도 루키우스 카이사르는 살아남았다. 북부에 가 있던 동료 집정관 루푸스는 그리 운이 좋지 않았다. 루푸스는 성공하기에 아주 유리한 조건을 지닌 듯 보였다. 가이우스 마리우스의 조카였던 그는 숙부를 보좌관으로 불렀다. 그러나 루푸스는 사령부 막사에 더없이 유용한 자산을 가지고 있으면서도 그것을 활용하지 않았다. 전투에 돌입하기 전 신병들을 훈련시키라고 마리우스가 조언했지만 루푸스는 조바심을 내며 그 권고를 무시했고, 이후 순찰중에 파견대 전체를 잃었다. 이어서 로마인들이 톨레누스강에 도착하자 마르시족은 루푸스의 본대를 매복 공격했다. 마리우스는 강 하류에 있다가 시체들이 떠내려오는 것을 보고 급히 상류 쪽으로 지원을 나갔다. 도착해보니 조카는 죽고 군대는 엉망으로 와해되어 있었다. 마리우스는 그 상황을 떠맡아 생존한 병사들을 재정비하고 튼튼한 진지를 세웠다. 10년도 넘는 세월 만에 처음으로 가이우스 마리우스는 군대의 지휘봉을 잡았다.[48]

그러나 마리우스는 그가 군대 사령관으로 복귀하기를 원치 않는 적들을 원로원에 무수히 두고 있었다. 그래서 원로원은 퀸투스 카이피오를 보내 북부의 지휘권을 나눠 맡게 했다. 아라우시오의 재앙을 불러온 악명 높은 카이피오의 아들인 그 또한 포악하고 무례한 청년이었다. 북부에 도착한 카이피오는 가이우스 마리우스의 조언을 듣는 데 전혀 관심이 없었다. 앞서 그의 아버지도 그랬듯이, 이렇듯 오만하고 경멸적인 태도는 그를 파멸로 이끌었다.[49]

카이피오가 전투에 합류한 뒤 마르시족의 지도자 실로는 대담하게도 로마군 진지로 가서 접견을 요청했다. 실로는 카이피오에게 이 전쟁은 가망이 없으며 자신은 언제든 다시 로마 편으로 넘어갈 준비가 되어 있다고 말했다. 그는 선의의 표시로 마르시족 군대가 있는 곳까지 직접 안내하겠다고 말했다. 게다가 자기 자식들이라면서 두 아기를 보여주고는 로마군에 맡겼다. 카이피오와 소규모 분대가 위치를 정찰하러 실로를 따라갔다. 그러나 그들이 로마군 진지에서 적당히 멀어지자마자 어둠 속에서 실로의 병사들이 카이피오를 덮쳐 죽였다. 아기들이 어찌 됐는지는 알려져 있지 않다.[50]

카이피오를 암살한 후 실로는 아콰이 섹스티아이에서 테우토네스족이 그랬듯이 마리우스를 약 올려서 싸움에 끌어들이려 했다. "마리우스, 당신이 위대한 장군이라면 이리 나와서 우리와 결판을 내보시오." 하지만 언제나처럼 마리우스는 영리하게도 미끼를 물지 않았다. 마리우스는 이렇게 대꾸했다. "당신이 위대한 장군이라면 나를 내 뜻과 상관없이 당신과 결판내도록 해보시게." 이후에 마리우스는 나이가 들어 겁을 먹었다고 비난받았지만, 과거 이력을 볼 때 우리는 마리우스가 스스로 연출하지 않은 전투에서 싸우다 죽을 사람이 아님을 알고 있다. 가이우스 마리우스는 알렉산드로스나 한니발, 스키피오 아프리카누스처럼 타고난 최고의 장군으로는 여겨지지 않았지만, 준비에 더없이 공을 들이고 계획을 꾸준히 실행함으로써 다른 누구도 이기지 못한 전쟁에서 승리했다. 그해가 끝나갈 무렵 그는 또다시 해내고야 말았다. 마리우스가 마르시족을 상대로 로마의 첫 승리를 기록한 것이다.[51]

한편 이 모든 사태의 시발점이 된 아스쿨룸 밖에서는 집정관 권한대행 섹스투스 카이사르가 교묘한 작전을 통해 그 도시로 향했다. 그의 핵심 보좌관은 떠오르는 신진 세력이며 자기 가문의 사유지가 주로 그 지역에 있다는 이유로 이 사령부에 배속된 나이우스 폼페이우스 스트라보였다. 그는 폼페이우스 마그누스의 아버지이자 선도자격인 인물이었다. 물론 당시만 해도 그의 아들은 첫번째 전투를 준비하는 10대 소년에 불과했다. 마침내 그곳의 로마 군단들은 아스쿨룸 포위 공격을 시작했지만, 겨울을 나는 동안 섹스투스 카이사르가 진지에서 병을 얻어 죽고 말았다. 그의 보좌관 폼페이우스 스트라보가 갑

작스레 책임을 떠안았다.[52]

 이 모든 패배와 사령관들의 죽음은 로마에서 골치 아픈 소식이 아닐 수 없었다. 기원전 90년 내내 "이 전쟁중에 양쪽 군대가 마을을 살육하고 포위하고 약탈하는 일이 흔했다. 승리의 여신은 때로는 이쪽 편을, 때로는 저쪽 편을 맴돌아…… 여신이 어느 쪽을 편드는지 양측 모두 확신하지 못했다". 사상자 수가 점점 늘어나자 원로원은 전사자들을 로마로 데려오지 말고 그들이 죽은 곳에 묻는다는 결의안을 통과시켰다. 원로원은 잠재적인 신규 징집병들이 겁먹는 일을 피하고자 했다. 지금은 입대 의욕을 꺾어서는 안 될 때였다.[53]

 이탈리아인들이 전쟁을 일으키도록 도발한 꼴이 된 원로원은 불현듯 자기들이 이탈리아반도 전체의 통제권을 잃을 지경에 놓였다는 사실을 깨달았다. 이탈리아인에게 시민권을 수여하는 문제는 50년간 표류해왔고 수면 위로 떠오르는 족족 부결되었다. 그러나 더는 다른 이탈리아인들이 들고일어나지 않게 해야 한다는 필요성이 절실해지자 마침내 로마인들의 자세가 누그러졌다. 이탈리아인들은 시민권을 가질 수 있게 되었다.

 집정관 루키우스 카이사르는 다음해 선거를 감독하기 위해 로마로 돌아온 후 민회에서 법안 하나를 관철시켰다. 바로 율리우스법이었다. 이 법은 아직까지 무기를 들지 않은 이탈리아인 누구에게나 완전한 로마 시민권을 제공했다. 새로 등록된 이들은 독단적인 학대로부터 보호받고 민회에서 투표권을 갖는 등 완전한 시민의 권리를 누리게 될 터였다. 그러나 완전한 시민권이라고 선전되긴 했어도 원로원은 교묘한 함정을 파두고픈 유혹을 이기지 못했다. 이탈리아 인구 전체를 신규 트리부스 열 개에 일괄 배정하여 민회에서 항상 마지막에 투표하도록 정한 것이다. 투표는 트리부스 과반수의 의견이 일치할 때까지만 진행되는 것이 원칙이었으므로 끝 순서인 트리부스들에게 투표 차례가 돌아오는 경우는 극히 드물었다. 원로원은 이탈리아인들에게 참정권은 줘도 공화국을 넘겨줄 생각은 없었다. 하지만 그것은 나중 문제였다. 당장은 로마인들이 굴복했으며 모두에게 시민권을 준다는 소문이 퍼져나갔다.[54]

루키우스 카이사르가 율리우스법을 공포한 후에 주재한 기원전 89년 집정관 선거에서 폼페이우스 스트라보가 당선되었다. 모질고 야심만만한 신진 세력 스트라보는 동료 정치인들에게 그리 호감을 얻지는 못했지만 그의 군사적 재능만은 누구도 부정할 수 없었다. 스트라보는 마리우스와 같은 부류의 사람이었다. 그 또한 지방 출신에 군인이 되게끔 길러진 야심만만한 신진 세력이었고, 곱게 자란 응석받이 같은 원로원 늙은이들을 경멸했다. 또한 스트라보는 조상 대대로 피케눔과 연고가 있었으므로 개인적인 영향력을 이용해 전쟁을 끝낼 수 있을 터였다. 하지만 떠나기에 앞서 스트라보는 포강 이북의 갈리아 키살피나에 속한 모든 공동체에 일방적으로 라티움 시민권을 부여하는 법안을 민회에서 통과시켰다. 킴브리 전쟁 이후 이탈리아인들이 그 지역으로 대거 이주했지만 그곳 인구 대부분은 공식적인 권리를 갖고 있지 않았다. 폼페이우스법은 전쟁이 북쪽으로 확산되는 것을 막을 뿐만 아니라, 스트라보에게 아스쿨룸과의 전쟁을 추진하는 것은 물론이고 이후 일어날 일에 대비하기 위해 의지할 수 있는 폭넓은 지

지 기반을 제공했다.⁵⁵

 스트라보가 아스쿨룸으로 돌아간 직후 촉망받던 호민관 나이우스 파피리우스 카르보는 추가로 플라우티우스·파피리우스법을 통과시키는 데 일조했다. 젊은 카르보는 기원전 111년 안토니우스에게 시달린 끝에 자살한 카르보의 아들이자 기원전 119년 크라수스에게 시달리다 자살한 카르보의 조카였다. 젊은 카르보가 여유작작한 귀족파의 쓰레기 같은 인간들에게 특별히 반감을 품었던 것도 전혀 놀랍지 않다. 이제 막 정치판에 발을 들인 카르보는 여전히 무장봉기중인 이탈리아 주민들까지로 시민권 수여 대상을 확대한 플라우티우스·파피리우스법을 통과시켰다. 그 법은 "누구라도 동맹시 시민으로 등록되었고 해당 법이 통과될 당시 이탈리아에 거주지가 있었으며 60일 내로 법무관에게 자진 신고하는 경우" 완전한 시민권을 받게 된다고 명시했다. 율리우스법과 플라우티우스·파피리우스법은 쌍으로 효과를 발휘하여 이탈리아 반란의 확산을 막았다. 하지만 그럼에도 불구하고 이탈리아 반란군은 여전히 많이 남아 있었다.⁵⁶

 로마인들에게 기원전 89년은 기원전 90년보다 낫게 흘러가긴 했지만, 그해 역시 또다른 집정관의 죽음으로 시작되었다. 기원전 89년 초에 마리우스 휘하 병력을 넘겨받으러 온 루키우스 포르키우스 카토(소 카토의 숙부)는 루푸스나 카이피오와 마찬가지로 늙은 마리우스를 무시했다. 카토는 마리우스의 건강이 안 좋다고 주장하며 그가 보좌관 직에서 물러나도록 강요했다. 그러나 그는 곧바로 병사들을 이끌고 마르시족 진지 공격을 감행했다가 처참히 실패하고 전장에서 목숨을

잃었다.⁵⁷

　그래도 다른 곳에서는 비교적 일이 잘 풀렸다. 움브리아와 에트루리아에서 막 일어난 반란은 시민권에 관한 약속과 신임 집정관 폼페이우스 스트라보의 맹렬한 군사 작전―이제 그의 10대 아들 폼페이우스와 마르쿠스 툴리우스 키케로라는 젊은 참모의 지원이 더해졌다―사이에서 흐지부지 끝났다. 스트라보는 곧장 아스쿨룸으로 돌아가서 포위 공격을 이어갔다. 이탈리아인들은 스트라보를 몰아내기 위해 수만 명에 달하는 병력을 동원했지만 그는 밀려나지 않았다. 마지막 구출 시도가 실패로 끝난 뒤 도시가 절망에 잠기자 이탈리아군 지휘관은 동포들에 대한 신뢰를 잃고 말았다. 그는 성대한 만찬을 열고 마지막에 포도주와 독이 가득 채워진 잔을 마셨다.⁵⁸

　저항할 힘이 바닥난 아스쿨룸은 결국 기원전 89년 11월에 항복했다. 스트라보는 승리 앞에서도 너그럽지 않았다. 아스쿨룸에 입성한 그는 "모든 유력인사들을 채찍형과 참수형에 처하게 했다. 노예들과 노획물 전부를 경매로 내다팔았으며, 나머지 사람들에겐 자유는 남겨줬으나 가진 것을 모두 박탈하고 무일푼으로 떠나라고 명령했다". 아스쿨룸 약탈은 더 광범위한 전쟁에 필요한 자금을 모아줄 것으로 기대되었지만, 스트라보가 대부분을 통제하고 나머지는 가로챔으로써 사방에서 원한을 샀다. 곧 모두가 그를 '아스쿨룸의 도살자'라 불렀다.⁵⁹

　남은 반란군은 로마인들을 굴복시키기 위해 빠른 기습 공격에 기댔지만 그 대신 장기전에 맞닥뜨렸다. 확실한 패배 이후로는 시민권을 주겠다는 제안이 나오지 않았고, 그 결과 이탈리아 지도자 다수는 로마의 의도를 의심했다. 하지만 로마 군단들이 사방에서 압박해오자 이탈리아 정부는 서둘러 이탈리카를 떠나 대대로 로마에 뿌리깊은 적개심을 품은 삼니움 영토 깊숙이 이동했다. 그들에게는 여전히 충분한 병사와 전략적 강점이 있었지만, 초승달 모양의 반란 지역은 와해되고 있었다. 남은 지도자들 중에서 나이든 마르시족 장군 실로가 남은 이탈리아 병력 전체의 지휘를 맡았다. 그들에게는 아직 5만 명의 무장 병력이 있었지만, 이제 참정권을 주겠다는 약속이 이탈리아 전역에 퍼진 상황에서 추가 지원을 기대하기는 어려웠다.[60]

  남부에서는 술라가 마침내 독립 지휘권을 가지고 등장했다. 그는 해안을 따라 남쪽 캄파니아까지 진군해서 말 안 듣는 도시들을 제자리로 돌려놓으라는 지시를 받았다. 술라는 결국 반란을 일으킨 폼페이(그렇다, 바로 '그' 폼페이다(서기 79년에 화산 폭발로 소멸한 이탈리아 도시—옮긴이)) 성문 밖에 도착해서 성벽을 포위했다. 이탈리아 군대가 급히 폼페이를 도우러 왔다가 첫 접전에서 술라를 격퇴했다. 그러나 술라는 전열을 가다듬고 이탈리아인들이 안전한 곳을 찾아 근처의 놀라로 달아나게 만들었다. 이 전투중에 보인 그의 영웅적인 활약으로, 술라의 병사들은 전장에서 한 군단을 구했다는 의미의 명예로운 풀잎관을 그에게 선사했다. 자신감에 충만한 술라는 병력을 이끌고 돌아가서 폼페이를 함락시켰다. 그런 뒤엔 방향을 돌려 히르피니족의 영토로 맹렬히 돌진했다. 그곳의 주요 도시 아이클라눔에 대규모 횃불로 불을 지르자 나머지 히르피니족은 항복했고, 술라는 삼니움으로 들어가서 보바니움시를 점령했다. 이처럼 잇따른 성공으로 술라는 때마침 집정관 선거를 앞두고 있던 로마에서 엄청난 인기를 얻었다.[61]

기원전 89년 말경에는 동맹시 전쟁이 서서히 끝나갔지만, 2년간의 분쟁은 이탈리아 인구를 초토화시켰다. 고대 자료의 수치는 항상 부풀려져 있긴 하지만 전해지는 바에 따르면 이 전쟁중에 30만 명이 죽었는데, 시신이 화장용 장작더미에서 재로 변한 뒤에는 로마인과 이탈리아인을 구분할 수 없었다.[62]

경제적인 측면에서 이 전쟁은 재앙이었고 이탈리아의 생산성에 심지어 한니발의 침공보다도 심각한 타격을 입혔다. 약탈이나 방치 혹은 고의적인 파괴로 소유자의 빈부를 막론하고 토지가 황폐해졌다. 원로원 의원들은 이탈리아 사유지와 단절되었는데, 필시 반란을 일으킨 이탈리아인들이 그들의 토지를 장악하고 약탈했을 것이다. 기원전 88년 봄에는 이탈리아 곳곳에서 곡물 부족과 기근이 보고되었고, 기근은 "모든 것을 먹어치우고도 여전히 늘 굶주리고 채워지지 않는 위장처럼…… 그들이 비참하게 만들고 있는 다른 모든 도시보다도 더 비참하며 모든 것에 남김없이 손대면서도 아무것도 가지지 못한" 로마의 도시 평민 때문에 더욱 악화되었다.[63]

동맹시 전쟁의 혼란은 통화 위기까지 촉발시켰다. 계속된 전쟁으로 위조 화폐가 시장에 쏟아져 들어오면서 집집마다 진짜로 여겨지는 돈을 쌓아두게 되었고, 그러자 시중에 양화의 유통량이 점점 줄어들었다. 화폐시장이 긴축되고 아시아에서의 이권이 위협받자 징세청부업계 은행가들은 부채 상환을 요청했다. 하지만 채무자들은 전쟁통에 사유지가 망가져서 빚을 갚을 수가 없었다. 심지어 공화국 자체도 현금이 부족해서, 고위 신관들이 쓸 기금으로 따로 떼어뒀던 토지 '누마의 보물treasures of Numa'을 경매 처분할 수밖에 없었다.[64]

이런 위기중에 아셀리오라는 법무관이 재산을 빼앗긴 상류층을 위해 부채의 부담을 덜어줄 방안을 강구했다. 그는 채무자가 채권자를 고소할 수 있게 했으며, 그 결과 소송이 난무하고 파산한 채무자들이 채무 상환 면제를 얻어내기 시작했다. 이제 자기네가 파산할 지경이 된 징세청부업계 은행가들은 그들이 불행한 사태를 맞게 된 책임을 아셀리오에게 돌렸다. 어느 날 아셀리오가 포럼에서 희생제물을 바치고 있을 때 소규모 폭력단이 그에게 돌을 던지기 시작했다. 아셀리오는 근처의 선술집으로 도망쳤지만 곧 구석으로 몰렸다. 결국 한 암살자가 그의 목을 그었다. 아피아노스는 이 사건을 다음과 같이 기록했다. "그리하여 아셀리오는 법무관 재임 당시 신에게 헌주를 따르던 중에, 그러한 의식의 관례에 따라 금박을 입힌 성스러운 제의를 입은 채로…… 한창 희생제물을 바치다가 살육되었다." 그 무엇도 더는 신성시되지 않았다.[65]

이제 얼마 남지 않은 반군 근거지에서만 제한적으로 교전이 벌어짐에 따라, 이탈리아 나머지 지역은 율리우스법이 실제로는 어떤 의미였는지 깨닫기 시작했다. 마침 기원전 89년에 감찰관 선거가 돌아왔지만 누구를 등록시키고 누구는 등록시키지 않을지 세부사항을 충분히 생각할 시간은 충분치 않았다. 유입되는 이탈리아인의 수가 어쩌면 시민 인구를 두 배로 늘려놓을 터였으므로 이것은 매우 중대한 결정이었다. 이탈리아 인구를 35개 트리부스에 고루 배분한다면 그들이 민회에서 로마인의 의견을 집어삼킬 터였다. 이미 원로원은 도시 평민과 **모든** 해방노예를 수도 트리부스 네 개에 몰아넣어두었기에, 선거철에 로마로 갈 형편이 되는 부유한 시민들이 지방 트리부스들을 손쉽게 점령했다. 의욕 있는 신규 시민 몇몇이 로마로 가는 비용을 감내하고 정치에 참여하기만 한다면 이탈리아인들이 민회를 장악하기란 그리 어렵지 않을 터였다. 그래서 감찰관들은 인구조사를 비준하려면 필히 들어가야 할 종교의식 절차를 '뜻하지 않게' 어겼다. 그 조사는 폐기되어야 했다.[66]

마지막 남은 반란군은 아풀리아와 삼니움에서 고집스레 무장을 유지했다. 시민 등록 기한이 이미 오래전에 지났으므로 이들 잔당은 다른 이탈리아 동포들이 약속받은 것과 같은 관대한 처분을 기대할 수 없었다. 그리고 그들 중에서도 실로와 같은 일부는 결코 다시는 로마인들에게 돌아가지 않겠다고 결론내렸던 것 같다. 마지막까지 이탈리카에 남아 있던 이들은 남쪽 삼니움으로 피신해 실로를 중심으로 전열을 가다듬었다. 그때까지 무장을 풀지 않은 병력이 3만 명 정도 있던 상황에서 실로는 2만 명을 추가로 모집했다. 최후의 저항을 준비하는 것과는 거리가 멀게도, 실로는 놀라에 증원군을 투입하고 보바니움을 탈환했으며 의기양양하게 개가를 울리면서 그곳에 입성해 이탈리아의 존엄을 재천명했다. 그는 여전히 이길 수 있다고 믿었다.[67]

이즈음 그 지역의 로마군 병력은 메텔루스 피우스가 지휘하고 있었다. 양 군대는 기원전 88년 초 아풀리아에서 드디어 마주쳤다. 이어진 전투에서 전사자 수는 6천 명에 불과했으나 실로가 그중 한 명이었다. 그가 죽고 나서도 몇몇 삼니움인과 루카니아인이 저항을 계속했지만, 실로의 죽음으로 동맹시 전쟁은 공식적으로 끝이 났다. 한편 아풀리아에서는 마지막 남은 저항세력이 대의를 이어가기 위해 지원을 구할 방법을 찾았고, 적어도 한 파벌은 공격적인 힘을 가진 폰토스의 미트리다테스왕을 고려 대상으로 삼았다. 그러나 그때쯤 폰토스의 미트리다테스는 이미 그 자신이 로마와의 필사적인 투쟁에 휘말려 있었다.[68]

10장
카르타고의 폐허

THE
RUINS
OF
CARTHAGE

THE
STORM
BEFORE THE
STORM

> 도로에서 그를 만난 대표단이 그에게
> 왜 조국을 상대로 진군하고 있느냐고 물었다.
> "압제자들로부터 조국을 구하기 위해서요"라고 그는 대답했다.
> _아피아노스[1]

폰토스 왕국은 오늘날 터키의 흑해 연안에 해당하는 지역을 가로질러 뻗어 있었다. 기원전 500년대 그리스인들이 흑해 주변에 둥그런 고리 모양으로 식민지를 건설했고, 그곳들은 알렉산드로스대왕 사후 등장한 헬레니즘 왕국들에 흡수되었다. 폰토스의 첫번째 미트리다테스 왕은 아나톨리아 내륙 산악지역 출신이었지만 기원전 280년대에 북쪽으로 흑해 해안까지 영토를 확장했다. 그의 계승자들은 이 확장을 이어갔으며 기원전 183년에 그리스 도시 시노페를 점령하면서 절정을 이뤘다. 동서로 뻗은 산맥에 둘러싸인 신생 왕국 폰토스는 남쪽의 산맥과 북쪽의 해안 사이 비옥하고 광물이 풍부하며 좁고 기다란 땅을 차지하고 있었다. 폰토스 왕들은 그리스 요소와 페르시아 요소를 혼합하여 토양과 금속, 그리고 이제 그들이 장악한 무역 관계를 적극 활용했다. 그러나 기원전 2세기 중반의 폰토스는 동방의 소왕국들로 가득한 세계에 포함된 일개 동방의 소왕국일 뿐이었다.[2]

미트리다테스 6세는 시노페에서 태어났다. 시노페가 폰토스의 수도가 된 지 50년 뒤였다. 왕의 장남이었던 미트리다테스는 언젠가 폰토스를 다스릴 것으로 예상되었지만 권좌에 오르기까지 그의 여정은 결코 수월하지 않았다. 자존심 있는 헬레니즘 세계의 왕이라면 으레 그렇듯 그의 아버지가 기원전 120년에 독살당하자 왕국에 권력의 공백이 생겼다. 미트리다테스는 아직 성년이 되지 않았으므로 그의 어머니 라오디케여왕이 나서서 섭정으로 정권을 장악했다. 그러나 부모로서의 모든 도덕률과 달리 라오디케는 차남을 편애했던 것이 분명하다. 10대 소년 미트리다테스는 어머니의 암살 시도를 피해 궁에서 도망쳤다. 전설에 따르면 미트리다테스는 사냥, 수영, 독서, 인간 연구, 50가지 언어 공부 등 7년간의 훈련 과정에 돌입했고 마침내 이상적인 왕자의 전형이 되었다. 이렇게 영웅의 면모가 완성된 기원전 113년, 미트리다테스는 시노페로 돌아가 사악한 어머니와 동생을 몰아냈으며 두 사람은 곧 '자연사'했다.[3]

미트리다테스는 왕위에 등극하자마자 폰토스의 권능을 더욱 드러내기 위해 용병 군대를 만들었다. 기원전 110년대에는 흑해 건너편 크림 반도에 있는 그리스 도시들의 구원 요청에 응했다. 그 도시들은 트라키아인 침입자들에게 공격받고 있었다. 미트리다테스는 트라키아인들을 쫓아내고 크림반도의 공동체들로부터 정당한 항복을 얻어냈다. 미트리다테스는 이제 그의 자애로운 보호 아래 뭉친 흑해 교역권 전체—북으로는 러시아, 동으로는 페르시아, 서로는 그리스와 이탈리아, 남으로는 지중해 일대—를 지배했다. 미트리다테스가 부와 자원, 인력에 대한 접근권을 장악하면서 이루어진 흑해 제국은 로마가 마주할 가장 강력한 세력 중 하나가 될 터였다.[4]

집권 초기에 미트리다테스는 이웃나라 비티니아의 왕 니코메데스 3세와 동맹을 맺고 아나톨리아 땅을 나눠 가졌다. 로마 사절들은 그들에게 그만두라고 지시했지만, 유구르타와 킴브리족에게 정신이 쏠려 있던 로마인들이 할 수 있는 일은 거의 없었다. 결국 미트리다테스와 니코메데스는 두 왕국 모두와 경계를 접하고 흑해와 지중해 사이 교역을 연결하는 육상 통로 역할을 하던 카파도키아의 통제권을 두고 사이가 틀어졌다. 기원전 101년 미트리다테스는 직접 카파도키아 왕의 목을 베고 자기 아들을 그곳 왕좌에 올렸다. 그의 사신들이 로마에서 사투르니누스에게 능욕당했을 당시 재가받고자 했던 합의가 바로 이에 관한 것이었다.[5]

미트리다테스가 어느덧 국제적인 명성을 떨치게 된 상황에서, 가이우스 마리우스는 기원전 98년 동방을 순회하는 여정중에 폰토스의 왕을 꼭 만나려 했다. 회담을 끝낸 후 마리우스는 미트리다테스에게 "로마보다 더 강해지도록 노력하든지, 아니면 찍소리 말고 로마가 시키는 대로 하시오"라고 말했다. 일각에서는 마리우스가 그때 이미 미래에 있을 미트리다테스와의 전쟁을 경계했다고도 하지만, 당시에 폰토스는 그저 동방의 수많은 왕국 중 하나일 뿐이었다. 마리우스가 10년 후에나 명확해질 일을 의심할 까닭이 없었다. 미트리다테스 6세는 그냥 미트리다테스 6세가 아니라 미트리다테스 '대왕'이라는 사실을 말이다.[6]

몇 년 뒤 미트리다테스의 야망은 원로원이 카파도키아 문제에 개입하게 만들었고, 술라는 로마의 피호 왕 아리오바르자네스를 왕위에 올리라는 지시를 받았다. 하지만 이 작은 좌절에도 불구하고 미트리다테스는 회복했다. 그는 아르메니아의 강력한 왕 티그라네스 1세와 혼사를 통해 동맹을 다졌으며, 오랜 숙적 니코메데스 3세는 기원전 94년 어린아이에 불과한 아들을 왕좌에 남기고 죽었다. 로마인들이 동맹시 전쟁의 수렁에 빠져 있는 사이 미트리다테스는 티그라네스가 카파도키아를 치도록 유도하는 한편 자신은 비티니아를 침공했다. 꼭두각시 왕 아리오바르자네스와 소년 왕 니코메데스 4세 모두 로마로 피신했다.[7]

카파도키아와 비티니아의 왕들이 로마로 망명한 때는 동맹시 전쟁이 막 발발하려는 무렵이었다. 아나톨리아의 흙먼지 이는 염소 길 몇 개를 누가 관리하느냐보다 더 중요한 걱정거리들이 있었던 원로원은 두 어린 왕의 탄원을 무시했다. 두 왕은 그들이 처한 곤경에 대해 관심을 끌어내려고 도와주는 대가로 후한 배상금을 약속했다. 마침내 누그러진 원로원은 니코메데스와 아리오바르자네스를 다시 에게해 너머로 호위해 갈 사절단을 파견했다. 원로원이 이 일의 책임자로 고른 사람은 마리우스의 전 부관이자 제2차 노예전쟁의 승리자 마니우스 아퀼리우스였다.[8]

로마인들이 도착하자 미트리다테스와 티그라네스는 그들과의 싸움에 얽히는 것을 피해 자기네 왕국으로 되돌아갔다. 아퀼리우스는 두 왕을 복위시킨 뒤 로마에서 약속했던 후한 배상금을 내놓으라고 그들을 심하게 압박했다. 왕들은 다급히 가난을 핑계로 댔지만, 아퀼리우스는 그들에게 필요한 모든 부는 폰토스에서 가져오면 된다고 말했다. 왕들이 폰토스를 침공하도록 부추긴 아퀼리우스의 행동을 관대하게 해석하자면, 그가 미트리다테스를 소리만 요란한 빈 깡통이라고 생각했다는 것이다. 그때까지 폰토스의 왕은 로마의 시선이 그를 향할 때마다 눈을 피하고 자기 소굴로 물러났다. 그렇지만 한편 마리우스의 절친한 친구이자 협력자인 아퀼리우스가 일부러 미트리다테스를 도발하여 마리우스가 탐내던 동방 지휘권을 얻을 수 있게 하려던 것이라는 견해도 있다. 물론 그저 아퀼리우스가 멍청했을 가능성도 있다.[9]

기원전 89년 봄에 니코메데스 4세는 폰토스로 쳐들어갔다. 그러나 미트리다테스는 빈 깡통이 아니었고, 폰토스 군대는 비티니아인들을 박살난 패잔병 무리가 되어 절뚝거리며 돌아가게 만들었다. 미트리다테스는 이 침략에 관해 아퀼리우스에게 항의했지만 아무런 답도 듣지 못했다. 그래서 그는 로마가 피호 왕국들을 이용해 폰토스를 밀어 없애버리려 계획했다는 결론을 내렸다. 그러나 미트리다테스는 밀려 없어질 의사가 전혀 없었다. 수년간 공들인 준비 작업 끝에 폰토스 왕은 그의 흑해 제국이 가진 잠재력을 완전히 드러낼 준비가 되었다.[10]

미트리다테스는 아퀼리우스의 주의를 끌기 위해 카파도키아로 병력을 보내서 다시 한번 아리오바르자네스를 나라 밖으로 쫓아냈다. 그런 뒤 비티니아와의 접경지대에 보루를 구축하고 아퀼리우스가 있는 페르가몬으로 사절단을 보냈다. 사신들은 미트리다테스가 확보한 외국 동맹 전체의 목록을 소리내어 읊고 왕실 금고의 크기부터 징집

가능한 병력의 수, 함대에 포함된 함선 수까지 그가 마음대로 동원할 수 있는 자원을 빠짐없이 설명했다. 이어서 만약 로마가 조심하지 않으면 아시아에서의 지배권을 잃을 수도 있다고 말했다. 이것은 선전포고는 아니었다. 하지만 선전포고를 부르는 초대장이었다.[11]

아퀼리우스는 진짜 로마 병사들로 이루어진 활용 가능한 병력이 단 1개 군단뿐이었으므로 폰토스와의 접경 수비를 현지 징집병들에 의존해야 했다. 하지만 이 징집병들은 부족한 기량을 풍족한 수로 메꿨다. 아퀼리우스는 단 몇 달 만에 각각 병사 4만 명으로 구성된 4개 군을 모집했다. 1개 군은 니코메데스 4세가 지휘했고 나머지 3개 군은 아퀼리우스 휘하의 로마 법무관들이 맡았다. 그러나 아퀼리우스가 이내 비티니아 안팎의 모든 관문에 15만 명에서 20만 명에 이르는 수비 병력을 배치하기는 했어도, 그렇다고 그가 미트리다테스의 상대가 될 수 있는 것은 아니었다. 처음부터 군사력에 기반한 정통성을 가진 미트리다테스였기에 그의 폰토스 주력군은 훈련과 규율, 경험으로 무장되어 있었다. 이 주력군을 중심에 놓고 미트리다테스 역시 주변 각지에서 신규 징집병을 모을 수 있었다. 첫번째 전투에서 미트리다테스는 15만 병사를 이끌고 아퀼리우스를 향해 진격했다. 폰토스군이 절정기에 이르렀을 때는 보병 25만 명과 기병 4만 명까지 불어나게 된다.[12]

비티니아로 진군한 미트리다테스는 관문들을 '수비'하고 있던 아퀼리우스의 징집병들을 박살냈다. 4개 군 모두가 와해되었고 로마인 군관들은 본토를 떠나 로도스섬으로 대피했다. 아퀼리우스 본인은 페르가몬으로 후퇴하여 레스보스섬으로 옮겨갔다. 미트리다테스는 육상 침공만으론 충분치 않다는 듯이 보스포로스해협을 통해 해군 함대도 보냈다. 로마인들은 그리스 해군을 고용해서 해협을 봉쇄했지만 그들 역시 적군과 맞붙자마자 와해되었다. 이제 폰토스의 병력이 육상과 해상을 모두 장악했다. 아퀼리우스가 정말로 미트리다테스를 전쟁에 끌어들이려고 도발한 것이라면 무척 일을 잘해낸 셈이었다.[13]

미트리다테스는 계속 아시아 속주 전체를 포위했다. 이상적인 왕의 개화된 전형으로서 미트리다테스는 어떤 식으로 자신을 내보여야 할지 정확히 알고 있었다. 그는 로마 압제의 멍에로부터 아시아 민중을 해방시키기 위해 왔다고 선언했다. 아시아에서 한 세대 동안 이어진 징세청부업자들의 박해는 미트리다테스에게 완벽한 선전도구를 쥐여주었다. 그는 5년의 면세 기간을 선포하고 이탈리아인들에 대한 미불 채무를 전면 탕감했다. 그런 뒤 미트리다테스가 레스보스 주민들에게 아퀼리우스를 넘겨주면 관대한 처분을 내리겠다고 약속하자 주민들은 그 말에 따랐다. 이제 포로로 잡힌 아퀼리우스는 미트리다테스의 궁정에서 걸핏하면 굴욕적인 농담의 타깃이 되었다.[14]

아퀼리우스가 아시아의 지배권을 잃어가는 동안 그의 보호자 마리우스는 로마에서 애를 태웠다. 동맹시 전쟁중에 밀려난 마리우스는 집으로 돌아왔고, 떠오르는 차세대 주역들이 자리잡는 모습을 갈수록 쓰라린 기분으로 지켜보았다. 폼페이우스 스트라보는 피케눔과 갈리아 키살피나에서 강력한 기반을 구축하고 있었다. 남쪽에서는 메텔루스 피우스―고인이 된 마리우스의 정적 누미디쿠스의 아들―가 곧 집정관으로 취임할 터였다. 거기다 술라가 있었다. 술라의 성공은 그 무엇보다도 마리우스를 초조하게 만들었다. 술라가 캄파니아와 삼니움에서 거둔 위업은 그의 이력서에 영웅적 행위를 하나 더 추가했고, 그 시작은 기원전 105년의 유구르타 생포까지 거슬러올라갔다. 동맹시 전쟁이 점차 끝나갈 무렵 술라의 별은 이탈리아에 있는 그 누구의 별보다도 뜨겁게 타올랐다.[15]

이탈리아의 상황을 낙심한 눈으로 바라보던 마리우스는 영광에의 갈망을 풀어줄 기회를 찾아 더 먼 곳을 둘러보다가 점점 나빠지는 아시아의 상황을 감지했다. 그러나 마리우스가 정말로 동방의 지휘권을 따낼 수 있다고 생각했다면 그건 착각이었다. 마리우스는 거의 일흔 살이었다. 로마인들은 일흔 살 된 사람을 전쟁 지휘관으로 보내지 않았다. 자신이 그 일을 해낼 수 있단 걸 증명하기 위해 마리우스는 매일 마르스평원에 가서 운동하며 육체적 기량을 뽐냈다. 양생법을 실시하는 그의 모습은 우스꽝스러우면서 어쩐지 한심한 인상을 줬다. 그 모습을 구경하려는 사람들도 몰려들었는데, 몇몇은 그를 응원했지만 대다수는 "탐욕스럽고 야망에 찬 그의 모습을 불쌍하게" 여겼다. "그가 가난을 딛고 일어나 더없이 큰 부를 얻고 무명에서 가장 높은 자리까지 오르긴 했어도 자신의 행운에 선을 그을 줄 몰랐기 때문이다." 나이도 나이지만 마리우스는 이미 동맹시 전쟁중에 사령부에서 밀려나기까지 했는데, 도대체 그가 왜 자신에게 아시아로 데려갈 5개 군단을 맡길 사람이 있을 거라 생각했는지 정말이지 알 수 없는 노릇이다. 마리우스는 한 번도 그 일을 맡길 적임자로 진지하게 고려되지 않았다. 실제로 그 임무를 따낼 가능성이 있던 이들은 동맹시 전쟁을 치르고 있었지, 포룸에서 팔 벌려 뛰기를 하고 있지 않았다.[16]

기원전 89년 집정관 선거는 계속되던 전쟁으로 인해 그해 말까지 연기되었다. 그즈음 로마 쪽에서도 미트리다테스가 카파도키아를 함락하고 아퀼리우스에게 도발적인 서신을 보냈다는 사실을 알았을 것이다. 따라서 그해 집정관 직은 동방에서 위대한 전쟁을 이끌 기회를 의미했고, 후보들은 그 자리를 잡으러 맹렬히 달려들었다. "모두가 그 전쟁에서 거둬들이게 될 어마어마한 보상과 재물의 유혹에 빠져 미트리다테스와의 전쟁에서 총사령관이 되고자 애썼다." 12월 말에 마침내 선거가 열리자 지휘권을 놓고 치열한 다툼이 벌어졌다. 술라와 그의 절친한 친구 퀸투스 폼페이우스 루푸스(그의 아들은 얼마 전 술라의 딸과 결혼한 참이었다)가 한 팀으로 출마한 한편, 가이우스 율리우스 카이사르 스트라보 보피스쿠스가 그들 사이를 밀치고 올라가려 분투했다.[17]

그러나 보피스쿠스는 새치기를 시도하고 있었다. 그는 법무관을 지낸 적이 없었으므로 출마 자격이 없었다. 선거가 가까워지자 원로원의 오래된 귀족파는 불안정하고 무책임한 민중파로 악명 높던 보피스쿠스를 저지하려 했다. 보피스쿠스가 집정관 직을 얻지 못하게 하려고 그들이 의지한 사람은 신임 호민관 푸블리우스 술피키우스 루푸스였다. 술피키우스는 그 일에 더할 나위 없는 적임자처럼 보였다. "웅변술과 정력을 갖춘 사람으로서 부와 영향력과 교우관계로, 그리고 천부적인 재능과 용기의 힘으로 자리를 얻어냈으며 일찍이 떳떳한 방법으로 인민을 움직이는 커다란 영향력을 얻은 바 있었다." 술피키우스는 메텔루스 귀족파 밑에서 성장했으며 기원전 91년 9월 크라수스의 빌라에서 있었던 대화에 참석한 젊은 학도 중 하나였다. 술피키우스는 보피스쿠스의 특별허가 요청에 거부권을 행사했다. 하지만 호민관의 발언이 가진 힘이 예전 같지 않았으므로, 거리에서 몇 차례 충돌이 일어난 뒤에야 보피스쿠스는 패배를 인정했다.[18]

술라와 폼페이우스가 집정관 직을 차지했고, 술라는 동방의 지휘권을 얻어냈다. 이 결과를 두고 술라는 운명의 여신 포르투나가 자신이 하는 모든 일을 편든다는 징조로 여겼다. 그는 자존심을 앞세워 자신의 업적이 행운 덕분이라는 생각을 거부하기는커녕 오히려 포르투나를 자신의 신으로 받아들였다. "천성적으로 전쟁보다는 운명의 여신에게 기울었던 그는 스스로의 뛰어남보다 운명의 여신에 원인을 돌리고 그 자신을 완전히 이 여신의 노예로 만든 것처럼 보인다." 당선 직후 그는 또다른 행운을 맞이했는데, 죽은 스카우루스의 아내였던 메텔라와 재혼하게 된 것이었다. 이 혼사를 통해 술라는 오래된 메텔루스 파벌의 고삐를 쥐게 되었고 이 파벌을 그의 구상대로 개혁하기 시작했다.[19]

그러나 술라와 폼페이우스의 당선 길을 열어준 호민관 술피키우스는 갑자기 그의 귀족파 친구들을 공격했다. 해묵은 메텔루스 파벌은 영구히 쇠퇴의 길로 접어드는 듯했다. 크라수스는 기원전 91년에 죽었다. 스카우루스는 기원전 89년에 죽었다. 그리고 당연히 여섯 명의 메텔루스 친척 군단도 등장했다 사라지고 이젠 그 역할을 이어받을 수준이 들쭉날쭉한 아들들만을 뒤에 남겼다. 얼마 전 성사된 술라와 메텔라의 결혼이 이 가문의 운을 되살릴 가능성에도 불구하고, 술피키우스는 마리우스와 운명을 같이하기로 결심했다. 한때는 귀족파로

서 권력으로 가는 길을 걸었던 술피키우스가 이제는 민중파를 받아들인 것이다.[20]

이 배신 때문에 술피키우스는 각종 사료에서 호된 비난의 뭇매를 맞는다. "그러니까 문제는 그가 부도덕함에 있어 다른 누구를 넘어섰는지가 아니라 그가 어떤 행동으로 자신의 부도덕함을 한층 더 넘어섰느냐는 것이었다. 그가 지닌 잔인함과 뻔뻔스러움과 탐욕의 결합은 수치심과 온갖 악을 가리지 않았기 때문이다." 키케로는 훗날 이렇듯 한탄했다. "무엇 때문에 내가 푸블리우스 술피키우스에 관해 말해야 한단 말인가? 말로는 더할 나위 없는 품위와 다정함과 힘찬 간명함을 발산했기에, 그는 웅변을 통해 현명한 사람조차 실수하게 만들고 고결한 사람조차 파괴적인 마음을 품게 할 수 있었다." 하지만 술피키우스의 배신은 기원전 88년 초에 가서야 베일을 벗을 터였다.[21]

술피키우스가 귀족파에게 등을 돌린 것이 전혀 예상 밖의 일은 아니었다. 그는 "사투르니누스를 찬양하고 따라한" 것으로 유명했는데 "다만 사투르니누스가 정치적 조치에 있어 소심하고 주저하는 태도를 보였다고 비난"했다. 사투르니누스를 소심하다고 생각한 사람이라면 틀림없이 사나운 기질의 소유자였을 것이다. 하지만 술피키우스가 최종 분석한 바에 의하면 사투르니누스에게 부족했던 것은 용기가 아니라 조직 체계였다. 그라쿠스 형제나 사투르니누스나 드루수스 모두 비상시에 아무렇게나 모은 군중에 기대어 싸움에 나섰다. 그리하여 술피키우스가 로마 정치에 크게 기여한 부분은 전문 범죄조직 창설이었다. 술피키우스는 그가 '반원로원파'라고 부른 무장한 기사계급 출신 사내 300명으로 주위를 둘러쌌을 뿐 아니라 용병 검객 수천 명을

상설 수행원으로 고용했다. 그들은 술피키우스가 명령만 하면 언제든 싸울 준비가 되어 있었다.²²

그러나 술피키우스는 마리우스와의 동맹에서 더 나아가 자신이 진짜로 권력을 잡을 길은 이탈리아인들에게 있다고 보았다. 기원전 88년 초에 그는 반이탈리아 성향의 바리우스 특별위원회가 추방한 사람들을 다시 불러들이는 법안을 상정했다. 그리고 이탈리아인들의 시민권 문제가 해결된 상황에서 그들에게 시민권에 덧붙여 완전한 선거권suffragium까지 주겠다는 의사를 발표했다. 이탈리아인들을 마지막에 투표하는 신규 트리부스들에 묶어두거나 수도 트리부스 네 개에 뭉뚱그려넣는 것이 아니라 31개 지방 트리부스에 고루 분산시킨다는 것이 술피키우스의 계획이었다. 그가 이 법안을 통과시킨다면 이탈리아인들은 민회에서 다수를 점할 수 있을 터였고, 그는 자신에게 고마워하는 신규 피호민을 대거 얻을 뿐 아니라 민회 자체를 주무르게 될 터였다.²³

원로원과 도시 평민 모두 술피키우스의 제안에 위협을 느꼈다. 오래된 귀족 보호자나 상업 종사자, 일반 기능공 등 모두가 이제 곧 정부 내에서 로마인의 목소리가 약화되리라 판단하고 이탈리아인들을 따로 분리해두길 원했다. "그들이 기존 시민들과 섞임으로써 선거에서 다수의 힘으로 로마인들을 누르는 일이 없게" 하기 위해서였다. 로마인들은 시민권 문제는 포기했지만 선거권에서 새로운 노선을 구축했다. 술피키우스의 제안은 성난 도시 평민과 반원로원파가 길거리에서 충돌하는 결과를 낳았다.²⁴

이러한 소요 사태가 일어나고 있을 때 술라는 놀라의 진지에 있었다. 그는 소식을 듣자마자 서둘러 로마로 돌아왔다. 포럼에 도착한 술라는 동료 집정관 폼페이우스와 함께 극적인 개입을 연출했다. 호민관의 거부권이 예전 같지 않은 상황에서, 그들은 술피키우스가 집정관의 전권을 맛보면 어떻게 나올지 두고 볼 작정이었다. 카스토르·폴룩스 신전의 로스트라 연단에 선 술라와 폼페이우스는 그들의 종교적 권한을 이용해 페리아이feriae, 즉 모든 공무가 중단되는 휴일을 선언했다. 술피키우스는 이렇게 집정관의 권한을 맛보는 것이 마음에 들지 않았지만 순순히 굴복하진 않았다. 그의 반원로원파 추종자들이 숨겨두었던 무기를 꺼냈다. 군중이 적대적인 자세를 취하고 위협이 구체적으로 나타나자 술라와 폼페이우스는 로스트라 연단에서 후퇴했다. 두 집정관은 무사히 빠져나갔지만 폼페이우스의 아들은 그리 운이 좋지 못했다. 거침없이 아버지를 옹호하던 젊은 폼페이우스는 도를 넘어섰고, 술피키우스의 폭력단이 현장에서 그를 살해했다.[25]

술라는 근처에서 가장 가까운 피난처를 찾아냈다. 바로 팔라티누스 언덕 기슭에 있던 마리우스의 집이었다. 두 사람 사이에 무슨 말이 오갔는지는 알려지지 않았지만, 마리우스는 술라에게 이 상황을 무사히 빠져나갈 길은 휴일 선언을 철회하고 술피키우스의 법안에 대한 표결 진행을 허락하는 것뿐이라고 말했을 터이다. 다른 선택의 여지가 없어진 술라는 그에 동의했다. 이것은 그들이 한 방에 같이 있었던 마지막 순간이 될 터였다.[26]

마리우스와 상의를 끝내고 나온 술라는 다시 로스트라 연단에 올라 휴일 선언을 철회하고 공공 업무를 정상으로 복귀시킨 뒤 포럼을 떠났다. 방해 요소가 사라지자 술피키우스는 민회를 소집해서 이탈리아인의 선거권에 관한 그의 법안을 통과시켰다. 그리고 나서 아무도 예상하지 못한 기습적인 반전 카드를 날렸다. 술피키우스는 민회를 소집해 술라의 동방 총사령관 지명을 철회하고 그 지휘권을 마리우스에게 넘겼다. 이미 군대가 있는 곳으로 돌아가는 중이던 술라는 자신이 방금 자리를 잃었다는 사실을 꿈에도 몰랐다.[27]

동맹시 전쟁 동안 술라가 이끌었던 6개 군단은 여전히 놀라 외곽에 주둔하고 있었다. 이 군대는 1년간 술라 밑에서 싸웠고 술라는 그들로부터 헌신적인 충성을 얻었다. 술라는 항상 사병들과 편안하고 친밀한 관계를 맺었다. 한눈에 봐도 알 수 있는 오만한 귀족의 분위기를 풍기기는 했지만, 그는 결코 자신의 직무를 태만히 하거나 병사들을 실망시키지 않았다. 그리고 이제 집정관으로 당선된 그는 조만간 에게해 너머에서 말썽을 일으키는 한 왕을 제압하러 그들을 동방으로 이끌고 가려는 참이었다. 자기집 뒷마당에서 내전을 치르는 것은 즐겁지도 않고 돈이 되지도 않았지만, 동방의 부유한 왕국을 정복한다는 건 대단히 군침 도는 얘기였다. 그래서 놀라 인근에서 빈둥대며 술라가 돌아오기를 기다리던 병사들은 다가올 전투에 환상을 품고 있었다.[28]

며칠 뒤 돌아온 술라는 평소처럼 눈부시게 빛나는 활력을 보이지 않았다. 그는 여전히 집정관이었고 여전히 동방전쟁을 이끌 예정이었지만, 술피키우스와 마리우스와의 정면 대결에서 한 방 먹었다. 그는 폭력에 의한 강압으로 창피를 당하고 직접 발표한 칙령을 철회해야 했다. 술라의 감정적인 동요는 전령이 들고 온 놀라운 소식에 분노로 바뀌었다. 민회가 술라의 동방 지휘권을 박탈했다는 소식이었다. 이제

원정을 이끌 인물은 가이우스 마리우스였다.[29]

이 뜻밖의 사건이 가져온 충격은 결코 과소평가될 수 없다. 지휘권을 얻으려던 늙은 마리우스의 한심한 노력은 잘 알려져 있었다. 그가 마르스평원에서 했던 건강 체조는 농담거리였지 그 일을 따낼 준비 행위가 아니었다. 무엇보다 술라가 집정관에 오르고 미트리다테스와의 전쟁 지휘권을 따낸 상황에선 더더욱 있을 수 없는 일이었다. 그러나 수년간 술라의 오만한 허세를 참아왔던 마리우스는 마침내 앙갚음할 준비를 마쳤다. 마리우스의 계획은 술라를 연이은 굴욕의 물결로 뒤덮어 회복할 수 없게 만드는 것이었다. 법조문을 따르든 모스 마이오룸의 불문율을 따르든, 어느 쪽을 선택해도 술라에겐 막다른 골목이었다. 살아남길 원한다면 그는 두 가지 모두를 어겨야 할 터였다.

지휘권자가 바뀌었다는 소식이 퍼지지 않기란 불가능했을 것이다. 놀라의 진지 곳곳에 충격의 파문이 퍼져나갔다. 이젠 어떻게 되는 거지? 아직도 술라가 우리 사령관인가? 어쨌든 우리는 동방으로 가는 건가? 그런 와중에 술라가 병사들에게 연설할 계획이라는 공지가 돌았다. 로마 역사를 통틀어 장군이 병사들에게 연설하는 경우는 군사적 사안―주로 급료, 규율, 전략 문제―에만 국한되었다. 그런데 이제 로마 장군이 최초로 자기 병사들에게 정치적인 연설을 한 것이다. 술라는 로마에서 무슨 일이 벌어졌는지 설명하고 자신이 마리우스와 술피키우스 때문에 겪은 부당한 일을 얘기한 뒤 마지막에 격분을 드러냈다. 바로 그가 동방 지휘권을 박탈당했다는 사실이었다. 병사들은 격분했다. 그들의 대장이 당한 일 때문만이 아니라 자신들이 버려질 거라는 두려움 때문이기도 했다. 마리우스는 퇴역병과 친구, 피호민 등 징집할 수 있는 방대한 인력망을 보유하고 있었다. 술라 휘하의 병사들은 이탈리아에 남겨져 이미 머릿속으로 탕진하고 있던 재물을 놓치게 될 가능성이 컸다.[30]

 자신이 술라의 정치 경력을 성공적으로 안락사시켰다고 믿은 마리우스는 군단들의 인계 절차에 들어가, 술라를 총사령관 자리에서 면직시키라는 명령과 함께 참모군관 두 명을 놀라로 보냈다. 이 두 사람은—이들의 이름은 기록에 없다—불운한 내진 초기의 피해자가 되었다. 군대 지휘권 인수는 원래 통상적인 서류 작업으로 끝나야 했지만, 이들 두 군관은 도착하자마자 격앙된 술라의 군단에 붙잡혀 돌에 맞아 죽었다.[31]

 병사들이 어디든 그를 따를 준비가 되어 있는 상황에서, 술라는 선임 참모들과 회의를 열어 대담한 제안을 내놓았다. 술피키우스와 마리우스가 집정관의 권한을 짓밟으려 든다면 그만큼의 대가를 감수해야 할 터였다. 술라는 참모들에게 그의 6개 군단을 이끌고 로마로 돌아가겠다고 말했다. 참모군관들은 거의 한 사람도 빠짐없이 그 같은 진군에 참여하기를 거부했다. 로마 장군이 로마를 상대로 진군하는 것은 사상 초유의 일이었다. 재무관 한 명과 몇몇 백인대장만 곁에 남게 된 술라는 군단들을 이끌고 아피우스 가도를 따라 서서히 로마로 진군하기 시작했다.[32]

 술라는 급할 것이 없었다. 그는 자신이 접근중이라는 사실 자체가 그의 의도대로 마리우스와 술피키우스를 물러날 수밖에 없게 만드는 효과를 내길 바랐다. 주도면밀한 계획을 토대로 모든 경력을 쌓은 마리우스와 달리, 술라는 매 단계를 즉흥적으로 밟으며 포르투나 여신에게 자신의 운명을 맡겼던 것 같다. 훗날 그는 이런 말을 남기기도 했다. "사람들이 분별 있다고 여긴 일들 중에서도, 깊이 생각하지 않고 순간적인 충동으로 대담하게 뛰어든 일들의 결과가 더 나았다." 우선은 그의 군대가 로마를 향해 가고 있는 것만으로 충분했다. 목적지에 도착했을 때 그가 무엇을 할지는 아무도 몰랐다. 술라 자신조차도 말이다.[33]

술라의 진군으로 로마에는 한바탕 소란이 일었다. 술피키우스는 호민관으로서의 상당한 권한과 마리우스가 새로 얻은 군사적 권한을 함께 동원해 상황을 장악했다. 술라의 열성 지지자들은 색출되어 암살당했고, 원로원은 술피키우스가 이끄는 반원로원파의 위협에 굴복했다. 집정관 폼페이우스를 포함해 간신히 암살을 피한 이들은 안전한 술라 군대에 합류하려고 로마를 빠져나갔다. 반대편에서는 많은 병사들이―개인적인 이유로든 애국적인 이유로든―술라가 로마를 정복하는 데 일조하지 않으려 했다. 그들은 행군 대열을 빠져나와 먼저 로마로 질주했다. 그리하여 회오리바람처럼 격렬한 움직임이 일어났다. 로마를 드나드는 가족 단위의 사람들이 거리를 가득 메운데다, 양쪽 다 이전 진영의 상황에 관해 과장된 소문과 이야기를 전했기 때문이다. 마리우스가 모두를 죽이고 있다! 술라는 로마를 쑥대밭으로 만들려 한다! 말할 필요도 없이 지금은 심사숙고하고 있을 때가 아니었다.[34]

원로원의 극보수파는 이 사나운 폭풍우 속에 길을 잃고 표류하는 듯했다. 마리우스나 술피키우스와는 확실히 같은 편이 아니었지만, 이제 그들은 술라가 로마를 향해 6개 군단을 진격시킨다는 사실에 똑같이 공포로 휩싸였다. 그리하여 중도 성향 의원들로 이루어진 온건파가 평화를 중재할 길을 찾아나섰다. 그들은 로마로 접근중인 술라의 군대에 법무관 두 명을 파견했지만, 두 사람 다 마리우스파와 관련된 인물이었기에 술라는 그들의 요구사항을 듣고 코웃음 쳤다. 곧이어 법무관들도 심한 폭행을 당했다. 술라의 병사들은 그들을 살려두기는 했지만 그들의 관직을 상징하는 표지를 박살내고 그들의 토가를 찢어발겼다. 원로원으로 돌아온 그들의 꼴은 말이 아니었다. 원로원은 곧이어 또다른 대표단을 보냈고, 그들이 술라에게 왜 조국을 향해 진군하느냐고 묻자 술라는 이렇게 대답했다. "압제자들로부터 조국을 구하기 위해서요."[35]

술라는 로마 외곽에 이르러 원로원에 추가 회담을 요청했다. 원로원 대표들은 원로원이 이미 술라에게 지휘권을 돌려주기로 결의했다고 밝혔다. 그러나 술피키우스가 민회를 장악하고 있는 한 그 결의는 쓸모없다는 것을 누구나 알았다. 이 같은 교착상태를 타개하기 위해 술라는 마르스평원에서 마리우스와 술피키우스를 만날 용의가 있으며 수뇌 회담이 주선될 때까지 진을 치고 있겠다고 말했다.[36]

그러나 술라는 대표단이 떠나자마자 병사들에게 전투 장비를 갖추라고 말했다. 로마 내에 있는 그의 지지자들이 죽어나가고 있다는 소문은 이미 술라의 귀에까지 전해졌다. 그는 또한 마리우스와 술피키우스가 지지 세력을 무장시키고 있으며 그들 편에서 싸우는 노예들과 검투사들을 해방시켜준다고 약속했다는 사실도 알게 되었다. 로마에서 새어나오는 이야기는 사실 술라가 인지한 것보다 과장되어 있었다. 노예들에게 합류를 요청해서 얻은 결과는 초라하기 짝이 없었다. 노련병으로 구성된 6개 군단이 로마로 진격하고 있었으니, 마리우스군에 합류하는 노예는 5분 남짓 자유를 누리고 다른 사내의 야망을 채워주며 죽을 공산이 컸다. 하지만 마리우스 세력이 실제로 얼마나 약한지 몰랐던 술라는 어서 빨리 결정적인 승리를 얻고 싶었다. 그는 1개 군단에 에스퀼리누스 성문을 함락시켜 사수하라는 명령을 내렸다.[37]

마리우스와 술피키우스는 술라의 병사들이 움직이고 있음을 감지하고 자신들의 병력을 전투에 대비시켰다. 양측은 에스퀼리누스 언덕의 포룸에서 맞붙었다. 마리우스파 지지자들은 밀고 들어오는 군단병들을 물리치고 지붕 위에서 그들을 향해 기왓장을 던졌다. 아피아노스는 이를 두고 이렇게 말한다. 지난 30년 동안에도 시가전이 벌어졌지만 이 싸움은 "완전히 군대식으로 나팔과 군기까지 갖춘 최초의 전투로서 더이상 단순한 파벌 싸움이 아니었다. 그들 사이에 진행된 무모한 당쟁은 그 정도로 극단적인 폐해에 이르러 있었다". 싸움이 시작되자 술라가 직접 증원군을 이끌고 나타났다. 그는 불화살을 쏘는 궁수들을 활용해 마리우스파 병사들을 지붕에서 몰아냈다.[38]

마리우스군은 1개 군단을 상대로는 버틸 수 있었지만 6개 군단에는 상대가 되지 않았고, 술라가 시내로 진입하는 순간 후퇴했다. 마리우스는 우선 텔루스 신전으로 피신한 뒤, 술라의 반역적인 침략에 맞서는 자신의 애국적인 방위 전쟁에 동참하라고 로마 시민들에게 촉구했다. 하지만 그의 요청은 무시당했다. 도시 평민에게 이 전쟁은 전혀 관여하고 싶지 않은 귀족들 간의 원한 싸움일 뿐이었다. 술라가 중심

가를 장악함에 따라 마리우스와 술피키우스, 그리고 그들 편의 주요 가담자들은 로마에서 달아났다.[39]

로마로 들어선 술라는 카피톨리누스 언덕으로 향하는 로마 개선식의 행진 경로를 따라 진군했다. 마리우스파의 마지막 남은 무리가 카피톨리누스 언덕을 차지하고 있어서, 술라는 1개 군단 전체를 로마의 신성한 경계선인 포메리움Pomerium 너머로 이끌었다. 원래 신성경계선 안에서는 어떤 시민도 무기를 지닐 수 없었다. 모스 마이오룸 최후의 전선이자 가장 신성한 경계선 중 하나가 무너진 것이다.[40]

이제 술라는 로마를 정복한 최초의 로마인이라는 곤란한 입장에 놓였다. 그는 약탈을 하다 발각된 휘하 병사들을 잡아내어 모두가 볼 수 있도록 벌을 주는 등 오명을 피하기 위해 비상한 노력을 기울였다. 그와 폼페이우스 둘 다 도시를 동분서주하며 모든 일에 만전을 기하느라 새벽까지 깨어 있었던 불안한 밤이 지나고, 다음날 아침 술라는 포룸에서 대중 집회를 소집했다.[41]

군중이 모여들자 술라는 그들에게 자신의 분노는 몇몇 소수의 적들에게만 향해 있다고 말했다. 그는 자신의 주장을 증명하기 위해 그가 이제 국가의 적으로 여기는 단 열두 명의 이름을 발표했다. 마리우스와 술피키우스의 이름이 명단 맨 위에 있었다. 이 열두 사람은 공공의 적으로서 보이는 즉시 사살될 수 있었다. 하지만 술라는 이 열두 명을 제외한 나머지 국민은 설령 싸움에 가담했다 할지라도 아무런 뒤탈이 없을 거라고 힘주어 말했다. 술라는 그저 모든 것이 정상으로 돌아가기를 원했다.[42]

그러나 술라가 생각한 '정상'은 단지 어제와 같은 상황으로 돌아가는 것만을 의미하지는 않았다. 그는 로마인들이 본래의 뿌리로 돌아가기를 원했다. 그는 공화국이 끔찍이 망가진 상태에 빠졌으며 조상들의 고결한 체제로 돌아갈 필요가 있다고 말했다. 민회에 제출된 법안은 먼저 원로원의 승인을 받아야 하고 투표는 주요 토지 소유자들 쪽으로 크게 기울어져야 한다는 얘기였다. 술라는 드루수스의 개혁안을 일부 모방하여 기사 300명을 원로원에 추가함으로써 구성원 수를 늘리고 그 기관의 활력과 영향력을 되살릴 것을 제안했다. 그러나 보다 광범위한 이 개혁안을 시행하기에 앞서 그는 좀더 세부적인 일에 착수했다. 술라와 폼페이우스가 휴일을 공표한 이후에 통과된 모든 법은 무효라고 선언한 것이다. 술라와 폼페이우스는 집정관 직을 유지하고, 동방의 지휘권은 여전히 술라에게 있었다. 이탈리아인들을 31개 지방 트리부스에 고루 분산시킨다는 계획은 흔적도 없이 사라지게 되었다.[43]

술라의 군단들이 빈틈없이 지켜보는 가운데 민회는 술라의 제안을 법으로 둔갑시켰다. 하지만 개혁안들이 통과되고 나자 술라는 병사들을 놀라로 돌려보냄으로써 자신이 폭군이나 왕이 아님을 증명했다. 이즈음 원로원은 복잡한 감정으로 속을 끓였다. 술라는 명백히 그들의 구세주나 은인처럼 굴었지만, 의원들은 어느새 원로원의 보호자를 자처하는—마치 그들이 술라의 피호민이기라도 한 듯이—술라의 태도에 신경이 곤두섰다. 게다가 전군을 데리고 신성경계선을 넘은 행위는 용서받지 못할 신성모독이었다.[44]

그러나 술라는 자신이 기원전 121년의 오피미우스, 기원전 100년의 마리우스, 그리고 지금 기원전 88년의 술라로 이어지는 일련의 선례를 따르고 있다고 애써 주장했다. 그가 한 일은 그들이 한 일과 다르지 않았다. 그는 폭력적인 정치 파벌을 진압하기 위해 집정관으로서 특별한 조치를 취했다는 얘기였다. 그러나 물론 오피미우스와 마리우스는 원로원 최종 결의에 따라 행동한 것이었고 이번에는 원로원이 그런 결의안을 통과시킨 적이 없었다. 술라는 독단적으로 행동했다. 원로원의 법학자들은 짜증이 치밀었지만, 술라의 군단들이 떡 버티고 있었다.

패배한 직후 마리우스파의 내부 핵심층은 뿔뿔이 흩어져 로마 밖으로 달아났다. 술피키우스는 해안 쪽으로 도망쳤지만 로마 인근을 벗어나지는 못했다. 그는 달아난 지 하루도 채 지나지 않아 한 노예의 밀고로 체포되었고 즉시 처형당했다. 이후 술라는 그 노예에게 감사를 표하며 "적에 관한 정보를 제공해준 대가로 자유를 얻을 자격이 있다"고 말했다. 하지만 해방 조치가 완료되자마자 "그자는 주인을 배신했기 때문에 타르페이아 바위에서 던져져야 한다고 판결"했다.[45]

한편 마리우스는 그날 밤에 아들과 손자, 충성스러운 소수의 지지자와 함께 로마에서 18킬로미터 떨어진 그의 사유지로 피신했다. 그 부근에 계속 머무를 순 없다는 걸 알았으므로, 그들은 북아프리카로 배를 타고 가서 누미디아 전쟁 뒤 세워진 퇴역병 거류지에 숨기로 뜻을 모았다. 이 공동체들은 건설된 지 15년도 더 지난 터였지만, 바라건대 그곳 사람들은 자기네의 전 장군이자 보호자를 기억하고 있을 터였다.[46]

다음날 아침 마리우스 일행은 오스티아에서 출항했다. 마리우스가 탄 배는 이탈리아 해안에서 150킬로미터도 채 못 가서 불어닥친 폭풍우에 테라키나시 근처의 해변으로 떠밀려갔다. 배가 난파되었으므로 일행은 가던 길을 걸어서 가야 했다. 마리우스는 당시 테라키나를 다스리던 사람이 그의 정적 중 하나라는 걸 알자 일행을 이끌고 해안을 따라 그의 친구들이 있다는 민투르나이로 향했다. 도중에 만난 양치기들은 인근 전원지대에 술라의 기병 순찰대가 우글거린다고 일러주었다. 해질녘까지 여정을 마칠 수 없게 되자 사면초가에 몰린 마리우스와 그의 동지들은 음식이나 비바람을 피할 곳도 없이 숲속에 숨어서 비참한 밤을 보냈다.[47]

다음날 아침 마리우스는 일행을 이끌고 해안으로 되돌아가 계속 민투르나이를 향해 걸어갔다. 걷는 동안 마리우스는 동지들의 기운을 북돋워주려고 자신의 어릴 적 이야기를 들려주었다. 어린아이 시절에 그는 독수리 둥지가 나무에서 떨어지는 것을 본 적이 있었다. 망토로 둥지를 감싸고 보니 그 안에는 작은 새끼 독수리 일곱 마리가 들어 있었다. 원래 독수리는 알을 두 개 이상 낳지 않았으므로, 이 유례없는 작은 무리는 굉장한 발견이었다. 마리우스의 부모는 이 새들을 들고 동네 점쟁이를 찾아가 거기에 무슨 특별한 의미가 있는지 물었다. 점쟁이는 깜짝 놀라면서 그들의 아들이 "누구보다 걸출한 인물이 되며 일곱 차례에 걸쳐 최고의 지위와 권력을 얻을 운명"이라고 말했다. 마리우스는 이제 국가의 적이 되어 도망 다니는 신세지만 아직까지 집정관을 여섯 번밖에 지내지 않았고 한 번더 지내게 될 운명이기 때문에 이것이 끝일 리 없다고 친구들에게 상기시켜주었다. 어떻게든,

어떤 식으로든 그는 다시 집정관이 될 터였다.[48]

그러나 민투르나이까지 단 몇 킬로미터를 앞두고 그들은 기병 순찰대의 눈에 띄었다. 달리 피할 곳이 없는 상황에서 마리우스 일행 중 누군가가 해안 가까이로 지나가는 배 두 척을 발견했다. 도망자들은 선원들의 허락을 기다릴 새도 없이 물속으로 뛰어들어 헤엄쳤다. 일행 대부분이 배 한 척에 다다랐고, 선원들에게 억지로 자기네를 태우게 한 뒤 온갖 협박으로 선장이 배를 출발시킬 수밖에 없게 만들었다. 한편 다른 이들보다 늙고 움직임이 느렸던 마리우스는 두번째 배에 힘들게 올라타서 어안이 벙벙해진 선장 앞에 모습을 드러냈다.[49]

기병 파견대는 해안에서 선장을 부르면서 그의 배에 탄 쫄딱 젖은 노인이 도망자 가이우스 마리우스라고 말했다. 이제 선장은 마리우스가 이 시련을 겪는 동안 마주친 모든 사람에게 떠안기게 될 딜레마에 직면했다. 마리우스를 넘겨주고 그의 친구들에게 분노를 사느냐, 아니면 마리우스를 보호하고 그의 적들에게 분노를 사느냐 하는 문제였다. 선장은 마리우스를 넘겨주고 떠날 순 없다고 판단했다. 그는 마리우스의 일행들을 태우고 달아난 배를 바로 뒤따라가지 않고 가까운 강어귀로 배를 몰았다. 선장은 마리우스에게 뭍에 올라가 쉬면서 먹을 것을 좀 챙기라고 말했다. 마리우스가 내리자마자 선장은 배를 몰고 떠나버렸다. 딜레마에 대한 그의 해결책은 마리우스를 내려놓고 달아나는 것이었다.[50]

버려진 마리우스는 한참 앉은 채로 자신의 딱한 처지를 곰곰이 숙고했다. 그런 뒤 자리를 털고 일어나 내륙 쪽으로 이동했고, 계속 민투르나이를 향해 습지를 헤치며 나아갔다. 해가 저물 무렵 한 소농과 마주친 그는 그날 밤 묵게 해달라고 사정했다. 소농은 그의 말에 순순히 응했지만, 곧바로 기병 순찰대가 와서 문을 쾅쾅 두드렸다. 겁에 질린 소농이 모든 사실을 털어놓는 사이 마리우스는 입은 옷을 잡아 찢듯이 벗고 근처의 습지로 뛰어들었다. 그는 "눈과 콧구멍만 물 밖에 내놓고서" 탁한 진흙물에 몸을 숨겼다. 하지만 그럼에도 불구하고 순찰대는 그를 발견했다. 6선 집정관이자 로마 제3의 건국자 가이우스 마리우스는 "알몸에 진흙을 잔뜩 묻힌 채" 늪 밖으로 끌려나왔고 곧이어 목에 밧줄이 매여 민투르나이로 끌려갔다.[51]

술라가 로마를 함락한 지 닷새밖에 되지 않았지만, 도망자 마리우스는 발견 즉시 사살될 거라는 소문이 벌써부터 퍼져 있었다. 그러나 민투르나이의 지도자들은 마리우스를 어떻게 해야 하느냐는 딜레마에 빠졌다. 그들은 마리우스를 가택 연금한 뒤에 노예 한 명을 데려다가 마리우스를 죽이라고 명령했다. 전해지는 이야기에 의하면 이 노예는 갈리아인이나 킴브리족이었고 따라서 마리우스 때문에 노예가 되었을 가능성이 높았다. 복수심에 불타기보다 위압감을 느낀 노예는 명령을 거부했다. 그는 "가이우스 마리우스를 죽일 수는 없습니다"라고 말한 뒤 방을 뛰쳐나갔다.[52]

마리우스를 죽이지 못한 민투르나이 지도자들은 그를 배에 태워 보내기로 결정했다. "추방자로서 어디든 알아서 가게 보냅시다. 다른 곳에서 정해진 운명을 맞이하도록 말이오. 그리고 마리우스를 피폐한 누더기 차림으로 우리 도시에서 쫓아 보냈다고 신들이 화가 나서 우리를 찾아오지 않기를 기도합시다." 본토에서 출발한 마리우스는 나폴리만 북단의 아이나리아섬까지 항해해 갔고 그곳에서 헤어졌던 일행과 재회했다. 마침내 아프리카로 향할 수 있게 된 그들은 시칠리아 주변을 항해하다가 필요한 양식을 구하려고 북동쪽 해안의 에릭스에 입항했다. 그러나 에릭스의 재무관은 마리우스의 전반적인 경로를 미리 인지하고 있다가 마리우스 일행이 상륙하자마자 그들을 덮쳤다. 열여섯 명의 사망자를 남긴 부둣가 혈투를 치른 뒤 마리우스와 나머지 일행은 배를 매어둔 밧줄을 자르고 다시 항구를 떠났다.[53]

마침내 마리우스는 아프리카 해안에서 떨어진 케르키나섬에 상륙했다. 누미디아 전쟁 후 그의 퇴역병 거류지 하나가 이 섬에 세워져 있었고, 주민들은 그를 반갑게 집으로 맞이했다. 한편 마리우스가 이곳으로 향할 가능성이 있다는 얘기를 미리 들었던 아프리카 총독은 이제 도망자 마리우스라는 커다란 딜레마에 봉착했다. 총독의 임무는 명백했다. 그는 마리우스를 체포해서 죽여야만 했다. 하지만 이 속주는 마리우스의 퇴역병들로 가득했다. 만약 총독이 마리우스를 죽인다면 제 무덤을 파는 짓이나 마찬가지일 터였다.[54]

며칠 뒤 마리우스가 본토로 건너가자 총독의 칙령을 들고 온 관리가 그를 맞았다. "총독은 마리우스 당신이 아프리카에 발을 들이는 것을 금지합니다. 그리고 당신이 이에 불응한다면 원로원 결의에 따라 당신을 로마의 적으로 대할 것임을 분명히 밝힙니다." 낙심한 마리우스는 생각에 잠긴 채 앉아 있었다. 이윽고 관리가 답변을 요구하자 늙은 장군은 이렇게 말했다. "그러면 총독에게 전하게. 카르타고의 폐허 속에 앉아 있는 도망자 가이우스 마리우스를 봤다고." 언젠가 스키피오 아이밀리아누스가 무서운 예감에 눈물을 흘렸던 자리에서 그리 멀지 않은 곳에 이제는 늙은 마리우스가 앉아 있었고, "마리우스가 카르타고를 응시하고 카르타고는 마리우스를 바라보는 동안 아마 노 서도가 서도에게 위안을 주었을 것이나". 마리우스는 직령에 맞서 싸우지 않고 케르키나로 돌아갔다.[55]

한편 동쪽으로 한참 떨어진 곳에서 미트리다테스는 아나톨리아 포위를 완료했다. 그 지역 전체가 로마에 맞서 결합될 필요가 있었기 때문에 폰토스 왕은 혈맹을 지시했다. 기원전 88년 봄에서 여름으로 넘어갈 무렵 미트리다테스는 이제 그의 지배하에 놓인 모든 아시아 도시에 서신을 보냈다. 상호 연대의 표시로써 지방 행정관들은 그 서신을 받은 뒤 13일 후에 그들 관할권 내의 여자와 어린아이도 예외없이 모든 이탈리아인을 체포해서 죽이라는 내용이었다.[56]

그 같은 상황에선 누구든 명령에 따르는 것 외에는 할 수 있는 일이 거의 없었다. 별로 좋아하지도 않는 이탈리아인 몇 명을 살리려고 미트리다테스의 분노를 감수하려는 사람은 아무도 없었다. 그래서 서신이 도착한 지 13일째 되는 날 아시아 전역의 모든 도시는 이탈리아인 주민 전원을 체포해서 체계적으로 처형했다. 정보 제공자들은 몰수된 이탈리아인의 재산을 한몫 떼어 받았으므로, 이웃이 이웃을 밀고하는 일이 예사였다. 각 도시에는 곧 시체 더미가 쌓였다. 사망자는 모두 합쳐 무려 8만 명에 달했다. 미트리다테스는 이 소름끼치는 혈맹의 가장 중요한 희생제물을 맡았다. 왕은 포로로 잡힌 마니우스 아퀼리우스를 끌어내어 그의 목구멍에 녹인 황금물을 쏟아부으라고 명령했다. 이제 돌아갈 길은 없었다. 이탈리아인 대학살은 동방의 도시들을 로마에 대항하도록 묶어두기 위해 계산된 대량 살육행위였다. 이제는 모두가 개별적으로 로마인 살해에 연루되었다. 이제 미트리다테스와 함께 싸워서 이기든가 홀로 로마의 복수를 맞이하든가 둘 중 하나였다.[57]

11장
징 박힌 장화

THE
SPIKED
BOOTS

THE
STORM
BEFORE THE
STORM

> 번영은 현명한 자들의 영혼마저 시험한다.
> 그러니 인성이 타락한 자들이
> 어찌 승리를 적당히 이용하는 데서 그치겠는가?
> _살루스티우스[1]

한편 로마에서 술라는 기원전 87년의 집정관 선거를 관장했으며, 그 선거를 그가 정적들이 말하는 것과 달리 폭군이 아님을 다시 한번 입증할 기회로 삼았다. 이미 휘하 병사들에게 로마 철수 명령을 내린 데 이어 그는 이제 선거에 개입하지 않겠다고 공개적으로 밝혔다. 술라에게 적대적인 인물들이 집정관 선거에 출마한 와중에도.[2]

이런 후보자들 중에서 주된 인물은 루키우스 코르넬리우스 킨나였다. 킨나는 기원전 87년 집정관 선거라는 역사적인 무대에 혜성처럼 나타났고, 향후 4년간 로마 정치권에서 지배적인 지위를 차지하게 된다. 하지만 로마 역사에서 너무도 중요한 이 인물에 관해 우리는 거의 아는 바가 없다. 그나마 우리가 아는 사실은 다음과 같다. 그는 술라와 같은 파트리키 코르넬리우스 가문 출신이었지만, '킨나' 분가에 관해서는 거의 아무런 흔적도 남아 있지 않다. 그의 부친은 기원전 127년 집정관으로 추정되지만 확실하진 않다. 킨나 본인은 아마도 기원전 90년이나 89년 법무관에 당선되었고 동맹시 전쟁중에 보좌관으로 활약했다. 하지만 이것이 우리가 아는 전부다. 킨나의 생애 나머지 부분—그의 가족, 관직의 사다리에 오른 과정, 그가 치른 전투들, 성공과 실패—은 역사에 기록되지 않았다.[3]

그렇지만 킨나가 늦어도 기원전 130년이나 아마도 그보다 몇 년 전에 출생했으리라는 점은 어느 정도 확실하게 짐작할 수 있다. 그렇다면 킴브리족이 갈리아에 나타나고 유구르타가 누미디아를 활보하던 당시 그는 20대였다는 것이 된다. 킨나는 이 시기에 10년간의 군 복무를 이행하면서 누미디아에서 싸웠거나 킴브리족을 상대로 거듭 벌어진 전투에 참전했을 가능성이 높다. 그러나 이 전투들을 로마 역사가들이 잘 기록해두었고 마리우스나 술라 같은 주요 인물들도 그 기록에 등장하는 반면 킨나는 언급된 적이 없다. 그의 이름은 지나가는 말로라도 결코 등장하지 않는다. 어쨌든 이후에 보인 정치 성향으로 미루어 아마도 그는 북부에서 마리우스 휘하로, 그가 훗날 그 대의를 위해 싸우게 될 이탈리아인들과 나란히 복무했을 것으로 보인다.[4]

하지만 마리우스에게 동조했을 가능성이 컸음에도 불구하고 킨나는 술라가 거명했던 마리우스파의 주요 지도자 열두 명에 포함되지 않았다. 킨나가 술라의 첫번째 로마 진군을 둘러싼 싸움에 가담했을 가능성은 극히 낮다. 당시 그는 로마에 있지도 않았고 다른 곳에서 로마의 여러 군대 중 하나와 함께 동맹시 전쟁의 마지막 남은 불씨를 진압하고 있었던 것일 수도 있다. 만약 킨나가 술라의 로마 함락 전까지 로마로 돌아오지 않았다면 그 모든 사태로 더럽혀지지 않고도 술라의 로마 진군에 대한 공동된 혐오감으로 뭉친 세력을 효과적으로 활용할 수 있었을 것이다. 킨나가 술라를 재판에 회부해 그가 저지른 행동의 책임을 묻겠다는 공약을 내세우며 출마했을 가능성도 있다.[5]

그러나 킨나가 정치적 기소의 뜻을 비쳤다 할지라도 술라는 그 미끼를 물려 하지 않았다. 킨나를 출마하지 못하게 하면 술라에 관해 정적들이 주장하는 것이 정확히 사실임을 증명해주는 꼴일 터였다. 선거에 뛰어든 후보는 많았지만 술라는 그중 누구도 도와주거나 가로막지 않았다. 또 한 명의 최고 유력 후보는 나이우스 옥타비우스였다. 오래된 귀족파 보수주의자인 옥타비우스는 마리우스에 동조하지 않았으며 원칙적으로는 술라의 개혁안을 지지했다. 하지만 술라가 개혁안을 처리한 방식은 옥타비우스를 토가 밑단까지 타들어갈 만큼 조바심나게 했다. 킨나가 술라를 기소하기로 작정한다면 옥타비우스가 그것을 가로막고 나선다는 보장은 없었다.[6]

선거일이 왔고 민회는 킨나와 옥타비우스를 집정관으로 선출했다. 술라는 선거 결과에 태연한 체하면서 그것이 그를 폭군이라 칭한 정적들의 말이 거짓임을 보여주는 궁극적인 증거라고 말했다. 폭군이라면 과연 킨나 같은 사람이 집정관이 되게 내버려두었을까? 대답은 '아니요'다. 술라가 무슨 죄를 저질렀건 결코 그의 목적은 노골적인 절대권력이 아니었다. 술라는 근본적으로 보수 공화주의자였다. 그가 정치 이력에서 획득할 권력은 언제나 보수적인 공화파의 도덕률에 봉사했다. 적어도 그의 머릿속에서는 그랬다.

하지만 킨나의 당선을 받아들이기는 했어도 술라에게 묘책이 없지는 않았다. 술라는 신임 집정관들의 취임 선서를 집행할 책임자로서 그들이 자신의 정치 개혁을 방해하지 않겠다고 서약하도록 강요했다. 새로 당선된 집정관들은 많은 군중 앞에서 그렇게 서약했고, 약속을 어길 시 추방형을 받아들이겠다는 뜻으로 바다에 돌을 던졌다.[7]

집정관 자리를 비우면서도 술라는 군사 지휘권을 잡고 있는 한 정치적 기소로부터 안전하다는 생각에 마음을 놓을 수 있었다. 그는 친구이자 동료 집정관이었던 폼페이우스에게도 똑같이 보호장치를 마련해주기 위해 아스쿨룸에 있는 로마군의 지휘권을 폼페이우스가 인수받도록 조치했다. 3년 동안 스트라보가 그 자리에 있었으나 이제 포위 작전도 끝났으니 사령부에 변화를 줄 때가 왔다. 술라의 고집으로 원로원은 폼페이우스에게 스트라보의 군대를 인수받으라고 지시했다. 이 조치는 폼페이우스 개인을 보호해줄 뿐 아니라, 혹여 술라가 동방에 가 있는 동안 로마가 말썽을 일으키더라도 아펜니누스산맥 바로 너머 주둔해 있는 믿을 만한 군대를 술라에게 확보해줄 터였다. 하지만 스트라보도, 그의 병사들도 이 갑작스러운 사령부의 변화를 달가워하지 않았다. 폼페이우스는 진지에 도착한 지 며칠도 되지 않아 예고도 없이 돌연 살해되었다. 가해자가 잡히지는 않았지만 당연히 스트라보가 암살의 배후 인물로 의심받았다.[8]

폼페이우스 살해로 술라는 충격에 빠졌고 불현듯 로마가 안전하지 않다고 느껴졌다. 술라는 로마에서 마지막 남은 몇 가지 일을 마무리 짓는 동안 빈틈없는 경호를 유지했다. 며칠 뒤 그는 자신의 군단들이 있는 안전한 카푸아로 떠났다.[9]

기원전 87년 1월에 집정관으로 취임한 킨나가 서약을 깨기까지는 그리 오랜 시간이 걸리지 않았다. 첫번째 기회가 오자마자 킨나는 호민관을 파견하여 로마 시민들을 불법 살해한 죄로 술라를 기소했다. 술라는 마음껏 원로원 최종 결의를 핑계삼을 수 있었겠지만, 기원전 121년의 오피미우스나 기원전 100년의 마리우스와 달리 기원전 88년 원로원은 술라에게 최종 결의를 내려준 적이 없었다. 하지만 호민관의 직권 범위는 로마 시내에만 한정되었으므로 술라는 기소를 무시하고 동방으로 떠날 군단들을 집결시키는 일을 계속했다. 1개 군단은 뒤에 남겨 놀라 포위를 유지하게 하고 나머지 5개 군단을 남동쪽 항구도시 브룬디시움(오늘날 이탈리아의 브린디시)으로 이동시켰다. 그곳에서 그들은 그리스로 출발할 예정이었다.[10]

술라가 이탈리아를 떠나는 것을 막지 못하게 되자 킨나는 자신이 맹세했던 신성한 서약의 나머지까지 파기해버렸다. 이탈리아인들의 광범위한 지지를 얻기 위한 노력의 일환으로, 그는 이탈리아인들을 31개 지방 트리부스에 골고루 분산시키는 술피키우스의 정책을 추진하겠다고 선언했다. 동료 집정관 옥타비우스는 이처럼 서약을 깨는 행동에 크게 놀라서 보수파의 의견과 무장 폭도를 동시에 결집시켰다.[11]

정치 논란이 거리에서 판가름나는 상황이 불가피해짐에 따라 양측은 위협적인 열혈 지지자들을 대규모로 규합했다. 킨나는 이탈리아인 군중을 불러모은 반면 옥타비우스는 도시 평민을 동원했다. 도시 평민은 이탈리아인들이 트리부스에 고루 배치되면 자신들의 존재가 영원히 묻혀버릴 것임을 통절히 인식하고 있었다. 로마 안에서는 도시 평민이 이탈리아인보다 많았으므로, 양측이 맞붙게 되자 킨나는 로마시를 벗어나야만 했다. 곧이어 옥타비우스는 민회를 움직여 킨나의 집정관 직은 물론 시민권까지 박탈하게 했다. 민회는 킨나의 공석을 채우기 위해 메룰라라는 별 볼 일 없는 인물을 그 자리에 올렸다. 그가 선정된 것은 우연이 아니었다. 메룰라는 거의 모든 공무 참여가 금지된 잘 알려지지 않은 신관단의 일원이었다. 옥타비우스는 로마에서 독자적인 권력을 휘두를 터였다.[12]

그러나 로마에서는 수로 밀렸을지 몰라도 다른 모든 지역에서는 킨나가 수적 우위를 차지했다. 이탈리아인들은 정치적 평등을 쟁취하기 위한 싸움이 이제 시민권에서 선거권으로 넘어갔다는 사실을 자각하고 있었다. 율리우스법 덕분에 이제 그들 모두 로마 시민권을 보유했지만, 대등하게 선거에 참여할 권리를 위해 계속 싸워야 했다. 킨나가 완전하고 동등한 선거권을 약속하자, 얼마 전까지 '이탈리아'를 위해 싸웠던 주민 공동체들은 킨나를 위해 싸우기로 선뜻 동의했다. 킨나는 로마를 떠난 뒤 티부르, 프라이네스테, 놀라 등 남부 지역을 돌면서 10개 군단 이상을 모집했다.[13]

킨나는 불만을 품은 귀족들로 이루어진 대규모 인맥과도 연결되어 있어서 그들에게도 동참하라고 촉구할 수 있었다. 나이우스 파피리우스 카르보—기원전 89년 이탈리아인들을 대변해 시민권 법안을 통과시킨 것이 마지막 활약이었던—는 자체 세력을 규합하여 킨나와 합류했다. 이들과 합류한 또 한 사람은 동맹시 전쟁중에 갈리아 키살피나 밖에서 보급망을 가동하면서 마리우스에게 충성을 다했던 젊은 군관 퀸투스 세르토리우스였다. 세르토리우스는 술라에게 뿌리깊은 증오를 품었고, 그리하여 이후 내전에서 나머지가 모두 죽거나 패배한

후에도 끝까지 싸움을 계속하는 마리우스파의 마지막 장군이 된다.[14]

킨나는 이탈리이 군단을 모집하는 한편 술라가 놀라 포위를 유지하도록 남기고 간 1개 군단이 전향하도록 유도하기도 했다. 군단을 상대로 연설하는 자리에서 킨나는 관직의 휘장을 땅바닥에 내려놓고 극적인 분위기를 연출하며 말했다. "시민 여러분, 나는 여러분으로부터 이 권한을 받았습니다. 인민이 투표를 통해 내게 권한을 주었습니다. 그런데 원로원은 여러분의 동의도 없이 내게서 그걸 뺏어갔습니다. 비록 이 부당한 행위를 겪고 있는 사람은 나지만, 나는 개인적인 문제 와중에 여러분 때문에도 똑같이 비통한 심정입니다…… 여러분이 부여하는 것을 확정하지 못하고 여러분이 결정을 내릴 때마다 그것을 지켜내지 못한다면 이후 민회에서, 선거에서, 집정관 선택에서 여러분의 힘은 어디에 있겠습니까?" 말을 마치자마자 킨나는 무너지듯 땅바닥에 쓰러진 채 일어나지 않았다. 마침내 병사들이 그를 일으켜세우고 휘장을 돌려준 뒤 그를 따르겠다고 맹세했다(병사들은 술라가 그들을 내버려두고 간 것에 상당히 화나 있기도 했다).[15]

킨나가 이처럼 거대한 병력을 구축한 반면, 동료 집정관 옥타비우스는 도시 평민 이상의 병력을 거의 모으지 못했다. 스트라보의 군대가 여전히 아스쿨룸 근처에 남아 있었지만 스트라보가 어느 쪽에 충성할지는 분명치 않았다. 스트라보는 자기 뜻대로 움직이는 사람이었기에 킨나의 밑으로 들어갈 가능성은 낮았다. 하지만 그는 자기 군대를 뺏으려 했던 술라에게도 격분해 있었다. 킨나는 스트라보의 분노와 허영심을 교묘히 이용해서 기원전 86년에 함께 집정관이 된다는 조건으로 동맹을 제안했다. 킨나와 스트라보가 힘을 합친다면 그들은 이탈리아의 다른 어느 파벌보다 강력해질 터였다. 게다가 그들 공동의 적인 술라가 동방에서 돌아온다 해도 그들의 상대가 되지 않을 터였다.[16]

옥타비우스가 도움을 구할 수 있던 유일한 군대는 메텔루스 피우스의 군단들이었다. 하지만 피우스는 삼니움족 잔당을 진압하는 일에 꼼짝없이 묶여 있어 빠져나올 여유가 없었다. 절박해진 원로원은 피우스에게 로마로 돌아올 수 있도록 삼니움족과 협정을 맺고 전쟁을 끝내라는 명령을 내렸다. 삼니움족은 자신들이 협상에서 유리한 위치에 있음을 알고 "그들뿐만 아니라 그들 편으로 넘어온 사람들에게도 시민권을 달라"고 요구했다. 또한 그들은 "확보한 노획물을 일체 포기하지 않으려 했으며 그들 편에서 나온 포로와 탈영병을 모두 돌려보내라고 요구"했다. 그러나 피우스는 반란군이 그토록 후한 조건으로 물러나게 할 수 없었다. 피우스가 주저하는 틈에 킨나가 재빨리 기회를 붙잡았다. 그는 마리우스파 중에서도 강경파 지지자인 가이우스 플라비우스 핌브리아를 보내 삼니움족에게 자신의 조건을 제시했다. 킨나는 삼니움족이 옥타비우스를 상대로 한 싸움에 동참한다면 그들의 요구를 들어주겠다고 했다. 삼니움족은 그 조건을 받아들였다. 로마는 두려움에 떨었다.[17]

이탈리아인 대학살 이후 기원전 87년, 미트리다테스는 누구의 도전도 받지 않고 아시아를 지배했다. 아시아 대부분 지역은 이미 미트리다테스왕의 관대한 조건을 수용했지만 로도스를 비롯한 소수의 고집스러운 도시들은 완강히 버텼다. 초판에 놓은 수가 더없이 큰 성공을 거두자 미트리다테스는 한층 더 야망을 키웠다. 이제 그는 그리스의 해방자로 자처하며 로마인들을 몰아낸 뒤 흑해부터 아드리아해까지 이르는 제국을 통치할 계획이었다.[18]

기원전 87년 초에 왕은 아시아에 남아 새로운 영토를 통합하는 한편 두 갈래의 군대를 보내 그리스를 침공했다. 육지에서는 트라키아인 용병들로 구성된 군대가 마케도니아를 습격했고 바다에서는 폰토스군 본대가 아르켈라오스 장군의 지휘하에 출격했다. 아르켈라오스는 미트리다테스를 위해 가장 오랫동안 일한 장군 중 하나였고, 기원전 95년 꼭두각시 왕 아리오바르자네스의 즉위를 둘러싸고 카파도키아에서 술라와 직접 맞붙기도 했다. 아르켈라오스는 대규모 함대를 이끌고 에게해를 건너 아테네로 항해했다. 거기서 그는 우호적인 정치 파벌의 도움을 받아 미트리다테스에 대한 아테네인들의 충성 선언을 받아냈다. 아테네인들은 이 선언이 로마와의 전쟁을 의미한다는 것을 알았지만, 아르켈라오스의 함대가 이미 그들의 항구에 어슬렁대는 상황에서 로마의 복수는 한참 먼 위협이었다.[19]

아테네가 미트리다테스 쪽으로 넘어가자 그리스 대부분이 뒤따랐다. 그 지역 전체가 로마의 권위를 내팽개치는 와중에 술라라는 법무관이 지휘하는 몇 안 되는 군단들만이 외로이 전선을 지켰다. 술라는 마케도니아 경계를 지키며 트라키아군의 침공을 막아냈지만, 그에게 증원 병력이 가지 않는 한 로마는 아시아를 잃은 것만큼이나 순식간에 그리스를 잃을 상황이었다. 사면초가에 몰린 법무관에게는 다행히도 도움의 손길이 다가오고 있었다.[20]

술라는 국내 문제를 뒤로하고 기원전 87년 봄에 아드리아해를 건

녔다. 5개 군단을 이끌고 동쪽으로 진군하는 동안 그가 지나친 모든 도시는 로마를 향한 변치 않는 충성을 선언했다. 그들로서야 당연히 그렇게 할 수밖에, 어쩌겠는가? 하지만 예상과 달리 아르켈라오스는 술라의 진군을 멈추러 나오지 않았고 덕분에 술라는 아테네 성벽까지 곧장 진군할 수 있었다. 그는 도착하는 즉시 아테네시에 투항을 요구했다. 아테네인들이 거부하자 술라는 도시 주변에 포위 전선을 구축하라고 명령했다. 그러나 한 가지 문제가 있었다. 아르켈라오스가 해상을 장악하고 있다는 점이었다. 폰토스 해군이 피레아스 항구를 차지하고 있는 한 로마군이 포위를 깨는 것은 불가능했다. 술라는 이 문제를 해결하기 위해 그의 가장 충성스러운 군관 중 하나인 루키우스 리키니우스 루쿨루스(제2차 노예전쟁에서 더없이 불명예스럽게 행동했던 루쿨루스의 아들. 또한 로마 진군 당시 술라 편에 남았던 익명의 재무관일 수도 있다)를 파견해 동방의 여러 왕국을 돌면서 로마에 함선을 제공하라고 요구하도록 지시했다. 루쿨루스가 돌아오길 기다리는 동안 술라는 아테네 앞에 진을 쳤다. 그는 아테네 밖에 있으면서 이탈리아 상황에 관해 보고를 받았다. 보고받은 내용은 그의 마음에 들지 않았지만, 그중에서도 가장 심란한 부분은 가이우스 마리우스가 돌아왔다는 소식이었다.[21]

마리우스는 킨나가 이탈리아인들(그중 상당수가 마리우스의 퇴역병이었을 것이다)로 이루어진 군대를 모집하고 있다는 소식을 듣자마자 케르키나섬의 임시 피난처에서 떠날 준비를 했다. 몇 주 안에 그는 아프리카 주민 가운데 뽑은 충성스러운 지지자들로 작은 군대를 꾸렸는

데 그중에는 일리리아인 경호원 300명으로 이루어진 악명 높은 무리도 포함되었다. '징 박힌 장화'라는 별명으로 불린 이 냉혹한 용병들은 더듬거리며 목숨을 구걸하는 로마인들에게 자비를 베풀지 않을 터였다.[22]

이탈리아로 돌아가는 항해 길에서 마리우스는 로마 북쪽으로 방향을 틀어 에트루리아에 상륙했다. 로마 제3의 건국자는 이곳 북부 이탈리아인들에게 사랑받았다. 마리우스는 킴브리족으로부터 그들을 구했으며 자기 휘하에서 복무한 이들의 권리와 특권을 아낌없이 늘려주었다. 에트루리아 주민들은 위대한 마리우스가 한낱 범죄자처럼 로마 밖으로 쫓겨났다는 사실에 격분했다. 마리우스가 상륙했을 때 "그의 도피와 추방은 드높은 명성에 모종의 경외감을 더해"주었고, 그는 가는 곳마다 신병들을 모았다. 마리우스는 곧 6천 명 남짓한 개인 군단을 얻었다. 킨나가 장악한 엄청난 대군처럼 크지는 않았지만 마리우스가 청중을 얻기에는 충분한 병력이었다. 종종 그를 칭하는 데 쓰이는 표현인 '권력에 굶주린 미치광이'와는 거리가 멀게도, 마리우스는 킨나를 만나서 용의주도하게 킨나의 휘하로 들어갔다. 어쨌든 킨나는 여전히 집정관이었다. 킨나는 그 태도를 높이 사 마리우스를 자신의 군사회의로 초대했다.[23]

이 고위 군사회의는—이제 킨나, 카르보, 세르토리우스, 마리우스까지 포함된—는 로마 포위 및 봉쇄 전략을 고안했다. 마리우스는 중요 항구인 오스티아를 공략하고, 킨나는 아리미눔과 플라켄티아를 장악하며, 카르보의 군단들은 티베리스강 상류를 확보한다는 계획이었다. 그들이 모두 제자리를 차지하면 로마의 목을 죄게 될 터였다. 그러나

이들 적군 병력이 산개하는 것을 지켜보면서도 로마에 있는 옥타비우스는 항복하려 들지 않았다.[24]

옥타비우스의 굴하지 않은 고집은 곧 보상을 받았다. 스트라보가 모든 선택지를 고려한 뒤에 킨나에게 합류하기보다 그와 싸우기를 택한 것이다. 메텔루스 피우스는 삼니움에 잡혀 있고 술라는 그리스에 있는 상황에서, 도시 평민으로 이루어진 비정규 민병대가 로마 성벽을 지키고 있으며 이들이 수만 명의 노련한 병사들에 맞서서 버티지 못할 것임을 스트라보는 잘 알았다. 이탈리아인들이 로마의 식수와 식량 공급을 차단한 판국이었으니 더더욱 불가능한 일이었다. 그래서 스트라보는 구원자 역할을 할 기회가 왔다고 판단했다. 그가 급습해 들어와서 로마를 위협으로부터 구해낸다면 로마 원로원과 인민에게 영웅이 될 뿐만 아니라 이탈리아에서 가장 강력한 장군으로 남을 것이었다.[25]

인근 전원지대의 포위를 끝낸 킨나의 병력은 기원전 87년 말 마침내 로마에 직접 공격을 감행했다. 하지만 스트라보군으로 보강된 로마 시는 공격을 버텨냈다. 스트라보가 정말로 시대의 영웅이 될 것처럼 보였다. 그런데 바로 그때, 너무나 유명한 운명의 일격이 찾아왔다. 기원전 87년에서 86년으로 넘어가는 겨울 동안 전염병이 군단 진지를 휩쓸고 지나가면서 1만 명 넘게 사망자가 발생했고 그중에는 폼페이우스 스트라보도 끼어 있었다. 모두가 그를 싫어했는데, 그 정도가 얼마나 심했는지 운명의 여신이 그에게 벼락을 내리쳐서 죽였다는 선정적인 이야기까지 나돌았다. 스트라보의 갑작스러운 죽음은 이 분쟁의 정치적·군사적 역학관계를 완전히 바꿔놓았다. 다음번에 킨나와 마

리우스가 로마로 돌아올 때는 그들의 길을 가로막는 이가 아무도 없을 터였다.[26]

스트라보의 충격적인 죽음 이후, 원로원은 포위 공격을 이겨낼 가망이 거의 없음에 절망했다. 전쟁을 계속 이어나가기 위해 옥타비우스는 도시를 급히 빠져나가서 그의 가장 강력한 지지자들인 메텔루스 피우스와 푸블리우스 크라수스 디베스(우리가 아는 그 마르쿠스 크라수스의 아버지)에 합류했다. 옥타비우스는 로마 근처의 알바누스산에서 작전을 벌이며 동맹시 전쟁 내내 충성을 고수했던 라티움 지역 주민들 중에서 모병을 시도했다. 그러나 모병이 충분히 빠르게 이루어지지 않은데다 킨나의 군대가 또다시 로마 진군을 준비하고 있었으므로, 원로원은 메텔루스 피우스에게 평화 교섭을 진행하라고 지시했다. 킨나의 첫번째 요구사항은 피우스가 자신을 집정관으로 대우해야 한다는 것이었다. "나는 집정관으로 로마를 떠났으니 로마로 돌아갈 때도 일개 시민으로 가진 않을 것이오." 몇 차례 교섭이 진행된 후 원로원은 킨나의 조건을 수용했다. 얼마 전 승격된 신관 겸 집정관 메룰라는 공식적으로 사임했다. 킨나는 자신의 요구를 들어준 대신 로마로 재입성하면 그 누구도 고의로 죽이진 않겠다고 말했다. 그러나 킨나 뒤에서 불길한 기운을 풍기며 쏘아보는 마리우스의 모습은 누구든 놓치려야 놓칠 수가 없었다. 협상이 마무리되자마자 메텔루스 피우스는 신중하게도 아프리카로 물러났다.[27]

합의를 받아든 원로원은 로마 성문을 개방하도록 지시했다. 집정관으로 복직된 킨나는 군대의 선두에서 시내로 입성했다. 하지만 그 순간에 마리우스는 따라오지 않았다. 노인은 국가의 적이라는 신분이 공식 철회되기 전까지는 들어오지 않겠다고 했다. 그래서 킨나는 도시에 들어오자마자 민회에서 마리우스파 추방자 열두 명에 대한 공권박탈 조치를 해제하고 시민으로서 그들의 존엄이 회복되도록 했다. 이어서 그는 민회가 마리우스파의 축출을 획책했던 장본인에게 보복 조치를 내리도록 유도했다. 킨나가 엄중히 지켜보는 가운데 민회는 술라를 국가의 적으로 선언했다.[28]

존엄이 회복된 마리우스는 로마로 들어왔다. 몇 시간 동안은 모든 것이 평온했다. 그러다 살인이 시작되었다. 킨나가 응징의 살인 행각을 벌이지 않겠다고 약속하긴 했지만 마리우스는 그런 약속을 한 적이 없었고, 병사들 역시 속박에서 풀려나 마음껏 활개칠 순간을 열망했다. 동맹시 전쟁에 참전했던 이탈리아 퇴역병이건 외국인 용병이건 간에 로마를 약탈할 기회는 결코 놓치고 싶지 않은 호기였다. 그리하여 5일 동안 로마 인민은 피비린내 나는 공포 속에 잔뜩 몸을 웅크렸다. "그들에게는 신들에 대한 경외도, 사람들의 분개도, 자신들의 행동이 자아낼 증오에 대한 두려움도 더이상 존재하지 않았다…… 그들은 무자비하게 살인했고 이미 죽은 이들의 목을 잘랐으며, 이처럼 참혹한 일을 사람들의 눈앞에서 보란 듯이 저지름으로써 두려움과 공포를 불러일으키거나 불경한 광경을 연출했다." 하지만 그들의 살인이 무차별적이진 않았다. 사냥감을 찾아 헤매는 병사들은 로마에서도 부유한 구역을 집중 공략했고 하층 평민들은 무시했다. 이처럼 구분하는 안목으로 인해 병사들과 로마 빈민 사이에는 일종의 비뚤어진 유대가 형성되었다. 실제로 그토록 오랫동안 접전을 두려워했던 참이었으니, 양측 모두 자기들에게 팔라티누스 언덕의 부유한 귀족층이라는 공동의 적이 있다는 사실을 깨닫고 깜짝 놀랐을지도 모른다.[29]

어느 누구보다도 집중적 타깃이 된 사람은 킨나의 동료 집정관 옥타비우스였다. 그는 원로원이 투항한 것에 분노를 참을 수 없었다. 옥타비우스는 휘하에 병력이 없었음에도 숨으려 하지 않았다. 그러나 킨나가 누구든 **고의로** 죽이지는 않겠다고 약속하긴 했어도, 병사들이 자발적으로 한 행동은 그의 통제 밖이었다. 오래 지나지 않아 킨나의 병사 하나가 옥타비우스를 찾아내어 인정사정없이 죽인 뒤 그의 머리를 킨나에게 가져갔다. 킨나는 그 살인을 규탄하기는커녕 옥타비우스의 머리를 누구나 볼 수 있게 포룸에 전시하도록 지시했다. 이것은 시작에 불과했다.[30]

킨나의 무리들이 미친듯이 날뛰는 가운데, 위대한 귀족파 웅변가 마르쿠스 안토니우스는 자신이 카르보의 표적이 되었음을 알았다. 카르보는 25년 전에 안토니우스가 자살로 몰고 갔던 사내의 아들이었다. 카르보에게 충성하던 한 호민관은 어느 여인숙까지 안토니우스를 추적한 뒤 위층으로 병사들을 올려보냈다. 하지만 안토니우스는 사람들을 설득하는 재주가 전혀 녹슬지 않은 '대단히 매력적인 연사'였다. 그는 "긴 대화로 [그들의] 마음을 누그러뜨리고 여러 다양한 화제를 끌어와 그들의 동정심에 호소하려 했다. 그러자 어떻게 된 건지 영문을 모르고 초조해하던 호민관이 급히 여인숙으로 뛰어들었다". 안토니우스가 말발로 위험에서 벗어나기 직전인 것을 보고 몹시 화가 난 호민관은 "여전히 열변을 토하고 있던 그를 죽였다". 안토니우스의 머리는 포룸에 전시되었다.[31]

하지만 모든 살인이 거리에서 일어난 것은 아니었다. 불운한 신관 겸 집정관 메룰라에게는 품격을 갖춰 정식 재판이 제기되었지만 그는 사형을 받아들이기보다 자살을 택했다. 메룰라는 "자신의 혈관을 잘 랐고, 제단이 자신의 피로 물드는 동안 앞서 그가 유피테르 신관으로 서 나라의 안녕을 빌었던 신들에게 이제는 킨나 일당에 천벌을 내려 달라고 간청했다". 마리우스의 옛 동료 집정관 카툴루스—늘 라우디 우스평원 전투의 공을 차지하려고 애썼던 인물—에게도 보여주기용 재판이라는 우대가 제공되었다. 자신이 치명적인 위험에 처했음을 알 고 그는 마리우스를 찾아가 목숨을 구걸했다. 마리우스는 짧게 "당신 은 죽어야 하오"라고만 답했다. 카툴루스는 집으로 돌아가 스스로 질 식사했다.[32]

이 피비린내 나는 5일 동안 발생한 희생자는 우리가 아는 사람만 열네 명이며, 충격적이게도 그중에는 전직 집정관 여섯 명도 포함된 다. 루키우스 카이사르와 동생 가이우스는 비명횡사했으며 크라수스 디베스 역시 장남과 함께 붙잡히기 직전에 스스로 목숨을 끊었다. 앙 카리우스라는 불쌍한 인물은 길에서 마리우스에게 인사했다가 마리 우스가 그를 알아보지 못했다는 이유로 죽었다. '징 박힌 장화'는 그 자리에서 바로 그를 베어버렸다. 죽은 자들의 머리가 로스트라 연단 에 오르는 광경을 지켜본 로마 인민은 "조상들이 적선의 충각으로 영 예롭게 장식했던 자리가 이제는 시민들의 머리로 치욕스럽게 더럽혀 지고 있다"며 원통해했다.[33]

이즈음의 마리우스는 흔히 피에 굶주린 미치광이자 "나날이 분 노를 키워간" 사람으로 묘사된다. 복수심에 사로잡히고 망령 난 늙은 이로 묘사된 그는 "피에 목말라 뭐라도 미심쩍어 보이는 사람은 모조리 죽이기를 계속했다". 그러나 피로 얼룩진 이 혼란의 상에서 한 발짝 물러나 바라보면 마리우스는 다른 인물들보다 더 나을 것도 나쁠 것도 없어 보인다. 그는 사적인 복수를 행하고 휘하 병사들이 제멋대로 날뛰도록 내버려뒀지만 그건 다른 이들도 모두 마찬가지였다. 물론 실제로 마리우스는 동료들보다 공포정치를 기꺼이 더 오래 지속하려 한 것으로 보이며, 잔혹하기로 악명 높던 그의 '징 박힌 장화'를 전혀 저지하려고 하지 않았던 것도 분명한 사실이다. 결국 마지막 한 번의 잔혹한 살육으로 질서를 회복하는 일은 킨나와 세르토리우스에게 남겨졌다. 그들은 한밤중에 징 박힌 장화 무리를 에워싸고 그들을 한 사람도 남김없이 모조리 학살했다. 징 박힌 장화의 대학살로 5일간의 공포는 막을 내린다.[34]

살육이 끝남에 따라 이제 로마를 떠나고자 희망하는 누구나 자유롭게 떠날 수 있게 되었다. 그 결과 공포의 살육에서는 살아남았음에도 여전히 킨나의 로마에는 연관되고 싶지 않았던 집안들의 대탈출이 일어났다. 술라의 아내 메텔라와 그 자식들도 피난민 대열에 합류했다. 그들은 마리우스가 로마를 함락했으며 친구들이 죽었고 술라는 국가의 적이 되었다는 소식을 그에게 알리기 위해 곧장 아테네로 향했다.[35]

술라로서는 경악스럽게도 아테네 포위전은 기원전 87~86년 겨울이 넘어가도록 계속되고 있었다. 이때쯤이면 벌써 도시가 함락됐어야 했지만, 해군을 구하러 간 루쿨루스가 아직까지 돌아오지 않고 있었다. 술라가 아테네 외곽에 우울한 기분으로 앉아 있던 어느 날 그의 아내와 아이들이 나타났다. 그는 가족들을 보자 깜짝 놀랐고, 그들이 들고 온 소식에는 더더욱 놀랐다. 로마가 적들의 손에 들어갔고 그의 소유지가 전부 쑥대밭이 되었으며 민회는 그를 국가의 적으로 선포했다는 소식이었다. 무엇보다 최악인 건 마리우스가 대對미트리다테스 전쟁의 총사령관으로 선출되는 게 거의 확실하다는 사실이었다.[36]

이제 이탈리아에서 들어오는 자금과 물자를 잃게 된 술라는 미트리다테스와의 전쟁뿐만 아니라 아마도 마리우스와 치르는 내전이 될 전쟁에 들어갈 자금을 확보하기 위해 그리스 현지인들을 쥐어짜기 시작했다. 술라의 기발한 방책은 델포이 신탁소같이 돈 많은 성소들을 겨냥하는 것이었다. 그가 이 같은 종교시설의 금고에 부과한 터무니없이 비싼 공세는 심각한 도덕적 고뇌를 야기했다. 심지어 술라의 하수인들조차도 "성물에 손대기를 꺼렸으며…… 그렇게 할 수밖에 없다는 사실에 눈물을 쏟았다". 하지만 그런 괴로움도 그들이 돈을 가지고 달아나는 것을 막지는 못했다.[37]

나쁜 소식으로 가득했던 겨울이 지나고, 기원전 86년 3월에 술라는 아테네인들에게 울분을 풀었다. 겨울이 끝나갈 무렵 아테네시의 장로들이 나서서 자비를 구했으나, 그들이 "빛과 이성의 빛나는 등대" 아테네를 변호한답시고 너무 장황한 말을 늘어놓자 술라는 이렇게 쏘아붙였다. "로마 인민이 나를 아테네로 보낸 이유는 반역자들을 진압하기 위해서지 이곳 역사를 배우라는 게 아니오." 참을성이 바닥난 술라는 아테네를 함락시킬 대담한 공격 전략을 지시했다. 어느 날 밤 로마 병사들로 이루어진 몇 개 대대가 허술하게 방어되는 성벽 모퉁

이에 높은 사다리를 대고 아테네 성벽 안으로 잠입했다. 이들 선발 대대는 성공석으로 성문을 열어젖히고 전우들을 안으로 들였다. 이후에 벌어진 광경은 로마에서 일어난 공포와 비슷했지만 그보다도 더 끔찍했다. 술라는 병사들을 제지하지 않고 그들 마음대로 훔치고 죽이고 강간할 자유를 주었다. 당시의 한 목격자는 훗날 이렇게 증언했다. "장터에서 쏟아진 피가 디필론 성문(고대 아테네 성벽 북서쪽에 위치한 주요 성문. 디필론은 그리스어로 '이중문'을 뜻한다—옮긴이) 안의 케라메이코스 지구 전체를 뒤덮었다. 아니, 많은 사람들이 말하기를 피가 성문 밖으로 흘러 교외까지 잠겼다고 한다." 그리스인과 로마인 친구들이 절박하게 애걸한 뒤에야 술라는 못 이기는 척 약탈을 끝냈다.[38]

아테네가 함락된 뒤 술라는 그곳의 피레아스 항구로 모든 관심을 돌렸다. 로마군은 적의 방어를 깨부수고 아르켈라오스의 함대가 바다로 퇴각할 수밖에 없도록 몰아붙였다. 술라는 곧이어 유명한 피레아스의 부두를 불태우고 그곳의 성벽을 허물라고 명령했다. 술라는 이 승리를 굳히기 위해 마리우스의 군대와 대적하기 전, 그리스 나머지 지역을 정복할 계획을 세웠다.[39]

한편 로마에서 킨나는 집정관 재선을 준비하며 기원전 87년의 마지막 며칠을 보냈다. 킨나는 합헌 정부라는 허울을 유지하기 위해 선거를 관장하긴 했지만, 아마도 집정관으로서 자신의 권력을 이용해 다른 후보자들의 출마를 불허했다. 사전에 짜놓은 대로, 유일하게 출마가 허락된 다른 사람은 가이우스 마리우스였다. 기원전 86년 1월 마리우스는 마침내 그의 운명이라고 주장했던 일곱번째 집정관 직에

취임했다.[40]

킨나·마리우스 정권의 업무 분담은 명확했다. 마리우스는 대對미트리다테스 전쟁 지휘를 맡았다. 그는 군대를 모집하고 그리스로 진군하여 술라를 면직시킬 계획이었다. 반면 킨나는 로마에 남아 이탈리아의 정치적·경제적 안정화를 맡을 터였다. 모든 일이 계획대로 풀린다면 술라는 밀려나고 마리우스는 승전을 거둘 것이며, 그들은 우호적인 체제로 돌아가 전리품을 나눠 갖고 로마의 영구적인 주인이 될 터였다.[41]

하지만 불행히도 현실은 그렇게 되지 않았다. 스스로는 오랫동안 부인해왔지만 마리우스는 건강이 좋지 않은 노인이었다. 그는 바로 얼마 전에 정맥류 수술을 받은데다 취임하고 겨우 몇 주 지나서 폐렴에 걸렸다. 병세가 얼마나 심각한지 누가 알아차리기도 전에 가이우스 마리우스는 죽었다. 일곱번째 집정관 취임식을 치른 지 단 17일 만이었으며, 책상에는 그리스 지도가 펼쳐져 있고 술라와의 마지막 결전 계획이 한창 진행되던 중이었다. 가이우스 마리우스는 역사상 유례를 찾기 힘들만치 낙폭이 큰 초라한 죽음을 맞았다.[42]

가이우스 마리우스는 로마 역사의 중추적인 인물이었다. 정계에 처음 뛰어들 당시 그는 이탈리아인 신진 세력에 불과했다. 하지만 그는 꾸준히 끈기를 발휘하여 관직의 사다리를 차례차례 올랐다. 그렇게 위로 오르는 과정에서 그는 원로원의 패권에 도전한 민중의 힘을 열어 보이는 역할을 했다. 그는 상인 징세청부업자들과 연계했고 이탈리아인들의 친구였으며 빈민층 퇴역병들의 보호자였다. 유구르타, 킴브리족과의 전쟁에 승리했으며 권력의 최절정에 이르러 로마 제3의 건국자로 칭송받았다. 그의 눈부신 이력은 후대의 야심가들에게 귀감이 되었으니 이 본보기가 한결같이 긍정적이지만은 않았다. 인생의 말년에 마리우스는 끈질긴 야망의 어두운 이면을 체현하기에 이르렀다. "따라서 군인으로서의 그가 국가를 구한 것 못지않게 시민으로서의 그는 처음엔 교묘한 책략으로, 나중엔 혁명적인 행동으로 국가를 망치기도 했다고 말할 수 있다." 무엇보다도 마리우스는 결코 채워지지 않는 야망을 가진 사람이었다. 그는 "일곱 차례 집정관으로 선출된 최초의 인물이었고 한 번에 여러 왕국을 채우고도 남을 재물과 집을 가졌음에도 그의 소망을 채우고 완성시키기 전에 죽어간다며 자신의 신세를 한탄"했던 것이다.[43]

킨나는 이제 혼자서 통치했다. 그의 연합에서 마리우스의 존재는 항상 불편한 것이었기에 노인의 죽음은 반가웠고 안도감을 주었다. 이제 킨나는 마리우스를 걱정할 필요 없이 마리우스의 깃발을 차지할 수 있게 되었다. 마리우스파의 열혈 지지자들은 킨나 연합의 중요한 기둥이었고, 현재로서는 상인 징세청부업자들과 평화가 유지되기를 기대하는 온건파 원로원 의원들이 거기 포함되었다. 그러나 가장 중요한 기둥은 킨나가 쥔 권력의 원천이 된 이탈리아인들이었다. 로마를 장악한 군대는 대부분 이탈리아인이었으며 그 군대를 이끈 사람은 그들에게 완전한 정치적 평등을 약속했다. 진정한 의미에서 킨나의 정권은 이탈리아인들이 동맹시 전쟁에 승리했음을 뜻했다.

킨나는 국내 통치를 강화하는 동시에 대외 정책 역시 재검토했다. 마리우스의 죽음으로 그에게는 동방에서 치를 전쟁의 새로운 통솔자가 필요했다. 그래서 킨나는 마리우스 휘하에서라면 단일 통합 군대였을 병력을 두 사람에게 돌아가도록 나누었다. 바로 루키우스 코르넬리우스 스키피오 아시아티쿠스와 루키우스 발레리우스 플라쿠스였다. 킨나는 원로원을 움직여 아시아티쿠스에게 마케도니아 속주를 배정했고, 민회를 움직여 플라쿠스를 집정관으로 선출하고 그에게 아시아 속주를 맡겼다.[44]

그러나 킨나로서는 동방 전쟁보다 이탈리아 상황에 관한 우려가 더 컸다. 이탈리아 경제는 난맥상이었고, 3년 전 아셀리오가 살해된 후로 상황은 더욱 나빠지기만 했다. 동방에서는 여전히 자금 공급을 늘려줄 공세가 들어오지 않았고 이탈리아 전역의 사유지는 여전히 황폐했다. 그래서 플라쿠스는 동방으로 떠나기 전에 전체 미불 채무의 4분의 3을 탕감해주는 법안을 민회에서 통과시켰다. 그 법안은 꼭 필요한 처방약이었다. 아시아를 탈환하고 이탈리아에 다시 돈이 유통되기 전까지는 달리 할 수 있는 일이 없었다. 하지만 그 법에는 채권자들이 완전히 몰락하는 것을 막아주는 핵심 요소들이 있었다. 첫째, 그 법은 징세청부업계 은행가들이 **아무것도** 받지 못할 가능성이 보일 시 최소한 **뭐라도** 받을 수 있도록 보장했다. 둘째, 그들 대부분은 채무자이기도 했으므로 그들이 진 시급한 부담도 다른 사람들의 부담과 함께 면제되었다.[45]

플라쿠스와 아시아티쿠스가 기원전 86년 여름에 동방으로 떠난 뒤 킨나는 경제 안정화를 도울 또다른 조치에 착수했다. 동맹시 전쟁 동안 통화 가치가 하락하고 위조 화폐가 대거 쏟아지면서 모든 사람들이 통화 공급에 믿음을 잃었다. 각 가구는 건전 화폐를 비축하기 시작했고 그로 인해 양화의 유통량은 더욱 줄어들었다. 화폐에 대한 신뢰를 회복시키려는 목적으로 위원회가 모여 균일한 금속 비율, 환율, 의심스러운 주화의 검사 방법을 확립했다. 우리가 이 모든 사실을 알게 된 이유는 이 위원회에 참여한 사람 중 하나가 가이우스 마리우스의 또다른 조카 마르쿠스 마리우스 그라티디아누스였기 때문이다. 위원회가 공동으로 논의 결과를 발표하기도 전에 그라티디아누스는 그 방안을 가로챈 뒤 로스트라 연단으로 달려가서 모든 내용을 자기가 만든 계획처럼 발표했다. 이 새로운 제도에 모두가 열광했다. 로마시는 그라티디아누스와 사랑에 빠졌지만, 나머지 위원들은 뒤에 남겨진 채 들리지도 않는 불만을 내뱉었다.[46]

기원전 86년 봄 무렵 술라는 오랜 정적 마리우스가 죽었다는 소식을 들었고, 얼마간 안도하며 아르켈라오스에게 주의를 돌렸다. 폰토스군은 아테네를 떠나 마침내 그리스 북동부 해안으로 되돌아갔다. 아르켈라오스는 병사 12만 명으로 이루어진 군대와 함께 상륙하여 내륙으로 진군했다. 그들을 만나러 급히 달려나간 술라는 교묘히 아르켈라오스를 카이로네이아 방향으로 몰았고, 그곳에서 마침내 양 군대가 격돌했다. 수적 열세에도 불구하고 술라의 군단들은 별로 힘들이지도 않고 폰토스군을 무찔렀다. 고대 사료에 나타나는 전형적인 과장법을 맛보기로 살펴보자면, 술라는 카이로네이아 전투에서 10만 명 넘는 폰토스 병사가 죽은 반면 그 자신은 단 14명만 잃었다고 보고했다. 이는 뻔뻔스러운 거짓말이지만, 술라가 놀라운 승리를 거두었다는 것은 사실이다. 아르켈라오스는 간신히 탈출했으나 지휘할 군대

를 잃었으니, 폰토스의 짧은 그리스 점령은 끝난 것처럼 보였다.[47]

승리를 거두고 난 술라는 서쪽으로 관심을 돌렸다. 그때쯤 플라쿠스는 2개 군단을 데리고 그리스로 건너왔지만 그의 의도가 무엇인지는 확실치 않았다. 신임 집정관은 출발하기에 앞서 아드리아해 너머로 선발 부대를 보냈지만, 이 부대는 술라의 군단과 맞붙자마자 도망치고 말았다. 이제 직접 그리스로 온 플라쿠스는 나머지 병사들을 조금이라도 술라의 자기장 가까이 두는 것조차 경계했다. 그래서 술라와 정면으로 맞서는 대신 곧장 헬레스폰트해협으로 계속 이동했다. 그가 진군하는 동안 아시아티쿠스 역시 2개 군단과 함께 바다를 건너 마케도니아 변경에 자리잡았다. 술라가 아르켈라오스와 싸우느라 꼼짝없이 묶여 있는 사이에 플라쿠스와 아시아티쿠스가 재빨리 아시아로 들어가 미트리다테스를 사로잡음으로써 술라를 앞지를 수 있을지도 몰랐다.[48]

카이로네이아에서의 패배에도 불구하고 미트리다테스의 흑해 제국에는 여전히 끌어 쓸 인력이 남아 있었다. 아르켈라오스가 12만 명에 달하는 **또다른** 군대의 진두에 서서 그리스로 돌아오자 술라는 어쩔 수 없이 전투를 재개해야 했다. 두 군대는 오르코메노스에서 만났고, 이번에는 전투 초반에 술라의 병사들이 불안하게 흔들렸다. 하지만 술라는 후퇴하는 한 대대를 정면으로 막아서며 고함쳤다. "오 로마인들이여, 내게는 이곳에 명예로운 죽음이 있다. 하지만 너희들은 사람들이 어디서 네 사령관을 배반했냐고 묻거든 잊지 말고 '오르코메노스에서'라고 말해라." 수치심에 정신을 차린 병사들은 돌아서서 다시 싸웠다. 폰토스군은 또 한번 분쇄되었다. 아무리 미트리다테스라도 세번째로 12만 병력을 데리고 돌아올 여유는 없었다. 그리스에서 벌어진 전쟁은 오르코메노스 전투와 함께 막을 내렸다.⁴⁹

한편 플라쿠스는 헬레스폰트해협을 코앞에 두고 보좌관 가이우스 플라비우스 핌브리아의 손에 비명횡사한 희생자가 되었다. 두 사람의 싸움이 어쩌다 시작됐는지는 의문이지만, 군단들이 헬레스폰트해협에 가까워질 무렵 핌브리아는 이미 본격적으로 반란을 모의하고 있었다. 그는 병사들의 환심을 사기 위해 진군하는 동안 시골 지역 약탈을 허용했고 진지에서도 제대로 규율을 잡지 않았다. 모든 준비가 완료되자 핌브리아는 반란을 개시했다. 플라쿠스는 도망치려 했지만 추적 끝에 죽임을 당했다. 군대는 핌브리아의 수중에 들어갔다.⁵⁰

이제 지휘봉을 잡은 핌브리아는 2개 군단을 이끌고 아시아로 들어가서 약탈로 응징하는 군사 행동을 벌였다. 핌브리아는 해방군으로서 입성하기는커녕 로마를 배반한 아시아 도시들을 벌할 작정이었다. 핌브리아의 군대가 미친듯이 날뛰는 와중에 그리스에서 거의 모든 병력을 잃은 미트리다테스는 어쩔 수 없이 페르가몬에서 피타네로 달아났고, 그랬는데도 하마터면 핌브리아에게 잡힐 뻔했다. 바로 이 시점에 오랫동안 소식이 없던 루쿨루스가 드디어 1개 함대를 이끌고 에게해를 항해하기 시작했다. 루쿨루스는 손쉽게 피타네 항구를 봉쇄해서 미트리다테스가 해로로 달아나는 것을 막을 수도 있었지만, 더 없이 충성스러운 보좌관이었던 그는 누구든 술라의 적이 미트리다테스를 사로잡는 공을 가로채게 만들 생각이 없었다. 그래서 루쿨루스는 항해를 계속했고 미트리다테스는 무사히 탈출했다.⁵¹

미트리다테스는 무사히 빠져나오긴 했지만 사방에서 숨통을 조여 오는 것을 느낄 수 있었다. 핌브리아보다는 술라에게서 더 나은 조건을 얻어낼 수 있으리라는 계산하에 미트리다테스는 아르켈라오스 장군을 통해 대화 창구를 열었다. 아르켈라오스는 솔깃한 제안을 들고 술라에게 접근했다. 술라가 아시아를 폰토스의 손에 맡기기로 동의한다면 로마 국내의 전쟁에서 미트리다테스의 완전한 지원을 얻을 거라는 내용이었다. 그러나 술라는 이를 일소에 부치며 사신의 조건을 진달했다. 아시아는 로마의 속주 지위로 돌아가고, 카파도키아와 비티니아는 로마의 피호 왕들이 다스리며, 미트리다테스는 폰토스로 돌아간다는 것이었다. 하지만 술라는 단순히 전쟁 전 상태를 회복하는 것뿐만 아니라 미트리다테스가 일으킨 온갖 분란의 대가를 요구했다. 전함 70척과, 짐작건대 술라가 이탈리아에서 적들을 진압하는 데 쓰일 대량의 은이었다. 이탈리아인 대학살이라는 극악무도한 범죄를 감안하면 이것은 미트리다테스에게 놀라우리만치 좋은 거래였다.[52]

기원전 85년 초 술라와 미트리다테스는 마침내 에게해 북부의 한 섬에서 직접 만났다. 회담은 누가 먼저 입을 뗄 것인가를 둘러싼 의지 싸움으로 시작되었다. 결국 술라가 침묵을 깨고 말했다. "승자는 침묵해도 되지만, 먼저 말하는 것이 탄원자의 역할이오." 그러자 미트리다테스는 그가 아퀼리우스를 비롯한 로마인들의 음모로 전쟁을 일으키게 된 사정에 관해 전혀 사실이 아니지만 않은 긴 이야기를 풀어 놓기 시작했다. 술라는 도중에 그의 이야기를 중단시키고 이탈리아인 8만 명을 살해한 것까지 포함해 미트리다테스가 저지른 범죄 목록을 조목조목 짚었다. 범죄들을 부인할 수도 없었고 뒤에 숨을 군대도 없었던 미트리다테스는 술라의 조건에 모두 동의했다. 조약이 성사됨에 따라 술라는 왕이 폰토스로 돌아갈 수 있게 허락했고, 자기 나라로 돌아간 미트리다테스는 "완전히 꺼지지 않은 불씨가 재차 큰 불길로 번지듯이" 다시 힘을 키우며 다음 수를 계획했다.[53]

평화조약 조건을 알게 된 술라의 군대는 그 내용을 믿을 수 없었다. 늙은 원로원 의원 몇 명을 매수했던 유구르타는 그 벌로 쇠사슬에 묶여 로마 거리 곳곳에서 구경거리로 전시되었고 춥고 습한 감방에 알몸으로 갇혀 굶어 죽었다. 그에 비해 미트리다테스는 무도한 침략과 대량 살육을 저질렀다. 그런데 어째서 미트리다테스는 술라의 개선행렬 선두에 서지 **않는** 것인가? 왜 미트리다테스에게는 고향으로 돌아가는 것이 허락되었는가? 왜 그는 아직도 왕인가? 얼토당토않은 일이었다.[54]

술라가 관대한 조건을 내민 이유는 간단하다. 그 조건은 그가 자유롭게 국내의 적들에게로 관심을 돌릴 수 있게 해주었다. 술라는 미트리다테스와의 회담장을 떠나자마자 아시아에 있는 핌브리아의 군단을 향해 진격했다. 자신의 군대를 이끌고 헬레스폰트해협을 건너간 술라는 핌브리아의 군대가 위치한 곳을 찾아내어 근처에 진지를 세웠다. 상대의 병력에 비해 수적으로 열세였던 핌브리아의 2개 군단은 싸움에 나설 의향이 없었다. 술라는 위대한 전승 장군인데 반해 핌브리아는 살인을 저지르고 반역을 한 보좌관이었다. 휘하 군관들이 싸우지 않겠다고 말하자 핌브리아는 사령부에서 물러나고 이 나라를 떠나기로 동의했다. 핌브리아는 페르가몬으로 떠났고, 그곳에서 스스로 생을 마감했다.[55]

이제 전쟁이 끝나자 술라는 아시아를 재정비했다. 기존의 아시아 속주 운영 방식은 여전히 아탈로스 3세의 유언에 뿌리를 두고 있었고, 그 유언은 많은 도시들이 납세로부터 자유롭도록 규정하고 있었다. 술라는 그 규정을 깡그리 무시했다. 미트리다테스에게 협력한 벌로 더는 조세에서 자유로운 도시를 남겨두지 않았다. 이제 **모든** 도시가 납세 의무를 지게 된 것이다. 그뿐만 아니라 술라는 재산 손실과 정신적인 피해 보상 차원에서 5년 치 체납액에 맞먹는 배상금을 부과했다. 이 금액은 즉각 지불하도록 했으며, 예전의 징세청부업자 조직이 모두 끊어지고 없었으므로 기원전 85~84년 겨울 동안 로마 병사들이 나서서 무엇이 됐든 이탈리아에서 전개될 일에 대비해 그러모을 수 있는 모든 것을 그러모았다.[56]

한편 로마시는 불안한 평온 속에 안정을 유지했다. 불과 몇 년 전에 이곳은 전쟁 지역이었고 포럼은 폭력적인 가두 충돌로 파괴되었다. 지금은 모든 것이 고요하고 조용했다. 젊은 마르쿠스 툴리우스 키케로는 폼페이우스 스트라보 휘하 군단에서 복무를 마친 뒤 로마에 정착해서 킨나 정부 시기 동안 수사학과 웅변술을 공부했다. 훗날 그는 "이어진 3년 동안 도시는 무장 소요에서 벗어났다"고 기록했다.[57]

당장은 싸울 만한 일이 별로 없었다. 이탈리아인들은 이제 원하던 모든 것을 얻었다. 사료에 상당히 모호한 부분이 있기는 하지만 킨나가 이탈리아인들을 31개 지방 트리부스에 배분하겠다던 약속을 이행한 것은 거의 확실하다. 이탈리아인들이 **완전하게** 시민으로 인정받는 상황은 내전 이후에야 이루어지긴 했지만, 킨나 정권 시기는 이탈리아인들이 영구적으로 시민 명부에 오르는 전조가 된다. 고마운 마음 가득한 이탈리아인들이 강력히 그의 뒤에 포진해 있었으므로, 킨나는 혹시라도 술라가 동방에서 돌아올 경우 그들의 굳건한 지지를 기대할 수 있었다. 이탈리아인들에게 술라는 특히 이탈리아인의 평등권 확대를 **저지하려는** 목적으로 로마에 군대를 끌고 들어온 사람이었다. 비록 당장은 이탈리아가 조용했지만, 술라가 귀국하는 순간 동맹시 전쟁의 옛 전선들은 재점화될 터였다.[58]

그러나 기원전 85년 말에 이르러 킨나 정권이 승리를 거둔 술라와 최초로 접촉함에 따라 이탈리아에 드리워진 불안한 안개는 걷히기 시작했다. 술라는 마치 공권박탈을 당한 적이 없다는 듯이 그가 벌인 군사 작전과 외교, 각종 장부의 방대한 공식 보고서를 로마로 보냈다. 이로 인해 원로원은 난처한 입장에 처했다. 원로원은 술라와 만날 사절단을 보내 그의 의도를 타진했다. 원로원이 답을 기다리는 동안 킨나와 카르보는 또다시 사전 통제된 기원전 84년 집정관 선거에서 승리했고, 이탈리아인들을 동원해 전쟁을 준비했다.[59]

원로원 사절단에 대한 술라의 반응은 맹렬하면서도 치밀했다. 술라는 자신이 적들로부터 받은 부당한 대우를 강력히 규탄했다. 그는 자신이 거둔 승리에 관해 말하고 자신의 훌륭한 경력을 열거했다. 그는 바로 얼마 전 아시아를 탈환했다! 그런데 보답으로 돌아온 게 뭔가? 공권박탈자로 선언된 것이었다. 그의 재산이 몰수되고 불에 탄 것이었다. 그의 아내와 자식들은 망명에 나서야만 했다. 하지만 술라는 너그러운 마음으로 간단한 조건을 제안했다. 로마 원로원과 인민이 그의 존엄과 재산을 되찾아주어야 한다는 것이었다. 그게 전부였다. 그는 귀국하면 그의 적들을 가만두지 않을 수도 있다면서도, 원로원이 정 그들을 살려주고 싶어한다면 원로원 결의를 존중하겠다고 말하기도 했다.[60]

이들 사절단이 아시아에 다녀오는 동안 킨나와 카르보는 계속 병력을 모집했다. 원로원은 그들에게 술라를 찾아간 사절단이 돌아올 때까지 전쟁 준비를 중단하라고 지시했지만 두 집정관은 알았다는 시늉만 하고 다시 모병에 매진했다. 이탈리아에 가만히 앉아서 그들의 숙적이 노련한 5개 군단을 거느리고 돌아오기를 참을성 있게 기다리는 것은 어리석은 행동일 터였다. 실제로 그들은 술라가 이탈리아에 닿기도 전에 그를 저지할 수 있기를 바라고 있었다.[61]

이탈리아반도가 동맹시 전쟁의 참화 이후 막 원상복구에 시동을 걸고 있는 상황이었으므로, 킨나의 계획은 아드리아해 너머로 군대를 싣고 가서 그리스에서 술라와 대적하는 것이었다. 그에게는 이미 마케도니아에 아시아티쿠스 휘하 2개 군단이 있었다. 모든 일이 계획대로 된다면, 술라가 드디어 아시아를 떠나 귀국길에 올랐을 때는 시민권과 선거권을 지키기 위해 목숨 걸고 싸울 준비가 된 무자비하게 적대적인 이탈리아인들의 거대한 군대가 그리스에서 그의 앞길을 가로막게 될 터였다. 그러나 집정관들이 성급하게 병사들을 제 위치로 배치시키려 한 것이 치명적인 결과를 낳았다. 킨나가 새로 징집한 병사들을 봄까지 기다렸다가 아드리아해 너머로 보내지 않고 기원전 84년 초의 겨울에 승선시키기로 고집한 일은 아직까지도 풀리지 않는 역사의 수수께끼다.[62]

처음에 병사들을 싣고 간 수송선들은 무사히 바다를 건넜지만 두 번째 수송대는 무서운 폭풍우를 만났다. 배가 난파되고 병사들의 절반이 수장되었다. 해변으로 떠밀려 온 생존 병사들은 곧바로 반란을 일으켰다. 이 사건은 킨나의 나머지 병력의 등골을 오싹하게 했고, 앙코나시에 있던 파견대는 도항을 거부했다. 어쩔 수 없이 킨나가 직접 병사들을 대면하러 가서 그들이 해야 할 일은 복종뿐이라는 사실을 일깨웠다. 하지만 신병들은 화가 나고 겁에 질렸으며 적대적이었다.[63]

킨나는 도착한 직후 병사들에게 연설하기 위해 총회를 소집했다. 그러나 그가 집합한 병사들의 무리 속으로 들어가려 했을 때 누군가 길을 터주기를 거부하다가 킨나의 경호원 한 명에게 가격을 당했다. 그 병사가 맞서 싸우자 킨나는 그를 체포하라고 명령했다. 이 명령은 나머지 병사들을 격앙시키는 결과만 낳았다. 그들은 킨나에게 사나운 욕설을 퍼부었고 곧이어 돌을 던지며 그를 공격했다. 킨나는 이 갑작스러운 맹공격을 피해 무리에서 빠져나가려 애썼지만 어느 성난 백인대장의 손에 잡히고 말았다. 전해지는 이야기에 따르면 붙잡힌 집정관은 그 사내에게 자신을 놓아주면 반지를 주겠다고 제안했지만, 백인대장은 으르렁거리듯 말했다. "나는 담보를 받으러 온 게 아니라 방종하고 사악한 폭군을 처단하러 온 거요." 백인대장은 더 고민하지도 않고 그 자리에서 바로 검을 꺼내 킨나를 베어 죽였다. 겨우 3년 전 역사 속에 불쑥 등장한 킨나는 올 때도 그랬듯이 느닷없이 사라졌다.[64]

공적인 무대에 올라 있던 당시의 킨나는 3년 동안 로마를 지배한 팽팽한 연합의 가장 유력한 지도자였다. 킨나가 분명 공화주의 규범을 무시하는 태도를 보이기는 했지만 그건 다른 사람들도 모두 마찬가지였다. 그를 "잔악무도한 인간"이라 부른 키케로 같은 사람들로부터 거듭 공격받았음에도 불구하고, 폭력 정치라는 새롭고 치명적인 게임을 벌이던 다른 사람들보다 킨나가 특별히 더 방종하고 사악한 폭군은 아니었다. 킨나는 결코 그저 사소한 변덕과 쾌락을 채우기 위해 잔인한 방법을 쓴 전형적인 독재자가 아니었다. 그가 이끈 정권은 이탈리아의 경제 악화 문제를 해결하려 애썼으며, 이탈리아인들을 완전히 통합하는 절차를 시작하고 평화로 회귀할 토대를 마련하고자 했다. 다가올 대결에서 술라가 이기는 것이 불가피한 일은 아니었고, 술라파가 아닌 킨나파가 공화정의 미래를 결정지을 주체가 되는 일도 충분히 가능했다. 그러나 킨나는 자신의 정권 수호를 이끄는 현장에 있지 못할 터였다. 그러기는커녕 언쟁의 열기에 휘말려 일개 병사에게 살해되었다. 역사가 벨레이우스 파테르쿨루스는 다음과 같은 결론을 내렸다. "그는 성난 휘하 병사들의 손에 의해서가 아니라 승리한 적들이 내린 선고에 의해 죽을 자격이 있는 사람이었다. 그에 관해 진정으로 말할 수 있는 바는, 그가 선량한 시민이라면 상상조차 하지 않았을 대담한 계획을 세웠고 더없이 의연한 사람만이 완수할 수 있었을 일을 완수했으며 계획을 세움에 있어서는 무모했으나 그것을 실행함에 있어서는 어엿한 인간이었다는 것이다."[65]

12장
내전

CIVIL
WAR

THE
STORM
BEFORE THE
STORM

> 그리하여 선동은 불화와 다툼에서 살인으로,
> 살인에서 전면전으로 번져갔다…… 이후로는 수치심에서든,
> 법이나 제도나 나라를 생각해서든 폭력에 대한 거리낌이라고는 없었다.
> _아피아노스[1]

킨나의 허망한 죽음을 계기로 카르보는 그리스에서 싸우려던 계획을 취소했다. 전쟁이 일어난다면 그것은 이탈리아에서 치러질 터였다. 로마로 돌아간 카르보는 그런 일이 벌어지지 않게 하라는 원로원의 압박에 직면했다. 카르보는 결코 병력 동원을 중단하지는 않았지만, **양측** 모두 군단들을 해산하자고 제안함으로써 자신이야말로 평화로운 해법을 모색하는 데 반해 술라는 침략자인 것처럼 보이게 해서 적의 허를 찌르려고 시도했다.(기원전 49년 폼페이우스도 율리우스 카이사르를 상대로 같은 수법을 시도한다.) 로마에 있는 동안 카르보는 선거를 열어 킨나를 대체할 사람을 뽑으라는 압박도 받았다. 하지만 그는 이듬해 정기선거 시기가 올 때까지 용케 그 사안을 지연시켰다. 킨나의 공석은 아예 채워지지 않았다.[2]

이제 단독 집정관이 된 카르보는 기원전 84년 내내 군대를 모집하며 보냈다. 앙코나에서 반란이 일어나긴 했어도 병사들을 모으기가 어렵지는 않았다. 킨나의 지도하에 원로원은 이미 이탈리아인의 시민권과 평등한 투표권을 모두 인정하는 결의안을 통과시켰다. 징병 담당자들은 술라가 돌아오면 이 모든 진전이 없던 일이 될 거라는 명백한 주장을 펼쳤다. 설령 이탈리아인들이 로마 상위 정치의 역학관계에 별다른 관심이 없었더라도, 시민권과 선거권이 싸워서 지킬 가치가 있다는 데는 모두들 동의할 수 있었다. 술라가 이탈리아인의 평등이라는 개념을 계속 반대하는 한 그는 이탈리아반도로 귀환하자마자 끝없는 저항의 물결에 부딪힐 터였다.[3]

술라가 돌아오자마자 맞닥뜨리게 될 것은 이탈리아인의 물결만이 아니었다. 점점 커져가는 반술라 연합에 로마의 도시 평민도 합류했다. 도시 평민은 이탈리아인 시민권에 확고히 반대해왔고, 따라서 킨나의 세력권에 새로이 유입되는 것이 불만스러웠다. 하지만 그들에게는 선택의 여지가 많지 않았다. 술라가 로마로 돌아온다면 이번에는 첫번째 진군 이후만큼 자비롭게 굴지 않을 가능성이 높았다. 그의 친구들이 살해당했고 재산이 파괴되었으니 악랄한 응징의 반응이 나올 것이 뻔했다. 아테네 약탈에 관한 이야기는 이미 이탈리아까지 알려진 터였다. 그와 똑같은 일을 당할까 두려워하던 도시 평민은 카르보가 이탈리아 전역에 걸친 방위를 조직하자 그의 뒤에 줄지어 섰다. 술라가 이탈리아로의 항해를 시작할 무렵이면 카르보는 무려 15만 병력과 서방 제국 전체의 부와 자원을 동원할 수 있을 터였다.[4]

킨나 정권은 로마에서 몇 년째 권력을 장악한 덕분에 제국 전반의 요직에 충실한 지지자들을 앉힐 수 있었다. 스키피오 아시아티쿠스는 2개 군단과 함께 여전히 마케도니아 변방에 나가 있었다. 충실한 킨나파 열성당원이었던 하드리아누스라는 인물은 아프리카의 주도권을 쥐고 병사와 물자를 모으고 있었다. 세르토리우스는 갈리아 키살피나 지역에 확실한 연고가 있어 대의에 끌어올 가능성이 있었다. 한편 시칠리아섬은 민중파의 오래되고 충실한 일원인 가이우스 노르바누스의 수중에 들어간 지 오래였다. 노르바누스는 기원전 103년 호민관으로 재직할 당시 사투르니누스와 손잡고 폭동을 선동하여 카이피오와 말리우스를 추방시킨 전적이 있었다. 그는 기원전 100년에 있었던 피의 숙청에서 살아남아 정상적인 경력을 재개했으며 결국 법무관으로 선출되어 시칠리아에 파견되었다. 그런데 그가 파견지에 도착한 직후 동맹시 전쟁이 발발했고, 원로원은 모든 속주의 지휘권을 연장했다. 노르바누스는 동맹시 전쟁이 끝날 때까지 그 자리를 지켰고 마침내 킨나 정권이 로마를 점령하자 기꺼이 충성을 맹세했다. 기원전 84년 봄까지 노르바누스는 최소 7년째 시칠리아를 통치하고 있었다. 더없이 중요한 그 섬의 곡물과 인력은 그의 손에 안전히 맡겨져 있었다.[5]

이 모든 상황에서 예측 불가능한 요인은 죽은 폼페이우스 스트라보의 스물한 살 된 아들 나이우스 폼페이우스였다. 역사상 폼페이우스 마그누스('위대한 폼페이우스')라고 알려진 이 인물은 아직 나이가 어려 정무관 직에 있지는 않았지만, 기원전 87년에서 86년으로 넘어가는 겨울에 부친이 사망하자 폼페이우스 집안의 가장이 되었다. 폼페이우스는 이처럼 가장의 권위를 얻은 것과 동시에 아버지가 북부 이탈리아에 구축해둔 엄청난 피호민층의 통제권까지 손에 쥐었다. 아버지보다 훨씬 인기가 많았던 폼페이우스는 패기 넘치는 카리스마로 가문의 관계망에 대한 개인적인 지배력을 강화했다. 키케로는 폼페이우스가 "모든 면에 뛰어나게 타고난 사람으로, 더욱 눈부신 군사적 명성의 마법에 정신이 팔리지 않았더라면 웅변술을 통해 더욱 경이로운 평판을 얻었을 것이다"라고 말한다. 이제 갓 성년기에 들어섰음에도 불구하고 폼페이우스는 벌써부터 사람들의 주의를 끌었다. 그의 충성을 확보하는 것은 다가올 내전에서 양측 모두의 주요 목표가 될 터였다.[6]

술라가 아시아에서 예상보다 오래 지체한 덕분에 확보된 1년간의 철저한 준비 기간 뒤 카르보는 마침내 새로운 집정관 선거를 관장했다. 카르보는 직접 집정관 직을 유지하는 대신 정권의 충실한 협력자 두 명이 기원전 83년 집정관으로 당선되도록 교묘히 획책했다. 바로 스키피오 아시아티쿠스와 가이우스 노르바누스였다. 때로는 킨나 파벌에서 온건 성향으로 그려지기도 하지만 아시아티쿠스와 노르바누스는 술라의 적들 중에서도 가장 완강한 축에 속했으며, 두 사람이 그 자리에 오른 명확한 이유는 원로원의 늙고 지친 의원들처럼 화해를 갈망하지 않고 내전을 치를 수 있는 인물들이기 때문이었다. 한편 카르보 자신은 집정관 직을 내려놓고 갈리아 키살피나의 집정관급 총독이 되었다. 이탈리아반도 맨 꼭대기에 자리한 그곳은 자원과 인력이 넘치는 지역이었다. 로마 집정관에서 갈리아 키살피나의 집정관급 총독으로 넘어간 카르보의 궤도는 장차 율리우스 카이사르와 마르쿠스 안토니우스 모두가 뒤따르게 될 족적을 새겼다.[7]

선거가 완료되자 카르보는 형식적인 업무 문제를 해결했다. 원로원을 설득해 원로원 최종 결의를 선포하게 한 것이었다. 이로써 신임 집

정관들에게는 국가를 지키기 위해 필요한 일을 할 수 있는 절대 권한
이 주어졌다. 그 일을 할 자격은 술라 못지않게 킨나 파벌에게도 있었
다. "인민은 집정관들에게 훨씬 더 동조했다. 자기 조국을 향해 진군
하고 있던 술라의 행동은 적의 행동처럼 보인 반면, 집정관들의 행동
은 설사 스스로를 위한 일이었다 해도 표면상으로는 공화정의 대의였
기 때문이다." 최종 결의를 손에 쥔 아시아티쿠스와 노르바누스는 집
정관으로서 이탈리아를 속주로 받은 것과 같았다. 서방 제국 전체를
등에 업은 그들은 술라와 그의 유명한 군단들을 묻어버릴 승산에 대
해 기분좋은 예감을 느끼며 기원전 83년을 맞이했다.[8]

 아드리아해 너머의 술라 역시 준비를 하고 있었다. 아시아 정리 작
업은 로마의 지배력을 회복하는 것뿐만 아니라 그 속주의 부를 술라
가 마음대로 쓸 수 있도록 하려는 것이기도 했다. 겨우내 거둔 세금으
로 돈궤를 채운 덕분에 술라는 이후 무슨 일이 벌어지든 자금을 댈
수 있게 되었다. 그는 또한 병사들을 이탈리아로 실어갈 함선 1천 척
이상의 함대를 구축했으며 그리스와 아시아에서 군용 물자가 무한정
공급되도록 조치했다. 킨나 일파가 서방의 자원을 확보하는 사이에
술라는 동방을 차지했다.
 킨나 일파가 신병들을 줄줄이 모을 수 있었다면, 술라는 동맹시 전
쟁 때부터 그를 따르던 노련한 5개 군단의 힘에 의지할 수 있었다. 기
원전 83년 봄 기준으로 이들 5개 군단은 지중해 어느 곳에도 비교 대
상이 없을 만큼 잘 훈련되고 경험 많은 군대였다. 하지만 그렇다고 해
서 술라가 그들을 완전히 신뢰할 수 있다는 뜻은 아니었다. 복무한 기

간이나 그때껏 감수해온 고생을 감안하면 그들이 이탈리아로 돌아가자마자 동원 해제를 요구할 가능성은 상당히 높았다. 술라는 앞서 한 차례 그들에게 로마를 가리켰고 그들은 그에 따랐다. 하지만 그들이 복종한 데는 동방에서 부와 영예를 얻고자 한 이유도 있었다. 이제 그 둘을 모두 얻었는데도 과연 그들이 다시 술라를 따라 로마로 진군할 것인가? 이런 고민이 있었기에 술라는 병사들의 귀국 항해를 준비하면서 그들에게 그가 군복무에서 풀어줄 때까지 그를 위해 충실히 싸우겠다는 서약을 받아냈다. 그러나 몇 명이나 서약을 지킬지는 술라도 알 수 없었다.[9]

술라는 마침내 아드리아해를 건너 기원전 83년 봄 이탈리아에 상륙했다. 브룬디시움 항구에 들어서면서 그는 일이 잘 풀릴 수도 있다는 첫번째 징조를 보았다. 원로원과 가진 회담에서 술라는 귀국하면 두말 않고 이탈리아인의 시민권과 선거권을 용인하겠다는 뜻을 내비쳤다. 브룬디시움에 도착한 그는 약속을 지켜 이탈리아인들은 아무것도 두려워하지 않아도 된다고 선언했다. 그는 그의 적들 못지않게 이탈리아인들이 공화국에서 차지한 새로운 위상에 마음이 기울었다고 했다. 브룬디시움 주민들은 이 소식에 열광했고, 술라가 오는 것에 대한 반대도 모조리 사라져버렸다. 술라는 로마를 향한 길고 힘겨운 고투에서 첫번째 전투를 벌이기보다 아직 칼집에서 칼을 뽑지 않은 채 아피우스 가도에 들어섰다.[10]

그러나 내전의 추이에 미친 직접적인 영향을 차치하고도, 술라가 브룬디시움에 도착한 것은 로마인과 이탈리아인 간에 벌어진 기나긴 동맹시 전쟁의 끝을 의미하기도 한다. 이탈리아인의 시민권 문제는

50년간 로마 정치의 제3 레일(전차에 전류를 공급하기 위해 궤도와 평행하게 부설된 레일. 함부로 건드려서는 안 될 민감한 사안이나 금기를 뜻하는 비유적 표현이다—옮긴이)이었다. 그 갈등은 멀게는 티베리우스 그라쿠스의 토지법까지 거슬러올라갔으며 이후 풀비우스 플라쿠스와 가이우스 그라쿠스의 법안, 마리우스의 부상, 사투르니누스의 혁명, 크라수스와 스카이볼라의 비로마인 축출 법안, 드루수스의 암살로 차례차례 이어졌다. 50년간 쌓여온 갈등과 적대감이 격렬하고 파괴적인 동맹시 전쟁으로 폭발했고, 킨나가 이탈리아 군대의 도움을 받아 로마를 점령하면서 절정을 이루었다. 어렴풋이 다가오는 술라와의 내전은 그 장기간 이어져온 분쟁의 연장선이 될 것처럼 보였다. 술라가 이탈리아인의 시민권을 계속 강하게 반대했다면 십중팔구 이탈리아인들이 일으킨 저항의 물결이 그의 잘 훈련된 군단들을 집어삼켰을 것이다. 하지만 술라는 약삭빠른 정치가였기에 로마 시민권의 순수성이라는 허상에 목숨을 걸 의향이 없었다. 술라는 기원전 83년 봄에 이탈리아인의 시민권과 선거권을 유지하겠다고 선언함으로써 동맹시 전쟁을 종식시켰다. 다가올 전쟁에서 어느 쪽이 이기더라도 이탈리아인들은 대등하게 공화정으로 통합될 터였다.

 술라는 아피우스 가도를 따라 진군해 올라오는 동안 계속 자신의 선의를 드러냈다. 그의 병사들에게는 시골 지역을 약탈하거나 공포에 떨게 하는 행위가 허락되지 않았다. 게다가 술라는 이탈리아인의 시민권을 존중한다는 의사를 한층 더 열렬히 알림으로써 지난 몇 년간 혹시라도 일고 있었을지 모를 저항의 움직임을 약화시켰다. 그가 지나가는 도시와 마을마다 두 팔 벌려 그를 환영했다. 심지어 동맹시 전쟁중에 어느 곳보다도 완강하게 로마에 맞섰던 두 지역인 아풀리아와 삼니움을 지나갈 때 역시 마찬가지였다.[11]

술라의 갖가지 선언과 평화로운 접근방식은 무력 저항을 누그러뜨렸지만, 술라의 시민 자격은 여전히 불확실한 상태였다. 엄밀히 말해 기원전 87년부터 그는 불법으로 군단을 지휘해온 것이었다. 법에 따르자면 그는 플라쿠스에게 지휘권을 넘기고 추방 길에 올랐어야 했다. 원로원 내부에서 술라와 타협할 의사가 조금이라도 있는 사람들은, 고위 정무관들과 원로원과 민회 쪽에서는 여전히 공권박탈자로 여기는 술라가 불법으로 군을 지휘하고 있다는 사실에 난처해했다.[12]

이처럼 소심한 형세 관망자들의 극심한 불안은, 여태껏 중립을 지켜온 유력인사들이 아피우스 가도를 따라 느리게 올라오는 술라의 대열에 동참하기 시작하면서부터 크게 줄어들었다. 동참 세력 중 가장 중요한 인물은 메텔루스 피우스였다. 이탈리아를 떠난 뒤로 피우스는 킨나와 술라 둘 다 가까이하지 않으려고 남쪽의 아프리카로 피신해 있었다. 그러나 그는 상황을 신중히 고찰한 끝에 귀환중인 이 집정관급 총독이 엄밀히 국가의 적이기는 해도 분쟁에서 좀더 정당한 편에 서 있다는 판단을 내렸다. 그리하여 아피우스 가도로 올라오던 술라는 메텔루스 피우스가 행군 대열에 동참하러 오자 크게 기뻐했다. 술라는 이 일이 자신의 운에 얼마나 큰 선물인지 잘 알았으므로 피우스를 진지 안으로 성대히 맞아들였으며, 그를 공동 사령관으로 지명하는 것만 빼고 온갖 영예와 기타 모든 것을 제공했다.[13]

피우스가 거의 술라와 맞먹는 정치적 영향력을 가진 인물이었던 반면, 술라는 막 부상하고 있던 두 젊은이들의 충성 또한 받아냈다.

메텔루스 피우스와 마찬가지로 두 사람도 엄밀히 술라의 열혈 지지자는 아니었지만 돌아가는 상황이 그들을 술라에게 합류하도록 이끌었다. 장차 공화정 최후의 몰락에서 중심 인물이 될 이 두 젊은이는 바로 폼페이우스 마그누스와 마르쿠스 리키니우스 크라수스였다.[14]

아직 20대 초반에 불과했던 폼페이우스는 자신의 위치를 모르고 행동하는 사람이었다. 그는 한 번도 정무관 직에 오른 적이 없었고 당시에도 군대에서 공식적인 지위를 갖고 있지 않았다. 그렇지만 집안의 방대한 피호민층 덕분에 그는 이탈리아에서 막강한 세력이 되었다. 술라가 부재한 시기 동안 킨나파는 젊은 폼페이우스와 동맹을 구축하려고 시도했지만, 그들로서는 경악스럽게도 폼페이우스는 직접 모집한 사병들을 이끌고 아시아티쿠스와 노르바누스가 아닌 술라와 만났다. 폼페이우스는 건방지고 무례했으나, 그의 확실한 충성을 얻고 싶었던 술라는 이 청년이 벌써 대단한 위인이라도 되는 양 방에 들어올 때 일어나서 맞이할 정도로 비위를 맞춰주었다. 폼페이우스가 술라 편으로 가버린 일은 카르보를 비롯한 오랜 킨나파에게 커다란 타격이었다. 폼페이우스가 동원할 수 있는 병력을 얻지 못하게 되었을 뿐 아니라 북동부 이탈리아가 안전한 작전 기지에서 적진의 최전방으로 바뀌어버렸기 때문이다.[15]

술라의 느리게 움직이는 군대에 합류한 또다른 한 명은 훗날 폼페이우스의 큰 경쟁자가 될 인물이었다. 이제 서른 살이 넘은 마르쿠스 리키니우스 크라수스는 웅변가 크라수스의 조카뻘 친척이었고 그보다 더 중요하게는 마리우스의 공포정치로 희생된 공권박탈자의 아들이었다. 아버지와 형은 궁지에 몰려 자살을 택할 수밖에 없었지만 크라수스는 무사히 탈출할 수 있었다. 로마를 떠난 크라수스는 아버지가 방대한 피호민층을 구축해둔 히스파니아로 갔다. 가문의 충실한 친구가 그를 받아줘서 크라수스는 8개월 동안 바닷가 동굴에서 살며 음식과 물품은 물론 여자 노예 두 명까지 제공받았다. 킨나가 죽자 크라수스는 은신처에서 나왔고, 술라의 필연적인 전쟁 준비에 보탬이 되고자 폼페이우스가 그랬던 것처럼 곳곳을 다니며 사병 군단을 모집했다. 크라수스는 휘하에 작은 군대를 거느린 채 배를 타고 와서 이탈리아의 술라 앞에 나타났다. 그렇게 술라의 진지에 있는 동안 크라수스와 폼페이우스 간의 전설적인 경쟁 관계가 시작되었다. 술라는 젊은 폼페이우스를 거의 대등한 인물로 대한 반면 크라수스는 하급 군관처럼 대했고, 크라수스는 무시당했다는 생각에 부루퉁해 있었다. 술라는 추가 모병을 해오라고 크라수스를 북쪽으로 파견했으며, 그가 호위 병력을 요청하자 이렇게 쏘아붙였다. "자네 부친과 형, 친구들과 친척들을 호위대로 내어주지. 그들은 불법적이고 부당하게 살해당했고, 내가 쫓고 있는 건 바로 그들을 죽인 자들이네."[16]

 술라는 중립적인 지도급 인사들을 자기편으로 확보했을 뿐 아니라 이전에는 적이었으나 지금은 이기는 편에 한자리 얻고자 하는 이들까지 포섭했다. 술라는 원한을 잘 품기도 했지만 한편으로 보란듯이 허세를 부리며 용서를 베푸는 데도 열심이었다. 생존의 대가라 할 만한 마르키우스 필리푸스—앞서 젊은 드루수스의 호민관 재임 시절인 기원전 91년 귀족파에게 비난을 퍼붓는 모습으로 등장했다—도 로마를 떠나 술라에게로 왔다. 이 전직 집정관은 킨나파에 협력했다고 벌을 받기는커녕 술라 군대의 고위 사령부에 들어갔다. 이처럼 후반기에 술라가 보인 폭넓은 관용은 심지어 마리우스의 최측근 핵심 인사들에게도 적용되었다. 푸블리우스 코르넬리우스 케테구스는 술라의 첫번째 로마 진군 후 지명된 공권박탈자 열두 명 중 하나였다. 케테구스는 간신히 술라의 순찰대를 피해놓고서 이제 새로운 위기에서 살아남기를 바라며 앞서 자신을 쫓던 사람의 손에 자신을 넘겼다. 술라는 이렇듯 탄원해오는 경우를 관용과 용서를 보여줄 기회로 여기며 반겼다. 하지만 그것은 말뿐인 쇼에 그치지 않았다. 케테구스에게는 전쟁 동안 중요한 임무가 맡겨졌다. 그리고 술라의 자비가 끝나고 보다 완강한 적들을 가혹하게 다루는 쪽으로 바뀔 시점이 빠르게 다가오고 있었다.[17]

그래도 모두가 술라의 기치 아래로 모여든 것은 아니었고, 집정관 노르바누스와 아시아티쿠스도 여전히 대군을 거느리고 있었다. 술라가 남쪽에서 진군해 올라오고 있었기에 두 집정관은 캄파니아에 병력을 배치하여 로마로 연결된 주요 도로 두 개를 봉쇄했다. 남부가 이미 술라의 지배하에 들어가고 있었으므로 이제 그들의 목표는 캄파니아에서 술라와 맞서 로마로의 최종 접근을 막는 것이었다.[18]

술라의 군단들은 아피우스 가도상의 티파타산에서 노르바누스군과 처음으로 맞붙었다. 전투 전날 밤까지도 술라는 병사들이 공격 명령에 어떻게 반응할지 확신이 서지 않았다. 하지만 다음날 아침 병사들의 반응은 그들의 충성심을 증명하고도 남았다. 술라의 군단들은 미트리다테스의 군대와 맞붙었을 때 못지않게 결연히 싸우며 노르바누스군을 박살냈고, 그들이 안전한 카푸아로 되돌아가게 했다. 훗날 술라는 티파타 전투를 치르고 나서 자신이 이 전쟁에서 승리할 것을 확신했다고 말했다. 병사들이 어디든 그를 따르리란 사실을 안 것이다.[19]

이제 노르바누스는 카푸아 성벽 뒤에 틀어박히고 아시아티쿠스가 북쪽에서 술라에게 접근해왔다. 그러나 술라의 병사들이 확고부동한 충성심을 증명한 데 반해 아시아티쿠스의 병사들은 집정관을 따라 전장에 들어서는 것에 대해 마음이 왔다갔다 크게 요동치고 있었다. 술라가 이탈리아인의 시민권을 존중하기로 약속했다는 소문이 벌써 사방으로 퍼진 터였고, 거기에다 술라의 티파타 승전 소문까지 더해지니 지금 싸우는 것은 위험하기도 하거니와 의미도 없어 보였다. 아시아티쿠스는 병사들의 마음이 동요하고 있음을 눈치챘다. 그래서 술라의 군대로부터 조금 떨어진 곳에 진을 친 뒤 협상을 제안했다. 술라는 당연히 동의했고, 곧 두 사령관은 휴전을 선언하고 인질을 교환했다. 그런 뒤 각각 협상을 진행할 세 사람을 지명했다. 아시아티쿠스는 수석 보좌관 세르토리우스의 수행을 받았을 게 거의 확실하고, 술라 편에서는 메텔루스 피우스가 동행했다.[20]

그 회담은 표면상으로는 정치 분쟁을 해결하고 전면전을 피하기 위한 것이었다. 하지만 술라의 협상 책임자들은 "합의에 이르기를 바라거나 갈망해서가 아니라 실의에 빠진 아시아티쿠스의 군대에 불화를 일으키기를 기대해서" 회담에 임한 것이었다. 술라는 자신이 막사에서 협상에 매여 있는 동안 휘하 병사들을 보내 아시아티쿠스 진지의 병사들과 어울리게 했다. 그러면서 술라는 훌륭하고 그가 한 약속은 지켜질 것이며 사실, 이 상황은 개인적인 적들 몇 명과의 문제만 청산하면 끝날 일이라는 소문을 퍼뜨리게 했다. 술라의 병사들은 술라가 로마의 적도 이탈리아의 적도 아니라고 했다. 또한 바로 직전에 노르바누스의 군대가 완패했다는 사실을 상기시키는 것도 잊지 않았다. 아시아티쿠스의 병사들이 노련한 술라 병사들의 유혹에 빠져든 것도 당연한 일이었다.[21]

세르토리우스는 양쪽 병사들이 가까이 있지 못하게 했으며, 아마도 술라의 진짜 의도를 간파했던 것 같다. 따라서 아시아티쿠스가 노르바누스에게 회담 진행 상황을 알리고 동료의 의견을 구하기 위해 세르토리우스를 파견하자 그는 계획적으로 길을 둘러서 카푸아로 갔다. 소도시 수에사는 최근에 술라에게 충성을 맹세한 터였는데도 세르토리우스는 그곳에 들어가서 도시를 무력으로 점령했다. 이는 명백히 휴전 협정을 위반한 행위였다. 이 같은 평화 파괴 책동에 관해 알게 된 술라는 협상 중단을 선언했다. 양측은 인질들을 돌려보내고 전투 준비에 들어갔다. 이것이 바로 세르토리우스가 의도한 바였을 것이다.[22]

하지만 이미 때는 늦어버렸다. 협상이 결렬된 뒤 아시아티쿠스는 병사들에게 전쟁 준비를 명했지만 그들은 그 대신 항복할 준비를 했다. 술라군이 아시아티쿠스의 위치로 진군하는 동안 아시아티쿠스의 병사들은 그들을 맞기 위해 충실히 장비를 갖추었다. 그러나 양측이 평원에 정렬하고 술라가 신호를 하자 아시아티쿠스의 병사들은 그들을 환영하는 새로운 사령관의 품으로 넘어갔다. 아시아티쿠스는 이 대규모 이탈에 대해 어떻게 손쓸 도리도 없이 그의 사령부 막사에서 발견되어 포로로 잡혔다. 매 순간 자비를 보이려 애쓰던 술라는 아시아티쿠스와 면담한 뒤 이 집정관을 자유롭게 풀어주었다. 술라가 집 정관의 군대 전체가 탈영하도록 성공적으로 유도했다는 소식을 접한 카르보는 "술라의 내면에 들어앉은 여우와 사자에게 싸우려 달려들었을 때 나를 더 괴롭힌 건 여우 쪽이었다"고 말했다.[23]

술라의 새로운 연합 병력은 곧이어 카푸아에 있는 노르바누스에게로 주의를 돌렸다. 술라는 그에게 대표단을 보내 회담을 요청했지만, 노르바누스는 동료 집정관에게 어떤 일이 닥쳤었는지 잘 알고 있었기에 아무런 회신 없이 대표단을 돌려보냈다. 그런 뒤 술라군이 도착하기 전에 카푸아를 벗어났고, 전쟁의 나머지 기간 동안 접전을 피함으로써 병사들의 이탈을 막으려 애썼다.[24]

노르바누스와 아시아티쿠스와의 대결을 계기로 적에 대한 술라의 행동은 전환점을 맞았다. 그때까지 그는 이전의 적들 모두 자신의 진영으로 기꺼이 맞아들였고 시골 지역에서 보복적인 약탈을 피했다. 그가 펼친 포용은 신들이 술라를 총애한다는 것을 여실히 입증한 아시아티쿠스군의 대이탈과 함께 한계점에 도달했다. 이제 반대편에 남은 사람들은 모두 가망이 없었으며, 이쪽으로 끌어와야 할 잠재적인 동맹이 아니라 몰살시켜야 할 적으로 취급될 예정이었다.

술라는 시간이 자기편이라고 믿었으므로 서둘러 결정적인 전투를 강행하려 들지 않았다. 그 대신에 남부 이탈리아 일대의 지역 공동체들을 상대로 모병과 정치 공작을 펼치며 모두를 그의 편으로 끌어들였다. 그의 이 같은 활동을 저지하기 위해 카르보는 기원전 83년 7월 로마로 귀국하여 원로원에서 술라와 합류한 모든 사람을 국가의 적으로 선언하도록 했다. 그해 여름 동안 양쪽 진영은 이탈리아 전역의 도시와 마을로 흩어져 선전에 열을 올렸다. 술라의 정보원들은 그들 편이 최근에 거둔 몇 차례의 승리와 상대 진영 병사들의 이탈, 쟁쟁한 정치인들의 충성 서약을 들먹일 수 있었다. 하지만 무엇보다도 그들이 이탈리아인의 시민권이 존중될 거라는 충격적인 약속을 했다는 점이 가장 중요했다. 카르보의 정보원들은 술라가 잔인하고 표리부동한 것으로 유명하다고 말했다. 동맹시 전쟁중에 그가 히르피니족과 삼니움족을 상대로 벌인 잔혹한 군사 행위는 널리 알려진 바였다. 거기다 술라의 불법적인 첫번째 로마 진군까지 이어진 일련의 사건들은 애당초 술라가 이탈리아인의 시민권에 반대하면서부터 촉발되었다. 양측의 이런 공방전 와중에 이탈리아인 대다수는 누구를 믿어야 할지 알 수 없었다. "그래서 그들은 하는 수 없이 이쪽저쪽 편을 바꿔가며 거짓 충성을 하고 누가 됐든 당장 눈앞에 있는 편의 요구를 들어주었다."[25]

카르보의 정보원들이 폼페이우스의 이탈로 입은 타격을 약화시키려 애썼기에 피케눔을 장악하려는 다툼은 유난히 격렬했다. 하지만 그 지역의 유력인사 대부분이 이미 젊은 장군을 편들고 있었으므로 폼페이우스는 술라를 위해 2개 군단을 추가로 모을 수 있었다. 카르보는 폼페이우스를 방해하고자 보좌관들을 파견했지만, 그들은 어느새 확실히 폼페이우스의 수중에 들어간 그 지역에서 손도 써보지 못하고 쫓겨났다. 그나마 세르토리우스는 옛 마리우스파 근거지였던 에트루리아에서 모병에 운이 따랐고, 술라에게 풀려난 아시아티쿠스가 도착했을 때는 신규 4개 군단을 그에게 내놓을 수 있었다.[26]

아시아티쿠스는 이 4개 군단을 이끌고 피케눔으로 가서 폼페이우스와 맞대결을 펼쳤지만 술라에게 당했던 것과 똑같은 수모를 당해야만 했다. 그가 자신의 군단들을 폼페이우스군 가까이에 배치시키자 양쪽 병사들이 함께 어울리기 시작했고, 이번에도 아시아티쿠스의 병사들은 상대편이 내민 약속에 쉽게 움직였다. 아시아티쿠스가 아침에 눈을 떠보니 또다시 병사들이 상대편 진영으로 모두 넘어가버린 후였다. 마리우스나 술라, 폼페이우스, 피우스, 세르토리우스같이 이례적으로 개인적인 충성을 이끌어낸 사람들이 싸움을 지휘하던 시대에, 스키피오 아시아티쿠스는 전투 직전 전군이 그를 버리고 떠나는 것을 두 번이나 지켜본 유난히 시시한 지도자였다. 그는 갈리아로 피신해 다시는 돌아오지 않았다. 한편 술라는 폼페이우스에게 더더욱 감탄했다. "그는 아직 대단히 어린 나이임에도 적에게서 그토록 큰 군대를 낚아채 온 데 반해, 나이나 평판에서 그를 한참 앞서는 이들은 자기 하인들조차 좀처럼 신뢰할 수 있는 동맹으로 곁에 붙들어두지 못했다."²⁷

세르토리우스 역시 자신이 갓 모아다준 군단들을 아시아티쿠스가 잃은 것을 보고 이제는 떠날 때가 왔다고 확신하게 되었다. 반술라 세력 지도부에 환멸을 느낀 그는 이탈리아가 거의 넘어갔다고 판단했고, 대의가 존속되려면 이 상황에서는 신중한 철수가 적절하다고 보았다. 그해 법무관에 선출되어 히스파니아를 속주로 받은 세르토리우스는 이탈리아를 버리고 육로를 통해 히스파니아로 가면서 새로운 군대를 모았다. 술라가 내전에서 승리하고 이탈리아에 있던 적들을 모두 제거한 뒤에, 세르토리우스의 히스파니아 군단은 전 세계에서 술라에게 저항하는 유일한 병력이 될 터였다. 세르토리우스는 다가올 술라 정권과 대립하는 반대 세력의 최고 지도자로 부상하게 된다. 로마를 떠난 수많은 망명자들이 그의 군대로 피신했으며, 세르토리우스는 10년 가까이 불패를 이뤄냄으로써 모든 것이 안정된 척, 평범한 일상으로 돌아간 척하려 애쓰던 로마 정부 당국을 당혹스럽게 했다.[28]

그러나 술라가 기세를 올리고 있긴 했어도 전쟁은 끝날 기미가 보이지 않았다. 이탈리아 북부와 중부 대부분은 저항을 계속했고 술라의 궁극적인 목적을 의심했다. 술라가 여전히 전투에 모든 것을 걸려고 하지 않았다는 점은 당시 상황을 잘 보여주는데, 전투를 하면 그가 질 수도 있었기 때문이다. 기원전 83년 가을의 로마는 여전히 그의 적들 수중에 있었다.

노르바누스와 아시아티쿠스가 술라를 패배시키는 과업을 감당할 그릇이 못됨을 스스로 증명한 상황에서, 카르보는 기원전 82년 집정관 선거를 위해 로마로 돌아갔다. 민회는 카르보를 세번째로 집정관에 당선시켰으며 동료 집정관으로는 마리우스의 아들인 젊은 가이우스 마리우스를 선출했다. 아직 20대 후반이었던 젊은 마리우스는 정무관으로 재직한 적이 없었고 집정관 선거에 출마할 자격이 되지 않았다. 그럼에도 카르보가 그 청년을 당선시키려고 공작한 까닭은 가문의 명예 문제나 개인 성향상 젊은 마리우스가 술라의 가차없는—심지어 잔인한—적이기 때문이었다. 게다가 그가 특별히 군사 통솔력이나 정치 수완이 있어서 선출된 것도 아니었다. 카르보조차도 마리우스가 선출된 것은 여전히 마리우스라는 이름이 가진 무게 때문이라고 인정했다.[29]

양측은 유난히 추웠던 기원전 83~82년 사이의 겨울에 전쟁 행위를 중단했다. 기원전 82년 봄이 도래하면서 내전 1주년 기념일도 함께 왔다. 술라 본인이 뭐라고 말하든 그가 그저 브룬디시움에 상륙하고 로마로 진군해서 그곳을 차지한 것은 아니었다는 사실을 기억할 필요가 있다. 그 과정에는 이탈리아의 마음과 생각과 무력을 얻기 위한 길고 지난한 싸움이 있었다. 충돌이 일어난 지 1년이 지난 시점까지도 최종 결과는 여전히 미지수였다.[30]

기원전 82년 군사 작전이 시작될 무렵 갈리아와 아프리카, 시칠리아, 이탈리아, 마케도니아의 군대와 물자를 장악한다는 킨나의 예전 전략은 실패로 끝났고 반술라 연합의 남은 세력은 이탈리아 북서부에서 마지막 방어 태세를 취하며 웅크리고 있었다. 카르보는 북부로 돌아가서 에트루리아, 움브리아, 갈리아 키살피나를 폼페이우스의 침략으로부터 지켰다. 한편 젊은 마리우스는 술라와 대결하기 위해 8개 군단을 이끌고 캄파니아로 내려갔다. 이는 후에 술라가 내세웠던 선전 문구, 즉 그가 도착하자마자 이탈리아가 그의 수중에 녹아들었다는 주장을 반박하기에 충분한 증거다.[31]

마리우스가 가던 중에 술라의 진격이 시작되었고, 마리우스는 '사크리포르투스'라고만 알려진 미지의 장소로 철수해야 했다. 술라는 휘하 병사들에게 마리우스를 쫓으라고 명령했으나 하루종일 계속된 추적 끝에 술라의 보좌관들은 수색 중단 명령을 내리고 그날 밤을 보낼 진지를 구축하도록 장군을 설득했다. 술라는 마지못해 동의했다. 그런데 술라의 병사들이 마침 작업에 한창일 때 젊은 마리우스가 약간의 결단력을 발휘했다. 그는 가만히 주저앉아 궁지에 몰리기를 기다리지 않고 병사들에게 천막을 치고 있는 술라군을 공격하라고 명령을 내렸다. 그것이 꼭 나쁜 계획은 아니었지만, 술라의 지친 병사들은 삽을 내려놓고 검을 들어야 하는 상황에 격분했다. 이 분노의 힘으로 그들은 다시 기운을 되찾아 마리우스의 군단들을 프라이네스테(오늘날 이탈리아의 팔레스트리나) 방향으로 거꾸로 몰아붙였다.³²

프라이네스테 시민들은 술라를 싫어했고 기꺼이 마리우스를 받아들일 준비가 되어 있었지만 그렇다고 치명적인 위험을 무릅쓸 수는 없었다. 술라군이 다가오는 상황에서 프라이네스테 주민들은 그들의 방벽을 해체하고 성문을 열려 하지 않았다. 마리우스와 소수의 군관들은 밧줄과 투석기를 써서 도시 안으로 들여보내졌지만 나머지 병사들 대다수는 성벽 밑의 먼지 자욱한 평원에 남겨졌다. 이윽고 술라의 군단들이 나타나서 곧바로 잔혹한 살육을 시작했다. 젊은 마리우스가 누벽에서 지켜보는 가운데 그의 병사들은 성벽에 밀어붙여져 무자비하게 공격당했다. 술라의 병사들은 그들의 분노를 만족시킬 만큼 피를 본 후에야 생존자들의 항복을 허락했다.³³

이후에 도착한 술라는 계산된 잔혹성을 드러냈다. 그는 생존자들을 모두 모은 뒤 삼니움족만 전부 한쪽으로 몰아놓도록 지시했다. 무기를 뺏기고 사방으로 포위된 삼니움족은 술라의 명에 따라 그 자리에서 학살되었다. 곧이어 술라는 병사들에게 프라이네스테 포위 공격을 시작하라고 명했다. 마리우스를 가두어놓음으로써 이제 술라는 남부 이탈리아 전체를 점검할 수 있었다. 그와 로마 사이를 가로막은 적군은 전혀 발견되지 않았다. 그는 드디어 고향으로 돌아갈 때가 왔다고 판단했다.³⁴

한편 로마시는 젊은 마리우스의 패배로 공포에 뒤덮었다. 술라파 지지자는 대부분 로마를 떠난 지 오래였으므로 남은 사람들은 술라의 적이거나 여전히 평화협상이 중재되기를 희망하는 중립파 지도자뿐이었다. 이 중립파 집단에는 한 번도 '마리우스파'나 '킨나파'였던 적은 없지만 그들이 정권을 잡은 기간 내내 로마에 남았던 소수의 쟁쟁한 의원들이 포함되어 있었다. 로마가 거의 방어 불가능한 상황이 되면서, 젊은 마리우스는 남아 있는 반술라파 인사늘 모두 로마를 떠나 에트루리아에서 최후의 항전을 준비중인 카르보와 합류하라는 지령을 보냈다. 하지만 그는 대피하기 전에 처리해야 할 사람들의 명단도 함께 보냈다.[35]

이 명단을 손에 쥔 법무관 한 명은 거짓 핑계를 대고 원로원을 소집했고, 모두가 회의장으로 들어오자마자 자객 한 무리를 풀어놓았다. 의원 둘이 곧바로 살해당했다. 그중 한 명은 술라파와 손잡았다고 의심받던 카르보의 친척이었다. 다른 한 명은 도망치려고 했지만 원로원 의사당 문 앞에서 붙잡혀 칼을 맞고 죽었다. 그렇지만 명단에 있던 진짜 거물은 거의 빠져나갈 뻔했다. 푸블리우스 무키우스 스카이볼라는 구세대 귀족파의 마지막 남은 인물들 중 하나였다. 스카우루스, 크라수스, 안토니우스와 친했던 스카이볼라는 동맹시 전쟁 직전에 크라수스의 집에서 열린 저 웅변가들의 운명적인 논의 자리에 함께했다. 스카이볼라는 킨나의 점령 뒤에도 계속 로마에 남았고 동맹에 끌어들일 잠정 후보로서 폭넓은 자유를 제공받았다. 이제 암살 표적이 된 스카이볼라는 의사당에서 벌어진 살인 행각을 피해 베스타 신전 안으로 피신했다. 그 신전은 성역이었지만 암살자들은 막무가내로 쳐

들어가서 스카이볼라를 찾아내어 죽였다. 죽은 자들의 시신은 늘 그렇듯이 티베리스강으로 던져졌다.[36]

살인이 완료된 뒤 남은 반술라파는 로마를 떠나 북쪽으로 향했다. 그들이 몰래 빠져나간 수도에는 겁에 질린 도시 평민만이 남았다. 이 로마 주민들은 최근에야 반술라 연합에 합류했고, 그들이 합류한 이유는 오로지 술라가 돌아왔을 때 무슨 짓을 할지 모른다는 두려움 때문이었다. 이제 그들은 어떤 벌이 기다릴지 곧 알게 될 터였다. 술라의 군단들은 도로를 따라 체계적으로 로마를 포위했다. 마침내 술라의 측근들이 나타났고, 도시 반대편으로 빙 돌아가 마르스평원에 도착했다. 로마 시민들은 굶어죽기보다는 차라리 칼을 맞고 빨리 죽는 편이 낫다고 판단하여 성문을 열었다.[37]

그러나 도시 평민에게는 기분좋은 반전이 기다리고 있었다. 피의 숙청을 각오하고 있던 그들은 뜻밖에도 술라가 로마 인민에게 연설을 하고 자신의 목적을 분명히 밝히기 위해 민중 집회를 소집했다는 소식을 들었다. 사람들이 마르스평원에 모이자 술라는 자신이 도살자가 아닌 외과의사가 될 계획이라고 선언했다. 물론 그의 재산을 되찾고 몇 명의 적을 골라내 벌하긴 하겠지만 나머지 주민들은 전혀 두려워할 게 없다고 했다. 그런 뒤 술라는 믿을 만한 군관 몇 명과 소규모 수비대만 남겨놓고 올 때만큼이나 급히 북쪽으로 출발했다.[38]

술라의 첫번째 로마 방문은 두려움을 달래주고 사람들이 들고일어나기보다 납작 엎드리도록 유도하기 위해 계산된 행동이었다. 게다가 그때까지 그의 이력을 보면 그 말이 진심이 아니라고 생각할 이유가 전혀 없었다. 플루타르코스가 말하듯이 "술라는 처음에는 자신의 행운을 적당히, 정치인처럼 활용했으며 사람들이 그에게서 상류 귀족층에 속했으면서도 동시에 일반 민중에게 도움이 되는 지도자를 기대하게 했다". 그러나 다음번 술라가 로마에 올 때— 전쟁이 끝나고 그에게 대적할 사람이 아무도 남지 않았을 때— 는 이야기가 전혀 달라진다. "그의 행동은 큰 권력을 지닌 관직에 씻을 수 없는 오명을 남겼다. 그런 자리는 사람이 원래 가지고 있던 성격을 바꾸어 변덕스럽고 허영심 많고 잔인하게 만든다고 여겨졌다."[39]

북부에서 전쟁의 추이는 계속 카르보 세력에게 불리하게 돌아갔다. 술라가 라티나 가도로 올라가는 진격을 지휘하는 한편 메텔루스 피우스와 폼페이우스는 폼페이우스의 고향땅 피케눔을 사수하기 위해 아드리아해안을 따라 돌격했다. 술라군 사령관들은 아시아티쿠스 군단들의 이탈을 이끌어낸 뒤 북쪽의 갈리아 키살피나로 군대를 보내는 한편 서쪽의 에트루리아로도 군대를 보내 카르보의 마지막 근거지를 공격하게 했다.[40]

그러나 어둠이 다가오고 있긴 했어도 카르보는 여전히 자기 위치를 사수하기에 충분한 병력을 이끌고 있었다. 그는 아드리아해안을 기지로 삼고 피우스의 라벤나 공략 시도를 봉쇄하려고 애썼지만 제대로 된 해군을 갖추지 못한 상태에서 그가 할 수 있는 일은 아무것도 없었다. 그래서 다시 내륙으로 향했다가 곧 로마를 한 바퀴 돌고 북쪽으로 진군중이던 술라와 마주쳤다. 가장 강경한 반술라파 핵심 인물 대부분이 카르보의 군대에 있었으므로 이번에는 이탈자가 없을 터였다. 그래서 술라는 또 한번의 무혈 승리를 거두는 대신 싸워야 했다.

카르보의 군단들은 항복하기는커녕 하루종일 전선을 사수했고, 해가 질 때까지도 승부가 나지 않았다. 전쟁의 끝은 여전히 멀었다.[41]

그러나 그사이 전쟁의 역학에 변화가 있었다. 킨나가 구상했던 당초 계획은 이탈리아의 자원을 총동원하여 술라의 5개 군단을 제압하고 장기적으로는 증원군의 접근을 막아 그들이 진지를 방어할 수 없게 만드는 것이었다. 그런데 이젠 상황이 역전되었다. 기원전 82년 여름에는 예비 인력을 끌어 쓸 수 있는 쪽이 술라였고 고립된 쪽은 카르보였다. 크라수스와 폼페이우스가 움브리아를 침공하자 카르보는 그곳에 있는 기지를 증강하기 위해 파견대를 보내야 했다. 하지만 그 증원군이 술라군의 파견대에 기습당하는 바람에 카르보는 병사 약 5천 명을 잃었다. 그로서는 잃을 형편이 못 되는 병력이었다.[42]

하지만 반술라 세력이 몰락한 진짜 원인은 남부에서 젊은 마리우스의 군단들을 잃은 것이었다. 이젠 술라가 두 전선으로부터 압박감을 느끼는 대신 그의 병력으로 카르보를 포위할 수 있었다. 카르보는 프라이네스테 포위를 풀어야 한다는 생각에 다시 아드리아해안으로 철군한 뒤 그 도시를 구하러 갈 핵심 병력을 떼어냈다. 그들이 성공한다면 전쟁의 균형추는 다시 옮겨올 터였다. 그러나 첫번째 구원군은 프라이네스테까지 가보지도 못했다. 가는 도중에 폼페이우스가 그들을 덮쳐 전멸시킨 까닭이었다. 패배한 병사들은 사방으로 달아났고 대다수는 아예 돌아오지 못했다.[43]

술라에 대한 저항이 붕괴되는 가운데 삼니움족과 루카니족이 힘을 합쳐 최후의 대군을 일으켰다. 동맹시 전쟁에서 단 한 번도 패배한 적 없던 그들은 술라에게 특별한 적의를 품고 있었다. 그들은 대부분 자발적으로 나서서 프라이네스테 포위를 풀 수만 명의 병사를 모았다. 술라 역시 카르보와 마찬가지로 그곳의 포위 해제에 모든 것이 달려 있음을 알았으므로 프라이네스테 인근에 병력을 배치했다. 삼니움족과 루카니족 군대가 강력한 공격으로 밀어붙였음에도 불구하고 술라 군은 그들의 시도를 격퇴했다. 프라이네스테 포위는 지속되었다.[44]

북부의 카르보군 병력은 여전히 4만 명에 달했지만, 실패가 줄줄이 늘어나면서 카르보의 부관 한 명이 술라와 내통을 시작했다. 그 부관은 "뭐든 중요한 일을 완수"해낼 경우 관대한 처분을 받는다는 약속 받았다. 이 "뭐든 중요한 일"을 완수하기 위해 부관은 카르보의 군관 한 무리를 저녁식사에 초대했고, 그중에는 전 집정관 노르바누스도 끼어 있었다. 노르바누스는 배반 가능성을 의심하고 참가하지 않았지만 나머지 군관들은 초대에 응했다. 그들은 도착하자마자 모두 붙잡혀 처형되었다. 자기 군대를 배신한 부관은 곧바로 술라 진영으로 달아났고, 승리에 대한 희망을 잃은 노르바누스는 그리스 도시 로도스로 떠나는 배에 몸을 실었다.[45]

한편 카르보는 계속 프라이네스테로 파견대를 보냈지만 부대가 그곳까지 가지도 못하는 일이 되풀이되었다. 카르보가 남부에 신경을 쏟는 사이 메텔루스 피우스와 폼페이우스, 크라수스는 그의 등뒤에서 갈리아 키살피나 전체를 에워쌌다. 카르보의 옛 속주는 그에게 최후의 보루가 되어야 했건만 이제 적의 수중에 들어가고 말았다. 이탈리아에서의 전쟁은 물건너간 터라 카르보는 자신에게 남은 유일한 희망은 속주로 달아나 제국의 변방으로부터 어떻게든 전쟁을 이어가는 것이라고 결정했다. 세르토리우스는 이미 히스파니아에 있었고, 노르바누스는 막 그리스로 피신했다. 카르보는 시칠리아를 거쳐 아프리카로 향한다면 전쟁에서 이길 수 있을지도 모른다고 판단하여 여러 군관들의 합동 사령부에 북부 이탈리아를 맡기고 이탈리아를 떠났다. 군사적으로 떠날 수밖에 없었던 온갖 타당한 이유에도 불구하고, 카르보는 이제 전쟁에 이기는 것만큼이나 자신의 목을 걱정하고 있었다.[46]

전투에서 폼페이우스에게 두드려 맞은 후, 카르보가 남긴 합동 사령부는 그들이 할 일은 북부를 완전히 버리는 것뿐이라고 판단했다. 그들은 프라이네스테로 떼 지어 몰려가서 술라에의 뿌리깊은 적의로 유명한 지역인 삼니움에서 전쟁을 지속할 생각이었다. 북부군은 남쪽으로 내려가서 삼니움족 장군 텔레시누스가 지휘하는 삼니움족과 루카니족의 독립 병력과 손잡았다. 기원전 82년 11월 초 이 모든 병력들이 힘을 합쳐서 마지막으로 한번 더 프라이네스테 해방을 시도했다. 그러나 모든 도로를 차단한 방비가 너무나 강력해서 그들은 퇴각할 수밖에 없었다.[47]

타당한 모든 전략을 쓰고도 아무 성과를 얻지 못한 상황에서 할 수 있는 단 한 가지 일은 이 전쟁을 구하기 위해 마지막으로 한번 더 극적인 시도를 개시하는 것이었다. 이탈리아가 술라의 병력으로 가득하다는 사실에도 불구하고, 텔레시누스는 그 시점에 그들과 로마 사이를 가로막은 군대가 없다는 점을 눈치챘다. 겨울이 다가오는데다 술라의 군대가 점점 더 가까이 접근하는 가운데, 텔레시누스는 한밤중에 진지를 떠나 로마로 질주해서 술라가 미처 그들을 저지할 새도 없

이 도시를 탈환하자고 제안했다. 다른 군관들은 동의했다.[48]

이튿날 아침 동이 틀 무렵 로마 인민은 4만 명 남짓한 병력이 콜리나 성문 밖에 진을 치고 있는 것을 발견했다. 새로 합류한 술라파 지지자들은 이것이 그저 겁을 주기 위한 엄포에 불과하다면 적군을 쫓아버리겠다는 바람으로 병력을 모아 돌격에 나섰다. 그러나 그것은 엄포가 아니었다. 성문 밖으로 나선 병력은 돌아오지 않았다. 이 상황은 로마 내에 공황을 초래했다. 텔레시누스의 군대는 대부분 삼니움족과 루카니족이었으므로 그들이 성벽을 돌파한다면 자비는 없을 터였다. 실제로 그들이 콜리나 성문 앞에 서 있는 동안 텔레시누스는 병사들에게 불같은 연설을 쏟아냈다. "로마인들의 마지막날이 멀지 않았다…… 이탈리아인의 자유를 그토록 유린한 저 늑대들은 그들을 품어주는 숲을 베어버리지 않는 한 결코 사라지지 않을 것이다."[49]

술라는 크게 뒤처져 있지 않았다. 그는 적군이 전날 밤에 진지를 비우고 로마로 왔다는 것을 알자 오전 내내 그들을 따라잡으려 쏜살같이 달렸다. 정오쯤에 그의 병사들 중 첫번째 무리가 로마에 도착했고, 그들 모두가 집합하자마자 전투 나팔 소리가 울렸다. 지난 18개월 동안 거둔 모든 성공에도 불구하고 술라는 모든 것이 끝장났다고 확신하며 그날의 남은 시간을 보냈다. 그가 직접 지휘한 군대의 좌익은 삼니움족의 압박을 이기지 못하고 무너졌다. 전투의 혼란통에 술라는 포르투나 여신이 마침내 그를 버렸다고 생각했다. 흩어진 전령들은 황급히 프라이네스테로 되돌아가 그곳의 병사들에게 포위를 중단하고 어서 가서 타격받은 술라군을 보강하라고 전했다. 하지만 술라가 미처 몰랐던 것은 전장의 반대편에서 크라수스가 적군을 박살내고 적의 진지를 점령했다는 사실이었다. 술라는 수 시간이 지나서야, 그리고 크라수스가 전령을 보내 승리한 그의 병사들에게 먹일 음식을 더 보내달라고 요청한 뒤에야 실은 그가 전투에서 승리했다는 것을 깨달았다. 전장의 먼지가 모두 걷히고 보니 콜리나 성문 전투는 사실 단순히 승리한 정도가 아니라 적군의 대참패였다. 적군 5만 명이 죽고 8천 명이 포로로 붙잡혔다. 텔레시누스는 부상을 입고 전장에 쓰러져 있었다. 그는 처형되었고 그의 머리는 창에 꽂혀 전시되었다.[50]

술라군이 삼니움족 장군들의 머리를 들고 프라이네스테로 돌아오자 주민들은 저항을 포기하고 성문을 열었다. 젊은 마리우스는 지하 땅굴을 통해 탈출을 시도했지만 입구마다 보초병들이 지키고 있는 것을 보자 순순히 잡히기보다 자살을 택했다. 마침내 함락된 도시에 도착한 술라는 주민들을 로마인, 삼니움인, 프라이네스테인 세 부류로 나누도록 지시했다. 그는 로마인 주민들은 죽어 마땅하지만 승리자인 그가 자비를 베풀어 사면해준다고 말했다. 반면 삼니움인과 프라이네스테인은 에워싸여 학살당했다. 이어서 술라는 포위 작전을 수행했던 병력이 프라이네스테를 잔혹하게 약탈하도록 내버려두었다. 젊은 마리우스의 머리는 로마로 가져갔다. 그의 머리는 포룸에 내걸린 후에 젊은이의 어리석음을 보여주는 좋은 본보기가 되었다. 로마인들은 그걸 보고 웃으며 아리스토파네스의 말을 인용했다. "배를 몰려고 하기 전에 노 젓는 법부터 배워라."[51]

이제 모든 적을 물리친 술라는 로마로 돌아왔다. 도착했을 때 로마 주민들의 눈에 비친 그는 몇 달 전에 그들 앞에서 연설했던 사람과 전혀 딴판이었다. 훗날 역사가 카시우스 디오는 이렇게 썼다.

삼니움족을 정복하기 전까지 술라는…… 인간성에서나 경건한 언동에 서나 대단히 탁월한 사람으로 여겨졌다…… 그러나 이 사건 이후로 너무나 많이 변해서 그가 이전에 보인 행동과 나중에 보인 행동이 같은 사람의 것이라고 할 수 없을 정도였다. 다시 말해 그는 행운을 감당하지 못하는 것처럼 보였다. 이제 그는 자신이 아직 약하던 시절 다른 사람들이 하면 비난했던 행동을 스스로 저질렀고, 한층 더 극악한 다른 짓도 무수히 저질렀기 때문이다. 이와 같이 술라는 삼니움족을 정복하고 자신이 전쟁을 끝냈다고 생각한 순간부터…… 삶의 방향을 바꾸었으며, 이를테면 이전의 자신은 전장의 성벽 바깥에 남겨두고서 킨나와 마리우스와 그 계승자들 모두를 합친 것보다도 더 끔찍한 방향으로 나아갔다.[52]

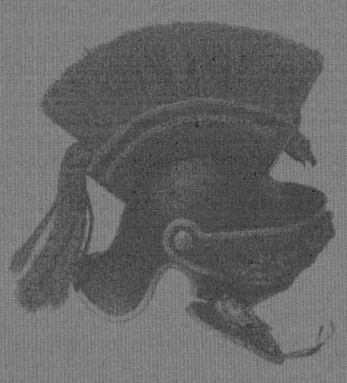

13장
종신 독재관

DICTATOR
FOR
LIFE

THE
**STORM
BEFORE THE
STORM**

> 공화정은 아무것도 아니다.
> 실체도 형태도 없는 이름에 불과할 뿐.
> _율리우스 카이사르[1]

술라는 콜리나 성문에서 결정적인 승리를 거둔 직후 마르스평원에 본부를 세웠다. 그는 로마의 주인이긴 했으나 당장 공식적인 관직은 가지고 있지 않았다. 그는 집정관도 법무관도 보좌관도, 심지어 재무관조차 아니었다. 그가 합법적인 통치자라고 내세울 수 있는 유일한 자격은 집정관급 총독으로서 배정받은 미트리다테스 전쟁 임무에서 비롯되었다. 그 직책은 5년 전의 일인데다 이미 이기고 끝난 전쟁과 관련된 것이었지만 그것이 술라가 가진 전부였다. 법률상 속주 총독의 통치권은 신성경계선을 넘어 다시 로마로 들어오는 순간 만료되었다. 제국의 일상적인 과정에서 이는 공직 취임과 퇴임시의 형식적인 의례에 불과했지만, 술라는 이로 인해 로마 밖에서 발이 묶였다. 만약 이 경계선을 넘는다면 그는 통치자로서 모든 권한을 잃을 터였다.

첫번째 로마 진군 당시엔 너무도 대담하게 신성경계선을 무시했음에도 불구하고, 이번에 술라는 이상하게도 겉으로는 합법성을 놓고 주저하는 듯한 태도를 유지했다. 그리하여 신성경계선을 넘는 대신 도시의 성문 밖에 있는 벨로나 신전에서 원로원을 소집했다. 원로원이 모이자 술라는 내전에 관해서는 거론하지 않고 미트리다테스 전쟁에서 자신이 펼친 활약상을 전달했다. 그는 동방에서 거둔 업적을 나열한 뒤 개선장군으로서 로마시에 들어갈 권리를 요청했다. 마치 지난 2년의 일은 아예 일어난 적도 없었다는 듯한 태도였다.²

그러나 이 뻔한 속임수에는 끔찍한 배경이 있었다. 원로원 앞에서 발언하기에 앞서 술라는 삼니움족 포로 6천 명을 가까운 플라미니우스 경기장으로 데려가라는 지시를 내렸다. 이들 삼니움족은 앞서 전쟁 포로로 간주되어 처리될 거라고 전해들었지만 곧 진실을 알게 되었다. 술라가 원로원 앞에서 미트리다테스 전쟁 관련 보고서를 읽기 시작할 즈음 그의 병사들은 플라미니우스 경기장에서 6천 명의 포로를 에워싼 뒤 체계적으로 학살했다. 포로들의 비명소리는 벨로나 신전 안에서도 도저히 못 들은 척할 수 없을 정도였고, 너무 놀라 할말을 잃은 원로원 의원들은 공포에 휩싸였다. 하지만 술라는 의원들에게 부디 자기 말에 계속 귀를 기울여달라면서 "범죄자 몇 명을 따끔하게 혼내고 있는 것뿐이니 밖에서 일어나는 일에는 신경쓰지 말라"고 말했다.³

살육이 끝나고 심란해진 의원들이 떠난 뒤 술라는 로마 인민을 상대로 공개 집회를 소집했다. 그는 자신의 분노를 두려워해야 할 사람은 그의 적들뿐이라는 말을 다시 한번 반복했다. 또한 술라는 아시아티쿠스 군대의 이탈을 분계선으로 삼겠다고 처음으로 명확히 밝혔다. 그 시점 이전에 지혜를 발휘하여 그에게 합류한 자들은 평화와 우정을 기대할 수 있었다. 그 시점 이후에도 무장을 유지한 자들은 국가의 적으로서 제거될 예정이었다. 하지만 그는 도시 평민과 일반 병사들은 그를 두려워할 이유가 없다는 점도 분명히 했다. 술라는 그들이 사악한 지도자를 따랐을 뿐임을 면밀하게 따져서 인정했다. 대가를 치러야 할 사람은 앞에서 이끈 자들이지 뒤에서 따라간 자들이 아니라는 것이었다.[4]

로마의 부유층 사이에 불안이 고조되는 가운데, 원로원 의원 소수가 모인 대표단이 술라를 찾아가 불안감을 덜어달라고 부탁했다. 그들은 말했다. "당신이 죽이기로 마음먹은 자들을 처벌하지 말아달라고 요청하는 것이 아닙니다. 다만 살려주기로 마음먹은 자들이 마음 졸이지 않게 해달라는 겁니다." 술라가 누구를 살려줄지 모르겠다고 답하자 한 의원이 말했다. "누구를 처벌할 생각인지 알려주십시오." 술라가 누구를 불구대천의 적으로 여기는지 모두가 안다면 팔라티누스 언덕에 가득한 불안을 상당 부분 해소할 수 있을 터였다. 술라는 의원들의 말을 새겨듣고 그날 밤 최측근 고문들과 함께 답이 나올 때까지 이 문제를 상의했다. 킨나 정권에서 정무관이나 고위 사령관으로 일했던 자들은 확실히 죽어 마땅했고, 전투에는 나서지 않았지만 그 정권에 적극적으로 협력한 의원들도 마찬가지였다. 다음날 아침 술라는 80명의 이름이 적힌 서판을 게시했다. 이름이 적힌 이들은 보이는 즉시 죽일 수 있고 그들의 재산은 몰수될 터였다. 술라의 공권박탈 조치가 시작되었다.[5]

공권이 박탈될 적의 명단은 처음엔 무고한 이들을 두려움에서 벗어 나게 해주기 위한 방법으로 시작되었다. 80명의 이름이 적힌 첫번째 명단이 내걸렸을 때는 외과의사 술라가 업무로 복귀할 것처럼 보였다. 물론 첫번째 로마 진군 후에 거명된 열두 명에서 일곱 배로 늘어난 건 사실이지만, 그뒤로 아주 많은 일이 일어났다. 술라의 적들은 그를 국가의 적으로 선포했고 그의 재산을 몰수한데다 가족을 추방하고 친구들을 죽였으며 그를 내전에서 싸울 수밖에 없도록 몰고 갔다. 이 모든 행위에 대한 죗값으로 80명은 많이 봐준 것처럼 보였다. 80명 중에서 몇몇은 앞다퉈 로마를 빠져나가려고 발버둥쳤지만 그들 대부분은 이미 자비를 기대할 수 없으리란 것을 알고 있었다. 카르보와 노르바누스, 세르토리우스 모두 명단에 있었다. 그들은 이미 달아나고 없었다. 마리우스는 죽음으로써 술라의 분노를 피해 갔으므로, 술라는 마리우스의 기념비들을 부수고 죽은 숙적의 시신을 파헤쳐 뼈를 흩뿌리는 정도로 만족했다.[6]

그러나 다음날 로마 인민이 눈을 떠보니 명단에 무시무시한 수정이 가해져 있었다. 밤사이 술라는 220명의 이름이 추가된 새로운 명단을 포룸에 게시했다. 바로 전날 안도의 한숨을 내쉬었던 사람들이 이제는 죽음을 눈앞에 두고 있었다. 그다음날 아침에는 **또다시** 새 명단이 내걸렸다. 이번에는 이름이 500개도 넘었다. 이제는 모두가 언제든 공권박탈자가 될지 모른다는 두려움 속에 살았다. 최초의 명단에서 무사히 빠졌던 한 사람은 어느 날 포룸에 왔다가 자기 이름이 올라 있는 것을 발견했다. 자신이 죽음의 표적이 된 것을 본 그는 얼굴을 가리고 돌아나가려 했지만 현장에서 발각되어 공격을 받고 즉사했다.

또다른 사람은 살해가 일어나던 초기에 흥청대고 즐기면서 저승사자를 마주한 이들을 조롱했다. 그런데 다음날 그의 이름이 명단에 등장했다. 그는 죽임을 당하고 그의 재산은 몰수되었다. 명단에 오른 공권박탈자들 외에 도망자를 숨겨주다가 발각된 사람도 모두 즉결 처형되었다. 공권박탈 조치는 불안을 덜어주기는커녕 이탈리아 전역을 공포정치로 뒤덮었다.[7]

공권박탈 조치가 계속되면서 희생자를 술라의 개인적인 적으로 제한하겠다는 약속은 연기처럼 사라졌다. 술라는 가져오는 머리마다 포상금을 지급했을 뿐 아니라 살인자가 희생자의 재산을 일부 챙기도록 허락했다. 그 결과 천성이 냉혹하고 지갑은 빈 사람들이 술라의 적들을 죽여 돈방석에 올라앉아보려고 이탈리아반도 전역으로 퍼짐에 따라 정치적인 공권박탈과 사사로운 이득의 끔찍한 혼입이 일어났다. 공식적인 공권박탈자 명단은 수시로 변했기에, 누군가가 부유하고 가치 있는 자산을 가지고 있다는 이유만으로도 명단에 추가될 수 있었다. 정치에 무관심했던 퀸투스 아우렐리우스라는 기사는 자기 이름이 명단에 올라 있는 걸 보고 "내 알바누스 농장 때문에 죽게 생겼다"며 한탄했다.[8]

이탈리아 시골 지역의 경우 명단 자체는 기본 지침 역할을 하고 즉흥적인 수정은 선임 군관들의 자유재량에 맡겨졌다. 그렇게 파견된 이들 중에는 콜리나 성문 전투의 주인공인 마르쿠스 리키니우스 크라수스도 있었다. 크라수스는 가이우스 베레스라는 욕심 많고 악랄한 젊은 군관을 대동하고 이탈리아 전역을 일주하며 현지 주민들에게 그들 사이에 섞여 있는 반술라파 인물들에 관한 증언을 받았다. 이제 공권박탈 지침에는 술라의 적에게 물질적인 도움을 제공한 집안까지 모두 포함되었으므로 지방의 상인, 은행가, 행정관 들이 붙잡혀 처형되었다. 그러나 현지의 친술라파 지도자들이 이때다 하고 개인적 경쟁자들을 제거하기 위해 술라의 적이 아닌 자신의 적을 지목하는 일도 흔히 일어났다. 누군가 지명된 이유에 관해서는 별로 주의나 관심이 기울여지지 않았지만 처벌은 항상 똑같이 처형과 재산 몰수였다. 크라수스와 베레스 둘 다 이처럼 신속하고 수익성 좋은 법 집행에 전문가가 되었다. 크라수스는 가학적이기로 악명 높은 그의 부동산업을 시작했고, 브루티움에서는 단지 매력적인 사유지를 빼앗기 위해 한 사람을 처형했다.[9]

크라수스 같은 술라의 공식 대리인들 외에도 이제 비공식 살인 패거리들까지 거리를 어슬렁거렸다. 직업적인 공권박탈은 돈이 되는 좋은 사업이었다. 이 패거리들에 합류한 인물 중에는 역시나 야망이 크고 잔인한 구석이 있는 청년 루키우스 세르기우스 카틸리나가 있었다. 20년 뒤 카틸리나는 또다른 혁명적인 대변동 주기의 중심에 서게 되지만 이때의 그는 그저 돈을 노리는 젊은 술라파의 일원이었다. 처남의 재산에 눈독들이고 있던 카틸리나는 처남을 죽이고 그 땅의 소유권을 얻었다. 그런 뒤에는 기사계급 상인층을 훑어 살인을 이어가면서 인상적인 자산 목록을 구축했다. 그는 또다른 처남을 겨냥함으로써 이 일을 마무리지었는데, 공교롭게도 그 사람은 바로 마리우스의 조카이자 킨나 정권 동안 주화의 품질 보장 정책을 도입했던 마르쿠스 마리우스 그라티디아누스였다. 카틸리나는 그라티디아누스가 마리우스의 공포정치 시절에 카툴루스를 살해했다는 거짓 혐의를 제

기하면서 카툴루스의 묘지로 처남을 끌고 가 잔인하게 살해했다.[10]

규칙이 무너지면서 언제든 희생양을 지명할 수 있게 됨에 따라 공권박탈은 저절로 계속되었다. 누군가는 친구의 죽음을 슬퍼했다는 이유로 살해당했다. 술라의 해방노예 하나는 개인적인 원한을 갚기 위해 사람을 죽이고 희생자의 이름을 명단에 추가하는 음모를 꾸몄다. 또다른 해방노예는 공권박탈자 한 명을 숨겨준 걸 들킨 후 술라 앞에 끌려갔다. 끌려온 자를 보니 놀랍게도 그는 술라가 공직에 나서기 전 살았던 임대 아파트의 위층 이웃이었다. 술라는 자신의 옛 이웃을 타르페이아 바위에서 던지라는 명령을 내렸다.[11]

술라의 주요 적들 상당수가 반도를 벗어난 상황이었기에 공권박탈 조치는 곧 이탈리아 밖으로 확대되었다. 노르바누스는 로도스에 있는 것으로 확인되었다. 술라의 하수인들은 로도스 시민들에게 그를 넘기라고 요구하면서 따르지 않을 시 엄중한 결과를 초래할 거라고 말했다. 로도스 시민들이 어떻게 할지 논의하는 동안 노르바누스는 장터로 나가 자살함으로써 그들 모두에게 호의를 베풀었다. 또한 술라는 폼페이우스를 파견해 직접 카르보를 추적하게 했다. 폼페이우스는 카르보가 시칠리아 해안에서 떨어진 한 섬에 있다는 정보를 토대로 배를 타고 시칠리아로 향했다. 도착하자마자 그는 즉결 재판소를 열어 반술라파로 알려진 이들을 확인하고 처형했다. 메사나 주민들이 그 재판소가 불법이라고 항의하자 폼페이우스는 "검을 든 우리에게 법 운운은 그만두라"고 매섭게 쏘아붙였다. 카르보는 금방 잡혀서 재판소로 끌려왔다. 엄밀히 말해 카르보는 여전히 로마 집정관이었지만 폼페이우스는 관직의 존엄성 따위는 개의치 않았다. 그는 세 차례

로마 집정관을 지낸 나이우스 파피리우스 카르보를 그 자리에서 즉시 처형하도록 명했다.[12]

공권박탈 조치의 막바지에는 무차별 살인이 자행되었다. 이때는 디지털 시대가 아닌 고대 로마였기에 공권박탈자로 지명된 사람이 실제로 어떻게 생겼는지 제대로 아는 사람은 아무도 없었다. 공권박탈 패거리는 진짜 희생양이 뜻대로 잡히지 않으면 길거리에서 아무나 잡아 온 뒤 이름 모를 머리를 마치 명단에 있는 진짜 공권박탈자인 양 술라에게 바쳤다. 술라는 거의 묻지도 않고 항상 포상금을 지불했다. 공권박탈 조치에 일말의 합리성이나 도덕성이라도 있다는 생각은 잔인한 농담이 되었다. "어느새 온 나라가 파멸로 곤두박질치고 있었다…… 탐욕은 잔혹함의 동기를 제공했으며 범죄의 규모는 그 사람이 가진 재산의 규모로 결정되었다. 재물을 지닌 사람이 악인이 되었고 매번 그자의 살해에 상금이 걸렸다. 요컨대 이익을 가져오기만 하면 어떤 짓도 수치스럽게 여겨지지 않았다."[13]

수주가 지나도록 살인이 계속되자 마침내 공포를 끝내려는 일말의 노력이 이루어졌다. 술라는 기원전 82년 6월 1일 이후로는 공권박탈자 명단에 이름이 추가되지 않을 거라고 선언했다. 그사이 이미 명단에 오른 사람들은 술라에게 영향력을 행사할 수 있는 친구들을 이용해 자기 이름을 명단에서 **빼기**도 했다. 이 부류의 가장 유명한 사례가 바로 열아홉 살의 가이우스 율리우스 카이사르—우리가 아는 그 카이사르—였다. 카이사르에겐 마리우스의 처조카라는 죄 말고도 킨나의 딸과 결혼했다는 문제도 있었다. 술라는 카이사르에게 아내와 이혼하라고 명령했지만 카이사르는 따르지 않았다. 그래서 카이사르의 이름이 공권박탈자 명단에 올랐고 카이사르는 숨어 지내야 했다. 하지만 이 청년은 술라의 내부 핵심층에 친구들이 있었고 몇 주 뒤 친구들이 그의 사면을 얻어냈다. 그러나 술라는 아무런 주저 없이 사면해주지는 않았으며, 이런 말을 덧붙였다. "당신들 좋을 대로 그 친구를 데려가시오. 다만 당신들이 그리도 살리고 싶어하는 사람이 언젠가는 당신들이 나와 함께 지켜온 귀족층의 대의에 치명타를 날릴 거라는 점만 알아두시오. 이 카이사르라는 친구 안에는 마리우스가 여럿 들어 있으니까."[14]

휩몰아치던 광란의 공포는 6월 1일이 지나간 후 드디어 서서히 수그러졌다. 죄를 범한 사람들은 여전히 추적당하고 죽을 수 있었으나 그래도 이제 한고비는 넘긴 셈이었다. 최종 집계는 아예 나올 수도 없겠지만 최소한 원로원 의원 100여 명과 기사 1천 명 이상이 술라의 공권박탈 조치로 죽었으며 총 사망자 수는 아마도 3천 명에 달했을 것이다. 그래도 술라와 암살자들은 약속대로 이탈리아의 하층계급은 거의 건드리지 않았다. 그들의 목숨을 살려준 것은 고결한 이유에서만이 아니라 그들에게는 자칫 '유죄'로 만들기 쉬운 재산이 없었기 때문이기도 했다. 살인이 서서히 마무리됨에 따라 이제는 술라가 적들을 제거함으로써 가능해진 공화국 쇄신에 착수할 차례였다.[15]

그의 하수인들이 거리를 배회하는 동안에도 술라는 합법적인 권한을 잃지 않으면서 로마로 들어갈 방법을 찾아내지 못했다. 최고의 선택지는 집정관으로 당선되는 것이었지만 엄밀히 따지면 그해 집정관은 여전히 카르보와 젊은 마리우스였다. 카르보는 시칠리아에서 죽었고 젊은 마리우스의 머리는 포룸에서 썩고 있었으므로 그들이 선거를 열 수 있는 상황도 아니었다. 따라서 술라는 좀더 창의력을 발휘해야 했다.

술라가 자신의 통치권을 두고 고민하는 사이 원로원에 남아 있던 잔류파 의원들은 술라의 행위를 합법화할 조치를 취했다. 그들은 술라의 미트리다테스 전쟁 보고서를 인정하고 그가 아시아에서 타결한 모든 합의사항을 확정했다. 또한 그들은 술라를 국가의 적으로 만든 결의를 무효화했다. 심지어 포룸에 술라의 대형 조각상을 세우고 술라가 직접 고안한 '루키우스 코르넬리우스 술라 펠릭스'라는 이름을 새기도록 지시했다. '펠릭스Felix'라는 칭호는 이제 그의 공식 선전에도 들어갔는데 '행운아 술라'라는 뜻이었다. 하지만 이 모든 결의와 포고에도 여전히 술라는 막힌 벽을 넘지 못하고 있었다. 그리하여 술라는 급진적인 방안을 내놓았다. 오래전의 독재관 직을 부활시키자는 것이었다.[16]

로마가 마지막으로 독재관dictator의 손에 맡겨진 것은 120년 전이었다. 독재관은 공화정 초창기 한때는 흔히 볼 수 있던 관직이었으나 공화정이 제국으로 성장하면서 폐기되었다. 근래의 킴브리 전쟁과 동맹시 전쟁처럼 존립이 걸린 비상사태조차도 이 관직의 부활을 촉발시키지는 않았고 그라쿠스 형제와 사투르니누스의 폭력 소요 역시 마찬가지였다. 술라는 마르스평원에 마련된 본부에서 그를 독재관으로 임명할 것을 원로원에 제안하는 긴 서신을 작성했다. 이탈리아는 황폐해졌고 공화국은 잔혹한 내전의 불길에 타버렸다. 지난 10년간 일어난 사건들로 인해 사회, 정치, 경제 등 어디 한 군데 생활에 타격을 입지 않은 분야가 없었다. 술라가 운명을 완수하여 공화국의 옛 영광을 되찾으려면 그에게는 집정관의 권한보다 더 큰 권한이 필요했다. 의심의 여지 없는 절대적인 권한이 필요하다는 얘기였다.[17]

술라의 제안은 일체의 용인된 관습을 충격적이리만치 벗어난 것이었다. 하지만 원로원이 뭘 어쩔 수 있었겠는가? 거부한다고? 그건 마치 기원전 137년 누만티아에서 포위된 군단에게 학살당하고 싶은지 묻는 것이나 마찬가지였다. 그래서 원로원은 술라의 요청을 들어주었다. 현직 집정관들이 모두 사망한 상황에서 헌법상의 틈새를 메우기 위해 원로원은 과거의 섭정관interrex 직을 부활시켰다. 로마 공화정은 간혹 집정관들이 사망하거나 질병 등의 이유로 도저히 로마에 복귀할 수 없을 경우 섭정관을 두어 집정관 선거를 감독하게 했다. 이번 경우가 확실히 그에 해당했으므로 섭정관은 민회를 소집하여 술라를 '법률 제정과 공화정 재건을 위한 독재관dictator legibus faciendis et rei publicae constituendae causa'으로 임명하는 법안을 제출했다. 민회는 그 법안을 만장일치로 통과시켰다.[18]

다수의 법률 고문을 늘 곁에 둔데다 그 자신도 헌법에 관한 이해가 꽤나 높았던 술라는 새로 얻은 직함에 아무 제약 없이 활동하기 위해 필요한 모든 권한이 따라오도록 확실히 조치했다. 이제 술라는 독재관으로서 모든 로마인의 생사여탈권을 쥐었다. 전쟁과 평화 선언의 단독 재량권도 지녔다. 원로원 의원을 지명하거나 내보낼 수도 있었다. 임의로 사유재산을 몰수할 수도 있었다. 새로운 도시와 식민지를 건설할 수도 있었다. 기존에 있던 도시를 벌하거나 파괴할 수도 있었다. 속주와 국고위원회와 법정과 관련된 모든 사안의 최종결정권을 가진 사람도 그였다. 무엇보다 독재관이 선언하는 모든 결의는 자동으로 법이 된다는 점이 중요했다. 민회가 가진 어마어마한 헌법적 강제력은 이제 술라의 말 한마디에 달려 있었다.[19]

술라가 변칙적인 방법으로 독재관 직에 취임하긴 했지만 이 모든 내용은 예로부터 그 관직에 주어진 직권과 대체로 일치했다. 그는 심지어 기병대장 Master of the Horse까지 임명했는데, 기병대장은 **오로지** 독재관의 지시에만 따르는 독재관의 전통적인 협력자였다. 그러나 술라를 독재관으로 지명한 법에는 대단히 중대하고 전례 없는 누락이 있었다. 바로 만료 날짜가 빠진 것이다. 과거의 로마 독재관들은 재임 기간 6개월을 넘긴 적이 없었고 그들에게 독재관 직을 수여한 법에 말 그대로 시한이 적혀 있었다. 그런데 술라는 편리하게도 그 부분을 생략했다. 술라는 공화정을 재건하려면 6개월로 부족할 수도 있다고 원로원에 넌지시 말한 뒤 영구 독재관으로 재직할 뜻을 내비쳤다. 그의 방대하고 다양한 권한을 유보해야 할 법적인 의무도 없었기에 루키우스 코르넬리우스 술라는 이제 종신 독재관이 되었다.[20]

다음 세대에 옛 공화정의 적절한 질서를 회복하기 위해 그가 곧 발표할 모든 헌법 개혁에도 불구하고, 공화정의 질서라는 일상적인 규정은 한 사람이 무기한으로 무한한 권력을 쥐는 사례에 비하면 아무것도 아니었다. 그리고 술라가 남길 유산은 공화정이 아니라 독재관 직이 될 터였다.

술라는 이미 첫번째 로마 진군 뒤에 공화국을 위한 그의 계획을 상당 부분 밝혔다. 미트리다테스 전쟁을 지휘하러 떠나기 앞서 그는 원로원의 권한을 확대하는 일련의 법을 통과시켰다. 거기에는 모든 투표를 상대적으로 덜 민주적인 백인조회Centuriate Assembly로 옮기고, 원로원 명부를 확대하며, 법안을 민회에 제출하기 전에 원로원의 승인을 필수화하는 등의 내용이 포함되었다. 이 개혁안들은 킨나가 로마를 장악한 후에 무효화되었지만 이제 술라의 헌법 개혁 확정안에 포함되어 되살아났다. 애초에 구상한 핵심 개혁안에 더해, 독재관 술라는 원로원을 다시 공화정의 중심에 두기 위한 새로운 일괄법을 도입했다.[21]

호민관 직은 원로원에 반대하는 폭탄 던지기에 너무 자주 이용되었으므로, 술라는 호민관의 권한을 대폭 축소했다. 그 관직은 본래 평민 개개인의 권리를 보호하기 위해 마련되었으나 이후에 선동 정치가들과 압제자들의 위험한 도구로 변해버렸다. 따라서 술라는 호민관이 법안을 상정할 때 필히 원로원의 사전 허가를 받도록 규정했을 뿐 아니라 막강하고 만능으로 작용하는 거부권을 폐지했다. 앞으로 호민관은 개인의 구제 청구와 관련된 사안에만 거부권을 행사할 수 있었다. 그러나 이러한 절차적 제한보다도 더 중요한 것이 있었으니, 호민관 당선자는 다른 어떤 정무관 직도 맡을 수 없다는 술라의 선언이었다. 이 금지 규정은 야심 찬 젊은 지도자들이 다시는 이 관직을 노리지 않도록 보장해주었다. 한때는 정계로 뛰어드는 발판이었던 것이 이제는 막다른 골목이 되어버렸다.[22]

호민관을 억제한 데 이어 술라는 공화정의 나머지 정무직 목록을 정식화했다. 그때까지는 재무관에서 집정관까지 관직의 사다리를 오르는 각 단계의 규정이 항상 모호하고 암암리에만 존재했다. 이제 술라가 그 과정을 공식적으로 정리한 것이다. 또한 그는 관직 구성을 확대하여 재무관의 수를 기존의 두 배인 20명으로 늘리고 법무관 두 명을 추가했다. 로마는 이미 한참 전에 제국의 팽창 수준에 발맞춰 행정관직을 추가했어야 했다. 술라는 또 관직을 지내고 나서 다시 지내기까지 반드시 2년의 공백기를 두어야 하며 같은 관직에 재출마하려면 10년이 지나야 한다고 선포했다. 술라의 공화정에서 집정관 직을 연달아 지내는 일은 없을 터였다.[23]

술라는 총독 직이 되풀이되는 것도 원치 않았다. 이제 매년 법무관 여덟 명과 집정관 두 명이 복무하고 있으므로 속주의 인력을 한두 해 이상 묶어둘 필요가 없을 터였다. 하지만 이는 속주의 행정을 개선하려는 시도가 아니었다. 속주 임무는 부와 인맥, 권력을 얻을 수 있는 통로였다. 속주의 담당관 이직률을 높이면 로마 속주의 주민들에게는 좋을 게 전혀 없지만 원로원의 세력 균형을 유지하는 데는 유용했다. 모든 속주 임무의 배정도 원로원이 장악하게 된 것은 말할 필요도 없었다. 민회는 그 일과 전혀 관련이 없었다.[24]

확장된 관직의 사다리에 맞춰 원로원 의원 명부 역시 두 배로 늘려 300명에서 600명이 되었다. 독재관으로서 술라는 당연히 모든 신규 의원을 자유롭게 선임했다. 어차피 내전이 벌어지는 과정에서 생존 의원 수가 200명 이하로 줄었으므로, 그는 독재관으로 재임하면서 충성스러운 군관들과 덕망 높은 친구들을 꾸준히 승격시켜 원로원에 들였다. 하지만 아무리 술라라 해도 의원 자격을 갖춘 후보 400명을 개인적으로 알지는 못했다. 그래서 그는 다양한 분파의 제안을 받아들여 그에게 감사하는 마음으로 가득한 일단의 원로원 의원 무리를 만들

어냈다. 술라 개인에게만이 아니라 그가 만들어낸 개혁된 공화정에도 충성하는 이들이었다.[25]

이제 확장된 원로원이 의원들로 채워짐에 따라 술라는 법정에 대한 지배력도 되찾을 수 있었다. 그라쿠스 형제 시대부터 계속된 싸움을 이제는 확실히 매듭지을 참이었다. 상설 법정의 배심원 모집단은 원로원이 될 터였다. 원로원 규모를 확장한 법령은 술라가 새로 설치한 일련의 상설 법정에서 법을 집행할 충분한 인적 자원을 원로원에 공급하기 위한 것이기도 했다.[26]

로마인들이 최초로 세운 상설 법정은 기원전 149년 생긴 부당취득죄 법정이었다. 이후 수년간 다양한 필요에 맞춰 다른 법정들이 창설되었다. 부정선거 소송을 심리하는 법정이 있었던 것은 거의 확실하며, 가장 유명하게는 기원전 103년에 설립된 사투르니누스의 반역 법정이 있다. 술라는 뒤죽박죽으로 난립한 재판소와 법정을 정리하고 체계화하여 살인, 위조, 부정선거, 횡령, 반역, 인체 상해, 속주 부당취득과 관련한 일곱 개의 상설 법정을 신설할 것을 제안했다. 이중 일부는 기존에 마련되어 있었고 일부는 새로 만들어졌으며 나머지는 이전에 반복적으로 설립되던 것을 변경했다. 원래는 혁명재판소와 유사했던 사투르니누스의 반역 법정은 이제 소수의 노골적인 범죄로만 제한되었다. 술라의 공화정에 혁명재판소 따위는 없을 터였다.[27]

술라는 또 독재관으로서의 권한을 이용해 언제나 예외 없이 중요한 토지 분배 문제를 해결했다. 내전의 혼란은—그리고 술라의 최종적 승리는—30년 만에 처음으로 이탈리아에 새롭게 사람들을 정착시킬 방대한 토지를 만들어냈다. 지난 몇 년의 사회 격변으로 인해 이탈리아의 수많은 토지가 이미 빈 땅이 된데다 술라가 그에게 반대했던 지역에 무거운 벌을 내린 때문이었다. 반술라 저항운동의 끈질긴 원천이었던 에트루리아, 움브리아, 삼니움은 대규모 토지 몰수의 표적이 되어 술라의 퇴역병들에게 재분배되었다.[28]

술라의 연이은 개혁은 공화정을 원로원 중심 귀족정이라는 뿌리로 되돌리기 위해 고안된 것이었다. 이제 거의 모든 권한이 원로원에서 나왔다. 호민관은 권력을 빼앗겼고 민회의 자율성은 축소되었다. 기사들과 징세청부업자들은 정치에서나 경제에서나 종속적인 지위로 되돌아갔다. 술라는 심지어 경기대회, 연회, 개인 사치품에 들어가는 비용을 제한하기 위해 사치금지법을 통과시키려고 했지만 으레 그렇듯이 그 시도는 수포로 돌아갔다(술라 본인부터가 걸핏하면 허용치를 무시했다). 그렇지만 술라의 생각이 과거에만 갇혀 있었다고 말한다면 부당할 것이다. 그는 자신이 현재 공화정을 좀먹는 구체적인 문제들을 해결하기 위해 사회제도를 세우고 있으며 자신의 개혁 덕분에 앞으로는 그 문제들이 공화정을 좀먹지 않을 거라고 믿었다.[29]

과거를 돌아보는 것으로 해결될 수 없었을 가장 큰 문제 하나는 이탈리아인들의 운명이었다. 과거를 지향한다는 건 곧 옛 연맹 시절의 시민권 위계로 돌아감을 의미했겠지만 술라는 시민권과 선거권을 존중하겠다고 한 약속을 깰 생각은 전혀 하지 않았다. 다음 인구조사 시기가 왔을 때 명부에 오른 시민의 수는 두 배로 늘었고, 그때 이후로 이탈리아인들 문제가 다시 제기되는 일은 없었다. 기존의 로마인들은 그들이 항상 두려워했던 것처럼 영향력을 잃었고 이탈리아인들의 목소리가 커졌다. 그런데 그게 뭐 어떻단 말인가? 이제 더는 라티움에서 태어난 사람이라고 피케눔에서 태어난 사람과 다르게 대할 하등의 이유가 없었다. 로마 시민의 목소리는 사라진 것이 아니라 새로운 목소리가 더해져 소리의 높이가 달라졌을 뿐이었다. 이제 로마는 모두의 것이었다.[30]

독재관의 권한을 영구적으로 쥐었음에도 불구하고, 술라는 언제까지나 독재관 직에 머무를 의향이 없었다. 그는 자신이 독특하고 특별한 입법자라고 생각했지만 그의 본질은 공화주의자였지 왕이 아니었다. 그가 독재관 직을 맡을 때 법을 제정하며 헌법을 확립하겠다고 말했던 것은 진심이었다. 옹졸한 압제자가 아니었던 술라는 헌법이 '확립'되었다고 선언될 날을 무한정 미룰 생각이 없었다. 그는 신들이 자신에게 맡겼다고 믿는 일을 하기 위해 그 자리에 있었고, 그 일을 한 뒤에는 물러날 생각이었다.

술라는 취임한 지 약 1년 만에 권력을 내려놓는 과정을 시작했다. 기원전 81년 중반에 그는 메텔루스 피우스와 나란히 집정관 후보로 나서겠다고 발표했다. 술라는 여전히 신중하게 피우스를 거의 대등한 사람으로 대우했고, 피우스가 그의 정권과 협력 관계를 지속하는 것이 포르투나 여신의 총애를 보여주는 최후의 훌륭한 예시 중 하나라고 여겼다. 피우스는 독재관을 대단히 애먹일 수도 있었지만 오히려 술라가 시작하겠다고 약속한 변환을 수용했다. 그들이 나란히 집정관이 된다는 것은 두 사람의 지속된 우의뿐 아니라 평생 독재관으로 남진 **않겠다**는 술라의 의도를 보여주는 신호가 될 터였다.[31]

이렇듯 모든 일이 술라가 바라는 대로 잘되어가고 술라도 다시 공화주의자 역할을 맡을 준비가 되었건만, 그의 하급자 한 명이 나서서 성가신 일을 저질렀다. 기원전 80년 집정관 선거는 원래 꾸며진 무대처럼 진행되어야 했다. 그런데 술라의 법무관 한 명이 집정관 직에 도전하겠다는 망상을 품었다. 술라가 그 같은 분열 행위를 금한다는 지시를 내려뒀는데도 그자는 도저히 설명이 안 되는 객기를 부려 막무가내로 후보 명부에 이름을 올렸다. 심지어 후보에서 사임하라는 말을 똑똑히 들은 후에도 그 둔감한 법무관은 포룸으로 돌아가 선거 유세를 벌였다. 술라는 그 사람을 즉석에서 죽이라고 명령을 내릴 수밖에 없었다.[32]

이 불쾌한 일이 마무리되자 술라는 로마의 모든 시민 앞에서 연설하기 위해 대규모 집회를 소집했다. 술라는 전에도 수없이 했던 것처럼 그의 계획을 들려줌으로써 모든 이들 사이에 정직한 신뢰의 유대를 만들어낼 준비가 되어 있었다. 그는 포룸에 서서 독재관 직을 사임하겠다고 선언했다. 이제 그는 로마 시민으로서 그들 앞에 섰으며 어떤 질문이나 이의 제기에도 답할 준비가 되었다고 했다. 그런 뒤 그는 공식 경호원들을 물리고 거리로 걸어들어갔다. 그는 더이상 로마의 독재관이 아니라 그저 시민 술라였다. 하지만 그의 자발적인 권력 포기는 재미있는 종결부로 장식되었는데, 술라가 포룸을 나선 뒤 한 소년이 그를 뒤따라오며 무자비한 야유를 퍼부은 것이었다. 집안으로 들어가 몹시 불쾌했던 야유를 뒤로한 술라는 쓸쓸히 비꼬듯 말했다. "저 꼬마 때문에 장차 그 같은 권력을 쥐는 사람 누구라도 그걸 내려놓지 못하겠군."[33]

그러나 술라 자신은 권력을 내려놓은 것에 관해 진심이었다. 그와 피우스는 기원전 80년 집정관으로 당선되었지만, 술라는 그렇게 독재관이 아닌 집정관으로서 한 해 더 로마를 통치한 뒤에 자리를 떠날 준비가 되어 있었다. 민회에서 술라를 기원전 79년 집정관으로 당선시키자 그는 이를 거절했다. 그는 명예직에 가까운 갈리아 키살피나의 집정관급 총독 직을 수락했지만 속주에 가지도 않고 캄파니아의 시골 빌라로 내려갔다. 그곳에서 그는 예전의 근심걱정 없는 생활방식을 마음껏 수용했음을 드러내는 시골 대저택 한가운데서 살았다. 그는 연극계의 옛 친구들과 지중해 전역의 지식인들, 알려진 세계 각지의 정치 엘리트들을 집으로 맞아들였다. 술라는 한순간도 로마 정계에 대해 면밀한 관심을 거두지 않았지만—로마 정계 또한 한순간도 술라에 대한 관심을 거두지 않았다—술라의 시대는 진정 막을 내렸다.[34]

한편 로마에 있던 술라의 파벌은 대부분 술라의 헌법 개혁을 구심점으로 뭉쳤지만 그렇다고 해서 그들의 목적이 모두 같지는 않았다. 그들 서로 간의 충성은 술라에 대한 공통된 충성에서 비롯된 것이었다. 이제 술라가 물러남에 따라 그들 모두는 자유롭게 같은 파벌 구성원들을 뒷담화했다. 메텔루스 피우스는 지나치게 고압적이고 폼페이우스는 지나치게 오만했다. 크라수스는 욕심이 너무 많았다. 술라의 공화정은 이러한 논쟁을 정치판의 건전한 의견 교환으로 제한하려 했을지 모르지만, 그렇다고 해서 화합이 이루어지리라는 의미는 아니었다.

술라는 술자리를 벌이는 사이 남는 시간 대부분을 방대한 회고록을 쓰며 보냈다. 그 글은 그가 했던 모든 말과 행동을 해명하고 정당화할 터였다. 그는 참전했던 모든 전투, 재직했던 모든 관직, 집행했던 모든 공공사업에 관해, 그의 친구들이 왜 친구이며 그의 적들이 왜 적인지에 관해 상세하게 기술한 이야기로 책을 빼곡히 채웠다. 이 회고록의 목적은 포르투나 여신이 선택한 아들로서 오로지 용감함과 성실함과 애국심이라는 죄밖에 없었던 존재로서 술라를 명확하게 그려내는 것이었다. 후대 역사가들이 주요 출처로 이 회고록에 크게 의지했다는 점을 고려하면, 과거의 사건들을 통제하려던 술라의 마지막 계획은 대단한 성공이었다. 대략 2천 년이 지난 지금 우리가 이해하는 술라의 모습도 여전히 **그 자신이** 전한 이야기에 따른 것이 대부분이다.[35]

은퇴할 당시 술라는 예순 살밖에 되지 않았다. 결코 젊은 나이는 아니었지만 죽음을 앞둔 나이와도 거리가 멀었다. 회고록을 완성했을 때 술라는 적어도 10년은 더 명예로운 은퇴생활을 하리라 기대했을 것이 분명하다. 아내 메텔라는 얼마 전에 죽었지만 그는 새 신부를 맞이해서 새로 태어날 아기도 기다리고 있었다. 그러나 그는 임박한 죽음 또한 예감했다. 그가 묘사한 꿈에서는 죽은 아들이 "그의 앞에 나타나…… 아버지에게 걱정스러운 생각을 떨쳐버리고 자기와 같이 어머니 메텔라에게 가자고, 가서 그녀와 함께 고요하고 평화롭게 살자고 간청했다". 하지만 이런 심란한 꿈조차도 그가 회고록을 저술하거나 눈앞에 대두된 업무를 처리하는 것을 막지는 못했다.[36]

그러나 술라는 기원전 78년 공무를 보던 도중 갑자기 병에 걸렸다. 한 지방 행정관이 시 금고에서 공금을 횡령하다가 발각되는 일이 벌어졌는데, 그 도둑에게 고함치던 중 술라의 몸속에서 뭔가 파열되었다. 그는 입에서 피를 토했다. 간부전이나 큰 궤양 때문이 거의 확실해 보이는 이 병으로 술라는 피와 담즙이 가득 쏟아진 바닥에 쓰러졌고, 곧바로 다시 집으로 실려 가서 "끔찍한 밤"을 보냈다. 다음날 아침 루키우스 코르넬리우스 술라는 세상을 떠났다.[37]

독재관의 사망 소식이 로마에 전해지자 어떻게 대응할지를 놓고 논쟁이 불거졌다. 일각에서는 곧바로 그의 이력을 불명예스러운 것으로 규정하고 장례식을 치를 권리를 박탈해야 한다고 여겼다. 술라는 같은 시민들을 살해하고 스스로 폭군이 되었다는 주장이었다. 하지만 그때 폼페이우스가 나서서, 술라 같은 위인은 정성 들인 국장을 치를 자격이 있다고 생각하며 애초에 그게 질문거리가 되는 것조차 이해할 수 없다고 응수했다. 정성 들인 장례식이 정식으로 거행되었다. 그러나 술라의 유산을 둘러싼 논쟁은 시작에 불과했다. 후대에 가면 어떤 사람이 술라를 어떻게 생각하는지가 그의 성격 상당 부분을 보여주는 잣대가 되었다.[38]

술라의 재는 그의 가문 묘지에 안치되었고 마르스평원에는 그를 기리는 기념비가 세워졌다. 술라가 남긴 불후의 신조는 그 기념비에 영구히 새겨졌다. "그처럼 다정한 친구도 없었고 그처럼 악랄한 적도 없었다."[39]

술라의 헌법은 존속되지 못했다. 새로운 정권이 시작되고 몇 년 동안은 메텔루스 피우스, 폼페이우스, 크라수스 등 로마를 장악한 술라파 중진들이 술라의 헌법을 빈틈없이 따랐다. 그러나 술라에 대한 기억이 희미해지고 새로운 정치 라이벌들이 부상하자 그들은 편의에 따라 걸핏하면 술라의 법령을 저버렸다. 결국 술라의 '최종' 확정안은 로마 공화정이 파멸에 이르는 길에 세워진 또하나의 이정표에 불과했다.

술라의 헌법이 그처럼 잘 이어지지 못한 이유 하나는 그것을 지지한 사람들은 너무 소극적으로 지지했고 그것을 싫어한 사람들은 너무나 열렬히 싫어했다는 점이다. 술라의 공권박탈 조치는 그뒤로 무수한 적들을 남겼다. 학살이 끝난 뒤 독재관 술라는 공권박탈자들의 아들이나 손자가 관직에 출마하는 것을 금지했다. 이 가문들은 로마에서 손꼽히는 명문가였으므로 그들의 공직 진출 차단은 영구적인 분노의 씨를 뿌렸다. 그중 많은 이들이 기원전 78년 집정관 레피두스의 지휘하에 술라의 헌법에 대한 반란을 일으켰지만 이는 실패로 끝났다. 그 반란은 신속히 진압되긴 했으나 당시의 평화가 얼마나 미약했는지를 입증해 보였다. 공권박탈자 가문에 대한 금지령이 해제되고 그들의 공직 복귀가 허용되고 나서도, 확실히 공화주의 도덕률에 대한 숭배는 예전 같지 않았고 술라의 헌법에 대한 존중은 찾아볼 수 없었다.[40]

호민관의 권한을 축소한 법률은 채 10년도 가지 않았다. 술라의 노력에도 불구하고 민중을 통해 권력을 잡는 방법은 여전히 실행 가능한 선택지였고, 지도급 인사들은 기원전 70년대 내내 호민관의 존엄을 완전히 되찾아주겠다고 약속함으로써 민중의 환심을 샀다. 이 같은 대중적 약속을 최종적으로 활용한 이들은 폼페이우스와 크라수스였다. 그들은 기원전 70년 나란히 집정관으로 재임하는 중에 호민관의 예전 권한을 부활시켰다. 같은 해에 법무관 루키우스 아우렐리우스 코타는 술라의 사법 관련법을 무효화하고 원로원과 기사계급 양쪽 다 배심원단에 들어갈 수 있게 하는 법안을 통과시켰다. 술라가 시도했던 이탈리아 토지 재분배도 잘되지 않기는 마찬가지였다. 그라쿠스의 정책 때도 그랬던 것처럼, 30년이 지나지 않아 술라의 퇴역병 대부분은 부유한 큰손들에게 땅을 팔아치웠고 그 결과 이탈리아반도는 그 어느 때보다도 대농장에 장악되었다. 속주 재정비 역시 충분히 이뤄지지 않았다. 술라가 정무관 수를 늘렸음에도 여전히 로마 제국을 이끄는 사람은 100명 정도에 불과했다. 얼마간 영구 관료제에 준하는 제도를 통해 부패하고 부적절한 속주 행정부를 안정시키는 일은 아우구스투스 시대에 가서야 비로소 가능해졌다.[41]

   술라의 헌법이 실패한 책임은 다른 누구보다도 술라 본인에게 있었다. 그의 이력에 관한 사실은 그의 헌법에 관한 숙고보다 더욱 시사하는 바가 컸다. 젊은 시절 그는 전통적인 충성과 경의의 규율을 무시하며 유명세를 떨쳤고 모욕을 당하자 로마로 군대를 진군시켰다. 외국에 나가 있는 동안은 자체적으로 군사 작전을 펼치고 자기 방식대로 외교를 수행했다. 로마에서 도전을 받자 내전을 일으키고 스스로를 독재관으로 선언하고 적들을 죽였으며, 그런 뒤 은퇴해서는 호화롭고 사치스럽게 술잔치를 벌였다. 술라의 일대기는 그의 헌법을 파묻어버렸고, 그를 따른 사람들은 '해야 하는' 일보다 '할 수 있는' 일에 집중했다.

   결국 술라의 공화정 복구 시도가 실패할 수밖에 없었던 것은 그가 문제를 잘못 진단했기 때문이다. 술라의 판단에 따르면 그가 태어난 기원전 138년부터 그가 죽은 기원전 78년까지 로마를 괴롭힌 정치

격변은 원로원이 우위를 잃으면서 비롯된 결과였다. 그러나 그가 깨닫지 못한 사실은 그가 자라면서 봐온 원로원의 패권이 근래에 일어난 변화였다는 점이다. 실제로 그 패권은 문제의 해법이 아니라 문제의 주요 **원인**이었다. 술라는 자신이 헌법의 균형을 자연 상태로 재조정하고 있다고 생각했지만 정작 그는 시한폭탄의 시계를 되감고 있었을 뿐이었다.

폴리비오스의 헌법 이론에서 예견되듯이 원로원 과두정의 지배력이 회복되면서 민중파 선동 정치가들이 부상했고, 이는 결국 기원전 40년대와 30년대의 한층 더 격렬한 내전들로 이어졌다. 그러나 폴리비오스의 이론은 효력이 오래가지 않았다. 웅변에 기댄 민중주의자들이 원로원 과두정의 몰락을 재촉했지만, 그들의 목표는 결코 민주정이 아니었고 민주정이 뒤따르지도 않았다. 오히려 30년간 계속된 내전에 지친 로마인들은 곧바로 계몽 군주의 안정적인 품에 넘어갔다. 그러나 술라와 달리 아우구스투스는 유일한 권좌에 오른 뒤 그 자리에서 물러나지 않았다. 따라서 결국 술라의 헌법은 귀족정 요소의 영구적 승리가 아니라 군주정 요소의 영구적 승리를 낳았다. 로마에 또다시 왕이 나오지는 않아도 황제는 나올 터였다. 그리고 그 황제들은 아주 오랫동안 로마를 다스리게 된다.

향후 원로원을 지루한 사교클럽으로 전락시킬 카이사르 연합의 핵심은 과거 지방 소농과 도시 평민, 상인 징세청부업자, 귀족 이단아가 모인 그라쿠스 연합에 뿌리를 두고 있었다. 민중주의적 수사에다 사적 이익에 직접 호소하는 방식을 더한 카이사르파는 이러한 연합의 힘을 이용해 마침내 원로원 귀족정을 무너뜨린다. 하지만 그렇다고 모든 구성원이 전리품을 똑같이 나눠가지게 된다는 것은 아니었다.

애초에 그라쿠스파가 활용했던 인구 집단은 지방 빈민층이었다. 소농들은 티베리우스 그라쿠스의 최초 토지법 때부터 시작된 개혁 노력의 구심점이었다. 그라쿠스 형제는 공유지를 가난한 시민에게 재분배하는 방식으로 소농 인구를 재건하고자 했다. 그러나 한 세대도 지나지 않아 부자들이 그 땅을 모두 사들였다. 가이우스 마리우스는 가진 땅이 없는 평민들을 군대에 입대시킨 다음 제대시 그들이 싸웠던 속주의 땅을 나눠줌으로써 이 문제를 해결했다. 이제 마리우스의 식민지는 아프리카, 시칠리아, 갈리아에 세워져 있었다. 이어서 술라가 마지막으로 이탈리아 토지 재분배를 시도했지만 바로 앞서 살펴보았듯이 이 시도도 실패로 끝났다. 제멋대로 뻗어가는 라티푼디움(노예를 동원해 운영되던 광대한 사유지―옮긴이)의 경제적 성장 동력은 그때 이미 거침없이 커졌다. 이탈리아 소농들의 문제는 그들이 모두 죽고 나서야 해결되었다.[42]

그 사이 도시 평민은 수와 세력 양쪽 모두 성장했다. 이탈리아 시골에서의 이주가 계속되면서 도시로의 인구 유입이 본격화되기 시작했다. 아우구스투스 시대에 로마 인구는 75만 명까지 늘어났다. 서기 100년대 제정 로마의 황금기에는 그 수가 100만 명을 넘겼다. 로마의 성장은 곡물 배급 확대에서 일부 원인을 찾아볼 수 있다. 가이우스 그라쿠스가 도입한 곡물 보조 정책은 로마 시정의 영구적인 특징이 되었다. 그러나 곡물 지원은 남성 시민에게만 적용되었으며 그들에게만 최소 식량 배급을 받을 자격을 주었다는 사실을 기억할 필요가 있다. 따라서 도시 평민이 게으르다는 불만이 자주 나오기는 했지만 그들이 진짜로 게을렀다가는 생명이 위태로웠을 것이다. 공화정의 남은 시기와 제정기 전반에 걸쳐 도시 평민에게 값싼 곡물을 안정적으로 공급하는 것은 시정의 일상적인 부분이었다. 곡물 지원은 사회를 안정시키는 데 도움이 되었고, 이는 피통치자 못지않게 통치자에게도 반가운 일이었다.[43]

카이사르파의 성공으로 가장 큰 이득을 본 것은 기사계급이었다. 술라 사후에 로마는 계속 팽창을 거듭하며 새로운 사업 기회를 제공했다. 기사계급은 지중해 지역에서 가장 지배적인 세력을 점한 주요 상인들로서 막대한 부를 움직였다. 아우구스투스는 기원전 20년대에 제국주의 체계를 정착시킬 당시, 점점 규모가 커지고 있던 속주의 관료 조직을 채우기 위해 기사계급 구성원들을 활용했다. 이집트의 경우 원로원급 인물은 그 지역에 아예 들어가지도 못하게 했다. 아우구스투스 정권하에서 이집트 총독은 **반드시** 기사계급 출신이어야 했다. 기사들은 이후 500년간 계속 제국의 관리를 맡게 된다.[44]

최초 그라쿠스 연합의 한 축으로서 이미 승리를 거둔 주인공은 이탈리아인들이었다. 이탈리아인 문제는 술라가 기원전 83년 봄에 무조건적인 시민권과 선거권을 수용하면서 해결되었다. 모든 이탈리아인은 이제 완전하고 대등한 시민이었으며 법적으로 로마인과 구별되지 않았다. 부유한 이탈리아인 기사는 부유한 로마인 기사가 되었다. 이탈리아인 유력인사들은 로마인 유력인사가 되었다. 물론 사회적 엘리트주의는 항상 남아 있었다. 우월의식에 빠져 있는 팔라티누스 언덕의 속물들에게 키케로 같은 사람은 언제까지나 이탈리아인 신진 세력일 터였다. 이러한 우월의식은 1천 년간 지속되겠지만 법적으로는 무의미했다. 로마가 이탈리아였고 이탈리아가 로마였다.

로마의 이류 시민이었던 이탈리아인들의 자리는 속주의 외국인 주민들이 대신하게 된다. 공화정기 총독들은 지속적으로 속주에서 돈을 쥐어짰는데, 그렇게 얻어진 돈은 대부분 로마 내에서 파벌 정치를 위한 자금으로 들어갔다. 이 문제는 기원전 20년대에 아우구스투스가 해결 짓기 전까진 풀리지 않았다. 아우구스투스가 이탈리아 밖에서 최고의 집정관급 권한을 차지함에 따라, 그의 속주들은 아우구스투스 개인이 지닌 통치권 아래 움직이는 견실한 기사 행정관 집단에 의해 운영되었다. 속주 주민들도 이탈리아인들처럼 좋은 통치 체제를 누릴 자격이 있음을 인지한 아우구스투스는 무분별한 착취를 줄이고 권력과 관용 사이에서 영속 가능한 균형을 맞췄다. 훗날 티베리우스 황제는 지나치게 열성적인 어느 총독을 이렇게 꾸짖었다. "훌륭한 양치기의 역할은 양털을 깎는 것이지 양가죽을 벗기는 것이 아니오."[45]

희한하게도 속주 주민의 시민권 문제는 단 한 번도 주요한 갈등의 대상이 되지 않았다. 이탈리아가 통합된 뒤로 히스파니아, 그리스, 아프리카 등지의 다른 속주 중심지들은 그저 로마의 피통치자로 남았다. 이 패턴은 로마가 갈리아와 시리아로 영역을 넓힐 때까지 계속되었다. 그래도 개인들은 시민권을 부여받을 수 있었으며(특히 군대를 통하는 경우가 많았다) 얼마 안 가 히스파니아, 갈리아, 아프리카, 그리스, 시리아 출신의 로마 시민들이 생겨났다. 하지만 속주 주민을 대상으로 한 대규모 시민권 수여는 서기 3세기에야 처음으로 고려되었고 그때에조차 상의하달식으로 시행되었다. 비시민권자 상당수는 특정 세금을 면제받았으므로, 211년 카라칼라 황제는 만인 공통의 시민권을 선언했다. 역사가 카시우스 디오의 말처럼 "황제는 명목상으로는 그들을 존중했지만 진짜 목적은 세입을 늘리는 것"이었다. 다시 말해 속주 주민 전체의 시민권은 그것이 특권이 아닌 부담이 되었을 때에야 제공되었다.[46]

이 집단들은 술라가 죽은 뒤 역사의 흐름 속으로 재진입했고, 계속해서 권력을 차지하려고 다투는 양상으로 되돌아갔다. 기원전 78년 민중파 집정관 레피두스가 이끌었던 짧은 반란은 상황이 여전히 얼마나 불안한지 모두에게 상기시켜주었다. 히스파니아의 두 속주 역시 아직까지 아물지 않은 상처로 남아 있었다. 퀸투스 세르토리우스는 이탈리아를 떠난 뒤 이베리아반도에 기지를 세우고 옛 동지들의 머리가 포룸에서 썩어버린 후에도 술라파와의 전쟁을 지속했다. 그는 공권박탈을 피해 도망쳐온 다른 마리우스파 망명자들과 합세하여 그 전쟁을 이어나가는 데 10년을 바쳤다. 메텔루스 피우스도 폼페이우스도 세르토리우스를 진압하지 못했다. 그렇게 히스파니아의 수렁에 꼼짝없이 빠져 있는 데 염증이 난 폼페이우스는 기원전 72년 세르토리우스의 암살을 획책함으로써 그 수렁에서 빠져나왔다. 이 사건은 거의 20년 전 동맹시 전쟁으로 시작된 맹화의 마지막 불길이었다.[47]

한편 승리한 술라파는 분열되었다. 메텔루스 피우스, 폼페이우스, 크라수스는 각자 구석으로 물러나 자기만의 계획을 밀고 나갔다. 특히 크라수스와 폼페이우스가 서로를 싫어했다. 스파르타쿠스가 기원전 73~72년 이탈리아를 휩쓴 마지막 대규모 노예 반란을 일으켰을 때 결국 그 봉기를 끝낸 사람은 크라수스였다. 그런데 폼페이우스가 어찌어찌 히스파니아에서 돌아와 마지막 남은 탈주노예 군대를 무찌른 뒤 **진정으로** 분쟁을 끝낸 공을 가로채 가자 크라수스는 격분하지 않을 수 없었다. 크라수스와 폼페이우스의 지독한 경쟁관계는 로마 정계의 향후 20년을 정의하는 한 축이었다.[48]

하지만 크라수스와 폼페이우스 사이에서 두 사람보다 더 빛날 야심만만한 젊은 귀족이 부상했다. 바로 가이우스 율리우스 카이사르였다. 공권박탈 조치에도 살아남은 카이사르는 기원전 70년대에 젊고 의욕적인 정치 인재로 등장했다. 기원전 69년 그는 가이우스 마리우스의 아내였던 고모 율리아의 죽음을 공개적으로 애도하는 도발적인 행보를 취했다. 카이사르는 율리아의 장례행렬에서 술라가 독재관에 오른 이래 처음으로 마리우스의 초상을 전시했다. 이 행동은 원로원의 귀족파를 언짢게 했지만, 민중 사이에서는 한때 그들이 로마 제3의 건국자라 불렀던 마리우스에 대한 연민의 물결을 불러일으켰다. 이러한 분위기에 힘입어 공권박탈된 가문들에 대한 제재 해제의 길이 열렸다. 그렇지만 공권박탈 조치로 수모를 당한 이들은 무언의 결속을 다졌고 민중파 정치에 대한 친밀감을 형성했다. 카이사르는 좀처럼 사라지지 않는 그들의 분노를 교묘히 이용했다.[49]

귀족들이 싸우는 동안에도 로마는 계속 팽창했다. 미트리다테스와의 전쟁은 진정으로 끝난 것이 아니었다. 앞선 패배에도 굴하지 않고 미트리다테스는 로마를 상대로 연거푸 큰 전쟁을 벌였고, 그 싸움은 기원전 63년 그가 폼페이우스 마그누스의 손에 죽을 때까지 쭉 계속되었다. 미트리다테스가 마침내 정복되자 폼페이우스는 군단들을 이끌고 지중해 동쪽 지역 대장정에 나서서 동방 전역을 피호 왕국들의 동맹 네트워크로 조직했다. 폼페이우스가 로마로 돌아온 후 카이사르는 폼페이우스와 크라수스를 성공적으로 화해시켰고, 세 사람은 이후 10년간 로마를 지배할 비밀 동맹 제1차 삼두연합First Triumvirate을 결성했다. 삼두연합은 폼페이우스의 퇴역병들에게 토지를 제공했고 크라수스의 시리아 전쟁을 승인했으며 카이사르를 갈리아의 집정관급 총독 자리에 앉혔다. 폼페이우스가 로마에 남아 있는 동안 카이사르는 오늘날의 프랑스에 해당하는 전 지역을 성공적으로 정복했다. 반면에 크라수스는 기원전 53년 시리아에서 기습 공격을 당해 처참하게 죽었다.[50]

크라수스의 죽음으로 카이사르와 폼페이우스의 동맹이 깨졌고, 정치 파벌들은 기원전 40년대의 마지막 결전을 앞두고 다시 한번 재편되었다. 폼페이우스는 원로원 귀족파와 손잡았고 카이사르는 그만의 민중파 지지자들 및 충성스러운 퇴역병들로 이루어진 인맥과 합세했다. 기원전 49년 루비콘강을 건넌 카이사르는 이후 모든 적들을 물리치고 종신 독재관 자리에 올랐다. "술라는 독재관 직을 내려놓을 때 독재관의 디귿도 몰랐다"는 말로 술라를 조롱했던 카이사르는 독재관 직을 포기할 생각이 없었던 게 분명했고, 그래서 기원전 44년 브루투스와 카시우스가 이끄는 일단의 원로원 의원들이 그를 살해했다. 그 3월 이두스(고대 로마력에서 한 달의 기준점이 되는 세 날 중 하나. 3, 5, 7, 10월에는 15일이었고 나머지 달에는 13일이었다—옮긴이) 이후 카이사르의 후계자들인 옥타비아누스와 마르쿠스 안토니우스(죽은 웅변가 마르쿠스 안토니우스의 손자)는 단합하여 원로원의 남은 세력들을 물리쳤고,

곧이어 제국의 패권을 놓고 서로 맞서 내전을 벌였다. 모든 적들을 이기고 최종 승자가 된 옥타비아누스는 기원전 27년에 아우구스투스로 변신했으며, 로마 공화정은 로마 제정으로 변신했다.[51]

아우구스투스의 제정 수립은 모든 통치권을 한 사람에게 집중시키는 것을 전제로 했다. 백인조회가 아우구스투스를 집정관으로 선출했으므로 그는 집정관의 권한을 가졌다. 동시에 평민회가 그를 호민관으로 선출했으므로 호민관의 권한도 가졌다. 그 직권으로 아우구스투스는 무슨 법안이든 거부할 수 있었고 신체 위해도 입지 않았다. 원로원 역시 그에게 모든 속주에 대한 집정관급 총독 권한을 부여했기에 그는 로마 거의 전 병력의 최고사령관이 되었다. 이윽고 그는 최고신관까지 되어 신관과 신전을 장악했다. 아우구스투스는 그의 통치 기간 내내 공화정 정부라는 가면을 유지했다. 선거도 매년 전과 같이 치러졌고 민회의 회의도 그러했다. 또한 아우구스투스는 원로원 고위 의원 위원회와 정기적으로 만남으로써 그들이 겉으로는 대등하게 참여하는 것처럼 보이게 했다. 아우구스투스는 결코 '황제'라는 새로운 직위를 만들지 않았다. 그 호칭은 그저 후대 로마인들이 이제 한 사람의 손에 통째로 주어진 개인적 통치권을 지닌 통합된 **독재자**에게 붙인 딱지였다. 아우구스투스 본인은 그저 '대등한 이들 중의 제1시민'이라는 뜻인 프링켑스princeps라고 불리는 편을 선호했다.[52]

그러나 이 같은 공화정식 관례의 가면 아래에서는 폴리비오스 헌정론의 군주제 요소가 영구히 승리를 거뒀다. 그럼에도 폴리비오스의 이론과는 달리 카이사르파의 승리가 필연적으로 귀족층의 대응을 야기하지는 않았다. 아우구스투스가 창설한 제국 행정은 영구적인 자체

영속 상태로 들어갔다. 속주 주민들과 기사들은 신체제하에 번성했다. 그 와중에 설사 원로원 의원 몇 명이 권력을 잃었다 하더라도 그게 무슨 대수였겠는가? 원로원 내부에는 옛 공화정이 부활되리라는 희망이 있었지만, 공화정은 결코 되돌아오지 않았다. 기원전 78년에 술라는 자신이 공화정에 새 생명을 불어넣었다고 믿으면서 죽었다. 그러나 일견 새 시대의 여명처럼 보였던 것은 사실상 로마 공화정이 수평선 너머로 사라지기 전 마지막 순간에 비친 빛이었다.

감사의 말

첫 장에서 이 책을 헌정한 아내 브랜디에게 가장 먼저 감사를 전해야 할 듯하다. 아내는 매 순간 내 곁에 함께하면서 언제나 변함없이 힘과 응원과 사랑을 보내주었다. 작업과정 내내 아주 잘 지내준 우리 아이들 엘리엇과 올리브에게도 감사한다. 아이들이 글을 읽을 줄 알게 되었을 때 이 책을 좋아했으면 좋겠다. 부모님인 더그 덩컨과 리즈 덩컨 역시 이 책을 쓰는 동안은 물론이고 내 평생 동안 믿을 수 없을 만큼 힘이 되어주셨다. 그분들이 없었다면 이 책도 없었을 것이다. 나의 성공은 그분들의 성공이다.

어느 날 이메일을 보내서 책을 쓸 생각이 있느냐고 물어준 내 저작권 대리인 레이철 보걸이 없었다면 이 책은 세상에 존재하지 않았을 것이다. 그 뒤로 레이철은 나의 설익고 미숙한 아이디어를 완전히 무르익을 때까지 키워주었으며 판매, 집필, 홍보라는 길고도 복잡한 과정을 지나올 수 있도록 나를 이끌어주었다. 당황스러울 때가 한두 번이 아닌 출판계를 거쳐오면서 그보다 나은 길잡이는 떠올릴 수도 없을 정도였다.

출판사 '퍼블릭어페어스PublicAffairs'의 편집자 콜린 로리를 만나게 된 것도 행운이었다. 그녀는 처음부터 이 프로젝트를 선뜻 맡아주었을 뿐 아니라 우리가 백지에서 시작해 완성본을 탈고할 때까지 전문적인 조언과 지도를 제공해주었다. 퍼블릭어페어스의 다른 팀원들 역시 환상적이었고 처음 책을 내는 저자에게는 더욱더 그랬다. 편집주간 케이티 헤이글러, 홍보 담당 크리스티나 파잘라로, 교열 담당 빌 워홉, 디자이너 린다 마크, 마케팅 코디네이터 미겔 세르반테스, 마케팅 디렉터 린지 프래드코프 등은 모두 함께 일하기 즐거운 사람들이었다. 그들 모두의 노고 덕분에 더 좋은 책이 나올 수 있었다.

연구 조사에 있어서는, 깨어 있는 시민 참여의 보루인 위스콘신 대학에 더없이 감사한다. 위스콘신 대학은 주민들에게 도서관을 완전히 개방하고 다른 경로로는 아예 찾아볼 수 없을 학술지들을 무제한으로 접할 수 있게 해준다. 이 자료들이 없었다면 나는 아마 어찌할 바를 몰랐을 것이다. 학자, 공무원, 시민을 연결하는 교육 협업 네트워크를 조성한다는 위스콘신 사상Wisconsin Idea은 서구 문명사에서 손꼽힐 만큼 숭고한 시도다. 1905년 당시 위스콘신 대학 총장이던 찰스 밴하이즈는 "이 대학이 베푸는 유익한 영향력이 주 내의 모든 가정에 닿기 전에는 결코 만족하지 않겠습니다"라고 말했다. 내가 모든 주민을 대변할 수는 없겠지만, 이 대학의 유익한 영향력이 나에게 닿은 것만은 분명하다.

상세 검색과 즉시 이용이 가능한 옛 문헌자료 온라인 데이터베이스를 관리하는 고대 그리스·로마 관련 학자들과 애호가들에게도 한없이 신세를 졌다. 그중에도 터프츠 대학의 Perseus Digital Library, 조나 렌데링과 Livius.org, 빌 세이어와 그의 LacusCurtius 아카이브, Attalus.org의 앤드루 스미스에게 특히 많이 의지했다. 그들의 노력이 없었다면 이 책은 형편없는 결과물이 되었을 것이다.

끝으로 〈로마사〉와 〈혁명〉 팟캐스트를 들어준 청취자 한 분 한 분에게 감사를 전하고 싶다. 여러분이야말로 이 모든 일을 가능하게 해준 주인공이다. 역사에 대한 나의 열정을 역사 분야의 경력으로 바꿔놓을 수 있게 해준 여러분에게 영원히 감사할 것이다. 여러분도 이 책이 마음에 들었기를 바란다.

주

고대 로마를 다룬 현대의 모든 책은 지금까지 남아 있는 고대 문헌에서 파생된다(결정적인 빈틈은 고고학, 화폐학, 금석학이 채워준다). 로마에 관해 글을 쓴다는 것은 썩 감탄스러우면서도 여전히 불충분한 2천 년간의 보관 및 유지관리 끝에 무질서하게 흩어져 있는 타일 조각들로 모자이크를 만드는 작업과 유사하다. 기원전 146년부터 78년까지 기간에 해당하는 모자이크는 아피아노스, 플루타르코스, 살루스티우스, 키케로 등 네 명의 주요 저자를 중심으로 전개된다. 그러나 이 네 명의 핵심 출처 주변의 중요한 세부사항은 그 밖의 그리스와 로마 역사가와 학자, 해설자 들에 의해 채워진다. 고대 세계에 대한 우리의 지식이 어떤 식으로 짜맞춰지는지에 대한 독자의 확실한 이해를 돕기 위하여 아래 미주는 고대 문헌 출처에 중점을 두었다. 참조표와 주석을 읽는 방법에 대한 설명도 포함되어 있다. 모쪼록 독자 여러분이 스스로 이 고대의 대가들을 공부하는 즐거움을 찾는 계기가 되기를 희망한다.

머리말

1   Polyb. i.1.
2   Polyb. xxxviii.21-22; App. *Pun.* xix.132; Diod. xxxii.24.
3   Paus. vii.16.7-10; Strabo viii.6.23; Cic. *Leg. Agr.* ii.87, *Off.* i.35; Flor. i.32.16; Livy 52.
4   Polyb. vi.57; Sall. *Cat.* 10, *Jug.* 41; Vell. Pat. ii.1; Flor. i.1; Oros. v.3.
5   Livy i.4-7; Plut. *Rom.* 3-12; Diony. i.75-88; Diod. viii.3-6; Dio i.5; Flor. i.1.6-8; Oros. ii.4; Vell. Pat. i.8; App. *Reg* i.2; Strabo v.3.2.
6   CAH VII.2 ch. 2.
7   Livy i.8, 19-20, 42-44, 58-60; Diony. ii.4-16, 63-74, iv.13-23, 64-85; Plut. *Rom.* 13, *Num.* 8-13, *Pub.* 1; Flor. i.1-2, 6.
8   인용: Appian *BC* i.1. 추가 참조: Livy ii-iii과 Flor. i.4.
9   Livy ii.31-33, 56-57, iii.6, 55; Plut. *Cor.* 6-7; Diony. vi.45-90; Dio iv.14-15.
10 Holkeskamp, *Reconstructing the Roman Republic*, ch. 2 참조.
11 Livy viii-x; Diony. xv-xvii; Diod. xix.76, 101; Dio viii; App. *Samn.*; Flor. i.11.16-12.17; Strabo vi.4.2; Oros. iii.15, 21-22.
12 Diod. xix.103-110, xx.10, 17-18, 38, 40, 43, 59, 61-62, 64, 67, 69.
13 Polyb. ii-iii, xii-xii, xv; Livy xxi-xxx; App. *Han.* i-ix, *Pun.* i-vii, *Iber.* i-ii; Plut. *Fab. Max.* 2-16, *Marc.*; Diod. xxiii-xxvii; Strabo iii.6, vi.4.2; Dio ix- xvii; Flor. i.13.18, 22.6.33-34; Vell. Pat. i.6; Oros. iv.6-19.
14 Polyb. xv.17-18; Livy xxx.16, 37-38, 43-44; App. *Pun.* viii-ix; Diod. xxxii.4.4; Dio xvii.
15 인용: Livy xxxiii.32. 제2차 마케도니아 전쟁: Polyb. xv.20-25, xvi.1-12, 22, 24-35, 38, xviii.1-12, 18-27, 34-48; Livy xxxi.1-47, xxxii.3-25, 32-40, xxxiii.2-21, 27-35; Plut. *Flam.*; App. *Mac.* i.2-4; Diod. xxviii, xxxi.8; Dio xviii; Flor. i.23.7; Oros. iv.20; Strabo vi.4.2.
16 Livy xxx-xli; App. *Iber*.vii.38-43; Plut. Cato Maj. 10; Diod. xxix.26; Strabo iii.13, vi.4.2; Dio xviii; Flor. i.33.17.
17 아이밀리아누스의 생년월일은 Livy xliv.44; Diod. xxx.22; Cic. *Rep.* vi.12에서 추론했다.

주

451

18 제3차 마케도니아 전쟁: Polyb. xxii.18, xxv.3, xxvii.1-11, 14-16, xviii.3-17, xxix.3-11, 14-19; Livy xli.19, 22-26, xlii.5-6, 10-19, 24-26, 29-32, 36-67, xliii.18-23, xliv.1-42; App. *Mac.*; Paus. 7.10; Diod. xxix.27-34, xxx.1-12, 19-21; Dio xx; Flor. i.28.12; Oros. iv.20; Vell. Pat. i.9.

19 Livy xix-xxxviii, xli-xlv; Polyb. xv-xvi, xviii, xxii, xxv, xxvii-xxx; App. *Mac.* i.2-5; Plut. Flam., *Cato Maj.*; Diod. xxviii-xxxi; Dio xx, xvii-xix, xxx-xxxi; Vell. Pat. i.9; Flor. i.23.7, 24.8, 28.12; Oros. iv.20; Strabo vi.4.2, viii.7.3; Paus. 7.10.

20 Polyb. xxviii.6, 12, xxxi.23.

21 Polyb. xxxi.23-25; Diod. xxxi.26.

22 Polyb. vi.1.

23 Polyb. vi.5-9.

24 Polyb. vi.12, 15; Livy ii.1; Strabo v.7; CAH IX ch. 2.

25 Livy ii.18, iii.29, xxiii.22, xxxiii.2; Diony. v.70-7; Cic. *Rep.* i.63, ii.56, *Leg.* iii.9; App. *BC* i.3; Dio iv.13; Flor. i.5.11, i.26; CAH IX ch. 2.

26 Polyb. vi.13, 16; CAH IX ch. 2.

27 Polyb. vi.14, 17; Livy i.36, 43; CAH IX ch. 2.

28 Polyb. vi 전체 참조.

29 Livy vi.36-42, vii.1; Flor. i.17.22-26.

30 Livy iv.43, vii.1 xxiii.41, xxxiii.42, xxxix.7, lxii.6, lxiv.7, lxv.13; Polyb. vi.12-13, 31; Tac. *Ann.* xi.22; Ulp. *Dig.* i.13.pr; Cic. *Verr.* ii.1.37, *Flacc.* 30, *Att.* ii.6.2, *Phil.* ix.16.

31 Cic. *Leg.* iii.7, *Verr.* v.14, *Fam.* viii.6, *Phil.* ix.17, *Har. Resp.* 27; Livy iii.6, 55, vii.1, xxxvi.50, 56, xl.44; Diony. vi.90, vii.26, xxxv.3-4; Fest. 258-9; Plut. *Caes.* 5.

32 Cic. *Leg.* iii.8; Livy vi.42, vii.1. 뭄미우스의 법무관 당선; Diod. xxxi.42; App. *Iber.* x.56.

33 Diod. xxxi.39-40; Livy *Per.* 47; Flor. i.33.17-18.

34 App. *Iber.* x.56-57. 추가 참조: Livy i.35.

35 Polyb. xxxv.5, xxxvi.8; App. *Iber.* 53-54, *Pun.* 102-104; Diod. xxxii.8; Livy *Per.* 48-49; Vell. Pat. i.12; Flor. i.33.17.

36 인용: Plut. *Cato Maj.* 27. 추가 참조: App. Pun. x.69; Plut. *Cato Maj.* 26; Vell. Pat. i.13; Flor. i.31.15.
37 App. *Pun.* x.74-xiii.94, xvi.112; Polyb. xxxvi.3-7; Diod. xxxii.1-3, 6-9; Dio xxi; Vell. Pat. i.12; Flor. i.31.15; Oros. vi.22; Livy *Per.* 49-51.
38 Paus. vii.15.1. 그 바로 전의 신진 세력 출신 집정관은 마니우스 아킬리우스 글라브리오(기원전 191년 집정관)였다: Livy xxxvii.57.
39 인용: Paus. vii.14.6. 추가 참조: Paus. vii.11-16; Diod. xxxii.9, 15; Vell. Pat. i.11; Flor. i.32.16; Dio xxi; Oros. vi.22; Livy *Per.* 48-51.
40 Paus. vii.13-16; Diod. xxxii.9, 15; Livy *Per.* 48-50; Dio xxi; Flor. i.32.16; Oros. vi.22; Vell. Pat. i.11.
41 Plut. *Mar.* 1; Flor. i.32.16; Paus. vii.16; Oros. v.3; Livy *Per.* 52.
42 Diod. xxxii.26-27; Vell. Pat. i.11-13; Strabo viii.23; Dio xxi; Flor. i.32.16; Oros. v.3; Livy *Per.* 52.
43 App. *Pun.* xvi.113-xix.132; Polyb. xxxviii.19-22; Diod. xxx.ii.22-25; Livy *Per.* 51; Dio xxi; Flor. i.31.15; Oros. vi.22; Strabo vi.4.2; Vell. Pat. i.12.
44 인용: Polyb. xxxviii.21, App. *Pun.* xix.132; Diod. xxxii.24.

1장 이탈리아의 짐승들

1 Cato, *ORF*, 제2판, p. 91.
2 인용: Livy xxxvii.7. 추가 참조: Plut. *TG* 1; Sall. *Jug.* 42; Diod. xxxiv/xxxv.6; Vell. Pat. ii.2; Dio xxiv.83.
3 인용: Val. Max. iv.4.pr. 추가 참조: Plut. *TG* 1; Cic. *Brut.* 104; Diod. xxxiv/xxxv.6; Vell. Pat. ii.2. 코르넬리아에 관한 추가 정보: Plut. *TG* 1, 4, 8; Cic. *Brut.* 104, 211, *Div.* ii.62; Tac. *Orat.* 28.
4 인용: Vell. Pat. ii.2. 추가 참조: Flor. ii.2.14; Cic. *Har. Resp.* 19.41; Plut. *TG* 2.
5 Plut. *TG* 8.
6 Plut. *TG* 4.
7 인용: Cic. *Har. Resp.* 19.41. 클라우디우스에 관한 더 자세한 내용은 다음을 참조: Plut. *TG* 4; Livy *Per.* 53; Cic. *Cael.* 34, *Brut.* 108, *Rep.* i.31, *Scaur.* 32;

Val. Max 5.4.6; Oros. 5.4; Dio 74; "Plut." *Apoph.* Sm.9.
8 Livy xxxiv.52, xxxvii.59, xli.7.
9 인용: Livy xxxiv.4; Pliny 33.53. 사치금지법: Livy xxxiv.1, 8, xl.44; Val. Max. ix.1.3; Pliny *NH* x.71; Gell. ii.24; Tac. *Ann.* ii.33-34; Macr. xvii.3-6.
10 인용: Sall. *Jug.* 41. 추가 참조: App. *BC* i.10; Plut. *TG* 8.
11 App. *BC* i.7; Sall. *Jug.* 41; Hor. *Odes* ii.18; Juv. xiv.140. 농업 관련: Cato *RR* 서문; Cic. *Off.* 1.151.
12 인용: App. *BC* i.7.
13 인용: Plut. *TG* 8.
14 Cato *RR* 136; Pliny xviii.7; Cic. *Off.* 2.73.
15 히스파니아 전쟁에 관해서는 다음을 참조: App. *Iber.* ix-xii; Diod. xxxiii; Flor. xxxiv.
16 Livy *Per.* 48, 55; Cic. *Leg.* iii.20; Polyb. xxxv.4.
17 인용: App. *Iber.* xiii.78. 추가 참조: Livy *Per.* 47, 57; Sall. *Jug.* 69; Plut. *CG* 9; Cic. *Leg.* iii.20.
18 Cic. *Leg* iii.35, *Amic.* 41, *Brut.* 97, *Sest.* 103; Pliny Min. *Lett.* 3.20.
19 재산 요건 완화에 관해서는 다음을 참조: Livy i.43; Polyb. vi.19; Cic. *Har. Resp.* ii.40.
20 Plut. *TG* 5; Vell. Pat. ii.1-2; Flor. i.34.18; Oros. v.4; Eutr. iv.17; Livy *Per.* 55.
21 Plut. *TG* 5-6; Vell. Pat. ii.2. 아버지 그라쿠스의 조약에 관해서는 다음을 참조: Polyb. xxxii.2; App. *Iber.* 43-44; Livy *Per.* 41.
22 인용: Vell. Pat. ii.1. 추가 참조: Plut. *TG* 7; Dio xxiii.79; Flor. i.34.18; Oros. v.4; Eutr. iv.17; Livy *Per.* 55.
23 Plut. *TG* 7; Vell. Pat. ii.2; Dio xxiv.83; Flor. ii.2.14; Oros. v.8.
24 App. *BC* i.7-9; Plut. *TG* 8-9; Polyb. vi.17; Diony. xi.63; Gell. 4.12; Cic. *Leg.* iii.7.
25 App. *BC* i.9-10; Plut. *TG* 8; Livy xxxiv.48, vi.35, 42; Pliny *NH* xviii.17; Varro *RR* i.2.9; Cato *ORF,* 제3판, p. 65.
26 Plut *TG* 9. 스카이볼라에 관해서는 다음을 참조: Cic. *Leg.* ii.47-57, *Verr.* i.52, *Brut.* 108, 239, *Orat.* i.212, *Off.* 2.47, *Rep.* i.31, *Fin.* i.12. Mucianus:

Cic. *Orat.* i.170, 239-40; *Brut.* 98, 127; Gell. i.13.19.
27 인용: App. *BC* i.9. 추가 참조: App. *BC* i.7-9, 19-21. 플루타르코스는 이 탈리아인들에 관해 전혀 언급하지 않는다.
28 Bernstein, *Tiberius Gracchus*, ch. 4에 논의된 내용 참조.
29 App. *Iber.* 84; Cic. *Rep.* vi.11; Vell. Pat. ii.4; Oros. v.7; Livy *Per.* 56.
30 App. *Iber.* 84; Plut. *Mar.* 36.
31 App. *BC* i.9-10; Plut. *TG* 9; Cic. *Sest.* 103, *Leg. Agr.* ii.81.
32 App. *BC* i.9; Plut. *TG* 9; Vell. Pat. ii.2; Oros. v.8; Livy *Per.* 55.
33 인용: Diod. xxxiv/xxxv.6. 추가 참조: App. *BC* i.10.
34 인용: Diod. xxxiv/xxxv.6. 추가 참조: App. *BC* i.11; Plut. *TG* 10; Dio xxiv.83.
35 인용: Plut. *TG* 9. 추가 참조: Flor. ii.2.14.
36 App. *BC* i.11-12; Plut. *TG* 10.
37 인용: Plut. *TG* 10.
38 Plut. *TG* 10; Dio xxiv.83.
39 인용: Dio xxiv.83. 추가 참조: Plut. *TG* 10; Gell. ii.13.
40 App. *BC* i.12; Plut. *TG* 11; Livy xxxiv.38; Polyb. vi.16.
41 인용: App. *BC* i.12. 추가 참조: Plut. *TG* 11.
42 App. *BC* i.12; Plut. *TG* 11-12; Vell. Pat. ii.2; Flor. ii.2.14; Livy *Per.* 58.
43 Taylor, *Roman Voting Assemblies*, ch. 3-4 참조.
44 App. *BC* i.12; Plut. *TG* 12; Cic. *Brut.* 95, 222, *Milo.* 72, *Leg.* iii.24; Diod. xxxiv/xxxv.7.1; Vell. Pat. ii.2; Flor. ii.2.14; Oros. v.8; Livy *Per.* 58.
45 App. *BC* i.12; Livy *Per.* 58.
46 App. *BC* i.9, 13; Plut. *TG* 13; Cic. *Leg.* iii.24, *Milo* 72, *Brut.* 95; Vell. Pat. ii.2; Flor. ii.2.14; Livy *Per.* 58.
47 Cic. *Leg. Agr.* ii.32; Plut. *TG* 13.
48 인용: Plut. *TG* 13. 추가 참조: Gell. ii.13.
49 Plut. *TG* 14; Vell. Pat. ii.4; Strabo 13; Flor. i.35.20; Oros. v.8; Eutr. iv.18; Just. xxxvi.4; Livy *Per.* 58.
50 인용: Flor. i.35.20. 추가 참조: Plut. *TG* 14; Pliny xxxiii.53; Oros. v.8; Livy *Per.* 58.
51 인용: Polyb. vi.13. 추가 참조: Plut. *TG* 14, Livy *Per.* 58.

주

52 App. *BC* i.14; Dio xxiv.83; Flor. ii.2.14; Oros. v.8.
53 App. *BC* i.14; Plut. *TG* 16; Dio xxiv.83.
54 App. *BC* i.14; Plut. *TG* 16; Dio xxiv.83.
55 App. *BC* i.14–15; Plut. *TG* 16; Dio xxiv.83; Gell. ii.13.
56 App. *BC* i.15; Plut. *TG* 18–19; Oros. v.9.
57 인용: Plut. *TG* 19. 추가 참조: App. *BC* i.16; Sall. *Jug.* 7, 31; Flor. ii.2.14; Livy *Per.* 58.
58 인용: App. *BC* i.16. 추가 참조: Plut. *TG* 19; Cic. *Amic.* 41; Sall. *Jug.* 7, 31; Flor. ii.2.14; Livy *Per.* 58.
59 App. *BC* i.16; Plut. *TG* 19; Diod. xxxv/xxxvi.7.3; Vell. Pat. ii.3; Flor. ii.2.14; Oros. v.9; Livy *Per.* 58.
60 인용: App. *BC* i.17. 추가 참조: Plut. *TG* 19; Diod. xxxiv/xxxv.7.3; Vell. Pat. ii.3; Flor. ii.2.14; Oros. v.9; Livy *Per.* 58.
61 인용: Plut. *TG* 20.
62 Plut. *TG* 20; Oros. v.9.
63 인용: Vell. Pat. ii.3.

2장 로마의 의붓자식들

1 Diod. xxxiv/xxxv.2.33.
2 인용: XII.11. 추가 참조: Polyb. vi.14, 16; Cic. *Amic.* 41, *Leg* iii.11, 44, *Rep.* ii.61; Varro *LL* vi.90–92.
3 Plut. TG 20; Sall. *Jug.* 31; Vell. Pat. ii.7.
4 인용: Val. Max. v.3.2. 추가 참조: Plut *TG* 21; Cic. *Dom.* 91, *Planc.* xxxvi.88, *Flacc.* 75, *Orat.* ii.285; Pliny vii.34; Strabo xiv.1.38.
5 Plut *TG* 21; *CIL* I2.719.
6 인용: Flor. i.34.18; 추가 참조: App. *Iber.* xiv-xv; Vell. Pat. ii.4; Front. vi.1, 8; Strabo iii.4.13; Val. Max. ii.7.1–2; Oros. v.7; Eutr. iv.17; "Plut." *Apoph.* Sm.15–16; Livy *Per.* 57, 59.
7 인용: Diod. xxxiv/xxxv.7.
8 Plut. *TG* 21, *Mor.* 201.e.
9 App. *Iber.* xv.98; Cic. *Phil.* xi.18; Pliny xxxiii.50; Flor. i.34.18; Oros. v.7;

Eutr. iv.19; Livy *Per.* 59.
10   Cic. *Leg.* iii.35, *Orat.* ii.170; Livy *Per.* 59.
11   인용: Vell. Pat. ii.4. 추가 참조: Plut *TG* 21, *Mor.* 201e-f; Cic. *Amic.* 96, *Orat.* ii.106, 170, *Milo* 8; Val. Max. vi.2.3; Livy *Per.* 59.
12   CAH IX ch. 17.
13   같은 곳.
14   같은 곳.
15   같은 곳.
16   같은 곳.
17   인용: Diod. xxxiv/xxxv.2.1-3, Athen. xii.542. 시칠리아 인수: Polyb. i.62; App. *Isl.* i.2; Oros. iv.11.
18   Diod. xxxiv/xxxv.2.4-16, 38-42; Flor. ii.7.19; Livy *Per.* 56.
19   Diod. xxxiv/xxxv.2.17-18, 24-25, 43; Flor. ii.7.19; Livy *Per.* 56.
20   Diod. xxxiv/xxxv.2.8-9; Flor. ii.7.19; Val. Max. ii.7; Oros. v.9; Livy *Per.* 56, 58.
21   Diod. xxxiv/xxxv.2.20; Flor. ii.7.19; Front. vi.1; Oros. v.9; Livy *Per.* 59.
22   인용: Diod. xxxiv/xxxv.2.22. 추가 참조: Diod. xxxiv/xxxv 44-48; Cic. *Verr.* ii.4.112; Strabo xi.2.6; Val Max. ii.7.3; Flor. ii.7.19; Oros. v.9; Livy *Per.* 59.
23   CAH IX ch. 15.
24   같은 곳.
25   같은 곳.
26   Cic. *Verr.* ii.3.195, 4.56, *Mur.* 46, *Brut.* 106, *Off.* 2.75.
27   Plut *TG* 20, *Flam.* 21; Vell. Pat. ii.4; Strabo xiv.1.38; Just. xxxvi.4; Flor. i.35.20; Eutr. iv.20; Livy *Per.* 59.
28   인용: Flor. i.35.20. 추가 참조: Vell. Pat. ii.4; Strabo xiv.1.38; Val. Max. iii.2.12; Just. xxxvi.4; Oros. v.10; Livy *Per.* 59.
29   Vell. Pat. ii.4; Strabo xiv.1.38; Just. xxxvi.4; Flor. i.35.20; Oros. v.10; Livy *Per.* 59.
30   인용: Flor. i.35.20. 추가 참조: Strabo xiv.1.38; Just. xxxvi.4.
31   App. *Mith.* 57; Sall. *Hist.* iv.67; Vell. Pat. ii.38; Strabo xiv.1.38.
32   Livy xxi.63; Cic. *Verr.* ii.3.130, 140. 본격적인 논의는 Badian, *Publicans*

and Sinners 참조.

33 Livy i.36, 43, v.7, xxxix.19, 44; Polyb. vi.17.
34 Ulp. Dig. xxxix.4.1.1; Livy v.47, xliii.16, xliv.16, xlviii.5; Polyb. vi.17; Cic. Pro. Cons. 12, Fam. xiv.12, 20, Planc. 32; Pliny NH x.51.
35 인용: Diod. v.38. 추가 참조: Livy xxxiv.21; Strabo iii.59.7.
36 Livy xxxii.7, xxxiv.45, xl.51, xlv.18; Polyb. vi.17; Cic. Off. ii.76, Tusc. iii.48, Verr. ii.3.18, 167; Vell. Pat. ii.6; Pliny xxxiii.56.
37 Cic. Leg. Man. 14, Livy xliii.1, xlv.18; Plut. Pomp. 45, Aem. Paul. 38.
38 Sherwin-White, The Roman Citizenship, ch. 1.
39 같은 책, ch. 2.
40 같은 책, ch. 3.
41 같은 책, ch. 4.
42 App. BC i.18; Cic. Rep. i.31; Livy Per. 59.
43 App. BC i.18. Cic. Rep. i.31, iii.41; Livy Per. 59.
44 App. BC i.19; Cic. Rep. i.31; Livy Per. 59.
45 App. BC i.19.
46 App. BC i.19; Oros. v.10; Dio xxiv. 84.
47 인용: App. BC i.19. 추가 참조: Plut. CG 10; Cic. Amic. 12, Rep. vi.12; Vell. Pat. ii.4; "Plut." Apoph. Sm.23; Oros. v.10.
48 App. BC i.20; Plut. CG 10, Rom. 27; Cic. Milo 16; Vell. Pat. ii.4; Oros. v.10; Livy Per. 59.
49 인용: Vell. Pat. ii.4; 코르넬리아 및 또는 셈프로니아에 관해서는 다음을 참조: App. BC i.20; Livy Per. 59; Oros. v.10. 가이우스와 플라쿠스: Plut. CG 10. 카르보: Cic. Quint. ii.3.3, Fam. ix.21.3. 자살: App. BC i.20; Plut. Rom. 27.
50 Pliny vii.59.
51 인용: Plut. Mor. 2.

3장 포룸의 단검

1 Sall Hist. i.12.
2 인용: Cic. Div. i.56; Plut. CG 1. 추가 참조: Val. Max. i.7.6.

3   인용: Plut. *TG* 2. 추가 참조: Dio xxv.85.
4   Plut. *CG* 2.
5   인용: Cic. *Har. Resp.* 41; Plut. *CG* 1. 추가 참조: Plut. *CG* 5; Cic. *Brut.* 125-6; Dio xxv.85.
6   Plut. *TG* 21, *CG* 1.
7   App. *BC* i.21, 34.
8   인용: App. *BC* i.21.
9   인용: App. *BC* i.21, Cic. *Off.* iii.47. 추가 참조: Cic. *Brut.* 109; App. *BC* i.34; Pliny *NH* xxix.8; *ORF* 중 페스투스, 제2판. pp. 179-80.
10   App. *BC* i.34; Flor. i.37.2; Tac. *Hist.* iv.73; Livy *Per.* 60.
11   인용: Livy xxvii.10. 추가 참조: Livy xiii.22, xxvi.9.
12   인용: "Cic." *Rhet.* iv.22, 37. 추가 참조: Vell. Pat ii.7; "Cic." *Rhet.* vi.13; Cic. *Planc.* 70; Val. Max. ii.8.4; Ascon. 17; Amm. xv.9.10; Livy *Per.* 60.
13   Vell. Pat ii.7; Cic. *Planc.* 70.
14   Plut. *CG* 1-2; Livy *Per.* 60.
15   Plut. *CG* 2; Livy *Per.* 60.
16   Plut. *CG* 2; Diod. xxxiv/xxxv.7.24.
17   Gell. xv.12. 추가 참조: Plut. *CG* 2.
18   App. *BC* i.21; Plut. *CG* 2; Diod. xxxiv/xxxv.7.24.
19   Plut. *CG* 3.
20   App. *BC* i.22, Mith. 57; Cic. *Orat.* ii.188, 194-6, *Div. Caec.* 69, *Font.* 38; Sall. *Hist.* iv.67; Vell. Pat. ii.4.
21   Gell. xi.10.
22   인용: Plut. *CG* 3. 추가 참조: Cic. *Orat.* iii.214, *Brut.* 126, *Har. Resp.* 43.
23   인용: Plut. *CG* 3. 추가 참조: App. *BC* i.21; Diod. xxxiv/xxxv.724.
24   인용: Vell. Pat. ii.6. 추가 참조: Diod. xxxiv/xxxv.7.25.1.
25   Plut. *CG* 4; Diod. xxxiv/xxxv.7.25.2. 추가 참조: Stockton, *The Gracchi*, ch. 6.
26   Plut. *CG* 4; Diod. xxxiv/xxxv.7.27; Cic. *Rab. Perd.* 12, *Cat.* iv.10, *Brut.* 128, *Leg.* iii.26, *Red. Sen.* 37, *Dom.* 82, 87, *Rep.* i.6, *Clu.* xxxv.95; Vell. Pat. ii.7.
27   App. *BC* i.34; Plut. *CG* 5; Vell. Pat. ii.6; Oros. v.11; Livy *Per.* 60.

28 App. *BC* i.23; Plut. *CG* 5; Vell. Pat. ii.6; Livy *Per.* 60.
29 Plut. *CG* 7; App. *BC* i.23.
30 인용: Cic. *Sest.* 103. 추가 참조: App. *BC* i.22; Plut. *CG* 5; Cic. *Off.* ii.72; Diod. xxxiv/xxxv.7.25.1; Vell. Pat. ii.6; Flor. ii.3; Oros. v.11; Livy Per. 60.
31 Plut. *CG* 5; Diod. xxxiv/xxxv.7.25; Oros. v.11.
32 App. *BC* i.21; Cic. *Verr.* ii.3.12; Diod. xxxiv/xxxv.7.25.1.
33 App. *BC* i.22; Plut. *CG* 5; Diod. xxxiv/xxxv.7.25.1; Vell. Pat. ii.6; Livy *Per.* 60.
34 App. *BC* i.21; Plut. *CG* 8, 11.
35 Plut. *CG* 8.
36 인용: Plut. *CG* 6.
37 App. *BC* i.23; Plut. *CG* 8-9; Cic. *Brut.* 109, *Fin.* iv.66; Tac. *Ann.* iii.27.
38 App. *BC* i.23, 34; Plut. *CG* 8; Vell. Pat. ii.6.
39 인용: App. *BC* i.23.
40 App. *BC* i.24; Plut. *CG* 10-11; Vell. Pat. i.15, ii.6; Oros. v.12; Eutr. iv.21; Livy *Per.* 60.
41 App. *BC* i.24; Plut. *CG* 11; Oros. v.12; Livy *Per.* 60.
42 App. *BC* i.24; Plut. *CG* 10-11; Cic. *Orat.* iii.213-14.
43 Plut. *CG* 11-12.
44 Plut. *CG* 12.
45 App. *BC* i.24; Plut. *CG* 13; Flor. ii.3.15; Oros. v.12.
46 App. *BC* i.25; Plut. *CG* 13; Diod. xxxiv/xxxv.7.27; Oros. v.12.
47 인용: Cic. *Orat.* iii.213. 추가 참조: App. *BC* i.25; Plut. *CG* 13; Diod. xxxiv/xxxv.7.27; Oros. v.12.
48 App. *BC* i.25; Plut. *CG* 14.
49 인용: Cic. *Phil.* viii.14. 추가 참조: Caes. *BC* i.5; App. *BC* i.25; Plut. *CG* 14; Cic. *Cat.* i.4. *Dom.* 102; *Phil.* viii.14; Sall. *Jug.* 16; Livy *Per.* 60.
50 인용: Cic. *Div.* i.56. 추가 참조: Plut. *CG* 14.
51 인용: Plut. *CG* 15.
52 App. *BC* i.26; Plut. *CG* 16; Cic. *Phil.* viii.14; Flor. ii.3.15; Livy *Per.* 61.
53 App. *BC* i.26; Plut. *CG* 16; Cic. *Phil.* viii.14; Vell. Pat ii.6; Oros. v.12.

54 App. *BC* i.26; Plut. *CG* 16; Cic. *Cat.* i.4, *Dom.* 102, *Phil.* viii.14; Sall. *Jug.* 16, 31; Vell. Pat ii.6; Oros. v.12; Livy *Per.* 61.
55 App. *BC* i.26; Plut. *CG* 17; Vell. Pat ii.6; Val. Max. iv.7.2; Oros. v.12.
56 App. *BC* i.26; Plut. *CG* 17; Cic. *Cat.* i.4; Diod. xxxiv/xxxv.29; Vell. Pat ii.6; Val. Max. iv.7.2, vi.8.3; Oros. v.12; Livy *Per.* 61.
57 App. *BC* i.26; Diod. xxxiv/xxxv.7.27–29; Vell. Pat ii.6; Val. Max. ix.4.3; Flor. ii.3.15.
58 Plut. *CG* 17; Vell. Pat ii.7; Val. Max. vi.3.1; Pliny xxxiii.14; Flor. ii.4.16; Oros. v.12.
59 인용: Cic. *Orat.* ii.170. 추가 참조: Cic. *Brut.* 103, *Sest.* 140, *Fam.* ix.21.3, *Orat.* ii.106, 132, *Verr.* ii.3.3; Val. Max. iii.7.6, vi.5.6; Livy *Per.* 61.
60 App. *BC* i.27.
61 인용: Plut. *CG* 19. 추가 참조: Plut. *CG* 4; Pliny xxxvi.14.
62 인용: Sall. *Jug.* 41.
63 인용: Sall. *Jug.* 42.
64 인용: Cic. *Leg.* iii.20, Plut. *CG* 17. 추가 참조: App *BC* i.26.

4장 팔려고 내놓은 도시

1 Cic. *Verr.* ii.5.126.
2 인용: Vell. Pat. ii.11; Sall. *Jug.* 63. 추가 참조: Plut. *Mar.* 2.
3 인용: Plut. *Mar.* 3. 추가 참조: Cic. *Balb.* 47.
4 인용: Plut. *Mar.* 6.
5 머리말 참조. 마케도니쿠스의 이력에 관한 더 자세한 내용은 다음을 참조: Diod. xxxii.9, 15; Polyb. xxxviii.17–18; App. *Iber.* 76; Front. i.1.12, iii.7.3, iv.1.11, 1.23, 7.42; Paus. vii.13–15; Dio xxiii.82; Vell. Pat. i.11, ii.5; Flor. i.30.14, 32.16, 33.17; Oros. v.3; Livy *Per.* 50, 52–53.
6 Cic. *Fin.* v.82, *Orat.* 264, *Scaur.* 46 *Clu.* 119; Flor. i.43.8; App. *Ill.* 10–11; Vell. Pat. ii.8; Ascon. 28; Strabo iii.5.1; Val. Max. ii.9.9; Oros. v.13; Livy *Per.* 60, 62. 추가 참조: FC and FT.
7 인용: Cic. *Orat.* ii.283; Sall. *Jug.* 15. 추가 참조: Cic. *Orat.* i.214; Plut. *Mor.* 318.e; Val. Max. iv.4.11; "Vict." *Vir. Ill.* 72.

8 인용: Cic. *Orat.* ii.365. 3장도 참조.
9 인용: Cic. *Orat.* i.364, *Clu.* 140. 추가 참조: Cic. *Phil.* 134, *Brut.* 165, *Orat.* i.24.
10 Sall. *Jug.* 63; Diod. xxxiv/xxxv.38; Strabo iii.5.1; Flor. i.43.8; Oros. v.13; Livy *Per.* 60.
11 Flor. xxxix.4.
12 Diod. xxxiv/xxxv.23; Vell. Pat. i.15; Strabo iv.1.5; Flor. i.37.2; Tac. *Hist.* iv.73; Amm. xv.12.5; Eutr. iv.22; Livy *Per.* 61.
13 Diod. xxxiv/xxxv.7.36; Vell. Pat. i.15, ii.10; Strabo iv.1.11, 2.3; Flor. i.37.2; Amm. xv.12.5; Oros. v.13; Livy *Per.* 61.
14 Cic. *Orat.* ii.223, *Brut.* 160; Diod. v.38.5; Vell. Pat. ii.7, 10; Val. Max. vi.9.14.
15 Plut. *Mar.* 4.
16 Plut. *Mar.* 4; Cic. *Leg.* iii.38.
17 Plut. *Mar.* 4; Cic. *Brut.* 222, *Off.* ii.72.
18 Plut. *Mar.* 5.
19 Plut. *Mar.* 5; Cic. *Planc.* 51; Val. Max. vi.9.14; Plut. *Mor.* 202.b.
20 Sall. *Jug.* 5; Eutr. iv.11.
21 인용: Sall. *Jug.* 6. 추가 참조: Diod. xxxiv/xxxv.7.35.
22 인용: Sall. *Jug.* 7-8.
23 인용: Sall. *Jug.* 9.
24 Sall. *Jug.* 9-13; Flor. i.36.1; Oros. v.15; Eutr. iv.26; Livy *Per.* 61.
25 인용: Sall. *Jug.* 14-15. 추가 참조: Flor. i.36.1.
26 Sall. *Jug.* 16; Plut. *CG* 18; Flor. i.36.1.
27 인용: Sall. *Jug.* 13, 15. 추가 참조: Flor. i.36.1.
28 Plut. *Mar.* 5; Val. Max. vi.9.14.
29 Plut. *Mar.* 5.
30 Plut. *Mar.* 5, *Mor.* 318.e; Cic. *Clu.* 119; Vell. Pat. ii.8; Val. Max. ii.9.9; Livy *Per.* 61.
31 Plut. *Mar.* 6.
32 Plut. *Mar.* 6, *Caes.* 1.
33 Sall. *Jug.* 20; Diod. xxxiv/xxxv.7.31; Livy *Per.* 64.

34 Sall. *Jug.* 21; Diod. xxxiv/xxxv.7.31; Livy *Per.* 64.
35 Sall. *Jug.* 21-22; Diod. xxxiv/xxxv.7.31; Livy *Per.* 64.
36 Sall. *Jug.* 25; Diod. xxxiv/xxxv.7.31; Flor. i.36.1.
37 Sall. *Jug.* 26; Diod. xxxiv/xxxv.7.31; Eutr. iv.26; Livy *Per.* 64.
38 인용: Sall. *Jug.* 26. 추가 참조: Diod. xxxiv/xxxv.7.31.
39 Sall. *Jug.* 27; Livy *Per.* 64.
40 Sall. *Jug.* 27-28; Oros. v.15; Eutr. iv.26; Livy *Per.* 64.
41 Sall. *Jug.* 28.
42 인용: Sall. *Jug.* 29. 추가 참조: Oros. v.15; Eutr. iv.26.
43 인용: Sall. *Jug.* 28. 추가 참조: Flor. i.36.1; Oros. v.15; Eutr. iv.26.
44 인용: Sall. *Jug.* 31.
45 인용: Sall. *Jug.* 31.
46 Sall. *Jug.* 32; Flor. i.36.1; Livy *Per.* 64.
47 Sall. *Jug.* 33-34; Flor. i.36.1; Oros. v.15.
48 Sall. *Jug.* 33-34.
49 Sall. *Jug.* 35; Diod. xxxiv/xxxv.7.35a; Flor. i.36.1; Livy *Per.* 64.
50 인용: Sall. *Jug.* 35. 추가 참조: Diod. xxxiv/xxxv.7.35a; Flor. i.36.1; Livy *Per.* 64.
51 인용: Sall. *Jug.* 35. 추가 참조: Diod. xxxiv/xxxv.7.35a; Oros. v.15; Livy *Per.* 64.

5장 승리의 전리품

1 Sall. *Jug.* 5.
2 App. *Gall.* 13; Plut. *Mar* 11; Tac. *Germ.* xxxvii.2; Flor. i.38.3.
3 인용: Diod. xxxvii.1. 추가 참조: App. *Gall.* 13; Plut. *Mar.* 11; Strabo vii.2.2; Tac. *Germ.* xxxvii.2; Flor. i.38.3.
4 인용: Strabo ii.3.6. 추가 참조: App. *Gall.* 13; Flor. i.38.3.
5 App. *Gall.* 13; Diod. xxxvii.1.
6 App. *Gall.* 13.
7 App. *Gall.* 13; Diod. xxxiv/xxxv.37; Vell. Pat. ii.12; Strabo v.1.8; Livy *Per.* 63.

8 인용: Flor. i.39.4. 추가 참조: Diod. xxxiv/xxxv.30; Front. iii.10.7; Dio xxvi.88; Eutr. iv.24; Amm. xxvii.4.4; Livy *Per.* 63.
9 Dio xxvi.88; Front. ii.4.3; Flor. i.39.4; Amm. xxvii.4.10; Livy *Per.* 63, 65.
10 Cic. *Verr.* ii.3.184, 4.22, *Balb.* 28, *Fam.* ix.21.3; Vell. Pat. ii.8.
11 Sall. *Jug.* 36–39; Flor. i.36.1; Oros. v.15; Eutr. iv.26.
12 Sall. *Jug.* 43; Vell. Pat. ii.11.
13 Sall. *Jug.* 43; Cic. *Orat.* ii.275–276; Ascon. 68.
14 Plut. *Mar.* 7.
15 Sall. *Jug.* 43–46; Front. i.8.8.
16 Sall. *Jug.* 46–53; Plut. *Mar.* 7; Front. iv.2; Flor. i.36.1; Val. Max. ii.7.2; Oros. v.15; Eutr. iv.27; Livy *Per.* 65.
17 Sall. *Jug.* 54.
18 인용: Sall. *Jug.* 40. 추가 참조: Cic. *Brut.* 127–128.
19 인용: Plut. *CG* 18. 추가 참조: Cic. *Pis.* 95, Brut. 127–128, *Planc.* 69–70, *Sest.* 140; Vell. Pat. ii.7; Ascon. 17.
20 Cic. *Brut.* 127–128; Sall. *Jug.* 40.
21 Cic. *Brut.* 127–128.
22 Sall. *Jug.* 65; Cic. *Brut.* 127–128, *Orat.* ii.284.
23 Ascon. 68.
24 인용: Flor. i.38.3. 추가 참조: Diod. xxxiv/xxxv.37; Vell. Pat. ii.12; Ascon. 68, 80; Eutr. iv.27; Livy *Per.* 65.
25 인용: Diod. xxxiv/xxxv.37. 추가 참조: Vell. Pat. ii.12; Ascon. 68, 80; Flor. xxxviii.3; Eutr. iv.27; Livy *Per.* 65.
26 Sall. *Jug.* 55; Ascon. 80.
27 Sall. *Jug.* 56–61; Flor. i.36.1; Oros. v.15; Eutr. iv.27.
28 Sall. *Jug.* 61–62; Front. i.8.8.
29 인용: Sall. *Jug.* 62. 추가 참조: Dio xxvi.88; Oros. v.15.
30 Sall. *Jug.* 63.
31 인용: Plut. *Mar.* 7. 추가 참조: Diod. xxxiv/xxxv.38.
32 인용: Sall. *Jug.* 63. 추가 참조: Plut. *Mar.* 8; Pliny xi.73.
33 인용: Sall. *Jug.* 64; Plut. *Mar.* 8; Dio xxvi.89.
34 인용: Sall. *Jug.* 64. 추가 참조: Sall. *Jug.* 65; Plut. *Mar.* 7; Vell. Pat. ii.11.

35 Sall. *Jug.* 66-67; Plut. *Mar.* 8; Dio xxvi.89.
36 Sall. *Jug.* 68-69; Plut. *Mar.* 8.
37 Sall. *Jug.* 69; Plut. *Mar.* 8.
38 인용: Sall. *Jug.* 72. 추가 참조: Front. i.8.8.
39 Sall. *Jug.* 73; Plut. *Mar.* 8; Cic. *Off.* iii.79.
40 Sall. *Jug.* 74-76.
41 Sall. *Jug.* 80.
42 Sall. *Jug.* 80; Diod. xxxiv/xxxv.38; Oros. v.15.
43 Sall. *Jug.* 81-83.
44 인용: Sall. *Jug.* 82. 추가 참조: Eutr. iv.27.
45 인용: Cic. *Off.* iii.79. 추가 참조: Sall. *Jug.* 73; Plut. *Mar.* 8.
46 인용: Sall. *Jug.* 85. 추가 참조: Plut. *Mar.* 8.
47 Sall. *Jug.* 73; Gell. xvi.10.
48 인용: Sall. *Jug.* 86. 추가 참조: Plut. *Mar.* 8; Gell. xvi.10; Flor. i.36.1.
49 Sall. *Jug.* 86; Flor. i.36.1.

6장 황금 귀걸이

1 Eur. *Phoen.* 532.
2 Sall. *Jug.* 95; Plut. *Sulla* 1; Vell. Pat. ii.17.
3 Sall. *Jug.* 95; Plut. *Sulla* 1-2; Vell. Pat. ii.17; Val. Max. vi.9.6.
4 인용: Sall. *Jug.* 95; Plut. *Sulla* 2. 추가 참조: Plut. *Mor.* 318.c.
5 인용: Plut. *Sulla* 1.
6 Plut. *Sulla* 3; Vell. Pat. ii.12; Livy *Per.* 66.
7 Sall. *Jug.* 86; Plut. *Mar.* 10.
8 Sall. *Jug.* 88; Cic. *Att.* i.16.4, *Balb.* 11; Vell. Pat. ii.11; Val. Max. ii.10.1.
9 Sall. *Jug.* 87-88; Flor. i.36.1; Oros. v.15.
10 Sall. *Jug.* 89-92; Front. iii.9.3; Strabo xvii.3.12.
11 인용: Sall. *Jug.* 96. 추가 참조: Plut. *Sulla* 3.
12 Sall. *Jug.* 97-101; Front. ii.1.3, 4.10; Flor. i.36.1; Oros. v.15; Eutr. iv.27; Livy *Per.* 65.
13 5장 참조.

14 Caes. *BG* i.7, 12, 14; Oros. v.15; Livy *Per.* 65.
15 Oros. v.15; "Cic." *Rhet.* i.25; Livy *Per.* 65.
16 인용: "Cic." *Rhet. Her.* iv.34. 추가 참조: "Cic." *Rhet. Her.* i.25; Oros. v.15.
17 인용: Cic. *Orat.* i.225. 추가 참조: Cic. *Orat.* ii.199, *Brut.* 161, 164.
18 인용: Gell. iii.9.7. 추가 참조: Strabo iv.1.13; Oros. v.15.
19 인용: Just. xxxii.3. 추가 참조: Strabo iv.1.13; Gell. iii.9.7; Dio xxvii.90; Oros. v.15.
20 Sall. *Jug.* 102; Plut. *Sulla* 3; Diod. xxxiv/xxxv.39; Dio xxvi.89; Flor. i.36.1; Oros. v.15; Livy *Per.* 66.
21 인용: Sall. *Jug.* 102. 추가 참조: Plut. *Sulla* 3.
22 Sall. *Jug.* 103; Plut. *Sulla* 3.
23 인용: Sall. *Jug.* 104. 추가 참조: Plut. *Sulla* 3; Diod. xxxiv/xxxv.39; Vell. Pat. ii.12.
24 Sall. *Jug.* 106–107.
25 Sall. *Jug.* 108–109; Plut. *Mar.* 10.
26 Sall. *Jug.* 109–111.
27 Sall. *Jug.* 112.
28 Sall. *Jug.* 113; Plut. *Mar.* 10, *Sulla* 3.
29 Sall. *Jug.* 133; Plut. *Mar.* 10, *Sulla* 3, *Mor.* 806.d; Diod. xxxiv/xxxv.39, xxxvi.1; Vell. Pat. ii.2; Val. Max. vi.9.6; viii.14.4; Oros. v.15; Livy *Per.* 66.
30 Flor. xxxviii.3.
31 Dio xxvii.90; Flor. xxxviii.3; Oros. v.16.
32 Cic. *Planc.* 12, *Mur.* 36; Flor. xxxviii.3.
33 Plut. *Mar.* 16; Gran. xxxiii.11; Dio xxvii.91; Oros. v.16.
34 Gran. xxxiii.12; Cic. *Luc.* 27; Plut. *Cam.* 19; Vell. Pat. ii.12; Dio xxvii.91; Oros. v.16; Livy *Per.* 67.
35 Diod. xxxvi.1; Cic. *Orat* ii.199–200; Tac. *Germ.* xxxvii.5; Vell. Pat. ii.12; Flor. xxxviii.3; Oros. v.16; Livy *Per.* 67.
36 Diod. xxxvi.1; Plut. *Sert.* 3; Cic. *Orat.* ii.199–200; Tac. *Germ.* xxxvii.5; Vell. Pat. ii.12; Flor. xxxviii.3; Gran. xxxiii.12; Oros. v.16; Eutr. v.1; Livy *Per.* 67.
37 Plut. *Mar.* 14; Livy *Per.* 67.

38 Plut. *Mar.* 11-12; Cic. *Prov.* 19; Ascon. 78; Eutr. v.1.
39 인용: Sall. *Jug.* 114. 추가 참조: Plut. *Mar.* 12, *Sulla* 3; Vell. Pat. ii.12; Pliny xxxiii.4; Just. xxxviii.6; Livy *Per.* 67.
40 인용: Flor. i.36.1. 추가 참조: Plut. *Mar.* 12; Vell. Pat. ii.12; "Cic." *Rhet. Her.* iv.23; Val. Max. vi.9.14; Oros. v.15; Eutr. iv.27; Livy *Per.* 67.
41 인용: Plut. *Mar.* 10. 추가 참조: Plut. *Sulla* 3, *Mor.* 806.d.

7장 마리우스의 노새들

1 Plut. *Sulla* 12.
2 Plut. *Mar.* 16; Flor. i.38.3; Oros. v.16.
3 인용: Plut. *Mar.* 16. 추가 참조: Flor. i.38.3; Oros. v.16.
4 인용: Plut. *Mar.* 18. 추가 참조: Flor. i.38.3; Oros. v.16.
5 Val. Max. ii.3.2; Front. iv.1.2, 2.2; Gran. 14.
6 Plut. *Sulla* 4; Vell. Pat. ii.17.
7 Plut. *Mar.* 13-14.
8 Diod. xxxvi.3.
9 Diod. xxxvi.3.1-2.
10 Diod. xxxvi.3.3; Dio xxvii.93.
11 Diod. xxxvi.4; Dio xxvii.93.
12 Diod. xxxvi.5-7; Flor. ii.7.19.
13 Cic. *Brut.* 129, *Off.* iii.77; FC도 참조.
14 Cic. *Verr.* ii.2.118, *Nat. Deo.* ii.74, *Div. Caec.* 67; Ascon. 78, 80; Oros. v.15.
15 Cic. *Nat. Deo.* ii.74; Ascon. 78; Oros. v.15.
16 Cic. *Leg. Agr.* ii.18, *Scaur.* 1.b, *Deiot.* 31; Plut. *Mor.* 91.d; Vell. Pat. ii.12; Val. Max. vi.5.5; Ascon. 21; Dio xxvii.37, 92; Livy *Per.* 67.
17 인용: Cic. *Off.* ii.73.
18 Plut. *Mar.* 13-14.
19 Plut. *Mar.* 13-14; Front. iv.1.7; Pliny x.5.
20 Plut. *Mar.* 25.
21 Sampson, *The Crisis of Rome*, ch. 11 참조.
22 Cic. *Pro. Cons.* 19; Livy *Per.* 67.

23 Plut. *Mar.* 14, *Sulla* 4, *Sert.* 3.
24 인용: Diod. xxxvi.12. 추가 참조: Cic. *Har. Resp.* 43, *Sest.* 39, *Brut.* 224; Diod. xxxvi.12.
25 인용: Cic. *Brut.* 224. 추가 참조: Cic. *Har. Resp.* 43, *Sest.* 39; Diod. xxxvi.12.
26 Cic. *Orat.* ii.124, 197, 199-204. "Cic." *Rhet. Her.* i.24; Val. Max. iv.7.3, vi.9.13; Gran. xxxiii.13.
27 Cic. *Orat.* ii.125; Gran. xxxiii.13.
28 Cic. *Orat.* ii.107, 201.
29 "Vict." *Vir. Ill.* 73; "Caes." *BA* 56.
30 Plut. *Mar.* 14; Livy *Per.* 67.
31 Diod. xxxvi.8.
32 인용: Diod. xxxvi.9.
33 인용: Diod. xxxvi.9. 추가 참조: Plut. *Luc.* 1.
34 Plut. *Mar.* 15; Flor. xxxviii.3.
35 Plut. *Mar.* 15; Oros. v.15; Livy *Per.* 68.
36 Plut. *Mar.* 18. 추가 참조: Plut. *Mar.* 15-22; Vell. Pat. ii.12; Pliny iii.4; Strabo iv.1.8; Flor. xxxviii.3; Oros. v.16; Livy *Per.* 68.
37 인용: Plut. *Mar.* 18. 추가 참조: Front. ii.4.6, 7.12; Oros. v.16.
38 인용: Oros. v.16; Plut. *Mar.* 21. 추가 참조: Vell. Pat. ii.12; Livy *Per.* 68.
39 인용: Cic. *Mur.* 36; Plut. *Sulla* 4.
40 Plut. *Mar.* 23, *Sulla* 4, *Mor.* 202.d-e; Front. i.5.3; Oros. v.16; Livy *Per.* 68.
41 Front. i.5.3; Dio xxvii.93.
42 인용: Plut. *Mar.* 23.
43 Front. iv.1.13; Val. Max. v.8.4; "Vict." *Vir. Ill.* 72.
44 인용: Plut. *Mar.* 23.
45 인용: Oros. v.16. 추가 참조: Plut. *Mar.* 23; Dio xxvii.94; Flor. xxxviii.3.

8장 로마 제3의 건국자

1 App. *BC* i.33.
2 인용: Cic. *Brut.* 224, *Orat.* iii.164.

3   Cic. *Sest.* 101; Val. Max. iii.8.6, ix.7.2; Flor. ii.4.16.
4   Val. Max. iii.8.6.
5   App. *BC* i.28; Oros. v.17.
6   App. *BC* i.28; Cic. *Sest.* 101; Val. Max. ix.7.2; Dio xxxviii.95; Oros. v.17.
7   Diod. xxxvi.15.
8   인용: Diod. xxxvi.15. 추가 참조: Plut. *Mar.* 24.
9   Plut. *Mar.* 24; Oros. v.16.
10 인용: Plut. *Mar.* 24. 추가 참조: Flor. i.38.3.
11 Plut. *Mar.* 25–27; Vell. Pat. ii.12; Flor. i.38.3; Oros. v.16.
12 Sampson, *The Crisis of Rome*, ch. 10 참조.
13 Plut. *Mar.* 25–27; Vell. Pat. ii.12; Front. ii.2.8; Flor. i.38.3; Oros. v.16; Eutr. v.2; Strabo iv.3.3; Pliny viii.61; Livy *Per.* 68.
14 인용: Livy *Per.* 68. 추가 참조: Plut. *Mar.* 27.
15 Diod. xxxvi.10; Livy *Per.* 69.
16 인용: Diod. xxxvi.11.
17 Diod. xxxvi.10; Livy *Per.* 69.
18 Diod. xxxvi.10; Livy *Per.* 69.
19 Plut. *Mar.* 27; Cic. *Pro. Cons.* 26; Diod. xxxviii.4; Val. Max. iii.6.6, ix.12.4; Livy *Per.* 69.
20 Plut. *Mar.* 28; Livy Per. 69.
21 인용: Plut. *Mar.* 28. 추가 참조: Oros. v.17.
22 App. *BC* i.28; Val. Max. ix.7.3; Flor. ii.4.16; Oros. v.17; Livy *Per.* 69.
23 Cic. *Verr.* ii.1.26, *Rab. Post.* 9, *Brut.* 224; Ascon. 21.
24 "Cic." *Rhet. Her.* i.21, ii.17.
25 Cic. *Balb.* 48; Vell. Pat. i.15; Strabo iv.6.7; Livy *Per.* 69.
26 인용: Plut. *Mar.* 28. 추가 참조: Cic. *Balb.* 46–48; Val. Max. v.2.8.
27 App. *BC* i.30.
28 인용: Plut. *Mar.* 29. 추가 참조: App. *BC* i.29–31; Flor. ii.4.16; Oros. v.17; Livy *Per.* 69.
29 App. *BC* i.32.
30 App. *BC* i.32.
31 Cic. *Brut.* 224, *Har. Resp.* 51.

32 인용: Oros. v.17. 추가 참조: App. *BC* i.32; Cic. *Cat.* iv.4; Flor. ii.4.16; Livy *Per.* 69.
33 App. *BC* i.32; Plut. *Mar.* 30; Cic. *Rab. Perd.* 18–31, *Cat.* i.4; Val. Max. iii.2.18.
34 App. *BC* i.32; Plut. *Mar.* 30.
35 App. *BC* i.32; Plut. *Mar.* 30; Cic. *Rab. Perd.* 18–31, *Phil.* viii.15; *Cat.* iii.15; Vell. Pat. ii.12; Val. Max. iii.2.18; Flor. ii.4.16; Oros. v.17; Livy *Per.* 69.
36 App. *BC* i.33; Plut. *Mar.* 30; Cic. *Planc.* 69, *Red. Sen.* 38, *Rab. Perd.* 24; Diod. xxxvi.16; Vell. Pat. ii.15; Dio xxviii.95; Oros. v.17; Livy *Per.* 69.
37 인용: Vell. Pat. ii.11, Plut. *Mar.* 2. 추가 참조: Plut. *Mar.* 31–32.

9장 이탈리아

1 Flor. ii.6.18.
2 App. *BC* i.46; Diod. xxxvii.1.
3 Plut. *Cato Min.* 2.
4 인용: Diod. xxxvii.10.
5 Livy ix.9–12, xiii.10, xxxix.3, xli.8.
6 인용: Gell. x.2.5, 2.9.
7 App. *BC* i.21.
8 Dart, *The Social War,* ch. 3 참조.
9 Diod. xxxvi.3; Plut. *Mar.* 28; Cic. *Balb.* 46–48; Val. Max. v.2.8.
10 Dart, *The Social War,* ch. 3 참조.
11 Cic. *Balb.* 48–49, 54, *Orat.* ii.257, *Brut.* 63, *Off.* iii.47; Sall. *Hist.* i.17–18; Ascon. 67–68.
12 Ascon. 67–68.
13 인용: Cic. *Leg. Man.* 14.
14 Diod. xxxvii.5; Cic. *Planc.* 33, *Att.* vi.1.15; Dio xxviii.97; Val. Max. viii.15.6; Ascon. 15; Livy *Per.* 70.
15 인용: Diod. xxxvii.5. 추가 참조: Dio xxviii.97; Livy *Per.* 70.
16 Cic. *Orat.* i.229–23; *Brut.* 115; *Pis.* 95, *Font.* 38; Vell. Pat. ii.13; Dio

xxviii.97; Flor. ii.17; Val. Max. ii.10.5, vi.4.4; Livy *Per.* 70.
17 Vell. Pat. ii.13; Livy *Per.* 70.
18 인용: Vell. Pat. ii.14. 추가 참조: Cic. *Dom.* 120; Diod. xxxvii.10; Dio xxviii.96.
19 App. *BC* i.35; Cic. *Orat.* i.24-25, *Brut.* 181, *Rab. Post.* 16; Diod. xxxvii.10; Vell. Pat. ii.13; Flor. ii.5.17; Livy *Per.* 70.
20 App. *BC* i.35; Flor. ii.5.17; Vell. Pat. ii.13; Ascon. 21; Livy *Per.* 71.
21 App. *BC* i.35; Flor. ii.5.17; Vell. Pat. ii.13; Livy *Per.* 71.
22 인용: Flor. ii.5.17. 추가 참조: App. *BC* i.35; Vell. Pat. ii.13; Livy *Per.* 71.
23 인용: Flor. ii.5.17. 추가 참조: Cic. *Orat.* i.24; Val. Max. ix.5.2.
24 App. *BC* i.38; Flor. ii.5.17; Oros. v.18; Livy *Per.* 71.
25 App. *BC* i.36; Vell. Pat. ii.14; Flor. ii.5.17, 6.18; Oros. v.18; Livy *Per.* 71.
26 인용: Cic. *Orat.* i.213.
27 Cic. *Orat.* i.24-27.
28 인용: Cic. *Orat.* iii.8. 추가 참조: Cic. *Quint.* xi.1.37.
29 인용: Diod. xxxvii.10. 추가 참조: Cic. *Dom.* 41, 50, *Leg.* ii.14, 31; Ascon. 68-69.
30 인용: Diod. xxxvii.13. 추가 참조: Oros. v.18; Livy *Per.* 71.
31 인용: Vell. Pat. ii.14. 추가 참조: App. *BC* i.36; Cic. *Nat. Deo.* iii.80-81, *Milo.* 16; *Rhet. Her.* iv.31; Flor. ii.5.17; Oros. v.18; Livy *Per.* 71.
32 App. *BC* i.38; Vell. Pat. ii.15; Oros. v.18.
33 App. *BC* i.38; Cic. *Font.* 41; Diod. xxxvii.12; Vell. Pat. ii.15; Flor. ii.5.17; Oros. v.18; Livy *Per.* 72.
34 App. *BC* i.39; Diod. xxxvii.1-2; Flor. ii.5.17; Oros. v.18; Eutr. v.3; Livy *Per.* 72.
35 App. *BC* i.38, 40; Diod. xxxvii.1-2; Vell. Pat. ii.16; Flor. ii.5.17; Stabo v.241; Oros. v.18; Eutr. v.3; Livy *Per.* 72.
36 "Cic." *Rhet. Her.* ii.28, iv.9; Plut. *Cato. Min.* 1-2; Diod. xxxii.19; Livy *Per.* 72.
37 App. *BC* i.40; Cic. *Font.* 43.
38 App. *BC* i.37.
39 App. *BC* i.37; Val. Max. viii.6.4; Ascon. 22.

40   Cic. Orat. iii.11, Brut. 304-305, Sest. 101, Scaur. 3; App. BC i.37; Ascon. 22, 73.
41   인용: Vell. Pat. ii.11. 추가 참조: App. BC i.37.
42   App. BC i.40; Plut. Sulla 6, Sert. 3.
43   Plut. Sulla 5; Val. Max. vii.5.
44   Plut. Sulla 5; App. BC i.77, Mith. 10; Front. i.5.18; Strabo xii.2.11; Livy Per. 70.
45   Plut. Sulla 5; Vell. Pat. ii.24; Fest. 15; Livy Per. 70.
46   Plut. Mar. 32, Sulla 6, Mor. 806.c-d.
47   인용: Diod. xxxvii.18. 추가 참조: App. BC i.41-42, 45; Flor. ii.6.18; Oros. v.18; Livy Per. 73.
48   App. BC i.43; Vell. Pat. ii.16; Dio xxix.98; Flor. ii.6.18; Oros. v.18; Eutr. v.3; Livy Per. 73.
49   App. BC i.44; Livy Per. 73.
50   App. BC i.44, 46; Diod. xxxvii.15; Flor. ii.6.18; Oros. v.18; Eutr. v.3l; Livy Per. 73.
51   인용: Plut. Mar. 33.
52   App. BC i.47-48; Flor. ii.6.18; Oros. v.18; Livy Per. 73.
53   인용: Diod. xxxvii.2.3.
54   App. BC i.49; Cic. Balb. 21; Vell. Pat. ii.16; Gell. iv.4.
55   Pliny NH iii.24; Ascon. 3.
56   인용: Cic. Arch. 7. 추가 참조: "Cic." Rhet. Her. iii.2; Vell. Pat. ii.17.
57   App. BC i.50; Vell. Pat. ii.16; Flor. ii.6.18; Eutr. v.3; Livy Per. 73, 75.
58   App. BC i.48, 50, 52; Vell. Pat. ii.21; Oros. v.18; Livy Per. 75.
59   인용: Oros. v.18. 추가 참조: App. BC i.48, 50; Diod. xxxvii.2; Flor. ii.6.18; Livy Per. 73, 76.
60   Diod. xxxvii.2.
61   App. BC i.50-51; Plut. Sulla 6; Diod. xxxvii.2; Vell. Pat. ii.16; Flor. ii.6.18; Oros. v.18; Eutr. v.3; Livy Per. 74.
62   Diod. xxxvii.1; Pliny NH ii.85; Flor. ii.6.18.
63   인용: Oros. v.18. 추가 참조: Diod. xxxvii.24; Vell. Pat. ii.15; Flor. ii.6.18.
64   Oros. v.18.

65   인용: App. *BC* i.54. 추가 참조: Livy *Per.* 73.
66   Cic. *Arch.* 11.
67   Obseq. 56.
68   App. *BC* i.53; Diod. xxxvii.2; Oros. v.8; Eutr. v.3.4; Livy *Per.* 76.

10장 카르타고의 폐허

1   App. *BC* i.57.
2   Plut. *Dem.* 4; Diod. xx.111; Strabo xii.3.11; Flor. i.40.5.
3   App. *Mith.* 112; Sall. *Hist.* ii.87-88, v.5; Just. xxxvii.1-2, xxxviii.1; Strabo x.4.10; Dio xxxvi.9.5; Eutr. vi.12.3; Oros. vi.5.
4   App. *Mith.* 112; Just. xxxvii.3; Strabo ii.1.1.6, vii.3.17-18, 4.3-4, 4.7, xi.2.18.
5   App. *Mith.* 62, 112, 118; Just. xxxviii.1; Diod. xxxvi.15; Flor. i.40.5; Fest. xi.3; Eutr. xi.12.3; Oros. vi.1.
6   인용: Plut. *Mar.* 31-32.
7   Plut. *Sulla* 5; App. BC i.77, *Mith.* 10, 13, 57; Just. xxxviii.3; Flor. i.40.5; Front. i.5.18; Strabo xii.2.11; Livy *Per.* 70, 76.
8   App. *Mith.* 11, 56; Just. xxxviii.3; Livy *Per.* 74.
9   App. *Mith.* 11-12, 14, 57; Sall. *Hist.* vi.67; Dio xxx.99.
10   App. *Mith.* 11, 56; Sall. *Hist.* vi.67; Dio xxx.99.
11   App. *Mith.* 10, 15, 57,*BC* i.5; Flor. i.40.5; Dio xxx.99; Fest. xi.3; Eutr. v.4.
12   App. *Mith.* 17; Just. xxxviii.3; Livy *Per.* 77.
13   App. *Mith.* 17-19; Sall. *Hist.* iv.67; Diod. xxxvii.26; Just. xxxviii.3, 5; Flor. i.40.5; Strabo xii.3.40; Eutr. v.4; Oros. vi.2; Livy *Per.* 77.
14   App. *Mith.* 20; Diod. xxxvii.26-27; Plut. *Luc.* 4; Just. xxxviii.3; Vell. Pat. ii.18; Flor. i.40.5; Eutr. v.5; Oros. v.19, vi.1; Livy *Per.* 77.
15   Plut. *Mar.* 33, *Sulla* 6, *Luc.* 2; App. *BC* iv.25; Vell. Pat. ii.15-16; Diod. xxxvii.2.1.
16   인용: Plut. *Mar.* 34. 추가 참조: App. *BC* i.55; Diod. xxxvii.29; Eutr. v.5.
17   인용: Diod. xxxvii.2.12. 추가 참조: App. *BC* i.53; Cic. *Har. Resp.* 43, *Brut.* 226; Diod. xxxvii.25; Vell. Pat. ii.17; Ascon. 25; Livy *Per.* 75.

18   인용: Vell. Pat. ii.18. 추가 참조: Cic. *Orat.* i.24-27, *Har. Resp.* 43; *Brut.* 226; App. *BC* i.55; Plut. *Sulla* 6; Diod. xxxvii.25.
19   인용: Plut. *Sulla* 6.
20   App. *BC* i.55; Plut. *Mar.* 34; Vell. Pat. ii.18; Livy *Per.* 77.
21   인용: Plut. *Sulla* 8, Cic. *Har. Resp.* 41. 추가 참조: Plut. *Mar.* 35; Livy *Per.* 76.
22   인용: Plut. *Sulla* 8. 추가 참조: Plut. *Mar.* 35.
23   App. *BC* i.53, 55; Plut. *Sulla* 8; "Cic." *Rhet. Her.* ii.45; Ascon. 64; Livy *Per.* 77.
24   인용: App. *BC* i.53. 추가 참조: Plut. *Sulla* 8; Ascon. 64; Livy *Per.* 77.
25   App. *BC* i.55-56; Plut. *Mar.* 35, *Sulla* 8; Cic. *Amic.* 1-3; Vell. Pat. ii.18; Livy *Per.* 77.
26   App. *BC* i.56; Plut. *Mar.* 35, *Sulla* 8.
27   App. *BC* i.56; Plut. *Mar.* 35, *Sulla* 8; Vell. Pat. ii.18; Flor. ii.9.21; Eutr. v.4; Livy *Per.* 77.
28   Plut. *Sulla* 7; Diod. xxxvii.2; Vell. Pat. ii.18; Eutr. v.4; Oros. v.19.
29   Plut. *Sulla* 8-9; App. *BC* i.57; Oros. v.19.
30   App. *BC* i.57.
31   Plut. *Mar.* 35, *Sulla* 8; Val. Max. vi.7e.1; Oros. v.19.
32   App. *BC* i.57; Plut. *Sulla* 9; Eutr. v.4.
33   인용: Plut. *Sulla* 6. 추가 참조: App. *BC* i.57; Plut. *Sulla* 9.
34   App. *BC* i.57; Plut. *Sulla* 9, *Mar.* 35.
35   인용: App. *BC* i.57. 추가 참조: Plut. *Sulla* 9.
36   App. *BC* i.57; Plut. *Sulla* 9.
37   App. *BC* i.58; Plut. *Sulla* 9.
38   인용: App. *BC* i.58. 추가 참조: Plut. *Mar.* 35, *Sulla* 9; Flor. ii.9.21; Oros. v.19; Eutr. v.4; Livy *Per.* 77.
39   App. *BC* i.58; Plut. *Mar.* 35, *Sulla* 9; Flor. ii.9.21; Vell. Pat. ii.19; Val. Max. viii.6.2; Oros. v.19; Livy *Per.* 77.
40   App. *BC* i.59.
41   App. *BC* i.59; Oros. v.19.
42   App. *BC* i.60; Plut. *Sulla* 10; Cic. *Cat.* iii.24, *Brut.* 168; Flor. ii.9.21; Vell.

43 App. *BC* i.59, 73; Cic. *Phil.* viii.2.7; Livy *Per.* 77.
44 App. *BC* i.59-60; Plut. *Sulla* 10; Vell. Pat. ii.19; Livy *Per.* 77.
45 인용: Oros. v.19. 추가 참조: App. *BC* i.60; Plut. *Sulla* 10; "Cic." *Rhet. Her.* i.25, iv.31, *Orat.* iii.11, *Brut.* 307, *Cat.* iii.24; Vell. Pat. ii.19; Eutr. v.4; Livy *Per.* 77.
46 Plut. *Mar.* 35; Eutr. v.4.
47 Plut. *Mar.* 35-36.
48 인용: Plut. *Mar.* 36. 추가 참조: App. *BC* i.61, 75.
49 Plut. *Mar.* 37.
50 Plut. *Mar.* 37.
51 인용: Vell. Pat. ii.19. 추가 참조: Plut. *Mar.* 38; Cic. *Red. Pop.* 20, *Sest.* 50, *Pis.* 43, *Fin.* ii.105; Sall. *Hist.* i.21; Oros. v.19; Livy *Per.* 77.
52 인용: App. *BC* i.61. 추가 참조: Plut. *Mar.* 38-39; Vell. Pat. ii.19; Val. Max. ii.10.6; Gran. xxxv.15; Oros. v.19; Livy *Per.* 77.
53 인용: Plut. *Mar.* 39. 추가 참조: App. *BC* i.62; Cic. *Sest.* 50, *Planc.* 26; Sall. *Hist.* i.22; Vell. Pat. ii.19; Val. Max. i.5.5; Gran. xxxv.16; Livy *Per.* 77.
54 App. *BC* i.62; Plut. *Mar.* 40.
55 인용: Plut. *Mar.* 40. 추가 참조: App. *BC* i.62; Cic. *Red. Pop.* 20, *Pis.* 43; Diod. xxxvii.29; Vell. Pat. ii.19; Val. Max. vi.9.6; Oros. v.19; Livy *Per.* 77.
56 App. *Mith.* 22-23; Vell. Pat. ii.18; Plut. *Pomp.* 37; Dio xxx/xxxv.101; Flor. i.40.5; Oros. vi.2; Eutr. v.5; Livy *Per.* 78.
57 App. *Mith.* 22-23, 58, 62; Cic. *Leg. Man.* 7; Vell. Pat. ii.18; Val. Max. ix.2e.3; Dio xxx/xxxv.101, 109; Tac. *Ann.* iv.14; Eutr. v.5; Oros. vi.2; Livy *Per.* 78.

11장 징 박힌 장화

1 Sall. *Cat.* 11.
2 App. *BC* i.63; Plut. *Sulla* 10.
3 Plut. *Sulla* 10. FC도 참조.
4 그의 생애와 시대에 관한 필수 안내서인 Lovano, *The Age of Cinna* 참조.

5   App. *BC* i.60.
6   Plut. *Sulla* 10; Cic. *Planc.* 51; Dio xxx/xxxv.102; Eutr. v.4.
7   Plut. *Sulla* 10.
8   App. *BC* i.63; Vell. Pat. ii.20; Val. Max. ix.7e.2; Livy *Per.* 77.
9   App. *BC* i.64.
10 Plut. *Sulla* 10; Dio xxx/xxxv.102; Eutr. v.4.
11 App. *BC* i.64; Plut. *Mar.* 41; Vell. Pat. ii.20.
12 App. *BC* i.65; Plut. *Mar.* 41, *Sert.* 4; Cic. Cat. iii.24, *Phil.* viii.7; Vell. Pat. ii.20; Flor. ii.9.21; Gran. xxxv.15; Livy *Per.* 79.
13 App. *BC* i.65-66; Plut. *Mar.* 41; Vell. Pat. ii.20; Livy *Per.* 79.
14 App. *BC* i.65; Plut. *Sert.* 4; Vell. Pat. ii.20.
15 인용: App. *BC* i.65. 추가 참조: Vell. Pat. ii.20; Livy *Per.* 79.
16 App. *BC* i.66; Vell. Pat. ii.21; Gran. xxxv.19, 21.
17 인용: Dio xxx/xxxv.102. 추가 참조: App. *BC* i.68; Vell. Pat. ii.21; Gran. xxxv.20-21; Dio xxx/xxxv.102; Livy *Per.* 80.
18 Plut. *Sulla* 11; Flor. xl.5.
19 App. *Mith.* 27-28; Plut. *Sulla* 11; Paus. i.20.5; Flor. i.40.5; Eutr. v.6; Livy *Per.* 79.
20 App. *Mith.* 29; Plut. *Sulla* 11.
21 App. *Mith.* 30-32; Plut. *Sulla* 11-12, *Luc.* 2; Paus. ix.7.4; Flor. i.40.5; Eutr. v.6; Livy *Per.* 81.
22 App. *BC* i.67; Plut. *Mar.* 41, *Sert.* 5; Oros. v.19.
23 인용: Flor. ii.9.21. 추가 참조: App. *BC* i.67; Plut. *Mar.* 41, *Sert.* 5; Gran. xxxv.17; Oros. v.19; Livy *Per.* 79.
24 App. *BC* i.67; Plut. *Sert.* 5; Flor. ii.9.21; Val. Max. iv.7.4; Gran. xxxv.17; Oros. v.19; Livy *Per.* 79.
25 App. *BC* i.67; Gran. xxxv.18; Oros. v.19; Livy *Per.* 79.
26 App. *BC* i.67; Plut. *Mar.* 42-43, *Pomp.* 1, 3, *Mor.* 553.b; Vell. Pat. ii.21; Gran. xxxv.18-23; Oros. v.19; Livy *Per.* 80.
27 인용: Diod. xxxviii.1. 추가 참조: App. *BC* i.69-70; Plut. *Mar.* 43; Diod. xxxviii.2-4; Gran. xxxv.23.
28 App. *BC* i.70; Plut. *Mar.* 42; Vell. Pat. ii.21; Dio xxx/xxxv.102; Livy

Per. 80.

29 인용: App. *BC* i.70. 추가 참조: Plut. *Mar.* 43; Vell. Pat. ii.22; Flor. ii.9.21; Dio xxx/xxxv.102; Val. Max. i.6.10; Ascon. 23; Oros. v.19; Eutr. v.7; Livy *Per.* 80.

30 App. *BC* i.70-71; Plut. *Mar.* 42; Cic. *Tusc.* v.55; Vell. Pat. ii.22; Flor. ii.9.21; Livy *Per.* 80.

31 인용: App. *BC* i.72. 추가 참조: Plut. *Mar.* 44, *Ant.* 1; Cic. *Orat.* iii.10, *Tusc.* v.55, *Brut.* 307, *Fam.*vi.2.2; Flor. ii.9.21; Val. Max. viii.9.2, ix.2.2; Ascon. 25; Livy *Per.* 80.

32 인용: Plut. *Mar.* 44, Vell. Pat. ii.22. 추가 참조: Cic. *Orat.* iii.9, *Tusc.* v.56, *Brut.* 307, *Nat. Deo.* iii.80; Flor. ii.9.21; Val. Max. ix.12.4-5.

33 인용: Dio xxx/xxxv.102. 추가 참조: App. *BC* i.72-74; Plut. *Mar.* 43, *Cras.* 4; Cic. *Tusc.* v.55, *Cat.* iii.24, *Red. Sen.* 38; Diod. xxxviii.4; Vell. Pat. ii.22; Oros. v.19; Eutr. v.7; Livy *Per.* 80.

34 인용: Plut. *Mar.* 43. 추가 참조: Plut. *Mar.* 44, *Sert.* 5; Dio xxx/xxxv.102; Oros. v.19.

35 Vell. Pat. ii.23; Oros. v.19; Eutr. v.7.

36 Plut. *Sulla* 12, 22.

37 인용: Plut. *Sulla* 12. 추가 참조: Diod. xxxviii.7; Paus. ix.33.6, x.21.6.

38 인용: Plut. *Sulla* 13. 추가 참조: App. *Mith.* 38-39; Plut. *Sulla* 6, 13-14; Vell. Pat. ii.23; Flor. xl.5; Oros. vi.2; Eutr. v.6; Livy *Per.* 81.

39 Flor. i.40.5; App. *Mith.* 40-41; Plut. *Sulla* 14; Vell. Pat. ii.23-24; Strabo ix.1.15, xiv.2.9; Eutr. v.6.

40 App. *BC* i.75; Plut. *Mar.* 45; Vell. Pat. ii.23; Dio xxx/xxxv.102; Oros. v.19; Livy *Per.* 80.

41 Plut. *Mar.* 45.

42 Plut. *Mar.* 45, *Mor.* 202.b; App. *BC* i.75; Cic. *Tusc.* ii.35, 53, *Nat. Deo.* iii.81; Diod. xxxvii.29; Vell. Pat. ii.23; Flor. ii.9.21; Oros. v.19.

43 인용: Livy *Per.* 80, Plut. *Mar.* 45. 추가 참조: Plut. *Sulla* 30, *Luc.* 38; Diod. xxxvii.29; Val. Max. ii.2.3, vi.9.14.

44 App. *BC* i.75; Plut. *Sulla* 20; Vell. Pat. ii.23; Livy *Per.* 82.

45 Cic. *Font.* 1; Sall. *Cat.* 33; Vell. Pat. ii.23.

46 Cic. *Leg.* iii.36, Off. iii.80-81; Pliny *NH* xxxiii.46, xxxiv.12.
47 App. *Mith.* 42-45; Plut. *Sulla* 15-19, *Luc.* 3, 11; Flor. xl.5; Strabo ix.2.37; Paus. i.20.6, ix.40.7; Eutr. v.6; Oros. vi.2; Livy *Per.* 82.
48 App. *Mith.* 51; Plut. *Sulla* 20.
49 인용: Plut. *Sulla* 21. 추가 참조: App. *Mith.* 49; Plut. *Sulla* 22; Flor. xl.5; Front. ii.3.17, 8.12; Gran. xxxv.24-26; Eutr. v.6; Oros. vi.2; Livy *Per.* 82.
50 App. *Mith.* 52; Plut. *Sulla* 23, *Luc.* 7, 34; Diod. xxxviii.8.1; Vell. Pat. ii.24; Val. Max. 9.11.2; Strabo xiii.1.27; Dio xxx/xxxv.104; Oros. vi.2; Livy *Per.* 82.
51 App. *Mith.* 52; Plut. *Luc.* 3; Diod. xxxviii.8.2-3; Vell. Pat. ii.24; Dio xxx/xxxv.104; Livy *Per.* 83.
52 Plut. *Sulla* 22-23; Gran. xxxv.26-27; Eutr. v.6-7.
53 인용: Plut. *Sulla* 24. 추가 참조: App. *Mith.* 56-58; Plut. *Luc.* 4; Sall. *Hist.* i.27; Vell. Pat. ii.23; Flor. i.40.5; Strabo xiii.1.27-28; Gran. xxxv.27; Eutr. v.7; Livy *Per.* 83.
54 Plut. *Sulla* 24; Flor. i.40.5.
55 App. *Mith.* 59-60; Plut. *Sulla* 25; Diod. xxxviii.8.4; Vell. Pat. ii.24; Oros. vi.2; Livy *Per.* 83.
56 App. *Mith.* 61-63; Plut. *Sulla* 25, *Luc.* 4; Cic. *Flac.* 32; Flor. xl.5; Gran. xxxv.28.
57 Cic. *Brut.* 308.
58 Livy *Per.* 84, 86; Cic. *Phil.* xii.27.
59 App. *BC* i.76; Livy *Per.* 83.
60 App. *BC* i.77.
61 App. *BC* i.76-77; Livy *Per.* 83.
62 App. *BC* i.78; Livy *Per.* 83.
63 App. *BC* i.78.
64 App. *BC* i.78; Plut. *Pomp.* 5, Sert. 6; Vell. Pat. ii.24; Dio xlv.47, lii.13; Livy *Per.* 83.
65 인용: Cic. *Nat. Deo.* iii.81; Vell. Pat. ii.24.

12장 내전

1   App. *BC* i.60.
2   App. *BC* i.78; Vell. Pat. ii.24; Livy *Per.* 84.
3   Diod. xxxviii.13.
4   App. *BC* i.81.
5   App. *Ill.* 5; Plut. *Cras.* 6, *Numa* 9; Cic. *Verr.* ii.2.5, 5.8; Diod. xxxvii.2, xxxviii.8; Livy *Per.* 84.
6   인용: Cic. *Brut.* 239. 추가 참조: Plut *Pomp.* 1-3, *Mor.* 717.c; App. *BC* i.12; Cic. *Leg. Man.* 28; Vell. Pat. ii.53; Val. Max. v.2.9; Pliny *NH* xxxvii.6; Gran. xxxiii.13; Strabo xiv.1.48.
7   App. *BC* i.82, ii.13-14, iii.46; Plut. *Caes.* 14, *Cato. Min.* 33, *Pomp.* 48, *Cras.* 14; Dio xxxviii.8, xlv.13; Vell. Pat. ii.44; Seut. *Caes.* 14.
8   인용: App. *BC* i.82. 추가 참조: Livy *Per.* 84.
9   Plut. *Sulla* 27; Vell. Pat. ii.24.
10 App. *BC* i.79, 84; Plut. *Sulla* 27; Flor. ii.9.21; Sall. *Hist.* i.28; Vell. Pat. ii.25; Eutr. v.7; Livy *Per.* 85.
11 Plut. *Sulla* 27.
12 App. *BC* i.81.
13 App. *BC* i.80-81; Plut. *Cras.* 6; Dio xxx/xxxv.106; Livy *Per.* 84.
14 App. *BC* i.80.
15 Diod. xxxviii.9; App. *BC* i.80; Plut. *Pomp.* 6-8, *Cras.* 6; Cic. *Phil.* v.43-44, *Leg. Man.* 61; Sall. *Hist.* v.16; Val. Max. v.2.9; Dio xxx/xxxv.107; Livy *Per.* 85.
16 인용: Plut. *Cras.* 6.
17 App. *BC* i.80; Cic. *Pro. Cons.* 21; Livy *Per.* 85.
18 Plut. *Sulla* 27.
19 App. *BC* i.84; Plut. *Sulla* 27; Vell. Pat. ii.25; Flor. ii.9.21; Oros. v.20; Eutr. v.7; Livy *Per.* 85.
20 App. *BC* i.85; Plut. *Sulla* 28, *Sert.* 6.
21 인용: App. *BC* i.85. 추가 참조: Plut. *Sulla* 28, *Sert.* 6; Cic. *Phil.* xii.27, xiii.1.

22 App. *BC* i.85; Plut. *Sert.* 6.
23 인용: Plut. *Sulla* 28. 추가 참조: App. *BC* i.85-86; Sall. *Hist.* i.29; Diod. xxxviii.16; Vell. Pat. ii.25; Flor. ii.9.21; Eutr. v.7; Livy *Per.* 85.
24 App. *BC* i.86.
25 인용: Diod. xxxviii.13. 추가 참조: App. *BC* i.86; Cic. *Phil.* xii.27.
26 App. *BC* i.86; Plut. *Pomp.* 6; Flor. ii.10.22; Vell. Pat. ii.25.
27 인용: Diod. xxxviii.10. 추가 참조: Plut. *Pomp.* 7.
28 App. *BC* i.86; Plut. *Sert.* 6.
29 App. *BC* i.87; Sall. *Hist.* i.30; Vell. Pat. ii.26; Livy *Per.* 86.
30 App. *BC* i.87.
31 App. *BC* i.87; Diod. xxxviii.12-13.
32 App. *BC* i.87; Plut. *Sulla* 28; Sall. *Hist.* i.30-32; Flor. ii.9.21; Vell. Pat. ii.26; Oros. v.20; Eutr. v.8; Livy *Per.* 87.
33 App. *BC* i.87.
34 App. *BC* i.87-88; Dio xxx/xxxv.108; Livy *Per.* 87.
35 App. *BC* i.88.
36 Diod. xxxviii.17; App. *BC* i.88; Cic. *Brut.* 311, *Nat. Deo.* iii.80, *Fam.* ix.21; Diod. xxxviii.17; Vell. Pat. ii.26; Flor. ii.9.21; Val. Max. ix.2.3; Oros. v.20; Livy *Per.* 87.
37 App. *BC* i.88-89; Eutr. v.8; Livy *Per.* 87.
38 App. *BC* i.89.
39 인용: Plut. *Sulla* 30.
40 Plut. *Pomp.* 6.
41 App. *BC* i.89; Vell. Pat. ii.28; Pliny *NH* viii.82.
42 App. *BC* i.89-90; Oros. v.20.
43 App. *BC* i.90.
44 Plut. *Sulla* 28.
45 인용: App. *BC* i.91.
46 Plut. *Sulla* 28; Sall. *Hist.* i.33; Eutr. v.8; Livy *Per.* 88.
47 App. *BC* i.92; Plut. *Sulla* 29.
48 App. *BC* i.92; Plut. *Sulla* 29; Sall. *Hist.* i.34.
49 인용: Vell. Pat. ii.27. 추가 참조: Strabo v.4.11; Livy *Per.* 88.

50 App. *BC* i.93; Plut. *Sulla* 29, *Cras.* 6; Strabo v.4.11; Oros. v.20; Eutr. v.8; Livy *Per.* 88.
51 인용: App. *BC* i.94. 추가 참조: Diod. xxxvii.29, xxxviii.15; Vell. Pat. ii.27; Val. Max. xi.8.2, ix.2.1; Strabo v.3.11; Front. ii.9.3; Livy *Per.* 88.
52 Dio xxx/xxxv.109.

13장 종신 독재관

1 Seut. *Caes.* 77.
2 Plut. *Sulla* 30; Dio xxx/xxxv.109.
3 인용: Plut. *Sulla* 30. 추가 참조: Dio xxx/xxxv.109; Flor. ii.9.25; Val. Max. ix.2.1; Strabo v.4.11; Oros. v.21.
4 App. *BC* i.95.
5 인용: Plut. *Sulla* 31. 추가 참조: App. *BC* i.95; Livy *Per.* 88.
6 Plut. *Sulla* 31; App. *BC* i.95; Cic. *Leg.* ii.56; Vell. Pat. ii.28; Dio xxx/xxxv.109; Val. Max. ix.2.1; Pliny *NH* vii.54; Gran. xxxvi.33; Seut. *Caes.* 11; Flor. ii.9.25.
7 Plut. *Sulla* 31; App. *BC* i.95; Diod. xxxviii.19; Dio xxx/xxxv.109; Oros. v.21.
8 Plut. *Sulla* 31; App. *BC* i.95; Cic. *Verr.* ii.3.8, *Leg. Agr.* ii.56, *Rosc. Am.* 126; Dio xxx/xxxv.109.
9 Plut. *Sulla* 31, Cras. 3, 6; App. *BC* i.96; Dio xxx/xxxv.109.
10 Plut. *Sulla* 32; Sall. *Cat.* 5, 16, 37, *Hist.* i.36-37; Flor. ii.9.25; Val. Max. ix.2.1; Ascon. 84, 90-91; Pliny *NH* xxxiv.12; Oros. v.21; Livy *Per.* 89.
11 Plut. *Sulla* 1; Cic. *Rosc. Am.* 15-32; Dio xxx/xxxv.109; Oros. v.21.
12 인용: Plut. *Pomp.* 9. 추가 참조: Plut. *Sulla* 31; App. *BC* i.95-96; Sall. *Hist.* i.44; Val. Max. v.3.5, vi.2.8, ix.13.2; Eutr. v.8; Oros. v.21; Livy *Per.* 89.
13 인용: Vell. Pat. ii.22. 추가 참조: Dio xxx/xxxv.109; Sall. *Cat.* 37.
14 인용: Seut. *Caes.* 1. 추가 참조: Seut. *Caes.* 74; Plut. *Caes.* 1; Dio xliii.43; Vell. Pat. ii.41, 43.
15 App. *BC* 95, 103; Cic. *Rosc. Am.* 128; Flor. ii.9.25.

16   Plut. *Sulla* 34 *Mor.* 318.d, 542.f; App. *BC* i.97; Cic. *Phil.* ix13; Diod. xxxviii.15; Vell. Pat. ii.27, 61; Livy xxx.45; Val. Max, xi.4.4, ix.2.1; Pliny *NH* vii.43.
17   Plut. *Sulla* 33, *Pomp.* 9; App. *BC* i.98; Vell. Pat. ii.28; Livy *Per.* 89.
18   App. *BC* i.3, 98; Cic. *Verr.* ii.3.82, *Leg. Agr.* Iii.5-6, 8, *Leg.* i.42; Oros. v.21.
19   Plut. *Sulla* 33.
20   App. *BC* i.98-99.
21   Livy *Per.* 89.
22   App. *BC* i.100, ii.29; Cic. *Verr.* ii.1.155, *Leg.* iii.22; Caes. *BC* i.7; Vell. Pat. ii.30; Ascon. 67, 78; Seut. *Caes.* 5; Livy *Per.* 89.
23   App. *BC* i.100; Cic. *Luc.* ii.1; Tac. *Ann.* 11.
24   Cic. *Fam.* i.9.25, iii.6.3, 6.6, 10.6.
25   App. *BC* i.100; Sall. *Cat.* 37; Livy *Per.* 89.
26   Cic. *Verr.* i.37-38, ii.2.77; Vell. Pat. ii.32; Tac. *Ann.* xi.22.
27   Cic. *Clu.* 151, 154, *Fam.* iii.11.2, *Rab. Post.* 8-9, *Pis.* 50; Just. i.2.2.32, ix.2.5.1, xxix.5.25.1, xlvii.5.23.2, 10.5.1-7, 37, xlviii.2.12.4, 5.33.1, 8.1.17.
28   App. *BC* i.96, 102; Cic. *Leg. Agr.* ii.35, 68-70, 78, 81, iii.7, 12; Gran. xxviii.10; Flor. ii.9.25; Livy *Per.* 89.
29   Gell. ii.24.11; Amm. xvi.5.
30   Plut. *Pomp.* 22, *Mor.* 203.f-204.a; Cic. *Verr.* i.54l; Val. Max. v.9.1. Brunt, *Italian Manpower*, ch. 7도 참조.
31   Plut. *Sulla* 34; App. *BC* i.103.
32   Plut. *Sulla* 33; App. *BC* i.100; Ascon. 91; Livy *Per.* 89.
33   인용: App. *BC* i.104. 추가 참조: Oros. v.22.
34   Plut. *Sulla* 35-36; App. *BC* i.103-104; Cic. *Planc.* 51; Sall. *Hist.* i.50-53; Val. Max. vi.9.6; Pliny *NH* xxxiii.47.
35   Plut. *Sulla* 37.
36   인용: Plut. *Sulla* 37. 추가 참조: App. *BC* i.105; Pliny vii.43.
37   인용: Plut. *Sulla* 37. 추가 참조: App. *BC* i.105; Dio lii.17; Val. Max. ix.3.8; Pliny *NH* vii.43; Paus. i.20.7, ix.33.6; Livy *Per.* 90.
38   Plut. *Sulla* 38, *Luc.* 43, *Pomp.* 15, 81; App. *BC* i.105-106; Cic. *Leg.* ii.57; Pliny *NH* vii.54; Gran. xxxvi.32-33.

39 인용: Plut. *Sulla* 38. 추가 참조: Plut. *Pomp.* 15; App. *BC* i.106.
40 Cic. *Verr.* ii.1.123, *Fam.* xviii.5.2; Dio xliii.50; Vell. Pat. ii.28; Livy *Per.* 88.
41 호민관 관련: Cic. *Verr.* i.44, *Leg.* iii.22, 26; Sall. *Cat.* 38; Caes. *BC* i.7; Livy. *Per.* 97; Vell. Pat. ii.30; Ascon. 76; Tac. *Ann.* iii.27; Plut. Pomp. 22; App. *BC* ii.29. 배심원단 관련: Cic. *Verr.* ii.2.174, 3.223, *Clu.* 130, *Phil.* i.20; Livy. *Per.* 97; Vell. Pat. ii.32; Ascon 17, 67, 78; Tac. Ann. iii.28; Plut. *Pomp.* 22. 토지 관련: Cic. *Leg. Agr.* ii.35, 68–70, 78, 81, iii.7, 12.
42 App. *BC* i.27–30; Plut. *Mar.* 29, *Cras.* 2; Cic. *Leg.* ii.14, *Leg. Agr.* ii.35, 68–70, 78, 81, iii.7, 12; "Caes." *BA* 56; Livy *Per.* 69.
43 Plut. *Cras.* 12, *Cato Min.* 26, *Caes.* 8, *Pomp.* 50; Cic. *Off.* ii.58, *Verr.* ii.3.163, 173, 214–216, ii.5.52, Scaur. 3, Att. xv.9–12; Dio xxxix.24; Ascon. 48; Sall. *Hist.* ii.44–47, iii.48.
44 Syme, *Roman Revolution,* ch. 5 참조.
45 인용: Seut. *Tib.* 32.
46 인용: Dio lxxviii.9.
47 Plut. *Pomp.* 16–20, *Sert.* 6–27; App. *BC* 108–115; Flor. ii.11; Oros. v.24–25; Livy *Per.* 90–93, 96.
48 Plut. *Cras.* 12, *Pomp.* 23; Seut. *Caes.* 19; Sall. *Hist.* iv.51.
49 Plut. *Caes.* 5; Seut. *Caes.* 6.
50 특히 참조: App. *BC* 8–29, *Mith.* 64–113; Plut. *Pomp.* 31–52, *Luc.* 5–42, *Caes.* 14–28, *Cras.* 14–33; *Caes. BC, BG.*
51 인용: Seut. *Caes.* 77.
52 특히 참조: Dio liii.1–33; Seut. *Aug.* 25–31.

고대 문헌사료

고대 문헌사료를 나타내는 표준 약어는 작품의 라틴어 제목을 사용한다. 예를 들어 아피아노스 아래에 오는 첫번째 표제 'BC'는 Bellum Civile(내전)의 약어다. 바로와 대 카토 둘 다 '농업론'이라는 제목의 작품을 썼는데, 이는 라틴어로 Re Rustica이므로 약어는 RR이 된다. 본 참조표는 라틴어 약어마다 바로 옆에 번역어를 붙였다.

인용 작품의 번역은 『로브 클래시컬 라이브러리Loeb Classical Library』 초판본에서 가져왔다. 이 판본은 현재 저작권이 소멸되었으며 고전 문헌이 수록된 일부 온라인 데이터베이스에서 이용 가능하다. 이 책에서 활용한 주요 데이터베이스는 Perseus Digital Library, Lacus Curtius, Livius.org, Attalus.org이다. 로마사를 더 배워보고 싶은 사람이라면 지금 바로 고대 사료의 세계로 뛰어들기를 권한다. 그 사료야말로 모든 지식의 뿌리니까 말이다.

XII		12표법
1-12		표를 가리킴.

Amm.		암미아누스 마르켈리누스
RG		『벌어진 일』

App.		아피아노스
BC		『내전』
Gall.		『갈리아 전쟁』
Han.		『한니발 전쟁』
Iber.		『히스파니아 전쟁』
Ill.		『일리리아 전쟁』
Isl.		『시칠리아와 주변 섬들에서 벌어진 전쟁』
Mac.		『마케도니아 전쟁』
Mith.		『미트리다테스 전쟁』
Pun.		『포에니 전쟁』
Reg.		『왕들의 전쟁』
Samn.		『삼니움 전쟁』

Ascon.		아스코니우스
Orat. Cic.		『키케로의 다섯 가지 연설에 관한 해설』

Athen.		아테나이오스
Dei.		『현자들의 연회』

Caes.		율리우스 카이사르
BC		『내전기』
BG		『갈리아 전기』

"Caes."		카이사르 사칭자
BA		『아프리카 전쟁』

CAH	『케임브리지 고대사』
Cato	대 카토
RR	『농업론』
Cic.	키케로
Amic.	『우정론』
Arch.	『아르키아스를 위한 변론』
Att.	『아티쿠스에게』
Balb.	『발부스를 위한 변론』
Brut.	『브루투스』
Cael.	『카일리우스를 위한 변론』
Cat.	『카틸리나 탄핵 연설』
Clu.	『아울루스 클루엔티우스를 위한 변론』
Deiot.	『데이오타로스왕을 위한 변론』
Div.	『점술론』
Div. Caec.	『퀸투스 카이킬리우스에 대한 반론』
Dom.	『신관들에게 전한 그의 집에 관한 연설』
Fam.	『친구들에게 보내는 편지』
Fin.	『최고선악론』
Flacc.	『플라쿠스를 위한 변론』
Font.	『폰테이우스를 위한 변론』
Har. Resp.	『장복관의 대답에 관하여』
Leg.	『법률론』
Leg. Agr.	『농지법에 관하여』
Leg. Man.	『마닐리우스법 지지 연설』
Luc.	『루쿨루스』
Milo	『밀로를 위한 변론』
Mur.	『루키우스 무레나를 위한 변론』
Nat. Deo.	『신들의 본성에 관하여』
Off.	『의무론』
Orat.	『웅변가론』

Phil.	『필리피카이』
Pis.	『피소 탄핵문』
Planc.	『플랑키우스를 위한 변론』
Pro. Cons.	『집정관의 속주에 관하여』
Quint.	『퀸투스와 주고받은 편지』
Rab. Perd.	『반역자 라비리우스를 위한 변론』
Rab. Post.	『라비리우스 포스투무스를 위한 변론』
Red. pop.	『대對인민 복귀 연설』
Red. Sen.	『대對원로원 복귀 연설』
Rep.	『공화정론』
Rosc. Am.	『아메리아의 섹스투스 로스키우스를 위한 변론』
Scaur.	『스카우루스를 위한 변론』
Sest.	『세스티우스를 위한 변론』
Tusc.	『투스쿨룸 대화』
Verr.	『베레스 탄핵문』
"Cic."	키케로 사칭자
Rhet. Her.	『헤렌니우스를 위한 수사학』
CIL	『라틴 명문銘文 전집』
Dio	카시우스 디오
Hist.	『로마사』
Diod.	디오도로스 시켈리오테스
Bib. Hist.	『역사 총서』
Diony.	할리카르나소스의 디오니시오스
Rom. Ant.	『고대 로마사』
Eur.	에우리피데스
Phoen.	'페니키아 여인들'

Eutr.		에우트로피우스
Brev.		『로마사 개요』
FC		『카피톨리누스 명단』
Fest.		페스투스
Brev.		『로마인들의 업적 개요』
Flor.		플로루스
Epit.		『로마사 개요』
Front.		프론티누스
Strat.		『전략론』
FT		『개선장군 명단』
Gell.		아울루스 겔리우스
Att.		『아테네의 밤』
Gran.		그라니우스 리키니아누스
Hist.		『로마사』
Hor.		호라티우스
Odes		『송시』
Just.		유스티누스
Phil.		『필리포스의 역사』
Juv.		유베날리스
Sat.		『풍자시』

Livy	리비우스	
Ab. Urb.	『로마 건국사』	
Per.	『요약집』	
Macr.	마크로비우스	
Sat.	『사투르누스 축제』	
Obseq.	율리우스 옵세퀜스	
Prod.	『불가사의의 책』	
ORF	『로마 웅변의 단편』	
Oros.	오로시우스	
Adv. Pag.	『이교도 대항사』	
Paus.	파우사니아스	
Desc.	『그리스 이야기』	
Pliny	대 플리니우스	
NH	『자연사』	
Pliny Min.	소 플리니우스	
Lett.	『편지』	
Plut.	플루타르코스	
Aem. Paul.	『아이밀리우스 파울루스』	
Ant.	『마르쿠스 안토니우스』	
Caes.	『율리우스 카이사르』	
Cam.	『카밀루스』	
Cato Maj.	『대 카토』	
Cato Min.	『소 카토』	
CG	『가이우스 그라쿠스』	

Cor.	『코리올라누스』
Cras.	『크라수스』
Dem.	『데메트리오스』
Fab. Max.	『파비우스 막시무스』
Flam.	『플라미니누스』
Luc.	『루쿨루스』
Mar.	『마리우스』
Marc.	『마르켈루스』
Mor.	『윤리론집』
Num.	『누마』
Pomp.	『폼페이우스』
Pub.	『푸블리콜라』
Rom.	『로물루스』
Sert.	『세르토리우스』
Sulla	『술라』
TG	『티베리우스 그라쿠스』

"Plut."	플루타르코스 사칭자
Apoph.	『로마인들의 격언』

Polyb.	폴리비오스
Hist.	『역사』

Sall.	살루스티우스
Cat.	『카틸리나의 음모』
Hist.	『역사』(단편斷片)
Jug.	『유구르타 전쟁』

Seut.	수에토니우스
Aug.	『아우구스투스』
Caes.	『율리우스 카이사르』
Tib.	『티베리우스』

Strabo	스트라본	
Geo.	『지리지』	

Tac.	타키투스	
Ann.	『연대기』	
Germ.	『게르마니아』	
Hist.	『역사』	
Orat.	『웅변에 관한 대화』	

Ulp.	울피아누스	
Dig.	『유스티니아누스의 학설휘찬』	

Val. Max.	발레리우스 막시무스	
Fact. Dict.	『기억할 만한 공적과 격언』	

Varro	바로	
LL	『라틴어론』	
RR	『농업론』	

Vell. Pat.	벨레이우스 파테르쿨루스	
Hist.	『로마사』	

"Vict."	아우렐리우스 빅토르 사칭자	
Vir. Ill.	『명인록』	

현대 참고문헌

Astin, A.E. *Scipio Aemilianus*. Oxford: Clarendon Press, 1967.
Badian, Ernst. *Foreign Clientelae, 264–70 B.C.* Oxford: Clarendon Press, (1958) 1984.
_____. *Publicans and Sinners: Private Enterprise in the Service of the Roman Republic*. Ithaca, NY: Cornell University Press, 1972.
_____. *Roman Imperialism in the Late Republic*. Oxford: Basil Blackwell, 1968.
Baker, G.P. *Sulla the Fortunate*. New York: Barnes & Noble, 1967. 1927년 University of Michigan Press에서 최초 출간.
Bernstein, Alvin H. *Tiberius Sempronius Gracchus: Tradition and Apostasy*. Ithaca and London: Cornell University Press, 1978.
Botsford, George Willis. *The Roman Assemblies: From Their Origin to the End of the Republic*. New York: MacMillan Company, 1909.
Brunt, P. A. *Italian Manpower 225 BC–AD 14*. Oxford: Clarendon Press, 1971.
_____. *Social Conflict in the Roman Republic*. New York and London: W. W. Norton, 1971.
Carney, Thomas. *A Biography of C. Marius*. Assen, Netherlands: Royal VanGorcum, 1961.

Clark, Jessica. *Triumph in Defeat: Military Loss and the Roman Republic*. New York: Oxford University Press, 2014.

Crook, J. A., A. Lintott, & E. Rawson 편집. *The Cambridge Ancient History Vol. IX*. Cambridge: Cambridge University Press, 1994.

Dart, Christopher. *The Social War, 91–88 BC*. Farnham: Ashgate, 2014.

Earl, D. C. *Political Thought of Sallust*. Cambridge: Cambridge University Press, 1961.

____. *Tiberius Gracchus: A Study in Politics*. Vol. LXIV. Brussels: Collection Latomus, 1963.

Eckstein, Arthur M. *Senate and General: Individual Decision Making and Roman Foreign Relations, 261–194 BC*. Berkeley: University of California Press, 1987.

Evans, Richard. J. *Gaius Marius: A Political Biography*. Pretoria: University of South Africa Press, 1994.

Gabba, Emilio. *Republican Rome: The Army & the Allies*. Berkeley: University of California Press, 1976.

Gargola, Daniel J. *Lands, Laws, & Gods: Magistrates & Ceremony in the Regulation of Public Lands in Republican Rome*. Chapel Hill: University of North Carolina Press, 1995.

Goldsworthy, Adrian. *The Roman Army at War 100 BC–AD 200*. Oxford: Clarendon Press, 1996.

Gruen, Erich. *The Last Generation of the Roman Republic*. Berkeley: University of California Press, 1974.

_____. *Roman Politics & the Criminal Courts 149–78 B.C*. Cambridge, MA: Harvard University Press, 1968.

Hildinger, Erik. *Swords Against the Senate: The Rise of the Roman Army and the Fall of the Republic*. Boston: Da Capo Press, 2002.

Hölkeskamp, Karl-Joachim. *Reconstructing the Roman Republic: An Ancient Political Culture and Modern Research*. Woodstock: Princeton University Press, 2010.

Keaveney, Arthur. *The Army in the Roman Revolution*. New York: Routledge, 2007.

_____. *Sulla: The Last Republican*, 제2판. New York: Routledge, 2005. 1982년 Croom Helm에서 최초 출간.

Lintott, Andrew. *The Constitution of the Roman Republic*. Oxford: Clarendon Press, 1999.

_____. *Judicial Reform and Land Reform in the Roman Republic*. Cambridge: Cambridge University Press, 1992.

_____. *Violence in Republican Rome*. Oxford: Oxford University Press, 1999.

Lovano, Michael. *The Age of Cinna: Crucible of Late Republican Rome*. Historia: Einzelschriften No. 158. Stuttgart, Ger.: Franz Steiner, 2002.

Mackay, Christopher S. *The Breakdown of the Roman Republic: From Oligarchy to Empire*. New York: Cambridge University Press, 2009.

Mayor, Adrienne. *The Poison King: The Life and Legend of Mithridates*. Princeton: Princeton University Press, 2010.

Millar, Fergus. *The Crowd in Rome in the Late Republic*. Ann Arbor: University of Michigan Press, 1998.

_____. *Rome, The Greek World and the East, Vol. 1: The Roman Republic and the Augustan Revolution*. Hannah M. Cotton and Guy M. Rogers 편집. Chapel Hill and London: University of North Carolina Press, 2002.

Mommsen, Theodor. *The History of Rome: A New Edition*. Merriam Books, 1958.

Mouritsen, Henrik. *Plebs and Politics in the Late Roman Republic*. Cambridge: Cambridge University Press, 2001.

Robinson, O. F. *The Criminal Law of Ancient Rome*. Baltimore: Johns Hopkins University Press, 1995.

Roth, Jonathan P. *The Logistics of the Roman Army at War (264 BC-AD 235)*. Boston: Brill, 1998.

Sampson, Gareth. *The Crisis of Rome: The Jugurthine and Northern Wars and the Rise of Marius*. Barnsley: Pen & Sword, 2010.

Scullard, H. H. *From the Gracchi to Nero: A History of Rome from 133 BC to AD 68*, 제5판. 1982년 초판 발행. 중판, London and New York: Routledge, 2002.

Seager, Robin, 편집. *The Crisis of the Roman Republic*. New York: Barnes &

Noble, 1969.
Shaw, Brent. *Spartacus and the Slave Wars: A Brief History with Documents.* Boston: Bedford, 2001.
Stockton, David. *The Gracchi.* Oxford: Clarendon Press, 1979.
Syme, Ronald. *Sallust.* Berkeley: University of California Press, 2002. 1964년 University of California Press에서 최초 출간.
_____. *Roman Revolution.* 개정판. Oxford: Oxford University Press, 2002.
Taylor, Lily Ross. *Party Politics in the Age of Caesar.* Berkeley: University of California Press, 1961.
_____. *Roman Voting Assemblies from the Hannibalic War to the Dictatorship of Caesar.* Ann Arbor: University of Michigan Press, 1966.
Vishnia, Rachel Feig. *State, Society and Popular Leaders in Mid-Republican Rome, 241-167 BC.* New York: Routledge, 1996.
Walbank, F.W., A. E. Astin, M. Frederiksen, & R. Ogilvie 편집. *The Cambridge Ancient History Vol. VII*(The Cambridge Ancient History) Cambridge: Cambridge University, 1990.
_____. *Polybius.* Berkeley: University of California Press, 1972.
Sherwin-White, A.N. *The Roman Citizenship.* Oxford: Clarendon Press, 1973.
Wiseman, T. P. *New Men in the Roman Senate, 139 B.C.-A.D. 14.* Oxford: Oxford University Press, 1971.

지은이 마이크 덩컨 MIKE DUNCAN

전 세계적으로 유명한 역사 전문 팟캐스트 제작자. 그의 〈로마사 The History of Rome〉 시리즈는 매주 업로드한 189개 에피소드를 통해 로마 제국의 전 역사를 이야기식으로 풀어냈다. 2007년부터 2012년 사이에 제작된 〈로마사〉는 6000만 다운로드를 기록하며 지금까지도 세계에서 가장 유명한 역사 팟캐스트 중 하나다. 현재 덩컨은 영국 명예 혁명, 미국 독립혁명, 프랑스 혁명, 아이티 혁명 등 근대사의 거대한 정치 혁명들을 고찰하는 새로운 시리즈 〈혁명 Revolutions〉으로 성공 행보를 이어나가고 있다. 2013년 9월부터 방송을 시작한 〈혁명〉도 이미 1200만 다운로드를 돌파했다. 이처럼 팟캐스트로 얻은 인기 덕분에 덩컨은 고대 로마부터 프랑스 혁명에 이르는 여러 사적지를 답사하는 가이드 투어를 수차례 이끌며 매진 기록을 이어갔다. 또한 일러스트레이터 제이슨 노박과 함께 최신 사건의 역사적 배경을 재미있게 들려주는 시사교양 만화 제작에도 참여했다. 덩컨은 태평양 연안 북서부에서 태어나 자랐으며 현재는 가족과 함께 위스콘신주 매디슨에 거주하고 있다.

옮긴이 이은주

이화여자대학교 통번역대학원 한영번역학과를 졸업하고 전문 번역가로 활동중이다. 옮긴 책으로 『30일의 밤』, 『무한 공간의 왕국』, 『윤리학의 배신』, 『민주사회의 필란트로피』 등이 있으며, 콜린 매컬로의 〈마스터스 오브 로마〉 시리즈를 공역했다.

폭풍 전의 폭풍
로마 공화정 몰락의 서막

1판 1쇄 발행 2019년 8월 5일
2판 1쇄 발행 2025년 5월 16일

지은이 마이크 덩컨 | 옮긴이 이은주

편집 신소희 이고호 | 디자인 윤종윤 이보람
저작권 박지영 형소진 주은수 오서영 조경은 | 마케팅 김다정
브랜딩 함유지 박민재 김희숙 이송이 박다솔 조다현 김하연 이준희 복다은
모니터링 서승일 이희연
제작 강신은 김동욱 이순호 | 제작처 한영문화사(인쇄) 신안문화사(제본)

펴낸곳 (주)교유당 | 펴낸이 신정민
출판등록 2019년 5월 24일 제406-2019-000052호

주소 10881 경기도 파주시 회동길 210
문의전화 031) 955-8891(마케팅) 031) 955-2680(편집) 031) 955-8855(팩스)
전자우편 gyoyudang@munhak.com

홈페이지 www.gyoyudang.com
인스타그램 @gyoyu_books | 트위터 @gyoyu_books | 페이스북 @gyoyubooks

ISBN 979-11-94523-44-4 03920

○ 교유서가는 ㈜교유당의 인문 브랜드입니다. 이 책의 판권은 지은이와 ㈜교유당에 있습니다.
  이 책 내용의 전부 또는 일부를 재사용하려면 반드시 양측의 서면 동의를 받아야 합니다.